Rolf Dreyer

SPORTBOOT FÜHRERSCHEIN SEE

Mit dem amtlichen Fragenkatalog

Delius Klasing Verlag

Von Rolf Dreyer sind ebenfalls im Delius Klasing Verlag erschienen:
Sportküstenschein und Sportbootführerschein See
Übungen und Aufgaben Sportküstenschifferschein
Sportküstenschifferschein 10 Fragebogen mit Antworten 12 Karten- und Gezeitenaufgaben mit Lösungen
Begleitheft für die Ausbildung und Prüfung Sportküstenschifferschein
Skippertraining
UKW-Funkbetriebszeugnis und Sprechfunkzeugnis für die Binnenschifffahrt

Bibliografische Information der Deutschen Bibliothek
Die Deutsche Bibliothek verzeichnet diese Publikation in der Deutschen Nationalbibliothek;
detaillierte bibliografische Daten sind im Internet
über »http://dnb.ddb.de« abrufbar.

5. Auflage
ISBN 3-7688-1066-6
ISBN 978-3-7688-1066-1
© Delius, Klasing & Co. KG, Bielefeld

Einbandgestaltung: Ekkehard Schonart
Zeichnungen: Rolf Dreyer
Fotonachweis:
Titelfoto: Yacht Photo Service, Hamburg; Rückseite: „boote"-Archiv, Kiesel
Weitere Fotos: Andrews (S. 146 (8), 147, 148, 149 (2)), Bundesamt für Seeschifffahrt und Hydrographie (S. 50),
Cassens & Plath (S. 11), Dantronik (S. 30), DPA (S. 165), Dreyer (S. 55, , 56, 125, 152), Erdmann (S. 103 (2), 111 (4)), Ferropilot (S.
11 (2), 12 (2), 13), Greiser (S. 5), Hackmann (S. 44), HDW-Hagenuk (S. 33, 143 (2)),Hallberg Rassy (S. 7), R. Holland (S. 6), Kiesel (S.
12, 62, 66, 100, 102, 127, 132, 134, 137, 148, 156, 177), Kling (S. 62), Matzek (S. 179), Plöhn (S. 173), Röthe (S. 17 (4), 51), Schubert
(S. 87), Schwarzlose (S. 86), Schweizer Wetterdienst (S. 104), YPS (S. 8), alle übrigen Fotos aus dem Boote-Archiv.

Druck: Kunst- und Werbedruck, Bad Oeynhausen
Printed in Germany 2006

Nachdruck aus Karte 1 (INT 1), der Broschüre Sicherheit im See- und Küstenbereich, dem Gezeitenkalender 2005, den Gezeitentafeln
2005, den Nachrichten für Seefahrer mit freundlicher Genehmigung des Bundesamtes für Seeschifffahrt und Hydrographie

Delius Klasing Verlag, Siekerwall 21, D-33602 Bielefeld
Tel.: 0521/559-0, Fax: 0521/559-1 15
e-mail: info@delius-klasing.de
www.delius-klasing.de

Vorwort

Das Meer, die großen Ströme, Flüsse und Seen sind in unserer Zeit die einzigen freien Plätze der Welt.

Ernest Hemingway

Im März 1967, vor fast 40 Jahren, hat der Gesetzgeber den amtlichen Sportbootführerschein eingeführt. Seitdem erfreut sich dieser Führerschein bei Wassersportlern großer Beliebtheit. In den vergangenen fünf Jahren wurden über 150 000 Sportbootführerscheine ausgestellt. Denn wer ein Sportboot mit einer Nutzleistung von mehr als 3,68 kW (5 PS) führen will, kommt daran nicht vorbei.

Als **Sportboot** wird jedes für Sport- oder Erholungszwecke vorgesehene Wasserfahrzeug angesehen (ausgenommen bestimmte Traditionsfahrzeuge von über fünfzehn Meter Länge), solange es nicht gewerbsmäßig eingesetzt wird. Dabei wird nicht zwischen Motor- und Segelbooten unterschieden.

Der **Sportbootührerschein See** ist die amtliche Fahrerlaubnis zum Führen von Sportbooten auf den Seeschifffahrtsstraßen. Dieses sind die **3 sm** breiten, zum deutschen Hoheitsgebiet gehörenden Meeresstreifen

Kontrollen durch die Polizei, den Zoll oder die Küstenwache werden im Wassersport nur selten durchgeführt. Gleichwohl darf man nicht ohne Sportbootführerschein ein Boot führen. Im Schadensfall könnte der Verlust des Versicherungsschutzes drohen.

sowie die inneren Gewässer und Teilstrecken bestimmter Binnenwasserstraßen (Seite 59). Er ist Voraussetzung zum Erwerb aller weiterführenden Scheine.

Der Sportbootführerschein See enthält das **Internationale Zertifikat** für die 3-sm-Zone. Das internationale Zertifikat wurde 1999 von der Wirtschaftskommission der Vereinten Nationen als international einheitlicher Nachweis der

Qualifikation in der Sportschifffahrt eingeführt. Dieser Führerschein wird daher weltweit anerkannt.

Dieses Lehrbuch dient als Begleitung und Ergänzung zum Besuch eines Führerscheinkurses. Hier soll der angehende Bootsführer lernen, ein Sportboot sicher zu führen. Dazu gehören die Kenntnis der einschlägigen Verkehrs- und Sicherheitsvorschriften, die grundlegenden Bootsmanöver und Knoten, aber auch

Navigation und praktische Seemannschaft. In vielen Punkten geht dieses Buch über den Prüfungsstoff hinaus. Für die ersten Fahrten ist es daher auch eine gute Hilfe an Bord.

rolf-dreyer@t-online.de

Am unteren Seitenrand abgedruckte Fragen beziehen sich auf den amtlichen Fragenkatalog (Seite 180 ff., roter Teil). Umgekehrt ist dort auf den Text verwiesen.

Inhalt

Beilagen

20 Seekartenausschnitte zu den Kartenaufgaben für den Sportbootführerschein See

1

NAVIGATION

KLASSISCHE NAVIGATIONSINSTRUMENTE

ARBEITEN IN DER SEEKARTE

KURS- UND PEILUNGSVERWANDLUNG

TERRESTRISCHE SCHIFFSORTBESTIMMUNG

ELEKTRONISCHE NAVIGATION

GEZEITENKUNDE

SEEKARTEN UND SEEBÜCHER

Kompass

Der **Steuerkompass** ist das wichtigste Navigationsinstrument. Er wird zum Kurshalten, der **Peilkompass** zur Ortsbestimmung eingesetzt. Alle Schiffe (auch Yachten und Boote) müssen mit einem Magnetkompass ausgerüstet sein. In der Berufsschifffahrt werden Kreiselkompasse zum Steuern bevorzugt.

Ein **Magnetkompass** nutzt das erdmagnetische Feld. Eine **Magnetnadel** oder eine **Magnetspule** (gleichstromdurchflossene Spule mit Weicheisenkern) richtet sich nach den magnetischen Feldlinien aus.

Trockenkompasse sind leicht, aber sehr empfindlich. Weil sie zittern, werden sie auf Yachten nicht verwendet.

Hier setzt man Schwimmkompasse (**Fluid-Kompasse**) ein. Ihr **Kompasskessel** ist mit einer Flüssigkeit, einem Gemisch aus Wasser und Alkohol, gefüllt. Es dämpft die Bewegungen der **Kompassrose**. So ruht sie mit geringem Auflagedruck auf der **Pinne**.

Unter der Kompassrose ist ein Stabmagnet angeklebt. Er richtet die Kompassrose nach den magnetischen Feldlinien (magnetischer Meridian) aus.

Der Magnetkompass zeigt nicht unbedingt in die geografische Nordrichtung. Denn die magnetischen Feldlinien verlaufen (zwar in Deutschland) aber nicht überall auf der Erde in Nord-Süd-Richtung. Hier spricht man von Missweisung; sie beträgt auf manchen Meeren über 25°. Natürlich können auch Eisen und Lautsprecher Magnetkompasse stören.

Kugel- oder Fluid-Kompass

Alte Schiffskompasse hängen kardanisch in einem **Kompasshaus**. So schön ein solcher Kompass ist – für Yachten eignet sich der kompakte **Kugelkompass** besser. Unter der Glaskugel kann sich die Kompassrose auch bei starkem Seegang frei bewegen und der Kurs lässt sich besser ablesen (Lupeneffekt).

Auf Yachten mit Radsteuerung thront der Steuerkompass auf der **Steuersäule**. Diese Konstruktion heißt **Pultkompass**. Vibrationen vom Motor können gut gedämmt werden. Beim Steuern blickt man von oben auf den Kompass. Auf pinnengesteuerten Schiffen findet man häufig **Gegensichtkompasse**. Hier sieht man von der Seite auf die Kompassrose.

Fluxgate-Kompasse sind Induktionskompasse. Als Magnetsonde dient eine Magnetspule, die um eine frei schwenkbare Achse rotiert. Nach dem Induktionsgesetz gibt sie keine Spannung ab, wenn die Achse parallel zu einer magnetischen Feldlinie liegt. So findet ein Induktionskompass die Nord-Süd-

Richtung. Der Kurs des Schiffes kann digital angezeigt werden. Viele Stahlschiffe sind mit einem Fluxgate-Kompass ausgerüstet, weil die Magnetsonde dort eingebaut werden kann, wo sie nur wenig abgelenkt wird. Auch wenn die Nordrichtung als elektrischer Messwert benötigt wird (Radargerät, Autopilot), bietet sich ein Fluxgate-Kompass an.

Die Auswahl eines Magnetkompasses wird von seiner Mechanik, der Rosengröße und der Montagemöglichkeit bestimmt. Die Mechanik beeinflusst die Einschwingzeit, Genauigkeit, Größe und Lebensdauer. Je größer die Rose, umso besser ist der Kompass abzulesen. Der Kompass sollte dort montiert werden, wo er gut ablesbar, frei von schiffsmagnetischen Einflüssen und beleuchtbar ist. Sein Steuerstrich muss parallel zur Kiellinie liegen.

Alle Gegenstände, die ein Magnetfeld beeinflussen (Getränkedosen, Radiolautsprecher oder Werkzeug), können die Kompassanzeige verfälschen. Aber auch Änderungen der Einbauten oder ein Austausch der Maschine können die schiffsmagnetischen Verhältnisse und damit den Kompass stören.

Fragen 254, 261

Kompass

Dann muss der Kompass reguliert werden. Dazu werden so genannte Verstellmagnete mit einem Schraubenzieher gedreht.

Im Gegensatz zum Magnetkompass nutzt ein **Kreiselkompass** die Erdrotation zur Bestimmung der Nord-Süd-Richtung.

Nach den Kreiselgesetzen versucht ein in die Horizontalebene gezwungener Kreisel, sich parallel zur Erdachse zu stellen. Der mit etwa 20 000 / min rotierende Kreiselkörper ist frei von jeglicher

magnetischer Ablenkung. Bei einem bewegten Fahrzeug erfordert die Corioliskraft (s. Seite 105) eine „Fahrtfehlerberichtigung" in der Größe von etwa +2° bis -2° (überwiegend auf Nord- und Südkursen; auf Ost- und auf Westkursen gibt es keinen Fahrtfehler).

In hohen Breiten versagen Magnet- und Kreiselkompasse. Die Bestimmung der Himmelsrichtung erfolgt dort durch Beobachtung der Sonne (**Sonnenkompass**, **Skykompass**) oder anderer Gestirne (**Astrokompass**).

Anzeige eines Fluxgate-Kompasses

Kugelkompass

Gegensichtkompass mit Krängungsmesser

Echolot

Mit einem Lot wird die Wassertiefe bestimmt. Auf alten Schiffen sieht man gelegentlich noch einen **Lotstock**. Er ist etwa fünf Meter lang. Ein Bleigewicht an einer markierten Leine heißt **Handlot**.

Das **Echolot** arbeitet mit Schallwellen. Gemessen wird die Zeitdauer, die ein Schall- oder Ultraschallimpuls benötigt, um als Echo zum Empfangsgerät zurückzukehren. Das Sende- und Empfangsgerät heißt **Echolotgeber**. Auf Segelyachten wird er mittschiffs vor den Kiel eingebaut.

Das zugehörige **Anzeigegerät** sitzt im Cockpit, manche Schiffe verfügen noch über eine Tochteranzeige am Kartentisch. Die Wassertiefe wird (meistens) digital angezeigt. Flachwasseralarm, Ankerwache (Flachwasser- und Tiefenalarm) sowie Trendanzeige (tiefer/flacher) gehören zum technischen Standard. Akustische Signale warnen, sobald die eingestellte Wassertiefe unterschritten wird. Der Flachwasseralarm ist besonders wichtig.

Eine analoge Anzeige mit Lichtblitzen auf einer Leuchtdiode erlaubt Rückschlüsse auf die Beschaffenheit des Meeresgrundes.

Harter Sand erscheint als schmaler Streifen, schlammiger Grund als breiter, nach unten auslaufender Lichtstrich, während Steine breit, nach oben ausgezackt dargestellt werden.

Multifunktionsanzeige für Wassertiefe, Geschwindigkeit sowie Kurs- und Windinformationen

Grafik-Echolote, **Fischfinder** und **Fächersonargeräte** sind der letzte Schrei der Tiefenmessgeräte auf Yachten. Je nach technischer Ausstattung bieten sie

Echolot mit Analoganzeige

– Voraus- und Querschau
– variable Suchkegel
– 2- oder 3-dimensionale Darstellung
– Fischlupe
– Zoom
– Farbvideotechnik

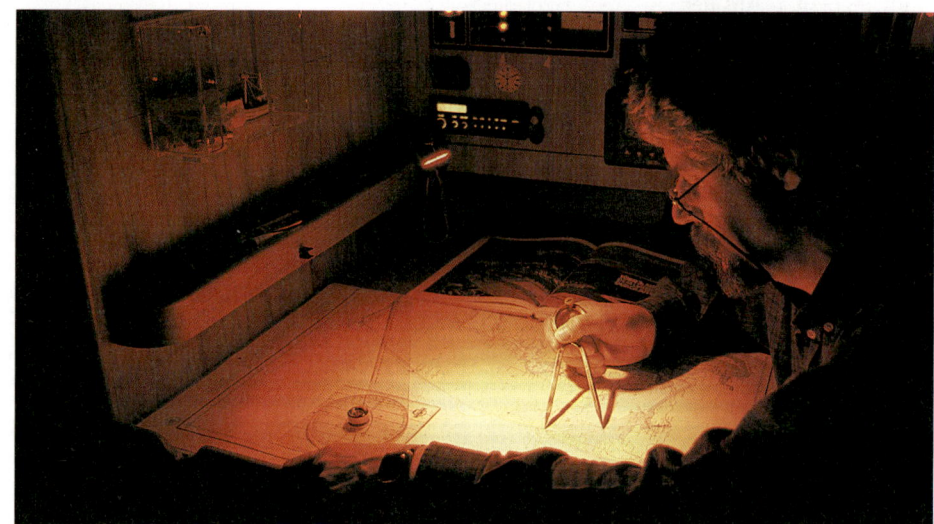

Am Kartentisch

Log

Ein **Log** oder eine **Logge** misst die Geschwindigkeit, mit der sich ein Schiff *durch das Wasser* bewegt. Sie wird in Knoten (kn, Seemeilen pro Stunde) angegeben. Um die *Fahrt über Grund* zu bestimmen, muss der Strom berücksichtigt werden.

In der einfachsten Form ist dies ein **Handlog**. Es misst die Fahrt mit einer Logleine. Am Ende der Leine ist ein kleines Brett („Logscheit") so angebracht, dass es senkrecht im Wasser stehen bleibt und die Logleine abspult. Die Logleine ist mit Knoten markiert, an denen die Geschwindigkeit abgelesen werden kann. Daraus ist die Bezeichnung „Knoten" für sm/h abgeleitet. Aus der Anzahl der in einer bestimmten Zeit durchgelaufenen Knoten berechnet man die Geschwindigkeit. Früher wurde die Laufzeit mit einer Sanduhr, **Logglas** genannt, gemessen.

Als **Relingslog** wird ein Verfahren bezeichnet, bei dem ein Holzstückchen außenbords geworfen und die Zeit gestoppt wird, in der es eine an der Reling markierte Strecke durchläuft. Das Relingslog eignet sich nur für langsame Geschwindigkeiten, etwa zum Messen des Stromes auf einem vor

Anker liegenden Schiff. Die markierte Strecke sollte in **Meridiantertien** ($1/3600$ sm = 0,514 m) gemessen werden. Eine Meridiantertie ist die Strecke, die ein mit 1 sm/h laufendes Schiff in einer Sekunde zurücklegt. Die Relation „Meridiantertien pro Sekunde = Seemeilen pro Stunde" ist ein einfaches Mittel zur Bestimmung der Geschwindigkeit. (Zum Beispiel: 6 Meridiantertien in 2 Sekunden = 3 sm/h.)

Ein **Patent-** oder **Schlepplog** besteht aus einer nachgeschleppten Leine, die von einer kleinen Schiffschraube wie ein Tachometer gedreht wird. Die Leine mündet in eine Messuhr. Sie zeigt die zurückgelegte Strecke und die Geschwindigkeit an. Bei langsamer Fahrt wird die Messung ungenau.

Heute arbeiten auf Sportbooten nur noch **Sumlogs**. Ein kleiner Propeller oder ein Paddelrad unter dem Rumpf dreht sich im vorbeifließenden Wasser und gibt so die Geschwindigkeit an. In einem Propeller verfängt sich leicht Seegras oder Dreck. Dann funktioniert das Log nicht mehr. Das passiert bei einem Paddelrad wegen seiner geringen Angriffsfläche selten. An ihm setzen sich aber Seepocken an, wenn das Boot längere Zeit im Hafen liegt. Deshalb ist ein Paddelrad in einem Gehäuse mit selbstschließendem Seeboden nützlich.

Eine eingebaute Stoppuhr berechnet die durchschnittliche Geschwindigkeit.

Im Loggeber sitzt oft auch ein Temperatursensor. Damit kann das Log die Wassertemperatur anzeigen.

Wird das Log mit einem Windmesser verbunden, kann die **Luvgeschwindigkeit** (VMG, velocity made good) bestimmt werden. Dies ist die gedachte Geschwindigkeit, mit der sich das Boot genau gegen oder in die Windrichtung bewegt. Die VMG-Anzeige hilft Segelyachten, den optimalen Kurs zu finden, wenn sie gegen den Wind kreuzen.

Speedometer messen den Staudruck. In einem in Fahrtrichtung angebrachten Rohr steigt oder sinkt der Druck je nach Geschwindigkeit. Auch das **Stevenlog** überwacht den Staudruck.

Elektromagnetische Logs beruhen auf der elektromagnetischen Induktion; **Dopplerlogs** senden Ultraschallwellen in das Wasser und bestimmen (wie Radar im Kfz-Verkehr) mithilfe des Dopplereffektes die Geschwindigkeit über Grund. Diese beiden Logs werden nicht in der Sportschifffahrt eingesetzt.

Dieses Digitallog kann nur Speed, VMG und Wassertemperatur anzeigen

Paddelrad Loggeber mit selbstschließendem Seebodengehäuse

Fragen 234, 261

Geografische Koordinaten

Mit φ (Phi) bezeichnet man in der Navigation die **geografische Breite**, mit λ (Lambda) die **geografische Länge** eines Ortes. φ und λ heißen geografische **Koordinaten**. Die geografische Breite 00° ist der Äquator. Vom Äquator aus werden 90 nördliche Breiten (oder Breitenkreise) zum Nordpol und 90 südliche Breiten zum Südpol gezählt.

Geografische **Längen** werden auch **Meridiane** genannt. Sie sind Halbkreise und verlaufen in Nord-Süd-Richtung von Pol zu Pol. Die Längen stehen senkrecht auf den Breiten. Die Länge durch die alte Sternwarte von Greenwich ist der **Nullmeridian**. Von hier aus werden 180 Längen nach Osten und 180 Längen nach Westen gezählt. Dem Nullmeridian

gegenüber verläuft die **Datumsgrenze** (180°).

An den seitlichen Rändern einer Seekarte findet man die Breite, oben und unten die Länge.

Geografische Koordinaten werden in der Navigation in Grad und Minuten (60' = 1°) angegeben. Minuten schreibt man immer zweistellig, Gradzahlen bei

Breiten zweistellig und bei Längen dreistellig, z. B.:
$$\varphi = \ 54° \ 04{,}5' \ N$$
$$\lambda = 007° \ 31{,}6' \ E$$

40 000 km beträgt der Erdumfang in Nord-Süd-Richtung. Teilt man ihn durch 360, so erhält man 111,111 km, den Abstand zwischen zwei Breitenkreisen. Unterteilt in 60 Minuten ergibt sich die Länge einer **Seemeile** – 1 852 Meter.

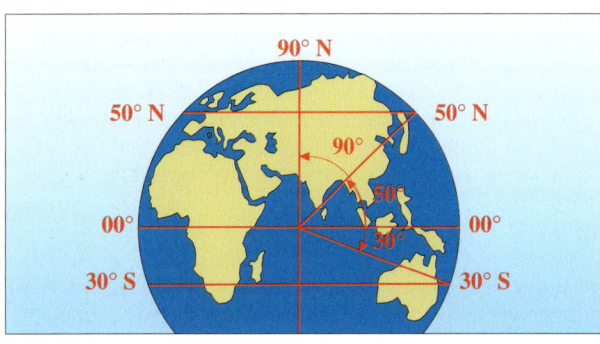

Die Breite wird im Erdmittelpunkt gemessen, als Winkel zwischen der Äquatorebene und dem Radius zu dem Ort.

Die Länge wird am Nordpol gemessen. Sie ist der Winkel zwischen Nullmeridian und Meridian durch den Ort.

Ausschnitt aus der Breitenskala der Seekarte Nr. 30. 1 Minute (1') ist die Länge einer Seemeile (= 1852 m).

Fragen 233, 343 – 362

Deutsche Seekarten

Aktuelle Seekarten bilden die Grundlage der Navigation. Stellvertretend für amtliche deutsche Seekarten wird hier die Übungskarte Int 1353 30, 2005, 3.IV. beschrieben. Sie wird für die SKS-Prüfung benötigt. Um mit der Karte vertraut zu werden, sollten die folgenden Beschreibungen in der Karte nachgelesen werden.

Der **Kartentitel** „Kieler Bucht" steht auf dem oberen Rand; links daneben Bemerkungen zu Höhen und Tiefen, dem Kartennetz und den Grundlagen (Vermessungsangaben am unteren Rand). Diese Angaben werden als **Legende** bezeichnet. Auf dem oberen Rand findet man weiterhin Bemerkungen zu
– Positionen, die aus einer auf ED 50 basierenden Karte in diese Karte übertragen werden sollen

– Solltiefen, Steinen und ehemals verminten Gebieten

Der untere Rand enthält Vermerke zu Herausgeber, Urheberrecht, Ausgabe, Berichtigung, Hersteller und Umweltschutz.

Einer Übungskarte fehlt der Berichtigungsstempel. Er gibt die NfS-Ausgabe an, bis zu der eine Karte berichtigt ist. Bei amtlichen deutschen Karten wird der Berichtigungsstand links auf den unteren Rand gestempelt (siehe Abbildung unten).

Am unteren Rand stehen auch Hinweise zu
– Vermessungsgrundlagen
– den Warngebieten Putlos und Todendorf
– dem UTM-Meldesystem (Universal Transverse Mercator, ein 1947 von der US-Army eingeführ-

tes Gradnetz, das die NATO und manche Rettungsdienste für Meldungen von Positionen verwenden; sein Vorteil ist die konstante Skala)
– Verkehrssignale, die z. B. am Leuchtturm Kiel gezeigt werden
– Schießübungssignale

Wann und wo Schießübungen stattfinden, wird in den **Bekanntmachungen für Seefahrer** (**BfS**) veröffentlicht. Die Wasser- und Schifffahrtsverwaltung gibt die BfS heraus; sie hängen bei Behörden, in Häfen und Schleusen aus. Die BfS enthalten wichtige Maßnahmen und Ereignisse im deutschen Küstenmeer.

Wichtige Meldungen und dringende nautische Warnnachrichten werden auch vom **Seewarndienst Emden** verbreitet (Seite 143).

Die Karte enthält sieben **Indexrahmen** mit Hafenplänen von Schilksee und Strande, Damp, Eckernförde, Wendtorf, Heiligenhafen, Lippe sowie Bagenkop. Magenta Rahmen an diesen Orten weisen auf die Indexrahmen hin.

Angaben zur **Missweisung** findet man auf

$$\varphi = \quad 54° \ 45' \ N$$
$$\lambda = \quad 010° \ 10' \ E$$

$$\varphi = \quad 54° \ 41' \ N$$
$$\lambda = \quad 010° \ 56' \ E$$

$$\varphi = \quad 54° \ 20' \ N$$
$$\lambda = \quad 011° \ 14' \ E$$

Hier sind die Missweisung für das Jahr 2005 und die jährliche Änderung aufgeführt, sodass die Missweisung auf die nachfolgenden Kalenderjahre hochgerechnet werden kann.

Die hauptsächlichen **Farben** der Karte sind:
– Gelb für Land
– Hellblau für Wasser bis 6 m Kartentiefe
– Weiß für Wasser über 6 m Kartentiefe
– Magenta (Rot) für Grenzen, Kabel, Pipelines z. B. Karten größeren Maßstabs (Nr. 12, 14, 26, 31, 32, 36 (Plan A), 43), das Verkehrstrennungsgebiet beim Leuchtturm Kiel, die Basislinie, die Grenze der SeeSchStrO, die Staatsgrenze, der Lübeck-Gedser-Weg, der Kiel-Ostsee-Weg, der Kiel-Flensburg-Weg, der Kiel-Fehmarnsund-Weg und die Wege H und T

Leuchtfeuer werden in **mehrfarbigem Feuerkolorit** (rot, grün, gelb) dargestellt. Man beachte, dass weiße und gelbe Feuerfarben gelb markiert werden. Gelb befeuert sind aber nur Sonderzeichen (Seite 23).

Kleine Berichtigungen / Small corrections: 2005, 3.VI.

WGS 84

Vom BSH berichtigt bis N.f.S.-Ausgabe

37 / 2005

Berichtigungsstempel in einer amtlichen Karte: Vom BSH berichtigt bis zur Ausgabe 37 / 2005 der Nachrichten für Seefahrer (NfS). Eine weitere Berichtigung bis 42 / 2005 hat die Vertriebsstelle auf die Rückseite gestempelt.

Fragen 161, 224, 225, 227, 228

Koppelnavigation

Navigation

Die deutsche Norm DIN 13312 definiert Navigation als „Maßnahmen – Beobachtungen, Messungen und Auswertungsmethoden – zur Fahrzeugführung, mit deren Hilfe ermittelt wird,
– wo sich das Fahrzeug befindet
– wohin das Fahrzeug gelangen würde, wenn keine seine Bewegung verändernden Maßnahmen ergriffen werden und
– was zu tun ist, um ein gewünschtes Ziel sicher zu erreichen, gegebenenfalls auf einem vorgegebenen Weg"

Navigationsverfahren

Die **terrestrische Navigation** (terra = Erde) nutzt Landmarken und Seezeichen, um den Schiffsort zu bestimmen und den Kurs festzulegen. Dabei wird nur mit optischen Mitteln gearbeitet. Zur terrestrischen Navigation zählen
– Koppel- und Stromnavigation
– Kreuzpeilungen
– Doppelpeilungen
– Versegelungspeilungen
– Lotungen sowie
– Horizontal- und Höhenwinkelmessungen (heute nicht mehr üblich).

Die **technische Navigation** (früher Funknavigation)

basiert auf elektromagnetischen Wellen. Solche Funkwellen werden von Satelliten (GPS) und Schiffen (Radar) ausgestrahlt. Ein GPS-Navigator bestimmt vollautomatisch den Kurs und den genauen Schiffsort. Zur technischen Navigation zählt auch die **Radarnavigation**. Auch mit Radar lässt sich der Schiffsort bestimmen. Mit einem GPS-Navigator kann besonders einfach navigiert werden, dieses Verfahren heißt **Wegpunktnavigation** (siehe Seite 30 ff.). Technische Navigation mit Nutzung digitaler Seekarten heißt **elektronische Navigation**.

Früher musste auf Ozeanen **astronomisch** navigiert werden. Dazu misst man mit einem Sextanten die Höhenwinkel von Gestirnen. Jede Messung liefert eine Standlinie. Mathematische Berechnungen oder die genaue Kenntnis des Sternenhimmels sind dabei nicht unbedingt erforderlich.

Die Sportbootführerschein-See-Ausbildung beschränkt sich auf die Grundlagen der terrestrischen Navigation. Sportküstenschiffer erlernen die komplette terrestrische Navigation und ein wenig technische Navigation. Für den Sportseeschifferschein wird die

ganze elektronische Navigation benötigt; die astronomische Navigation wird von Sporthochseeschiffern verlangt.

Koppelnavigation

In der Koppelnavigation wird der Schiffsort allein mithilfe von Kompass und Log bestimmt. Die zurückgelegten Strecken werden mit Bleistift in die Seekarte gezeichnet, um jederzeit den Schiffsort zu kennen (**zeichnerisches Koppeln**). Dabei muss auch ein möglicher Einfluss von Wind oder Strom berücksichtigt werden.

Ein Ort, den man von einem bekannten Ort ausgehend durch Koppelnavigation erhält, heißt **Koppelort O_k**, wenn der Strom berücksichtigt wurde. Dagegen spricht man von **Loggeort O_l**, wenn der Strom bei der Ortsermittlung unbeachtet blieb. Wird der Schiffsort durch ein Ortsbestimmungsverfahren wie Peilung oder Winkelmessung ermittelt, so nennt man ihn **beobachteten Ort O_b** oder **Fix**. Der Vektor (Pfeil) vom Koppelort O_k zum beobachteten Ort O_b heißt **Besteckversetzung BV**. Sie wird als Richtung und Entfernung angegeben, z. B.: BV = (345°; 0,7 sm).

In der Seekarte wird nach DIN 13312 wie folgt gearbeitet: Kurs- und Standlinien werden als gerade Linien gezeichnet. Standlinien können eine Pfeilspitze erhalten, die zum gepeilten Objekt zeigt. Wer an Kurs- und Standlinien die Gradzahl (KaK bzw. rwP) schreibt (nach DIN nicht erforderlich), kann das Ergebnis schneller überprüfen. Koppelorte O_k werden durch einen kleinen senkrechten Querstrich auf der Kurslinie gekennzeichnet. Beobachtete Orte O_b werden als kleiner Kreis um den Schnittpunkt der Standlinien kenntlich gemacht. Neben Orte wird die Uhrzeit in vier gleich großen Ziffern (z. B. 1000) oder mit Doppelpunkt (z. B. 10:00) geschrieben. Je näher das Schiff vor einer unbekannten Küste läuft, desto öfter sollte der beobachtete Ort bestimmt werden.

Schematische Darstellung des Koppelns gemäß DIN 13312 „Navigation".

Fragen 252, 253

Kursdreieck, Anlegedreieck und Zirkel

Kursdreieck. Das Zentrum der Gradeinteilung liegt auf einem Meridian; unten wird der Winkel abgelesen.

Kurs 167° (schwarze Zahl) verläuft entlang der Zentimeterskala nach rechts unten, 347° (rote Zahl) nach links oben.

Das Anlegedreieck an die Winkelskala des Kursdreiecks anlegen. Daran das Kursdreieck verschieben, bis die Zentimeterskala durch den gewünschten Ort verläuft.

Entfernungen werden mit einem Zirkel auf den seitlichen Kartenrand übertragen. Hier ist eine Minute (1') gleich einer Seemeile (1 sm = 1 852 m).

Fragen 232, 238, 343 – 362

Aus Karte 1 (INT 1)

Sandküste	Überwasserkabel; Seilbahn	Club, Verein	Pfähle, Rohre unter Wasser
Sandhügel, Dünen	Schleuse	Fähre	Fischstaken; Fischreuse
Steilküste, Felsen	Hochspannungs-leitung mit Sicherheits-durchfahrtshöhe	Priel	Jahresreuse; Frühjahrs- und Herbstreuse
Sumpf, Marsch, Vorland	Dalben; Pfahl	Watt mit Niedrigwasserlinie	Förderanlage, Plattform
Deich	Deviations-dalben	Flachwasser-gebiet	Unterwasserkabel
Buhne, Stack	Beleuchtetes Objekt	Tiefenlinie, Angabe in Metern	Unterwasserkabel-gebiet
Höhenpunkt, Höhe in Metern	Kran mit Tragfähigkeit	Tiefe in Metern und Dezimetern	Unterwasser-Rohrleitung; Abfluss
Auffällige Landmarke	Hafenamt, Hafenmeister	Trockenfallende Höhe über Kartennull	Empfohlener Kurs
Kirche; Kapelle	Zollamt	Gebaggertes Gebiet mit Solltiefe	Deckpeilung; Richtlinie
Turm; Wasserturm	Wasserschutz-polizei	Flutstrom; Ebbstrom	Verkehrstrennungs-gebiet
Schornstein; Hochfackel	Sportboothafen, Marina	Gefahr	Meldestelle mit UKW-Kanal
Mast; Funk-, Fernsehmast	Wasserzapfstelle	Fels, Klippe	Lotsen-versetzstelle
Windmotor; Windmühle	Treibstoff (Benzin, Diesel)	Wrack; sichtbares Wrack	Rettungsstelle
Flaggenmast; Signalmast	Strom-anschluss	Gefährliches Wrack; ungefährliches Wrack	Pegel
Feste Brücke mit Durchfahrtsbreite	Gastliegeplatz	Unrein	Tafel
Bewegliche Brücke mit Durchfahrtshöhe		Schifffahrts-hindernis	Pfahl, Stange

Karte 1 (INT 1) enthält sämtliche in deutschen und internationalen Seekarten verwendeten Zeichen und Abkürzungen.

Aus Karte 1 (INT 1)

	Bake		Leuchtfeuer, Leuchtturm
	Spitztonne		Radar-antwortbake
	Stumpftonne		Radar-reflektor
	Kugeltonne		Kreis-funkfeuer
	Bakentonne		Empfohlener Ankerplatz
	Spierentonne, Treibbake		Ankerplatz für Sportboote
	Fasstonne		Ankergebiet
	Leuchttonne		Ankern und Fischen verboten
	Feuerschiff		Militärisches Übungsgebiet
	Leuchtfloß		Unterseeboot-Weg und -Übungsgebiet
	Großtonne		Naturschutzgebiet
	Festmachetonne		Zollgrenze
	Einzelgefahr-Zeichen		Internationale Grenze im Landgebiet
	Mitte-Schifffahrts-weg-Zeichen		Gerade Basislinie mit Basispunkt
	Betonnungs-richtung		Seewärtige Grenze des Küstenmeers
	Nebelschallsignal		Grenze der Anschlusszone

Leuchtfeuer/*Lights*

Lcht-Tm.	LtHo	**Leuchtturm**/*Lighthouse*
Rcht-F.	Ldg	**Richtfeuer**/*Leading lights*
Lt-F.	Dir	**Leitfeuer**/*Direction light*
Aero	Aero	**Luftfahrtfeuer**/*Aero light*
Warn-F.	RLts	**Warnfeuer**/ *Air obstruction light*
Ob-F.	RearLt	**Oberfeuer**/*Rear light*
U-F.	FrontLt	**Unterfeuer**/*Front light*
N-F.	in fog	**Nebelfeuer**/*Fog light*
F.	F	**Festfeuer**/*Fixed*
Ubr.	Oc	**Unterbrochen**/*Occulting*
Glt.	Iso	**Gleichtakt**/*Isophase*
Blz.	Fl	**Blitz**/*Flashing*
Blk.	LFl	**Blink**/*Long-flashing*
Fkl.	Q	**Funkel**/*Quick*
Fkl. unt.	IQ	**Funkel unterbrochen**/*Interrupted quick*
SFkl.	VQ	**Schnelles Funkel**/*Very quick*
Mo.	Mo	**Morse**/*Morse*
w.	W	**Weiß**/*White*
r.	R	**Rot**/*Red*
gn.	G	**Grün**/*Green*
s.	B	**Schwarz**/*Black*
viol.	Vi	**Violett**/*Violett*
g.	Y	**Gelb**/*Yellow*
or.	Or	**Orange**/*Orange*
sm	M	**Seemeile**/*Sea mile*
wgr.	hor	**Waagerecht**/*Horizontal*
skr.	vert	**Senkrecht**/*Vertical*
ztws.	occas	**Zeitweise**/*Occasional*
ztwl.	temp	**Zeitweilig**/*Temporary*
vrst.	intens	**Verstärkt**/*Intensified*
schw.	faint	**Schwach**/*Faint*
vrd.	obscd	**Verdeckt**/*Obscured*

Nebelschallsignale/*Fog Signals*

N-S.	Horn	**Membransender**/*Horn*
Gl-Tn.	Bell	**Glocke**/*Bell*
Hl-Tn.	Whis	**Heuler**/*Whistle*
Gong	Gong	**Gong**/*Gong*

Sonstiges/*Other*

auff.	**Auffällig**/*Conspicuous*
Bk.	**Bake**/*Beacon*
F-Sch.	**Feuerschiff**/*Light vessel*
Mess-G.	**Messgerät**/*Oceanographic equipment*
Obstn	**Schifffahrtshindernis**/*Obstruction*
Ra	**Radar**/*Radar*
SS	**Signalstelle**/*Signal station*
Unr.Gd.	**Unreiner Grund**/*Foul*
V-S.	**Verkehrssignal**/*Traffic signal*
Wk	**Wrack**/*Wreck*

Aus Karte 1 (INT 1)

Fragen 185, 230

Befeuerung

Feuer unterscheiden sich voneinander durch ihre
– Verwendung
– Kennung

Leitfeuer sind Sektorenfeuer. Sie markieren ein Fahrwasser, eine Hafeneinfahrt oder tiefes Wasser zwischen Untiefen. Im weißen Leitsektor soll das Schiff fahren. An den Leitsektor grenzen ein grüner und ein roter Warnsektor.

Ein von See kommendes Schiff läuft im weißen Leitsektor des voraus liegenden Leitfeuers. Käme es in den grünen (roten) Warnsektor, so müsste es seinen Kurs nach Backbord (Steuerbord) ändern. Am westlichen Ufer liegen die beiden Feuer einer Hafeneinfahrt. Bei Annäherung an den Hafen wird mithilfe des im Norden liegenden Richtfeuers navigiert. Die Richtlinie ist rechtweisend in Grad in Seekarten angegeben. Bald wird an Steuerbord der weiße Ankündigungssektor des Quermarkenfeuers sichtbar. Beim Übergang vom weißen zum grünen Licht muss ein in Betonnungsrichtung laufendes Schiff den Kurs nach Steuerbord ändern. Eine erneute Kursänderung ist erforderlich, wenn das Torfeuer passiert wird.

Quermarkenfeuer liegen etwa querab zur Fahrtrichtung. Sie bestehen aus weißen Ankündigungs- und farbigen Kursänderungssektoren. Eine Kursänderung wird beim Übergang vom weißen in den farbigen Sektor erforderlich.

Ein **Richtfeuer** besteht aus einem Oberfeuer und einem Unterfeuer und bezeichnet eine in der Seekarte angegebene Richtung in einem Fahrwasser. Wenn Ober- und Unterfeuer in Deckung liegen, befindet sich das Schiff auf der **Richtlinie**.

Torfeuer sind zwei Feuer gleicher Feuerhöhe, gleicher Lichtstärke und gleicher Kennung, die zu beiden Seiten des Fahrwassers einander genau gegenüberliegen.

Leitmarken sind beleuchtete Schirme, auf denen man in der Leitlinie eine Marke (z. B. einen Streifen) sieht, beiderseits der Leitlinie aber Pfeile, die zur Leitlinie hin zeigen.

Uferfeuer machen den Verlauf einer Uferlinie kenntlich.

Luftfahrtfeuer werden in ein Leuchtfeuerverzeichnis nur aufgenommen, wenn sie von See aus sichtbar sind.

Leuchtfeuer besitzen einen charakteristischen Rhythmus von Licht und Dunkel. Man nennt ihn **Kennung**, seine Dauer heißt **Wiederkehr**. Man unterscheidet folgende Kennungen:

– **Festfeuer**, ein gleich bleibendes Licht, in gleicher Farbe und Stärke

– **Unterbrochene Feuer**, das Licht scheint nicht ständig, es wird rhythmisch kurz unterbrochen

– **Gleichtaktfeuer**, Lichtschein und Verdunkelung sind gleich lang

– **Blink**, das Aufleuchten von mindestens zwei Sekunden. Die Dunkelphase muss mindestens eine Sekunde länger als die Leuchtphase dauern

– **Blitz**, das Aufleuchten von weniger als zwei Sekunden Dauer (in Deutschland maximal eine Sekunde)

– **Funkel**, Blitze im Abstand von 1,2 oder einer Sekunde

– **Schnelle Funkel**, Blitze im Abstand von 0,6 oder 0,5 Sekunden

Auch Kombinationen sind möglich, etwa unterbrochene Funkel oder schnelle Funkel mit Blink.

Befeuerung

Gruppe bedeutet, dass mehrere Blinke, Blitze, Funkel, schnelle Funkel oder Dunkelphasen (bei unterbrochenem Feuer) hintereinander auftreten.

Unter **Tragweite** versteht man denjenigen Abstand, in dem ein Feuer einen eben noch deutlichen Lichteindruck am Auge des Beobachters hervorruft.

Die Tragweite ist abhängig von der **Lichtstärke** des Feuers und dem **Sichtwert** der Atmosphäre.

International ist festgelegt worden, die Tragweite der Feuer für einen Sichtwert von 0,74 (was einer meteorologischen Sichtweite von 10 sm am Tage entspricht) anzugeben und diese Tragweite als **Nenntragweite** zu bezeichnen.

Die **geografische Sichtweite** hängt von der Feuerhöhe und der Augeshöhe des Beobachters ab. Sie gibt den Abstand an, aus dem ein Ziel noch eben über die Kimm (= Horizont) hinweg sichtbar ist (Tabelle).

Die **Feuerhöhe** bezieht sich in Gewässern mit Gezeiten (Nordsee) auf mittleres Hochwasser, in gezeitenlosen Gewässern (Ostsee) auf mittleren Wasserstand.

Kennungen

Schematische Darstellung	Art der Kennung	Abkürzung International	National
	Festfeuer	F	F.
	Unterbrochenes Feuer	Oc	Ubr.
	Gleichtaktfeuer	Iso	Glt.
	Blinkfeuer	LFl	Blk.
	Blitzfeuer	Fl	Blz.
	Funkelfeuer	Q	Fkl.
	Schnelles Funkelfeuer	VQ	SFkl.
	Blitzfeuer mit Gruppen von 3 Blitzen	Fl(3)	Blz.(3)
	Blitzfeuer mit Gruppen von 2 + 1 Blitzen	Fl(2+1)	Blz.(2+1)
	Schnelles Funkelfeuer mit Gruppen von 6 schnellen Funkeln und einem Blink	VQ(6) +LFl	SFkl.(6) +Blk.

Fl(3)WRG.15s21m15-11M

Fl(3)	Art der Kennung: Blitzfeuer mit Gruppen von drei Blitzen
WRG.	Farben: Weiß, Rot, Grün, die verschiedenen Sektoren darstellend
15s	Wiederkehr: 15 Sek.
21 m	Höhe der Lichtquelle über der jeweiligen Höhenbezugsfläche
15-11M	Nenntragweiten: Weiß 15 sm, Grün 11 sm, Rot zwischen 15 und 11 sm

F	F.	Fest
Oc	Ubr.	Unterbrochen
Iso	Glt.	Gleichtakt
LFl	Blk.	Blink
Fl	Blz.	Blitz
Q	Fkl.	Funkel
VQ	SFkl.	Schnelles Fkl.
B	s.	Schwarz
Y	g.	Gelb
W	w.	Weiß
R	r.	Rot
G	gn.	Grün
M	sm	Seemeile
s	s	Sekunde

Wichtige internationale und nationale Abkürzungen. Auch in den meisten amtlichen deutschen Seekarten werden nur internationale Abkürzungen verwendet.

Links eine Leuchtfeuerbeschreibung aus einer internationalen Seekarte (mit Erklärung).

Fragen 185, 231, 343 – 362

Kardinale Betonnung

Schwimmende Schifffahrtszeichen (Tonnen) sind zumeist nach dem **IALA-System** ausgelegt. IALA steht für International Association of Lighthouse Authorities. Das Betonnungssystem der IALA kennt:
– Kardinale Zeichen
– Einzelgefahrzeichen
– Laterale Zeichen
– Mitteschifffahrtsweg
– Sonderzeichen
Sie können auch kombiniert eingesetzt werden.

Kardinale Zeichen warnen vor ausgedehnten Gefahren. Sie können im Norden, im Osten, im Süden oder im Westen der Gefahr liegen. So ist erkennbar, wo ein Kardinalzeichen gefahrlos passiert werden kann.
Einzelgefahrzeichen liegen auf Gefahrenstellen geringer Ausdehnung und sind von tiefem Wasser umgeben. Sie können an allen Seiten passiert werden.

Mit zwei exakt gleichen Zeichen wird auf eine **neue Gefahr** hingewiesen. Die Gefahr wurde neu entdeckt und noch nicht in den

Nachrichten oder Bekanntmachungen für Seefahrer veröffentlicht. In Seekarten findet man dieses Seezeichen daher nicht.

Kardinale Zeichen

Kardinale (richtungsbezeichnende) Zeichen sind Gefahrenstellentonnen. Sie werden weltweit eingesetzt und geben an, an welcher Seite der Bezugspunkt gefahrlos passiert werden kann. Die Kegeltoppzeichen zeigen zu den schwarzen Streifen.

Typische Gefahrenstellentonnen

auf dem Wasser	in der Karte	Bedeutung
	VQ(3) Name BYB	**Ost-Kardinal-Zeichen** Es liegt östlich von einer allgemeinen Gefahrenstelle, die östlich der Tonne passiert werden kann. **Befeuerung:** schnelles Funkelfeuer, Gruppe 3, weiß
	VQ(6) + LFl Name YB	**Süd-Kardinal-Zeichen** Es liegt südlich von einer allgemeinen Gefahrenstelle, die südlich der Tonne passiert werden kann. **Befeuerung:** schnelles Funkelfeuer, Gruppe 6 + Blink, weiß
	VQ(9) Name YBY	**West-Kardinal-Zeichen** Es liegt westlich von einer allgemeinen Gefahrenstelle, die westlich der Tonne passiert werden kann. **Befeuerung:** schnelles Funkelfeuer, Gruppe 9, weiß
	VQ Name BY	**Nord-Kardinal-Zeichen** Es liegt nördlich von einer allgemeinen Gefahrenstelle, die nördlich der Tonne passiert werden kann. **Befeuerung:** schnelles Funkelfeuer, weiß
	Fl(2) BRB	**Einzelgefahr-Zeichen** Unter der Tonne befindet sich eine Einzelgefahr, die von tiefem Wasser umgeben ist. **Befeuerung:** Blitzfeuer, Gruppe 2, weiß

Befeuerte Seezeichen in Karten mit einfarbigem Feuerkolorit (z. B. Karte 1875). Der angehängte Tropfen ist stets magenta. Die Feuerfarbe ist weiß, sofern die Beschreibung nichts anderes angibt. Karten mit mehrfarbigem Feuerkolorit (Karte 30) haben gelbe, rote und grüne Tropfen.

Fragen 189 – 199, 343 – 362

Laterale Betonnung, Sonderzeichen

Laterale Zeichen markieren Fahrwasser. Sie liegen an deren Steuerbord- und Backbordseiten und weisen – von See kommend – den Weg zu einem Hafen, durch einen Fluss oder sie bezeichnen allgemein einen Wasserweg. Lateralzeichen folgen einer festen **Beton-** **nungsrichtung**, die aus der Seekarte zu ersehen ist. An **Gabelungen** zeigen modifizierte laterale Zeichen, wo das durchgehende Fahrwasser weiterläuft. Rot-weiß gestreifte Tonnen markieren die **Mitte von Schifffahrtswegen.** Auch die Zufahrt von See zu einem Fahrwasser kann mit einer solchen Tonne gekennzeichnet werden. Diese Tonnen zeigen tiefes Wasser an. In Deutschland hat die Schifffahrt in Fahrwassern Vorfahrt (siehe Seite 82), wohingegen auf Schifffahrtswegen keine besonderen Vorschriften gelten.

Sonderzeichen sind gelb und können ein gelbes X-Toppzeichen tragen. Sie begrenzen ein besonderes Gebiet, etwa ein Warn- oder Sperrgebiet, oder sie markieren einen Punkt. Die Bedeutung kann der Seekarte oder nautischen Veröffentlichungen entnommen werden. Wenn Sonderzeichen befeuert sind, ist ihr Feuer gelb.

Typische Fahrwassertonnen

auf dem Wasser	in der Karte	Bedeutung
	Fl.G.4 s Nummer (ungerade) G	**Steuerbordseite des Fahrwassers** Farbe: grün Form: Bakentonne Toppzeichen: ein grüner Kegel, Spitze oben **Befeuerung** (Beispiel): Blitzfeuer, grün, Wiederkehr: 4 s
	Fl.R.4 s Nummer (gerade) R	**Backbordseite des Fahrwassers** Farbe: rot Form: Bakentonne Toppzeichen: ein roter Zylinder **Befeuerung** (Beispiel): Blitzfeuer, rot, Wiederkehr: 4 s
	Iso.8 s Name RW	**Zufahrt von See aus oder Mitte eines Schifffahrtsweges** Farbe: rote und weiße senkrechte Streifen; Form: Bakentonne; Toppzeichen: ein roter Ball **Befeuerung** (Beispiel): Gleichtaktfeuer, weiß Wiederkehr: 8 s
	Fl (2+1)G Nummer GRG	**Abzweigendes Fahrwasser** Hauptfahrwasser nach Backbord Farbe: grün mit einem waagerechten, breiten roten Band **Befeuerung** (Beispiel): Blitzfeuer, grün, mit Gruppen von 2 + 1 Blitzen
	Fl (2+1)R Nummer RGR	**Abzweigendes Fahrwasser** Hauptfahrwasser nach Steuerbord Farbe: rot mit einem waagerechten, breiten grünen Band **Befeuerung** (Beispiel): Blitzfeuer, rot, mit Gruppen von 2 + 1 Blitzen

Tonnenformen

Bade-, Warn-, Sperrgebiete

Fahrwassertonnen werden auch laterale Zeichen (Seitenbezeichnung) genannt. In der Region A (Europa u. a.) liegt Grün an Steuerbord und Rot an Backbord, in der Region B (amerikanischer Kontinent, Fernost u. a.) ist umgekehrt Rot an Steuerbord und Grün an Backbord.

Schematisches Beispiel einer Fahrwasserbetonnung mit Angabe der Betonnungsrichtung. Die Tonnen 11/H2 und 12/G9 zeigen an, in welcher Richtung das Hauptfahrwasser verläuft. In Deutschland wird damit die Vorfahrt geregelt (siehe Seite 82, § 25 (4), SeeSchStrO).

Fragen 151, 156, 162, 174 – 180, 183, 184, 186 – 188, 343 – 362

Kurse

Kurs

Unter Kurs versteht man üblicherweise die Richtung einer Bewegung, in der Navigation jedoch einen Winkel. Kurs bezeichnet

- in der Schifffahrt allgemein die Bewegungsrichtung eines Schiffes in Bezug auf die Nordrichtung („Westkurs")
- im Segelsport die Bewegungsrichtung eines Schiffes bezogen auf die Windrichtung („Halbwindkurs")
- in der Navigation den Winkel zwischen einer Nordrichtung und der Fahrtrichtung des Schiffes

Der Winkel wird im Uhrzeigersinn von 000° bis 360° gezählt und in ganzen Graden dreistellig geschrieben.

In der Navigation werden verschiedene Kursbegriffe verwendet. Sie beziehen sich auf unterschiedliche Nordrichtungen und werden durch magnetische und meteorologische Einflüsse hervorgerufen. Die wichtigsten Kurse sind:

- rechtweisender Kurs (rwK),
- missweisender Kurs (mwK),
- Magnetkompasskurs (MgK),
- Kurs durch das Wasser

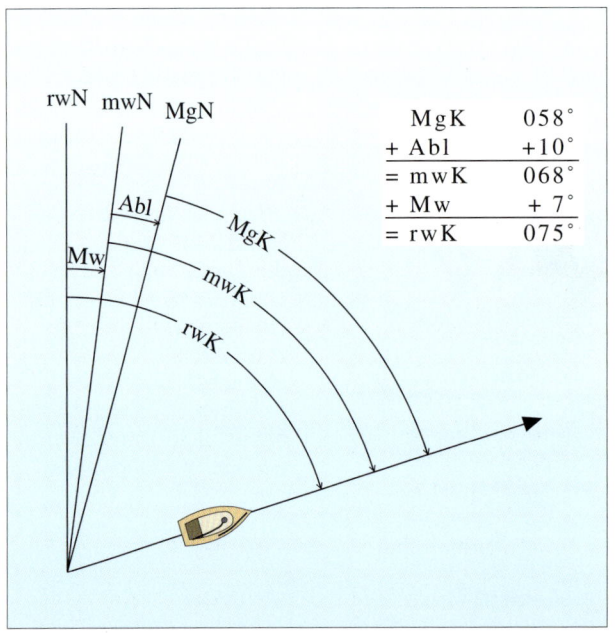

MgK	058°
+ Abl	+10°
= mwK	068°
+ Mw	+ 7°
= rwK	075°

Der Zusammenhang zwischen dem rechtweisenden Kurs, dem missweisenden Kurs und dem Magnetkompasskurs lässt sich durch eine einfache Formel beschreiben. Sie kann von oben nach unten sowie von unten nach oben angewendet werden. Dies wird als Kursbeschickung oder Kursverwandlung bezeichnet. Die Beschickungen für Wind und für Strom sind hier noch nicht berücksichtigt.

(KdW),
- Kurs über Grund (KüG),
- Kartenkurs (KaK).

Rechtweisend Nord Rechtweisender Kurs

Die geografische Nordrichtung wird in der Navigation als **rechtweisend Nord (rwN)** bezeichnet. Dies ist die Richtung zum geografischen Nordpol (90° N). Sie wird in Seekarten durch Meridiane (Längen) ausgewiesen.

Als **rechtweisender Kurs (rwK)** wird der Winkel zwischen rechtweisend Nord und der Rechtvorausrichtung des Fahrzeugs definiert. Merke: Der rechtweisende Kurs gibt die **Vorausrichtung der Kiellinie** an.

Missweisend Nord Missweisender Kurs

Mit den geografischen Polen nicht zu verwechseln sind die Magnetpole der Erde. Der magnetische Nordpol lag 2003 bei 82,0° N und 112,4° W. Er wandert derzeit etwa vierzig Kilometer pro Jahr nordwärts.

Unter **missweisend Nord (mwN)** versteht man die Richtung der Horizontalkomponente des erdmagnetischen Feldes (vereinfacht gesprochen die Richtung zum magnetischen Nordpol). Eine Magnetkompassnadel, welche nicht durch andere Einflüsse abgelenkt wird, richtet sich nach dem erdmagnetischen Feld aus und zeigt nach mwN.

Der **missweisende Kurs (mwK)** ist der Winkel zwischen missweisend Nord und der Rechtvorausrichtung des Fahrzeugs. Er wird vom Magnetkompass angezeigt, sofern kein Magnetismus an Bord die Anzeige verfälscht.

Magnetkompass-Nord Magnetkompasskurs

Die vom Magnetkompass angezeigte Nordrichtung wird **Magnetkompass-Nord (MgN)** genannt. Sie

Fragen 237, 239, 246, 247, 343 – 362

Beschickungen

kann durch schiffsmagnetische Einflüsse von missweisend Nord abgelenkt werden. Den Winkel zwischen Magnetkompass-Nord und der Rechtvorausrichtung des Schiffes nennt man **Magnetkompasskurs (MgK)**. Der Magnetkompasskurs am Steuerkompass heißt auch **Steuerkompasskurs (STK)**.

Auf Grund von Wind kann sich ein Schiff „schräg" durch das Wasser, auf Grund von Strom kann es sich „schräg" über Grund bewegen.

Kurs durchs Wasser

Unter Windeinfluss kann ein Schiff vertreiben. Dann bewegt es sich nicht recht voraus, sondern etwas seitlich durch das Wasser. Der Winkel zwischen rechtweisend Nord (rwN) und seiner Bewegungsrichtung durch das Wasser heißt **Kurs durchs Wasser (KdW)**.

Kurs über Grund

Auch Strom kann den Kurs eines Schiffes verändern, sodass sich die Bewegungsrichtung durch das Wasser von der über Grund unterscheidet. Das Schiff kann sich dann auch über Grund etwas seitlich bewegen. Der Winkel zwischen rechtweisend Nord und der Richtung des Weges über Grund heißt

Kurs über Grund (KüG). Er wird in der Sportschifffahrt zeichnerisch ermittelt.

Der Kurs über Grund (KüG) gibt die Richtung an, in welche sich das Schiff *tatsächlich* bewegt. Als **Kartenkurs (KaK)** wird der Winkel zwischen rechtweisend Nord und der der Seekarte entnehmbaren, *beabsichtigten* Richtung des Weges über Grund bezeichnet.

Kurs über Grund
gibt die Richtung an, in die sich das Schiff tatsächlich bewegt.

Kartenkurs
gibt die Richtung an, in die sich das Schiff bewegen soll.

Beschickungen

Beschickungen sind Korrekturen, mit denen die jeweiligen Kurse berichtigt werden müssen, um erfassbare, systematische Abweichungen auszuschalten. Diese sind:

– Missweisung (erdmagnetisches Feld),
– Ablenkung (Magnetismus an Bord),
– Beschickung für Wind (Windversatz),
– Beschickung für Strom (Stromversatz).

Missweisung (Mw) ist der Winkel zwischen rechtweisend Nord (rwN) und missweisend Nord (mwN). Sie variiert von Gebiet zu Gebiet und ändert sich mit der Zeit. Die Missweisung und ihre jährliche Änderung

werden der Seekarte entnommen (Kompassrose oder Missweisungsvermerk) und sind auf das aktuelle Jahr hochzurechnen.

Ablenkung (Abl) heißt der Winkel zwischen missweisend Nord (mwN) und Magnetkompass-Nord (MgN). Ablenkung – auch **Deviation** genannt – wird durch schiffsmagnetische Einflüsse hervorgerufen. Sie ist nicht nur schiffs-, sondern auch kursabhängig und kann in Form einer **Ablenkungstafel** und als Kurve dargestellt werden. Ist die Ablenkung größer als 5°, so wird neben der Ablenkungstafel noch eine **Steuertafel** benötigt.

Auf Yachten aus Holz oder Kunststoff wird der Steuerkompass in der Regel nicht abgelenkt. Eine Ablenkungstafel gibt es dort nicht, der Steuerkompasskurs (STK) ist gleich dem missweisenden Kurs (mwK).

Auch für Peilkompasse existiert in der Regel keine Ablenkungstabelle. Der Peilkompass sollte jedoch gelegentlich überprüft werden (Vergleich mit dem Steuerkompass).

Die Summe aus Missweisung und Ablenkung (magnetische Beschickungen) heißt **Fehlweisung (Fw)**.

Fragen 240 – 245

Peilungen

Peilung

Mit einer Peilung wird die Richtung zu einem Objekt bestimmt. Eine Peilung ist ein in der Horizontalebene gemessener Winkel. Er wird von einer bestimmten Bezugsrichtung (MgN, rwN oder Vorausrichtung) aus im Uhrzeigersinn von 000° bis 360° gezählt und dreistellig geschrieben.

Merke: Peilungen geben die Richtung vom Schiff zum Peilobjekt an und nicht umgekehrt. Sie können in optische Peilungen und Funkpeilungen unterteilt werden. Als Peilgeräte werden verwendet:

– Magnet(peil)kompass,
– Peilscheibe (sehr selten),
– Radargerät.

Die entsprechenden Peilungen heißen:

– Magnetkompasspeilung (MgP oder Mg↗)
– Seitenpeilung (SP, S↗)
– Radar-Seitenpeilung (RaSP oder RaS↗)

Magnetkompasspeilung

Eine **Magnetkompasspeilung (MgP)** kann mit einem Handpeilkompass, einem Peilaufsatz über den Steuerkompass und auch am Radargerät vorgenom-

men werden. Während mit dem Handpeilkompass in der Regel außerhalb des Bereiches der Ablenkung gearbeitet wird (Abl = 0°), ist bei Magnetkompasspeilungen, die über den Steuerkompass durchgeführt werden, die Ablenkung <u>für den anliegenden Magnetkompasskurs</u> zu berücksichtigen (so auch in der SKS-Prüfung).

Seitenpeilung

Mit einer **Seitenpeilung (SP)** wird der Winkel zu einem Objekt – bezogen auf die Kiellinie des Schiffes (= rwK) – festgestellt. Eine Seitenpeilung wird heute in der Regel mit einem Radargerät vorgenommen; Peilscheiben werden kaum noch verwendet.

Bei einem **Radargerät** wird einfach das Peillineal auf das zu peilende Objekt gelegt und die Radar-Seitenpeilung direkt abgelesen.

Eine **Peilscheibe** besteht aus einem Metallfuß, der genau in Richtung der Kiellinie auf das Kajütdeck geschraubt ist, und einer Vollkreisscheibe mit Peileinrichtung, die zum Peilen auf den Fuß gesteckt wird. Die Seitenpeilung kann unmittelbar abgelesen werden.

$$\begin{array}{rl} SP & 028° \\ + \ rwK & + \ 090° \\ \hline = \ rwP & 118° \end{array}$$

Um eine Seitenpeilung (SP) in eine rechtweisende Peilung (rwP) zu verwandeln, muss zunächst aus dem Magnetkompasskurs (MgK) der rechtweisende Kurs (rwK) errechnet werden. Die rechtweisende Peilung (rwP) ergibt sich als Summe aus der Seitenpeilung (SP) und dem rechtweisenden Kurs (rwK).

Jede Seitenpeilung sollte von zwei Personen durchgeführt werden. Während eine Person peilt, beobachtet die andere den Steuerkompass und liest zum genauen Peilzeitpunkt den

anliegenden Magnetkompasskurs (MgK) ab.

Daraus wird der zunächst rechtweisende Kurs (rwK) und dann die rechtweisende Peilung (rwP) ermittelt.

Magnetkompasspeilung
Winkel zu einem Objekt bezogen auf Magnetkompass-Nord feststellen.

Seitenpeilung
Winkel zu einem Objekt bezogen auf den rechtweisenden Kurs (= Rechtvorausrichtung des Schiffes) feststellen.

Peilungsverwandlung

	MgP	127°
+	Abl	− 19°
+	Mw	+ 10°
=	rwP	118°

	SP	028°
+	rwK	+ 090°
=	rwP	118°

Eine Seitenpeilung bezieht sich auf die Rechtvorauslinie des Schiffes, eine Magnetkompasspeilung auf Magnet-kompass-Nord. Beide Peilungen, die Magnetkompass-peilung (MgP) und die Seitenpeilung (SP), ergeben die-selbe rechtweisende Peilung (rwP). Bei unbekannter Ablenkung des Peilkompasses ist die Seitenpeilung genauer.

Peilungsverwandlung

Bevor eine Peilung in die Seekarte eingezeichnet wer-den kann, muss sie in eine rechtweisende Peilung (rwP) verwandelt werden.

Unterwasserstarkstrom-kabel (in den Seekärten verzeichnet) können Mag-netkompasse stark (70°) ablenken. Sie sollten recht-winklig gequert und der Autopilot abgeschaltet werden. Peilungen müssen dann unterbleiben.

Magnetkompasspeilung

	MgP
+	**Abl** *(des MgK)*
+	**Mw**
=	**rwP**

Seitenpeilung

	SP
+	**rwK**
=	**rwP**

Radar-Seitenpeilung

	RaSP
+	**rwK**
=	**rwRaP**

Übungsaufgabe 1

Bestimmen Sie den rwK (Mw = +4°):

a) MgK = 070°, Abl = +4° b) MgK = 255°, Abl = −5°
c) MgK = 005°, Abl = 0°   d) MgK = 135°, Abl = +3°

Bestimmen Sie den MgK (Mw = −5°):

e) rwK = 010°, Abl = 0°   f) rwK = 317°, Abl = +3°
g) rwK = 348°, Abl = −2° h) rwK = 250°, Abl = −5°

Übungsaufgabe 2

Bestimmen Sie die rwP (Mw = −2°):

a) MgK = 270°, Abl = −6°, SP = 135°
b) MgK = 045°, Abl = +3°, MgP = 078°
c) MgK = 310°, Abl = −4°, MgP = 045°
d) MgK = 015°, Abl = +1°, SP = −143° (nach Bb)
e) MgK = 335°, Abl = −2°, MgP = 132°
f) MgK = 057°, Abl = +3°, SP = 347°
g) MgK = 313°, Abl = −4°, MgP = 027°
h) MgK = 355°, Abl = −1°, SP = 312°

Hinweise
1. Bei den Magnetkompasspeilungen (MgP) ist für die Ablenkung stets der jeweils anliegende Magnetkompasskurs (MgK) zugrunde zu legen.
2. Bei Seitenpeilungen (SP) muss zuerst der rwK be-rechnet werden. Sie zählen nicht zum Prüfungsstoff.

Lösungen

Aufgabe 1

a) 078°	b) 254°	c) 009°	d) 142°
e) 015°	f) 319°	g) 355°	h) 260°

Aufgabe 2

a) 037°	b) 079°	c) 039°	d) 231°
e) 128°	f) 045°	g) 021°	h) 304°

Fragen 249, 345 b), 350 b), 357 b)

Kreuzpeilung

Man peile zwei bekannte, feste Objekte kurz nacheinander und wandele die Peilungen (MgP, SP) in rechtweisende Peilungen um. Der Schiffsort ergibt sich als Schnittpunkt der in die Seekarte gezeichneten Standlinien.

Dann kann man durch Kreuzpeilungen sogar feststellen, ob der Anker eines Schiffes hält.

Dicht beieinander liegende Peilobjekte dagegen führen zu „schleifenden Peilungen" (siehe Abbildung). Standlinien sollten sich mit mindestens 30° schneiden.

In Gebieten mit starker Missweisung oder bei unbekannter Magnetkompassablenkung sollte man, soweit möglich, immer drei Objekte peilen.

Wenn sich die Standlinien nicht in einem Punkt schneiden, sind Peilfehler oder eine unbekannte Fehlweisung die Ursache. Durch Horizontalwinkelmessungen mit Hilfe eines Sextanten ließen sich der genaue Schiffsort und sogar die Größe der Fehlweisung bestimmen. Dieses Verfahren wird jedoch nicht mehr angewendet.

In der Praxis der Sportschifffahrt würde man die Peilungen zunächst wiederholen und – sollte sich wiederum ein Fehlerdreieck ergeben – den Standort nach dem Prinzip des für das Schiff ungünstigsten Falles annehmen.

Die Ursache der Peilfehler sollte ermittelt werden.

Peilkompass

Für eine genaue Standortbestimmung sind zwei nahe gelegene Objekte, deren Peilungen sich um etwa 90° unterscheiden (rechtwinklig verlaufende Standlinien) ideal.

Die besten Ergebnisse liefern Peilungen, deren Standlinien sich nahezu rechtwinklig schneiden. Dicht beieinander liegende Objekte führen zu „schleifenden Peilungen" und sind zur Ortsermittlung ungeeignet. Feste Schifffahrtszeichen wie Leuchttürme und Baken sind schwimmenden (Tonnen) vorzuziehen, weil Tonnen – selten – vertreiben können.

Mehrere Standlinien schneiden sich gelegentlich nicht in einem Punkt. Peilfehler oder eine unbekannte Fehlweisung sind die Ursache.

Fragen 249 – 251

GPS

GPS steht für Global Positioning System, sein Vorläufer hieß NAVSTAR. GPS ist ein Navigationssystem des amerikanischen Militärs, aber 1994 wurde es von der U. S. Coast Guard auch für die zivile Schifffahrt offiziell zugelassen. Es wurde garantiert, dass GPS 24 Stunden täglich verfügbar ist und in 95 % aller Fälle Positionen auf 10 – 20 m genau angibt.

Daran hat sich auch während des Irak-Krieges 2003 nichts geändert. Sollte der Betreiber die Genauigkeit von GPS verändern, weil die Sicherheitsbelange der USA betroffen sind, so wird die Schifffahrt rechtzeitig informiert.

Um die Schiff- und Luftfahrt nicht von einem einzigen Navigationssystem abhängig zu machen, hat die EU-Verkehrsministerkonferenz am 26.2.2002 beschlossen, ein eigenes satellitengestütztes Positionsbestimmungssystem aufzubauen. Es wird **Galileo** genannt und soll 2008 betriebsbereit sein.

GPS besteht derzeit aus 30 Satelliten, die auf sechs festen Umlaufbahnen in 20 200 km Höhe die Erde umkreisen und Funksignale auf 1.575,42 MHz (UKW) senden. Ein GPS-Navigator muss mindestens drei dieser Signale empfangen und die zugehörigen Satelliten identifizieren, um aus der Laufzeit des Signals den Abstand zu den Satelliten und damit den Standort berechnen zu können.

Die Genauigkeit der Positionsangabe hängt von der Anzahl und Lage der Satelliten ab und kann am **HDOP**-Wert (Horizontal Dilution of Precision) abgelesen werden (kleiner Wert = hohe Genauigkeit). Manche Geräte zeigen auch noch ihren Status an – z. B. als grünes, gelbes oder rotes Licht.

Positionsangaben mit sehr viel größerer Genauigkeit sind der militärischen Nutzung vorbehalten (PPS, Precise Positioning Service). Der zivile Dienst SPS, Standard Positioning Service, reicht jedoch für die Bedürfnisse der Sportschifffahrt völlig aus.

POSITIONEN

Durch Satellitennavigation erhaltene Positionen im World Geodetic System 1984 (WGS 84) sind 0,07 Minuten NORDWÄRTS und 0,12 Minuten OSTWÄRTS zu verlegen, um mit dieser Karte übereinzustimmen.

Hinweis zur Verwendung von GPS-Positionen

GPS gibt Positionen in geografischen Koordinaten auf Basis des **World Geodetic System 1984** an. WGS 84 kann sich in der geografischen Länge und Breite jeweils um bis zu 0,1' von anderen Seekarten-Bezugssystemen unterscheiden. Die hydrographischen Dienste haben daher weitgehend ihre Seekarten auf WGS 84 umgestellt. Soweit das noch nicht geschehen ist, sind Abweichungen vom World Geodetic System in den Karten vermerkt.

Nicht immer ist jedoch das **Bezugssystem** einer Seekarte eindeutig zu ermitteln. Von der Hälfte der etwa 7000 teilweise sehr alten britischen Seekarten kennt man das Bezugssystem nicht. Das ist kein Problem, solange hier terrestrisch navigiert wird.

In einige Geräte kann das jeweilige Seekartenbezugssystem – gelegentlich auch als **Kartendatum** bezeichnet – eingegeben werden. Dann gibt das GPS-Gerät die Positionen so an, dass sie direkt in die Seekarte übernommen werden können. Nur das kroatische Bezugssystem ist leider in keinem GPS-Gerät vorhanden.

GPS-Navigatoren werden in verschiedenen Ausführungen angeboten. Standard sind Mehrkanal-Geräte. Sie empfangen Satellitensignale parallel auf acht und mehr Kanälen und sind sehr genau. Die früheren Multiplex-Empfänger besaßen nur einen Kanal und mussten ständig umschalten.

GPS-Geräte, die samt Antenne auf einem Chip untergebracht sind, werden in **Pocket-PC**s eingebaut. Auf die Pocket-PCs lassen sich Delius Klasing-Seekarten aufspielen, sodass Kurs und Position des Schiffes immer genau verfolgt werden können. Die Chips verbrauchen wenig Strom und ihre Antennen sind so leistungsstark, dass die Pocket-PCs sogar unter Deck betrieben werden können (mehr dazu auf Seite 40).

GPS-Geräte zeigen den Kurs und die Fahrt über Grund an. Wegpunkte können eingegeben und der Abstand und die Richtung zum nächsten Wegpunkt angezeigt sowie die Fahrtzeit berechnet werden. Auf dem Weg von einem zum nächsten Wegpunkt zeigen sie die seitliche Ablage vom direkten Weg (Track) an. Natürlich kennen sie auch die Uhrzeit und das Datum. Mit einer **Mann-über-Bord-Taste** (**MOB**, Man Over Board) kann die aktuelle Position gespeichert werden.

GPS, Wegpunktnavigation

GPS-Navigator für die Montage am Kartentisch. Das Gerät ist einfach zu bedienen, es bietet alle Daten auf einen Blick, die Anzeige ist groß und klar gegliedert.

LAT	Latitude	Breite
LON	Longitude	Länge
COG	Course over ground	Kurs über Grund
SOG	Speed over ground	Fahrt über Grund
WPT	Waypoint	Wegpunkt
BRG	Bearing	Peilung
XTE	Cross track error	Seitliche Ablage
DIST	Distance	Entfernung zum nächsten Wegpunkt
TTG	Time to go	Zeitdauer bis zur Ankunft am nächsten Wegpunkt
ETA	Estimated time of arrival	Berechnete Ankunftszeit am Fahrtziel
HDOP	Horizontal dilution of precision	Unschärfegrad der Positionsangabe
NM	Nautical miles	Seemeilen
MOB	Man over board	Mann über Bord

Wichtige GPS-Anzeigen und ihre Bedeutung. Anstelle von XTE wird gelegentlich auch die DIN-gerechte Bezeichnung XTD (Cross track distance) verwendet.

Fortan zeigt das Gerät die Richtung (rechtweisend) und die Entfernung zur Person im Wasser an. Strom kann sie jedoch von dieser Position vertreiben.

Bei herkömmlichen GPS-Geräten wird der Empfang unterbrochen, wenn die Antenne abgedeckt wird – etwa durch menschliche Körper oder Aufbauten. Radar und UKW-Sprechfunk können GPS stören. Und GPS kann einen Magnetkompass ablenken.

Die Genauigkeit kann mit **Differential GPS (DGPS)** auf drei bis fünf Meter verbessert werden (Spitzenge-

räte erreichen 1,3 Meter). DGPS funktioniert so: An einem genau vermessenen Ort wird ein GPS-Gerät betrieben und ständig der Positionsfehler ermittelt. Daraus wird sofort ein Korrekturwert ermittelt und ausgesendet. DGPS-Geräte korrigieren so den GPS-Fehler. Viele Länder versorgen – nach IALA-Standard – ihre Küstenmeere mit DGPS, so auch Deutschland. Hier gibt es zwei DGPS-Sender mit 285 km Reichweite – auf Helgoland und in Groß-Mohrdorf (Wustrow).

Das russische Satellitennavigationssystem **GLO-**

NASS ist nur wenig verbreitet; es hat sich gegen GPS nicht durchsetzen können. **Loran-C**, einst als Alternative zu GPS gedacht, wurde in Nordwesteuropa zum 31.12.05 abgeschaltet.

Wegpunktnavigation

Wegpunktnavigation ist ein genaues und leicht verständliches Navigationsverfahren. Zuerst müssen die anzulaufenden Wegpunkte in der Seekarte festgelegt werden. Hier muss sorgfältig gearbeitet werden, damit die Strecken zwischen den Wegpunkten,

die **Tracks**, nicht durch Sperrgebiete, über Hindernisse, Gefahrenstellen und auch nicht dicht an gefährlichen Objekten vorbeiführen. Fahrwasser sind zu berücksichtigen und vor allem Verkehrstrennungsgebiete.

Was sich in der Theorie einfach anhört, erfordert in der Praxis ein intensives Kartenstudium und dazu die genaue Kenntnis aller in der Seekarte dargestellten Zeichen und Abkürzungen.

Die geografischen Koordinaten der Wegpunkte müssen dann in das GPS-Gerät eingegeben werden. Und

GPS, Wegpunktnavigation

schließlich sind die Verbindungen der Wegpunkte, die Tracks, in die Seekarte einzuzeichnen und ihre Richtungen zu ermitteln.

Denn das ist die einzige Kontrolle, um Fehler bei der Koordinatenerfassung zu erkennen – und solche Fehler können fatale Folgen haben. Sinn der Wegpunktnavigation ist nämlich, sich anschließend vom GPS-Gerät von Wegpunkt zu Wegpunkt führen zu lassen. „Falsche" Wegpunkte hätten falsche Steuervorgaben zur Folge, was eben daran erkennbar ist, dass die vom Gerät ermittelten Tracks nicht mit denen in der Seekarte übereinstimmen.

Die „GPS-Wegweiser" bestehen aus vier Daten. Ein

GPS-Gerät soll sie gleichzeitig anzeigen und dazu noch Kurs und Fahrt – also sechs Angaben in einer Maske (siehe Abbildung):

– Nummer des nächsten Wegpunkts (WPT)
– Seitliche Ablage (XTE/ XTD); sie gibt an, ob sich die Yacht genau auf dem Track befindet oder wie weit sie nach Steuerbord oder Backbord versetzt ist
– Distanz zum nächsten Wegpunkt
– Peilung (Bearing) dorthin
– Kurs über Grund (COG)
– Fahrt über Grund (SOG)

Damit sind im Grunde genommen alle Navigationsaufgaben erledigt. Trotzdem sollten etwa stündlich die vom GPS-Navigator

ermittelten Orte in die Seekarte eingetragen und auf ihre Plausibilität hin überprüft werden. Wenngleich bei korrekter Auswahl und Erfassung der Wegpunkte praktisch keine Fehler auftreten, sollte dem Gerät dennoch niemals blind vertraut werden.

Schließlich ist zu beachten, dass GPS die rechtweisende Peilung zum nächsten Wegpunkt als Steueranweisung angibt. Dieses ist der beabsichtigte Weg über Grund, also der Kartenkurs. Streng genommen müsste jetzt noch die Kursbeschickung (siehe Seite 25) gemacht und der Magnetkompasskurs bestimmt werden.

Doch es brauchen keine Stromdreiecke gezeichnet

zu werden; die ganze Kursumwandlung kann guten Gewissens entfallen.

In der Praxis wird einfach nach „Gefühl und Wellenschlag" ein Winkel vorgehalten (das ist die geschätzte Gesamtbeschickung). Und dann muss die seitliche Ablage (XTE-Anzeige) aufmerksam beobachtet werden. Entfernt sich die Yacht von der Ideallinie nach rechts, so muss mehr nach Backbord gesteuert werden. Der angenommene Magnetkompasskurs war zu groß, 10° bis 20° weniger führen das Boot schnell auf die Ideallinie zurück. Wächst die seitliche Ablage dagegen nach Backbord, so ist die richtige Steueranweisung um 10° bis 20° zu erhöhen.

GPS-Anzeige zur Wegpunktnavigation: seitliche Ablage 0,85 sm nach Steuerbord, das Schiff liegt rechts vom Strich; der nächste Wegpunkt ist Nummer 5; er liegt in Richtung 048° und ist 1,90 Seemeilen entfernt.

Dieselbe Situation auf Papier. Die seitliche Ablage XTE beträgt 0,85 sm nach Steuerbord. Der nächste Wegpunkt liegt in 048° 1,9 sm entfernt. Derzeit läuft das Schiff 077° (mit 7,2 kn, siehe GPS-Anzeige links).

GPS, Wegpunktnavigation

So bemerkt man schnell, wenn sich das Schiff von der direkten Verbindung zwischen den beiden Wegpunkten entfernt, und korrigiert ständig die Gesamtbeschickung – egal wie sich Wind- oder Stromversatz entwickeln.

In der **Koppelnavigation** wird der jeweilige Schiffsort aus dem letzten *(zurückliegenden)* beobachteten Ort abgeleitet; von dem Ort aus wird weitergekoppelt (siehe Seite 16). In der Koppelnavigation kann auf die Kursbeschickung nicht verzichtet werden.

Dagegen wird in der **Wegpunktnavigation** der Schiffsort auf den letzten *zurückliegenden* und den nächsten, *vorausliegenden* Wegpunkt bezogen. Die Wegpunktnavigation ist viel einfacher als die Koppelnavigation. Die Kursbeschickung kann entfallen.

Wird nicht nach der seitlichen Ablage gesteuert, sondern der von GPS angezeigte Kurs (Bearing), so würde das Schiff – bei Wind- oder Stromversatz – auf einer Kurve zum nächsten Wegpunkt laufen. Das ist beim Segeln am Wind schlecht.

GPS kann auch in nicht alltäglichen Situationen eine wertvolle Hilfe sein (siehe Abbildungen).

GPS beim Kreuzen: In Schärengewässern zeigt der GPS-Navigator, wann gewendet werden muss – sobald die Peilung 315° beziehungsweise 037° beträgt.

Muss der Kurs bei Nebel außerhalb des Fahrwassers an Untiefen vorbeiführen, so können enge Stellen mithilfe der XTE-Funktion „Seitliche Ablage" am besten durchfahren werden.

Hier löst der GPS-Navigator Alarm aus, wenn ein vorgegebener Abstand zu einer unbefeuerten Tonne erreicht wird.

Kreuzen im Strom: Die Anzeige der seitlichen Ablage verhindert, dass man sich zu weit von der Ideallinie entfernt.

Radar

Der Name **Radar** steht für RAdio Detection And Ranging (Ortung und Abstandsmessung per Funk). Ein Radargerät tastet mit Funkwellen die Umgebung ab. Kommt ein Echo zurück, wird aus der Laufzeit des Signals der Abstand und aus der Stellung der Antenne die Richtung ermittelt und das so genannte **Ziel** mit Richtung und Abstand am Bildschirm angezeigt.

Im Zentrum der Ringe liegt das eigene Schiff. Wie ein Suchscheinwerfer, der bei Nacht um das Schiff kreist, tastet die Antenne die Umgebung ab. Und im gleichen Rhythmus dreht sich der **Schreibstrahl** (auch **Ablenkspur** genannt) und lässt jedes erfasste Ziel kurz als Echospur (**Pip**) aufleuchten. Die Lage eines Pips auf dem Bildschirm entspricht der Position des georteten Ziels – vom eigenen Schiff aus betrachtet.

Die Lage eines Ziels lässt sich schnell abschätzen. Eine 360°-Winkelskala rahmt den Bildschirm ein und **Messringe** unterteilen ihn. Ihre Abstände verändern sich mit dem jeweils eingestellten **Messbereich** (**Range**). Der Messbereich bestimmt den Maßstab, in dem die Umgebung des Schiffes dargestellt wird. Bei einem Range von zehn

Seemeilen gliedern fünf Messringe den Bildschirm in Zonen von je zwei Seemeilen Breite; Umschalten auf eine Seemeile vergrößert die Darstellung zehnfach.

Mit der elektronischen **Peillinie** (EBL, Electronic Bearing Line) und dem **variablen Messring** (VRM, Variable Range Marker) kann die Lage eines Ziels ermittelt werden. Zuerst wird

der Messbereich so eingestellt, dass der Pip außen liegt; er ist dort größer. Nun wird die Peillinie mitten auf den Pip geschwenkt. Zuletzt wird der variable Messring so weit aufgedreht, dass er den inneren Rand des Pips berührt. Nun können Richtung (EBL) und Entfernung (VRM) exakt abgelesen werden. Bleibt das Ziel auf oder nahe bei der Peillinie und kommt es näher, so besteht **Kollisionsgefahr**.

Kleine IMO-Radaranlage (für die Berufsschifffahrt zugelassen), wahlweise mit 4-Fuß- oder 6-Fuß-Drehantenne lieferbar. Ein solches Gerät leistet natürlich sichtbar mehr als die üblichen Yachtradargeräte (HDW-Hagenuk).

Darstellungsarten

Die klassische Darstellung ist **Head Up** (HU). Head Up bedeutet vorausorientiert; auf dem Bildschirm zeigt der Bug des Schiffes nach oben. Alles wird so dargestellt, wie es beim Rundumblick zu sehen wäre. Unter Head Up ist jede Radarpeilung eine Seitenpeilung; sie bezieht sich auf die Vorauslinie (rwK). Um eine Radarseitenpeilung (RaSP) in eine Seekarte eintragen zu können, muss sie in eine rechtweisende Radarpeilung (rwRaP) verwandelt werden:

$$\begin{array}{r} RaSP \\ + \ rwK \\ \hline = \ rwRaP \end{array}$$

Zum Zeitpunkt der Peilung muss der Magnetkompasskurs abgelesen werden.

Head Up hat einen wesentlichen Nachteil: Sobald das Schiff aus dem Ruder läuft, dreht sich auch das Radarbild. Bei starkem Gieren oder einer Kursänderung verschmiert es. Denn ebenso wie sich bei einer Kursänderung die seitliche Lage der Peilobjekte verändert, geschieht dies auf dem Radarbild.

Ist ein Kompass an das Radargerät angeschlossen, kann auf **North Up** (NU)

Radar

umgeschaltet werden. Dann liegt Norden (rwN) oben, das Radarbild entspricht der Seekarte. Peilungen sind nun rechtweisend und können sofort in die Seekarte eingetragen werden. Kursänderungen beeinflussen das Radarbild nicht; es ist stabilisiert.

Die Rechtvorauslinie wird auf dem Bildschirm als **Steuerstrich** eingeblendet. Er zeigt bei Head Up nach oben. Wird auf North Up umgeschaltet, dreht sich das ganze Radarbild um den Winkel rwK nach rechts.

Head Up und North Up sind **relative Darstellungen**. Das Schiff ruht auf dem Bildschirm; alle Ziele werden so angezeigt, wie sie sich relativ zum eigenen Schiff bewegen. In einem Fahrwasser wandern die Tonnen – bei Head Up nach unten und bei North Up nach achtern, genauso schnell wie das Schiff läuft. Ein entgegenkommendes Schiff ist daran erkennbar, dass es schneller als die

Fahrwassertonnen wandert. Bei Head Up fahren Überholer von unten nach oben (bei North Up von hinten nach vorne). Mitläufer verändern ihre Lage nicht.

Bei **absoluter Darstellung** bewegen sich nur Schiffe; Land und Seezeichen ruhen. Hier kann das Radarbild über eine Seekarte gelegt werden, auf der dann Schiffe und ihre Bewegungen sichtbar werden (**True Motion**).

Impulslänge (Pulse)

Das Funksignal eines Radargerätes wird **Impuls** genannt. Um das Echo eines Ziels in großer Entfernung empfangen zu können, müssen längere Impulse als im Nahbereich gesendet werden. Die **Impulsdauer** wird automatisch umgestellt, wenn der Messbereich gewechselt wird, sie kann aber auch manuell verstellt werden.

So wie ein langes Schallsignal ein langes Echo verursacht, erzeugt eine längere Impulsdauer keinen Punkt, sondern eine **Echospur** hinter dem Ziel, einen vom eigenen Schiff weg gerichteten, radialen Streifen. Auf dem Bildschirm wird aber nur die halbe Impulslänge als Echospur abgebildet.

Zwei hintereinander liegende Ziele können nur dann erkannt und als zwei Pips angezeigt werden, wenn das vordere Ziel nicht das hintere verdeckt und wenn ihr Abstand die halbe Impulslänge übersteigt. Die halbe Impulslänge ist die **radiale Auflösung**. Um sie zu verbessern, muss die Impulsdauer verringert oder der Messbereich verkleinert werden.

Eng verbunden mit der Impulsdauer ist die **Impulsfolgefrequenz**, die Anzahl der pro Sekunde ausgestrahlten Impulse. Sie liegt zwischen 500 und 4000 Hz.

Radarkimm, Reichweite

Radarstrahlen gehören – wie auch das Licht – zu den elektromagnetischen Wellen. Vom Licht unterscheidet sich Radar in zwei Eigenschaften, der **Ausbreitung** und der Reflexion. Radarstrahlen breiten sich anders als Licht aus, weil sie eine größere Wellenlänge haben. Dadurch werden sie stärker gebrochen und reichen etwa 6 % weiter als die optische Kimm.

Die Radarkimm kommt ungefähr der Sichtweite von Tonnen gleich. Je höher die Radarantenne, umso weiter die Radarkimm – bei fünf Meter Antennen-

Schematisches Radarbild. Head Up (HU). Der Steuerstrich zeigt nach oben (HDG 000°). Das Bild zeigt drei Echos, die als Fahrzeuge geortet wurden und mit B, C und D markiert sind. Peillinie (EBL 025°) und variabler Messring (VRM 2,50 sm) sind auf B gelegt.

Dieselbe Situation nach dem Umschalten auf North Up (NU). Das ganze Bild ist um den rechtweisenden Kurs 070° nach rechts gedreht. Er wird als HDG (Heading) bezeichnet. Die Peilung ist rechtweisend geworden.

Radar

höhe beträgt sie etwa fünf Seemeilen. Die Radarkimm darf nicht mit der **Radarreichweite** verwechselt werden. Rein theoretisch könnten hohe Ziele hinter der Radarkimm – bei entsprechender Sendeleistung – erfasst werden. Doch die technisch möglichen Reichweiten der Radargeräte werden in der Praxis kaum erreicht, weil die Atmosphäre die Radarwellen dämpft. Luft absorbiert etwa 4 %,

leichter Regen etwa 6 %, dichter Nebel etwa 40 % und starker Regen sogar 95 % des Sendeimpulses. Daran ändert auch die Regenentrübung nichts. Auch eine kleine Antenne bringt – bei gleicher Sendeleistung – weniger Reichweite als eine große, weil die große die Radarkeule besser bündelt.

Werden Radarziele einmal weit außerhalb des Messbe-

reichs aufgefasst, spricht man von **Überreichweite**. Bei einer Inversionswetterlage lagert Warmluft stabil auf bodennaher Kaltluft. Die Grenzschicht dieser Luftmassen und die Wasseroberfläche können – bei hoher Sendeleistung – die Radarimpulse mehrfach reflektieren; sie folgen der Erdkrümmung. Solche Falschechos verschwinden, sobald Range oder Puls verkleinert wird.

Reflexion

Auch die **Reflexion** des Radars unterscheidet sich vom Licht. Radarstrahlen werden gut von elektrisch leitenden Materialien reflektiert; Kunststoff und Holz erfasst Radar zwar schlechter, aber ob eine Yacht im Seegang verschwindet, hängt vor allem von ihrer Freibordhöhe ab. Große Schiffe und Steilküsten sind deut-

Gain	Eingangsverstärker. Aufdrehen verstärkt eingehende Echos; Zurückdrehen reduziert Störechos, unterdrückt aber gleichzeitig schwache Echos von Booten und Tonnen („Kollisionsknopf"). Zur Kontrolle Gain regelmäßig etwas aufdrehen.	**Pulse**	Verändert die Impulsdauer. Der für entfernt liegende Ziele erforderliche lange Sendeimpuls erzeugt bei Objekten im näheren Bereich einen Radarschatten, in dem dahinterliegende Objekte verschwinden. Verkürzen von Pulse verbessert die radiale Auflösung.
Tune	Feinabstimmung. Passt die Frequenz des Empfängers an die des Senders an. Die Echos werden konturenstärker und kontrastreicher.	**IR**	Beseitigt Störungen anderer Radargeräte (Interferenz-Unterdrückung).
Brilliancy	Helligkeitsregelung. Hell bei Tage, schwach bei Nacht.	**Trail**	Kielwasser. Zeigt das Kielwasser von Schiffen an.
VRM	Variable Range Marker. Verändert den Radius des variablen Messrings und zeigt die Entfernung zu einem Ziel an.	**Echo Stretch**	Vergrößert schwache Echos.
		Echo Average	Hebt Echos im Seegang hervor.
EBL	Electronic Bearing Line. Die elektronische Peillinie gibt die Peilung zu einem Ziel an.	**Cursor**	Beweglicher Hilfspunkt. Zur Anzeige von Richtung und Entfernung.
		Alarm	Meldet das Auftreten eines Echos in einem vorgegebenen Bereich.
STC	Sensitivity Time Control (auch Anti Clutter Sea). Dient zur Seegangenttrübung und Feinechodämpfung. Achtung: STC kann Feinechos unterdrücken.	**Off Ctr**	Off Center. Verschiebt die eigene Schiffsposition aus dem Bildschirmzentrum, um den Vorausbereich zu vergrößern (im Nahbereich sinnvoll).
		TX	Gerät ist eingeschaltet und arbeitet (TX für transmitting = sendend)
FTC	Fast Time Constant (auch Anti Clutter Rain). Unterdrückt Regenechos und erleichtert die Auswertung bei Nebel. Auch FTC kann Feinechos unterdrücken.	**STBY**	Strom sparender Stand-by-Modus (Bildschirm ausgeschaltet).
		NM	Nautische Meilen (sm).

Bedienelemente eines professionellen Radargerätes – bei Yachtradars wird vieles automatisch eingestellt.

Radar

lich sichtbar, doch auch Seegang und Regentropfen werden angezeigt. Zwischen solchen Störechos kann ein feines Echo einer Yacht schon mal verschwinden.

S-Band, X-Band

Radar wird auf zwei Frequenzbereichen betrieben: im **X-Band** (wegen der Wellenlänge auch **3-cm-Band** genannt) und im **S-Band** (**10-cm-Band**). X-Band-Geräte werden durch Regen und Seegang stärker gestört. Regen erscheint als große Fläche; nichts ist darin und dahinter zu sehen, nicht einmal in der Nähe. Deshalb verfügen große Schiffe zusätzlich über ein S-Band-Gerät. Nachteilig bei S-Band-Geräten ist die Antennengröße. Um die gleiche Auflösung zu erzielen, muss eine S-Band-Antenne die dreifache Größe besitzen. Yachten haben daher keine S-Band-Geräte.

Störungen durch **Seegang** und **Regen** können durch zwei spezielle Funktionen eines Radargerätes verringert werden: **STC** (Sensitivity Time Control) verringert Seegangechos, **FTC** (Fast Time Constant) reduziert Regenechos und macht das Radarbild bei Nebel deutlicher. Aber STC und FTC können auch Echos von Sportbooten und Ton-

nen unterdrücken. STC und FTC müssen daher feinfühlig eingesetzt werden. In Luv stört Seegang die Anzeige mehr als in Lee, in der Nähe mehr als in mittlerer Entfernung und kabbelige See stört stärker als Dünung. STC muss daher immer wieder ausgeschaltet werden. Übrigens: je höher die Antenne, desto mehr Seegangreflexe.

Feinfühlige Einstellung verlangt auch **Gain**. Gain ist ein Eingangsverstärker, er verstärkt alle Echos – auch Störechos. Weniger Gain reduziert zwar die Störechos – aber schwache Nutzechos verschwinden ebenso. Daher heißt Gain auch „Kollisionsknopf". Um alle Nutzechos zu erkennen, muss Gain regelmäßig wieder aufgedreht werden.

Peilgenauigkeit

Die Laufzeit des Radarimpulses kann exakt gemessen und damit die Distanz zu einem Ziel genau angegeben werden. Bei der Richtung aber setzt die Physik Grenzen. Denn anders als ein Laserstrahl, der ein Ziel punktgenau trifft, breiten sich Radarstrahlen keulenförmig aus. Ein Radargerät tastet seine Umgebung mit einer Keule

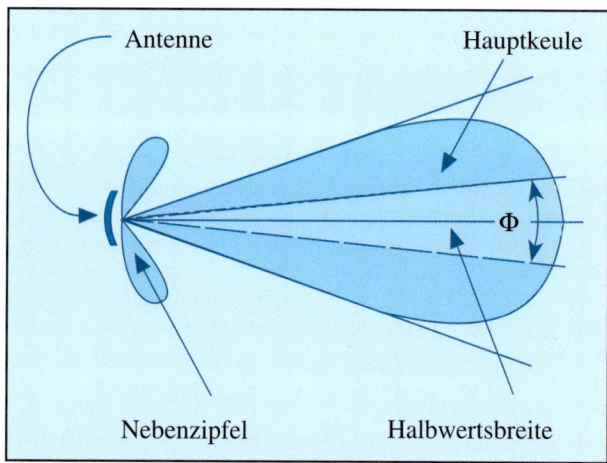

Radarkeule. Radarstrahlen breiten sich in Keulenform aus und als Keule trifft auch das Echo wieder ein. Der Empfänger registriert aber nur die Halbwertsbreite, das ist der Bereich, in dem die Strahlung mindestens die Hälfte des Maximalwerts erreicht. Alle schwächeren Signale unterdrückt es. Die Halbwertsbreite wird durch den Winkel Φ beschrieben. Φ ist die azimutale Auflösung des Radargeräts. – Nebenzipfel entstehen immer; sie können nicht völlig unterdrückt werden und erzeugen bei zu viel Pulse im Nahbereich kleine Kreisbögen, die Nebenzipfelechos.

Ein Radargerät manuell hochfahren
1. Gain, Regenentrübung, Seegangsdämpfung ganz zurückstellen.
2. Gerät einschalten, knapp zwei Minuten Vorwärmzeit.
3. Von Standby auf Transmit schalten; das Radarbild erscheint.
4. Mittleren Messbereich (etwa 4 sm) einstellen, in engen Gewässern kleiner, auf offener See wenig größer.
5. Mit Tune das Bild so konturenstark und kontrastreich wie möglich einstellen.
6. Gain aufdrehen, bis die Bildanzeige nicht verwischt. Gain ist richtig, wenn das Bild außerhalb des Nahbereiches (jenseits von drei sm Abstand) leicht körnig ist und gerade nicht schwarz wird. Im Nahbereich ist das Bild dann getrübt.
7. Brilliancy je nach Lichteinfall wählen.

Radar

ab. Ziele kann es nur auf eine Keulenbreite genau erkennen. Liegen zwei Targets näher als eine Keulenbreite beieinander, so sind sie nicht von einem breiten Ziel unterscheidbar.

Merke: Eine Radarantenne sendet Radarkeulen aus und erhält alle Echos als Radarkeulen zurück. Die Keulenbreite bestimmt die **azimutale Auflösung** (Azimut = Richtung). Sie hängt von der Antennengröße ab:

Antennen-Durchmesser	Azimutale Auflösung
46 cm	4,8°
61 cm	3,6°
122 cm	1,8°

Die so genannte **Halbwertsbreite** – der Bereich der Radarkeule, in dem die Strahlung noch mindestens die Hälfte des Maximums besitzt, ist die azimutale Auflösung. Eine azimutale Auflösung von 4,8° zeigt

– zwei Peilobjekte höchstens dann als zwei Echos auf dem Radarschirm, wenn sie mehr als 4,8° auseinander liegen,
– jedes Ziel stets als mindestens 4,8° breiten Pip.

Ein Beispiel: Zwei Fahrwassertonnen in 1 000 m Entfernung liegen 83 Meter weit auseinander. Das sind weniger als 4,8°, also kann das Radargerät die

beiden Tonnen nicht als zwei Ziele erkennen. Erst bei weiterer Annäherung werden die Tonnen als zwei Ziele aufgelöst – und auch nur bei kurzer Impulslänge und kleinem Messbereich.

Antennen von weniger als 61 cm Länge sind zum Peilen unbrauchbar, nur den Abstand kann man damit messen. Selbst ein Radargerät mit 61-cm-Antenne darf nicht dazu benutzt werden, um bei verminderter Sicht einem Kollisionsgegner auszuweichen. Das ist verboten! Vielmehr muss gestoppt und gewartet werden, bis das geortete Fahrzeug vorüber ist.

91 cm ist die kleinste Antennengröße, mit der eine Kollisionssituation richtig eingeschätzt und aus dem Radarbild ein Ausweichmanöver abgeleitet werden kann. Die Radargeräte der Handelsschifffahrt bündeln zwischen 0,65° und 1,8° (3-cm-Band). Für die Rheinschifffahrt sind Antennen mit mindestens 240 cm Durchmesser vorgeschrieben.

Mit kleiner Antenne kann der Standort genauer durch zwei Abstandsmessungen als durch Peilung und Abstand ermittelt werden. Der Schiffsort ergibt sich dann als Schnittpunkt der Abstandskreise um die Peil-

objekte. Den richtigen Schnittpunkt erkennt man auch mit einer kleinen Antenne.

Nebenzipfelechos

Nebenzipfelechos können bei nahe gelegenen Zielen neben dem Hauptecho auftreten. Sie entstehen, weil der Impuls nicht nur in einer Hauptkeule, sondern auch in Nebenkeulen abgestrahlt wird. Weniger Pulse lässt Nebenzipfelechos verschwinden.

Tageslicht-Radar (Raster-Scan-Radar)

Das klassische Radarbild mit umlaufender Ablenkspur wird mehr und mehr vom synthetischen Radarbild abgelöst. Es wird konventionell erzeugt, dann gescannt und – verzögert – als Raster einzelner Bildpunkte dargestellt. Eine geringe Bildschirm-Auflösung kann die Radaranzeige verschlechtern.

Störungen durch Regen und Seegang erkennt ein Tageslicht-Radar daran, dass sie beim nächsten Bildaufbau nicht mehr an derselben Stelle erscheinen. Solche Bildpunkte werden nicht angezeigt (daher die verzögerte Darstellung). Aber schwache Echos echter

Racon-Baken

Mit dem Zusatz *Racon* werden in Seekarten diejenigen Seezeichen gekennzeichnet, die den Empfang eines Radarimpulses mit einem Racon-Signal beantworten. Racon-Signale fallen auf dem Radarschirm sofort ins Auge. Sie erscheinen – etwas abgesetzt vom Ort der Raconbake – als radial nach außen gerichteter Balken oder als Morsebuchstabe.

Ziele (kleine Sportboote, Bojen), deren Signalstärke um den Schwellenwert schwankt ("pumpende Echos"), unterdrückt die so genannte **Korrelation** ebenfalls.

Läuft ein Schiff im Seegang nicht geradeaus, so springen die Radarziele im Head-Up-Modus hin und her. Das Radarbild dreht sich bei Head Up, es ist ja nicht stabilisiert. Die Korrelation blendet nun solche Ziele aus. **Daher sollte Head-Up nie bei Tageslicht-Radars verwendet werden!** Und wenn eine Yacht im Seegang stampft, springen Nutzziele auch bei stabilisierter Darstellung – und werden wiederum unterdrückt.

AIS

Das **Automatic Identification System** (AIS) wurde von der IMO entwickelt, damit Schiffe automatisch identifiziert werden können. Durch eine Neufassung von Kapitel 5 des SOLAS-Abkommens haben sich alle Vertragsstaaten verpflichtet, Schiffe mit einer Bruttoraumzahl von 300 und mehr mit AIS-Geräten auszurüsten. Alle Neubauten, Passagier und Tankschiffe sind schon seit längerer Zeit mit AIS ausgerüstet; auch die Nachrüstung kleinerer Fahrzeuge sowie von Schiffen auf nationaler Fahrt ist seit 2005 abgeschlossen.

Ein AIS-Gerät (Klasse A), wie es SOLAS-Fahrzeuge einsetzen müssen, besteht aus vier Komponenten:

1. Steuergerät. Es steuert und verarbeitet alle AIS-Daten.
2. GPS-Navigator. Er erzeugt die dynamischen Daten.
3. Sende-Empfangseinheit. Damit werden die Daten ausgetauscht.
4. Bildschirm. Hier werden die Daten dargestellt.

Die Daten werden auf zwei speziell für das AIS eingerichteten, international einheitlichen UKW-Kanälen, AIS 1 und AIS 2 übermittelt. Auf diesen beiden Kanälen werden die so genannten Datentelegramme (siehe rechts) verschickt. Das geschieht vollautomatisch nach dem SOTDMA-Verfahren (Self Organising Time Divison Multiple Access).

Die Datentelegramme sind so kompakt, dass auf jedem AIS-Kanal mehr als 2000 Datentelegramme pro Minute übertragen werden können. Die statischen und die reisespezifischen Informationen (siehe blauer Rahmen) werden alle sechs Minuten neu ausgestrahlt. Die dynamischen Informationen werden je nach Geschwindigkeit alle zwei Sekunden (Schiff mit mehr als 23 kn Fahrt) bis alle drei Minuten (Ankerlieger) aktualisiert. Bei schnellen Manövern sendet ein Schiff seine dynamischen Daten mindestens alle drei Sekunden.

Die AIS-Daten können auf einem eigenen Bildschirm angezeigt oder in ein Navigationsgerät wie Radar oder Seekartenplotter eingeblendet werden.

Abhängig von der Antennenhöhe hat ein AIS-Bordgerät eine Reichweite von 20 bis 30 Seemeilen.

Die AIS-Daten werden nicht nur von Schiffen genutzt, sondern auch von den Verkehrszentralen. In Deutschland wurden alle Verkehrszentralen mit AIS ausgestattet. So können sie kurze Nachrichten – Sicherheitsmeldungen, Navigationswarnungen, Verkehrsregelungen – per AIS an alle Schiffe oder an ein bestimmtes Schiff senden. Möglich wäre dann auch, Positionen von Fahrzeugen ohne AIS-Gerät auszustrahlen, die in den AIS-Geräten der übrigen Schifffahrt abgebildet würden. Das setzt natürlich voraus, dass die betreffenden Fahrzeuge vom Radarsystem der Verkehrszentrale erfasst werden. In den nächsten Jahren sollen sogar einige Leuchttürme und Fahrwassertonnen mit AIS ausgerüstet werden.

Für Sportboote besteht keine Ausrüstungspflicht. Sie können aber freiwillig mit AIS-Geräten (Klasse B) ausgerüstet werden. Dies erhöht deren Sicherheit erheblich, weil Sportboote mit AIS von großen Schiffen besser erkannt werden. Zudem können Sie selbst beobachten, welche Schiffe in Ihrer Nähe fahren – auf welcher Position, mit welchem Kurs und mit welcher Geschwindigkeit. Natürlich sind auch die statischen und die reisespezifischen Informationen interessant.

Die vier AIS-Datentelegramme

1. Statische Informationen
- IMO-Nummer (wenn vorhanden)
- Rufzeichen und Name des Schiffes
- Länge und Breite des Schiffes
- Art des Schiffes

2. Dynamische Informationen
- Position mit zugehöriger Uhrzeit
- Aktueller Kurs über Grund
- Aktuelle Fahrt über Grund
- Gesteuerter Kurs (Kielrichtung/Heading)
- Status (z. B. manövrierbehindert)
- Wendegeschwindigkeit

3. Reisespezifische Informationen
- Derzeitiger Tiefgang
- Ladungskategorie
- Zielhafen und ETA (Ankunftszeit)
- Routenplan (optional)

4. Kurze Sicherheitsmeldungen

Natürlich tauschen auch AIS-Geräte verschiedener Hersteller ihre Daten untereinander aus. Radargeräte mit AIS-Schnittstelle können AIS-Daten auch auf dem Radarschirm darstellen. Die vollständigen AIS-Daten werden auf ECDIS-Geräten (Electronic Chart Display Information System) angezeigt. Dabei werden spezielle Symbole verwendet, die den Nautiker auf einen Blick über die Art des fremden Schiffes, dessen Position und gegenwärtigen Kurs informieren.

Digitale Seekarten, Kartenplotter

NMEA

Die **N**ational **M**arine **E**lectronic **A**ssociation ist eine Vereinigung amerikanischer Hersteller von Navigationssystemen. Sie hat hauptsächlich zwischen 1980 und 1987 die Datenübertragung zwischen den Einzelgeräten der technischen Navigation und anderen Instrumenten (Autopilot, Windmesser…) standardisiert. Diese Standards sind international anerkannt; dennoch gibt es immer noch Geräte, die nicht nach den NMEA-Standards gefertigt wurden und nicht ohne weiteres mit anderen Geräten kommunizieren können. Das gängige NMEA-Protokoll NMEA 0183 existiert seit 1987.

Digitale Seekarten

Nur ECDIS-Anlagen (siehe Seite 53) können Papierseekarten ersetzen. Doch für die Sportschifffahrt gibt es keine ECDIS-Anlagen. Hier müssen weiterhin auf den neuesten Stand berichtigte papierne Seekarten und Seebücher mitgeführt werden.

Bei digitalen Karten unterscheidet man zwischen Vektorkarten und Rasterkarten. **Rasterkarten** sind digitale Rasterbilder von Papierkarten, also eine Ansammlung von Pixeln. Je höher die Auflösung, desto stärker kann die Karte vergrößert werden, desto größer aber auch die Datei. Einfache Rasterkarten sind preisgünstig herzustellen.

Vektorkarten sind mithilfe von Vektorpunkten gezeichnete Karten. Hier speichert das Gerät nur einzelne Punkte einer Kurve, **Vektorpunkte**, die aber auch Angaben zur Richtung und Krümmung der Kurve machen. Vorteile: geringes Datenvolumen, Vergrößerung in beliebiger Stärke und Berechenbarkeit der Kurven. So kann das System etwa eine Tiefenlinie erkennen und vor einer gefährlichen Annäherung warnen. Auch lassen sich z. B. Tonnen mit Daten aus dem Leuchtfeuerverzeichnis verknüpfen.

Für den Anwender ist der Unterschied zwischen Raster- und Vektorkarten unerheblich und zumeist gar nicht erkennbar. Denn mithilfe zusätzlicher, unsichtbarer Ebenen können Rasterkarten mit den gleichen Funktionen wie Vektorkarten ausgestattet werden. Und schließlich setzt selbst die British Admiralty Rasterkarten (**ARCS**, Admiralty Raster Chart Service) ein.

Navigationssysteme

Es gibt drei Möglichkeiten, um auf Yachten mit digitalen Seekarten zu navigieren:

– Kartenplotter
– Laptop, eingebauter PC
– Pocket-PC

Kartenplotter

Kartenplotter heißen die Geräte zur Anzeige digitaler Seekarten. Verbunden mit einem GPS-Navigator zeigen sie ständig den genauen Standort an – auf Wunsch immer mitten auf dem Bildschirm. Auch ein AIS-Gerät ist anschließbar. Den vielen Vorteilen stehen aber auch Nachteile gegenüber:

– hoher Gerätepreis
– hoher Seekartenpreis
– teure Kartenberichtigung
– die Plotter sind fest an einen Hersteller digitaler Seekarten gebunden
– die digitalen Seekarten sind nicht gedruckt verfügbar
– Kartenplotter sind nicht zur Navigation zugelassen, sondern dürfen nur ergänzend zu einer Papierkarte eingesetzt werden

Bei der Auswahl eines Gerätes mögen Preis und Eigenschaften wichtig

Seekarten für Plotter

– Navionics
– C-Map
– Garmin Bluechart
– BlueNav (Magellan)

sein, entscheidend aber sind die Karten. Doch wer vermag sie zu beurteilen, wenn sie nicht gedruckt vorliegen! Zeigen sie auch die kleinen Häfen und Zufahrten oder sind sie für die Belange der Berufsschifffahrt ausgelegt? Wie lange wird der Kartenhersteller noch am Markt sein und für Berichtigungen sorgen? Wie oft erscheinen die Berichtigungen und was kosten sie?

Eine papierne Seekarte muss zumindest zur Kontrolle immer benutzt werden. Doch zwei verschiedene Kartenbilder erleichtern nicht gerade den Wechsel zwischen Bildschirm und Seekarte. Der vergleichsweise kleine Monitor eines Kartenplotters kann nur einen kleinen Ausschnitt der Seekarte wiedergeben. Ein kleinerer Maßstab zeigt zwar ein größeres Gebiet, doch dann gehen viele Details verloren. Wer allein mit einem Kartenplotter navigiert, riskiert bei einem Ausfall des Bordnetzes oder bei technischen Problemen den Verlust der

PC in der Navigation

GPS-Maus, Seewetterfrosch

Eine **GPS-Maus** ist ein kleines mausgroßes Gehäuse, das ein komplettes GPS-Gerät mit Antenne, aber ohne Display enthält. Es wird über einen USB-Anschluss an einen PC angeschlossen.

Äußerlich ähnelt der **Seewetterfrosch** der GPS-Maus. In seinem Gehäuse verbergen sich Empfänger, Akku, Datenspeicher und Antenne. Der Seewetterfrosch empfängt alle Wetterberichte des DWD und speichert sie. Der Seewetterfrosch kann ebenfalls per USB an einen PC angeschlossen werden und gibt dann die gespeicherten Wetterberichte aus. Der Seewetterfrosch wird in zwei Versionen angeboten: Mit einem LW-Empfänger besitzt er eine Reichweite von etwa 270 sm; ein KW-Empfänger erhöht die Reichweite auf 2000 sm, benötigt dafür aber eine 55-cm-Außen-Antenne.

gesamten Navigation und muss zudem nach einem Unfall, der auf einem Navigationsfehler beruht, mit versicherungs- und im schlimmsten Fall auch mit strafrechtlichen Konsequenzen rechnen.

Auf freiem Wasser wird ein Kartenplotter kaum benötigt. Bei sinnvoller Auswahl der Wegpunkte zeigt jeder GPS-Navigator die erforderlichen Navigationsdaten an. In schwierigen Fällen, etwa in kleinen Fahrwassern, aber muss die Karte an Deck sein. Und das geht entweder mit einem zweiten, wasserfesten Plotter im Cockpit oder mit einem Pocket-PC in der Tasche (siehe Seite 29). Alle nautischen Überlegungen sprechen gegen

Kartenplotter. Was spricht dann noch dafür? Der Wunsch nach mehr Komfort und die Freude an der Technik – ist das nichts?

In einem anderen Licht erscheint die Lage, wenn Radar ins Spiel kommt. Ein stand-alone Radargerät entspricht heute nicht mehr dem Stand der Technik. Radargeräte ohne integrierten Kartenplotter werden kaum noch verkauft.

Auch das ist fraglich, denn auf freiem Wasser wird ein Kartenplotter nicht benötigt und mit den in der Sportschifffahrt üblichen Antennengrößen dürfen enge Fahrwasser, in denen ein Plotter sinnvoll wäre, bei verminderter Sicht nicht befahren werden.

Laptop, eingebauter PC

Für PCs werden viele digitale Karten angeboten. Den höchsten Standard besitzen ARCS-Karten. Sie sind – zweitrangig hinter den ENCs – sogar in der Berufsschifffahrt zugelassen. ARCS kann dort sowohl als Redundanz-System für eine ECDIS-Anlage, als auch erstrangig in Seegebieten eingesetzt werden, für die es noch keine ENCs gibt. Dies zeigt auch deutlich die Strategie der British Admiralty, nämlich ihr Seekartenwerk, das vermutlich das größte der Welt ist, zur digitalen Nutzung so lange freizugeben, bis ENCs verfügbar sind – und das kann Jahrzehnte dauern. ARCS-Karten können von einer riesigen Anzahl an Navigationsprogrammen angezeigt und verarbeitet werden, etwa von MaxSea.

Auch Sportbootkarten – etwa die des Delius Klasing Verlages – werden auch auf CD angeboten. Ein Navigationsprogramm – der Yacht-Navigator ab 76,– € – macht sie auf einem PC blattschnittfrei sichtbar (kein Kartenwechsel nötig). Ein angeschlossener GPS-Navigator zeigt ständig den genauen Ort an. Von großem Vorteil ist das identische Bild von Seekarte und Bildschirm.

Seekarten für PC

– ARCS
– MaxSea
– Transas
– Delius Klasing
– N. V.
– Nobeltec
– MapTech

Wegpunkte können durch Mausklick erfasst, Routen einfach zusammengestellt und beides kann problemlos an das GPS-Gerät übertragen werden (wenn auf See der Laptop ausgeschaltet bleibt). Auch ein Autopilot ist anschließbar, sodass die Route selbstständig abgefahren werden könnte. Fällt der GPS-Navigator aus, kann am PC gekoppelt werden, auch Kreuzpeilungen am Laptop sind möglich. Nicht zuletzt können Reisen bereits zu Hause geplant werden.

Nicht jeder PC lässt sich auf einer Yacht einbauen. Der raue Bordbetrieb verlangt besondere Hardware. Der Bildschirm ist meist ein 17-Zoll-Touchscreen, um Seekarten gut lesbar darstellen zu können. So eine Anlage hat ihren Preis, lässt aber auch keine Wünsche offen. Nobeltec soll sogar einen Radar-Scanner anschließen können und den PC zu einem Radargerät machen.

Entstehung der Gezeiten

Ein grandioses Naturschauspiel wiederholt sich zweimal täglich an der deutschen Nordseeküste: Der Wasserstand steigt zwei bis drei Meter und dann fällt er wieder ab. **Gezeiten** nennt man dieses Phänomen und weil das Wasser abwärts fließt entstehen die **Gezeitenströme**. Ungeheure Kräfte werden freigesetzt, selbst Gezeitenkraftwerke sind schon gebaut worden. Woher kommen diese Kräfte? Wie entstehen die Gezeiten?

Die eine Ursache sind Schwankungen der Erdanziehungskraft. Schwächt sich die Erdanziehung irgendwo auf dem Meer ab, so steigt dort der Wasserstand an. Nimmt dagegen die Erdanziehung zu, sinkt der Wasserstand. Dass sich die Erdanziehung verändert, bemerken Menschen nicht – so gering sind die Unterschiede. Warum verändert sie sich überhaupt? Dafür sorgt der Mond.

Der Mond

Bekanntlich umkreist der Mond die Erde. Ihre Massenanziehung hält ihn auf seiner Bahn um die Erde gefangen. Doch Mond und Erde wirken wechselseitig aufeinander. In gleichem Maße, wie die Erde ihre Anziehungskraft auf den Mond ausübt, zieht der Mond die Erde an – und verringert damit die Erdanziehung. Direkt unter dem Mond, also an dem Ort, wo der Mond senkrecht im Zenit steht, wirkt sich die Mondanziehung am stärksten aus; hier ist die Erdanziehung besonders schwach. Je weiter man sich von dieser Stelle entfernt, desto geringer die Mond- und desto stärker die Erdanziehung. Weil der Mond weiterläuft, verändern sich die Schwerkraftverhältnisse auf der Erde ständig. Nach 24 Stunden und 50 Minuten ist der Mond – aus Sicht der Erde – einmal um die Erde gewandert. Wäre die Erde ein einziges Meer, könnte man beobachten, wie in dieser Zeit eine Welle einmal um die Erde läuft, immer genau unter dem Mond.

Wenn der Mond die Erde umkreist, zerrt er ordentlich an ihr. Keineswegs bleibt die Erde dabei ruhig auf ihrer Bahn. Vielmehr reißt der Mond sie ständig hin und her. Das System Erde-Mond dreht sich um einen gemeinsamen Schwerpunkt, der in der Erde, etwa 1700 km unter der Erdoberfläche liegt. Um diesen Schwerpunkt „eiern" Erde und Mond auf ihrer gemeinsamen Bahn um die Sonne. Wie in einem Karussell entstehen dabei Fliehkräfte – auf der Erde genau dem Mond gegenüber. Das Bild der unter dem Mond um die Erde laufenden Welle war also noch unvollständig; der ersten Welle, der Mondanziehungswelle, gegenüber läuft eine zweite Welle, die Fliehkraftwelle. Und zwischen den beiden Wellenkämmen liegt jeweils ein Wellental.

Angenommen, ein Wellental (**Niedrigwasser**) hat gerade einen festen Ort auf dem Meer durchlaufen, so steigt dort der Wasserstand; es herrscht

In gleichem Maße wie die Erde den Mond anzieht (Massenanziehung) übt auch der Mond eine Anziehungskraft auf die Erde aus. So bildet sich eine Mondanziehungswelle, die direkt unter dem Mond ihre größte Höhe erreicht. Dem Mond gegenüber entsteht eine Fliehkraftwelle, weil sich das System Erde-Mond um einen gemeinsamen Schwerpunkt dreht. Zwischen diesen beiden Wellen liegen Wellentäler. Die Erde dreht sich unter diesen Wellen hindurch, sodass an einem festen Ort auf dem Meer etwa im Sechs-Stunden-Takt einer Hochwasserwelle ein Wellental folgt. Übrigens, die Gezeitenreibung bremst die Erdrotation; in etwa 225 Millionen Jahren wird ein Tag 25 Stunden dauern. Auch die Erde übt eine Gezeitenreibung auf den Mond aus. Weil er eine viel kleinere Masse besitzt, hat die Erde seine Rotation bereits gestoppt. Deshalb wendet uns der Mond immer dieselbe Seite zu.

Entstehung der Gezeiten

Flut. Gut sechs Stunden später ist der Wellenkamm angekommen; der Wasserstand hat seinen höchsten Punkt erreicht (**Hochwasser**). Nun beginnt das Wasser wieder zu sinken (**Ebbe**), bis wiederum gut sechs Stunden später das nächste Wellental über den Ort läuft. Eine **Tide** ist vorbei, sie umfasst eine Flut und eine Ebbe und dauert an der Nordsee ungefähr einen halben Tag. Man spricht von **halbtägigen Gezeiten**, womit genau genommen ein halber **Mondtag** gemeint ist, also die Hälfte der Zeitspanne, nach der der Mond wieder über dem Ort kulminiert (24 h 50 min).

Der Mond umkreist die Erde in etwa vier Wochen („Monat"); von Vollmond bis Vollmond vergehen 29,5 Tage. Doch bewegt sich der Erdtrabant keineswegs gleichförmig. Wie ein Betrunkener torkelt er um die Erde, mal schneller, mal langsamer, mal mehr nach Norden und dann wieder südwärts. Das bewirken die anderen Himmelskörper. Bewegt sich der Mond auf seinem Weg um die Erde zur Sonne hin (von Vollmond über das letzte Viertel zu Neumond), so beschleunigt ihn die Sonnenanziehung. Läuft er von der Sonne weg (von Neumond

über das erste Viertel zu Vollmond), so bremst ihn die Sonnenanziehung ab. Doch die Sonne ist weit weg. Unsere Nachbarplaneten – Venus, Mars und vor allem der Riesenplanet Jupiter – ziehen viel stärker am Mond, wenn sie gerade in Erdnähe stehen. Ebenso ungleichmäßig wie die Mondbahn verlaufen die Gezeiten. Man sagt, die Gezeiten haben **astronomische Ursachen**.

Nicht nur die Mondanziehung wirkt auf die Wassermassen der Erde ein, auch die Sonnenanziehung. Die Sonne hat ja eine viel größere Masse als der Mond, aber sie ist auch sehr viel weiter von der Erde entfernt (Sonne etwa 150 Millionen Kilometer, Mond zwischen 356 000 und 406 000 Kilometer). Deshalb wird die Erdanziehung von der Sonne nur etwa halb so stark beeinflusst wie vom Mond.

Bei **Vollmond** stehen Sonne, Erde und Mond im Winkel 180°. In dieser Stellung addieren sich die Anziehungs- und Fliehkräfte, die Mond und Sonne auf die Wassermassen der Erde ausüben. Das gilt auch bei Neumond, wenn Sonne, Erde und Mond den Winkel 0° bilden. Der Höhenunterschied zwischen Hoch- und Niedrig-

Mondphasen. In ungefähr 29,5 Tagen umrundet der Mond einmal die Erde. Nach einer Vierteldrehung (090°) steht der Mond im „ersten Viertel", er zeigt sich als zunehmender Halbmond. Etwa eine Woche später hat er 180° erreicht, es herrscht Vollmond. Im „letzten Viertel" (270°) sieht man abnehmenden Halbmond. Bei Neumond (000°) steht der Mond am Taghimmel, die Nächte sind mondlos. Der Mond umläuft die Erde nicht auf einer regelmäßigen Kreisbahn. Er torkelt vielmehr um die Erde, verändert ständig seine Bahngeschwindigkeit und seine Entfernung zur Erde. Sie schwankt zwischen 356 000 und 406 000 Kilometern.

wasser, der **Tidenhub**, fällt besonders groß aus. Die Tide springt geradezu (**Springtide**). Auch die Gezeitenströme (die ja nur die Höhenunterschiede ausgleichen wollen) fließen jetzt mit hoher Geschwindigkeit. Als **Springzeit** wird zum einen der genaue Zeit*punkt* bezeichnet, zu dem der Tidenhub den **größten** Wert erreicht; zum

anderen aber auch der etwa viertägige Zeit*raum* um den größten Tidenhub.

Bei **Halbmond** hingegen stehen Sonne, Erde und Mond im Winkel 90° (erstes Viertel) oder 270° (letztes Viertel). Dann versucht die Sonne die Wellenkämme dort aufzubauen, wo der Mond Wellentäler erzeugt und umge-

Fragen 255 – 258

Springverspätung

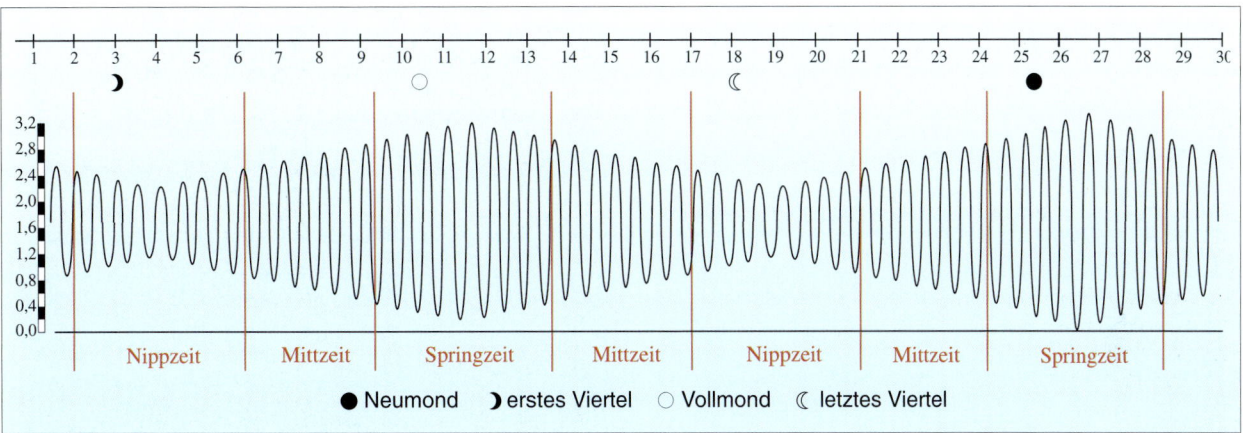

Fiktive Gezeitenkurve für einen Monat: Zwischen den jeweils viertägigen Spring- und Nippzeiten herrschen etwa drei Tage lang mittlere Gezeitenverhältnisse, die Mittzeit. Die Mitte der Springzeit liegt in diesem Beispiel (wie an der deutschen Nordseeküste üblich) etwa einen Tag nach Voll- oder Neumond, die Nippzeitmitte etwa einen Tag nach Halbmond (erstes oder letztes Viertel). Dieser Zeitunterschied (zwischen dem Eintritt des Voll- oder Neumondes und der Mitte der Springzeit) wird als Springverspätung bezeichnet. Das Kartennull ist in Deutschland der örtliche, niedrigstmögliche, vorausberechenbare Gezeitenwasserstand (Lowest Astronomical Tide, LAT). Dieser Wert berücksichtigt alle Faktoren, die die Höhe der Gezeit beeinflussen, mit Ausnahme des Windes und des Luftdrucks. Der niedrigste Wasserstand wird im obigen Beispiel am 26. Tag erreicht. Er ist das Kartennull. Auf das Kartennull beziehen sich die in Seekarten angegebenen Wassertiefen (= Kartentiefen). Die tatsächliche Wassertiefe ergibt sich aus der Kartentiefe plus der Höhe der Gezeit. Sie ist links ablesbar.

kehrt. Der Mond gewinnt dieses Spiel, aber der Höhenunterschied zwischen Hoch- und Niedrigwasser, der Tidenhub, fällt schwächer aus; die Tide nippt nur noch (**Nipptide**). Die Gezeitenströme sind langsam wie sonst nie.

Gezeiten auf den Randmeeren

Natürlich besteht die Erdoberfläche nicht nur aus Wasser. Immerhin 29 % sind Land. So wie be-

schrieben können sich die Gezeiten nur auf Ozeanen entwickeln. Die Rand- und Nebenmeere sind zu klein, um Gezeiten entstehen zu lassen. Die engen Zugänge zur Ostsee und zum Mittelmeer versperren den Gezeiten den Weg. Mittelmeer und Ostsee sind **gezeitenfrei**. Doch auch hier werden Schwingungen der Wassermassen, **Seiches** genannt, beobachtet. Luftdruckschwankungen und Wind lösen sie aus und lassen den Meeresspiegel an Küsten, vor

allem in Buchten fallen und steigen – zum Beispiel an der deutschen Ostseeküste um 0,30 m und in St. Petersburg um einen Meter. Ostseesegler sprechen von **Badewanneneffekt**, um zu beschreiben, wie solche Wellen in der Ostsee hin und her laufen.

Ist ein Rand- oder Nebenmeer aber großflächig mit einem Ozean verbunden, so schwappen die Gezeiten aus dem Ozean hinein. Deshalb herrschen auf der Nordsee Gezeiten – wenn-

gleich mit einem Tag Verzögerung. Der größte Tidenhub wird nicht bei Vollmond oder Neumond erreicht, sondern etwa einen Tag später. Man nennt dies **Springverspätung**, sie beträgt an der deutschen Nordseeküste etwa einen Tag. Aber nicht nur die Springverhältnisse treten verspätet ein, die Nippzeiten ebenso.

Die Springverspätung beträgt in der Deutschen Bucht etwa einen Tag.

Meteorologische und geografische Faktoren

Linien gleichen mittleren Springtidenhubs

Die Linien gleichen mittleren Springtidenhubs verdeutlichen das Ausmaß der Gezeiten. Sie zeigen die Höhen des durchschnittlichen Tidenhubs zur Springzeit. Seine größten Werte – mehr als elf Meter – erreicht der mittlere Springtidenhub im Bristolkanal, Severn und im Golf von St. Malo. Hier laufen die Küstenlinien wie ein Trichter immer enger zusammen; die Gezeitenwelle baut sich zu enormen Höhen auf. Ähnliche Verhältnisse herrschen auch in vielen anderen trichterförmigen Buchten – etwa in der Deutschen Bucht. Man sagt daher, die Höhe der Gezeiten hat auch geografische Ursachen.

Drückt tagelanger Nordweststurm das Wasser in die Deutsche Bucht, so steigt der Wasserstand durch den Winddruck einige Meter an. Die Küstenbewohner werden nun vor einer **Sturmflut** gewarnt. Andauernder Starkwind aus südöstlichen Richtungen treibt das Wasser aus der Deutschen Bucht heraus. Jetzt müssen die Schiffe gewarnt werden, dass die in den Seekarten angegebenen Wassertiefen nicht mehr vorhanden sind. Die Gezeiten (*Höhe, Zeit und Strom*) haben auch **meteorologische Ursachen**.

Ein kleines Gebiet mitten in der südwestlichen Nordsee weist weniger als 0,5 Meter mittleren Springtidenhub aus; es ist praktisch gezeitenfrei, ein Ort völliger Gezeitenruhe. Wie ist das zu erklären? – Wellen können sich überlagern, sie interferieren. Laufen zwei Wellensysteme zusammen, so entstehen dort besonders hohe Wellen, wo die Wellenkämme aufeinander treffen. Die Wellenhöhe erreicht die Summe der Höhen der beiden Einzelwellen. Wo ein Wellenkamm auf ein Wellental trifft, verschwindet die Welle – in der südwestlichen Nordsee.

Nautische Literatur

Das Bundesamt für Seeschifffahrt und Hydrographie (BSH) gibt verschiedene Schriften über die Gezeiten und die Gezeitenströme heraus.

Die **Gezeitentafeln** enthalten für europäische Orte die berechneten Zeiten und Höhen der Hoch- und Niedrigwasser.

Der kleinere **Gezeitenkalender** (auch **Tidenkalender** genannt) gilt nur für die deutsche Nordseeküste. Er beinhaltet zwar die täg-

Die Gezeiten (Höhe, Zeit und Strom) hängen ab von

- astronomischen Faktoren (Mond, Sonne)
- geografischen Faktoren (Küstenverlauf, Gestalt und Tiefe der Meere)
- meteorologischen Faktoren (Wind)

Gezeitenkalender

lichen Hoch- und Niedrigwasserzeiten, aber nur die Höhen des mittleren Hoch- und Niedrigwassers.

Genaue Angaben über Gezeitenströme im Watt findet man in **Der küstennahe Gezeitenstrom in der Deutschen Bucht**; die Verhältnisse auf der freien See werden im **Gezeitenstromatlas** beschrieben.

Speziell an Wassersportler richtet sich Jan Werners **Törnführer Nordseeküste** – Elbe bis Sylt, erschienen im Delius Klasing Verlag. Dieses Buch enthält detaillierte Gezeitenangaben und ist ein Muss für alle Segler und Motorbootfahrer auf der Nordsee.

Gezeitenkalender

Für viele Nordsee-Skipper ist der Tidenkalender so wichtig wie ein Fahrplan für Bahnfahrer. Dort sehen sie nach, wann Hochwasser und wann Niedrigwasser eintritt. Danach entscheidet sich, wann sie aus einem Hafen auslaufen oder dorthin zurückkehren.

Kurz vor oder nach Hochwasser beginnt vielerorts (nicht überall) die Ebbe; das Wasser läuft seewärts ab. Vom **Ebbstrom** kann sich eine auslaufende Segelyacht gut schieben

lassen. Kurz vor oder nach dem Niedrigwasser setzt der **Flutstrom** ein, der die landwärts laufenden Yachten unterstützt. Gegen den Gezeitenstrom läuft eine Yacht fast niemals an. Da die Gezeitenströme in der ersten und in der letzten Stunde nur langsam setzen, kann eine Yacht schon eine Stunde, bevor der Strom kentert, ein- oder auslaufen.

Der Gezeitenkalender enthält für 13 **Bezugsorte** die berechneten täglichen Zeiten des Hochwassers (HW) und des Niedrigwassers (NW). Für etwa 200 **Anschlussorte** (s. Folgeseite) sind die **Gezeitenunterschiede** zum nächsten Bezugsort angegeben. Es bedeuten „+" später und „–" früher. Die Zahlen für Anschlussorte wurden als Mittelwert von 365 Tagen gebildet und sind dementsprechend ungenau.

In der Datumsspalte wird die Mondphase angegeben, aus der das **Alter der Gezeit** (Springzeit, Mittzeit, Nippzeit) abgeleitet werden kann. Die Mitte der viertägigen Nippzeit ist an der deutschen Nordseeküste einen Tag nach Halbmond (erstes Viertel, letztes Viertel) erreicht, die Mitte der viertägigen Springzeit liegt einen Tag nach Vollmond oder Neumond (Springverspätung).

Norderney (Riffgat) 2005
Breite: 53° 42' N, Länge: 007° 10' E

| Tag | Juli | | | | Tag | August | | | |
	HW-Zeit		NW-Zeit			HW-Zeit		NW-Zeit	
1 Fr	7:59	20:17	1:46	14:05	1 Mo	9:20	22:02	3:03	15:50
2 Sa	9:00	21:24	2:48	15:14	2 Di	10:28	23:07	4:17	17:01
3 So	10:00	22:26	3:50	16:20	3 Mi	11:24	23:58	5:19	17:56
					4 Do		12:08	6:08	18:40
4 Mo	10:55	23:22	4:47	17:19	5 Fr ●	0:40	12:47	6:50	19:19
5 Di	11:43		5:39	18:10	6 Sa	1:18	13:23	7:28	19:56
6 Mi ●	0:12	12:25	6:25	18:54	7 So	1:53	13:56	8:03	20:28
7 Do	0:55	13:02	7:05	19:34					
8 Fr	1:34	13:37	7:41	20:11	8 Mo	2:25	14:27	8:33	20:57
9 Sa	2:10	14:12	8:16	20:45	9 Di	2:54	14:57	9:00	21:25
10 So	2:45	14:46	8:48	21:17	10 Mi	3:25	15:29	9:31	21:59
					11 Do	3:58	16:03	10:05	22:31
11 Mo	3:19	15:20	9:19	21:50	12 Fr	4:30	16:35	10:34	22:55
12 Di	3:53	15:56	9:53	22:27	13 Sa ☽	5:01	17:11	11:01	23:24
13 Mi	4:30	16:33	10:29	23:02	14 So	5:41	18:03	11:46	
14 Do ☽	5:08	17:11	11:03	23:36					
15 Fr	5:47	17:54	11:42		15 Mo	6:43	19:21	0:19	13:00
16 Sa	6:35	18:50	0:17	12:36	16 Di	8:04	20:53	1:42	14:34
17 So	7:36	20:01	1:16	13:47	17 Mi	9:30	22:20	3:16	16:07
					18 Do	10:45	23:33	4:42	17:27
18 Mo	8:45	21:18	2:28	15:04	19 Fr ○	11:47		5:52	18:33
19 Di	9:55	22:30	3:44	16:21	20 Sa	0:34	12:41	6:49	19:27
20 Mi	10:59	23:37	4:54	17:32	21 So	1:27	13:30	7:38	20:15
21 Do ○	11:57		5:58	18:36					
22 Fr	0:38	12:51	6:56	19:34	22 Mo	2:15	14:15	8:23	20:58
23 Sa	1:35	13:43	7:49	20:29	23 Di	2:58	14:59	9:03	21:37
24 So	2:30	14:33	8:39	21:18	24 Mi	3:36	15:39	9:40	22:12
					25 Do	4:10	16:19	10:16	22:45
25 Mo	3:21	15:19	9:23	22:02	26 Fr ☾	4:45	16:59	10:51	23:15
26 Di	4:06	16:04	10:03	22:44	27 Sa	5:22	17:46	11:30	23:52
27 Mi	4:48	16:49	10:45	23:26	28 So	6:09	18:46		12:23
28 Do ☾	5:30	17:36	11:29						
29 Fr	6:14	18:29	0:05	12:16	29 Mo	7:15	20:06	0:50	13:42
30 Sa	7:04	19:32	0:49	13:13	30 Di	8:37	21:33	2:15	15:17
31 So	8:07	20:46	1:49	14:28	31 Mi	9:59	22:48	3:46	16:41

● Neumond	☽ erstes Viertel	○ Vollmond	☾ letztes Viertel

Mitteleuropäische Sommerzeit

Aus dem Gezeitenkalender 2005: Bezugsort Norderney

Achtung: In der SKS-Prüfung (Gezeitenaufgabe) muss das Alter der Gezeit immer Tafel 2 entnommen werden.

An der Küste werden im Radio häufig Wasserstandsvorhersagen gesendet, etwa:

„Das Bundesamt für Seeschifffahrt und Hydrographie gibt bekannt, dass das Mittaghochwasser an der deutschen Nordseeküste, in Bremen, Emden und Hamburg drei Dezimeter höher als das mittlere Hochwasser eintreten wird."

Fragen 259, 260

Gezeitenkalender

Mittlere Gezeitenunterschiede				
Ort	Breite	Länge	HW	NW
	Nord	Ost	h min	h min
Emden, Große Seeschleuse	53° 20'	7° 11'		
. . . .	. . . .	. . . . .	. . . . .	. . . . .
Spiekeroog	53° 45'	7° 41'	+0 00	−0 23
Norderney, Riffgatt	53° 42'	7° 09'	−0 27	−0 51
Borkum, Fischerbalje	53° 33'	6° 45'	−0 50	−1 16
Emden, Große Seeschleuse . .	53° 20'	7° 11'	+0 37	+0 07
. . . .	. . . .	. . . . .		

Aus dem Gezeitenkalender 2005: Anschlussorte

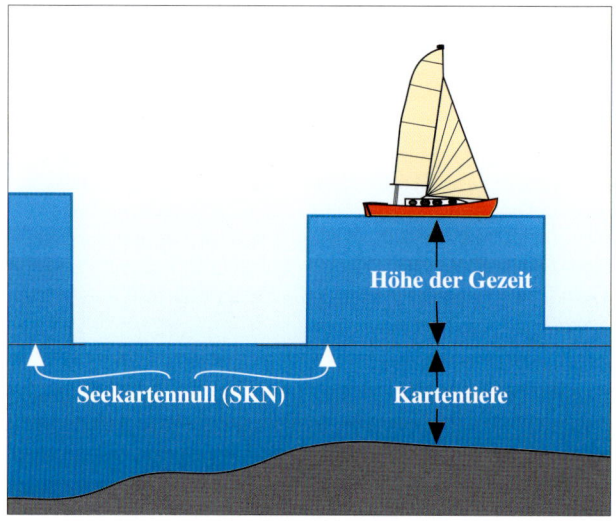

Wassertiefe (WT) = Kartentiefe (KT) + Höhe der Gezeit (H)

Mittleres Hoch- und Niedrigwasser (in Metern)					
Ort	MHW		MTH	MHW	
	NN	SKN		NN	SKN
Ostfriesische Inseln und Küste					
Wangerooge, West	1,5	3,5	2,9	-1,4	0,6
Harlesiel	1,5	3,5	*	*	*
Spiekeroog	1,4	3,4	2,8	-1,4	0,6
Neuharlingersiel	1,5	3,5	2,9	-1,4	0,6
Langeoog	1,4	3,3	2,7	-1,3	0,6
Bensersiel	1,4	3,3	2,9	-1,5	0,5
. . . .			. . . .		

MHW = Mittleres Hochwasser, MNW = Mittleres Niedrigwasser,
MTH = Mittlerer Tidenhub, SKN = Seekartennull, NN = Normalnull
(s. Seite 65)

Aus dem Gezeitenkalender 2005: Anschlussorte

Diese Vorhersagen berücksichtigen auch, wie sich der Wind auf den Wasserstand auswirken wird. Mit dem Gezeitenkalender (siehe Abbildung) lässt sich die Höhe des Hochwassers leicht errechnen. Nach der Vorhersage auf der letzten Seite wird das Hochwasser bei Spieker-oog auf 3,1 m über Seekartennull (SKN) steigen. Mit den Gezeitentafeln kann die Höhe der Gezeit genau bestimmt werden. Für den Wassersport reicht es jedoch aus, den zu erwartenden Wasserstand ungefähr abzuschätzen – und das geht auch mit dem Gezeitenkalender.

Stangen mit Besentoppzeichen und Pricken, die typische Fahrwasserbezeichnung im Wattenmeer

Fragen 181, 182, 259

Begriffsbestimmungen

Allgemeine Begriffe

Gezeiten: [1]   Wasserstandsänderungen, die bei den Bahnbewegungen von Erde, Mond und Sonne durch das Zusammenwirken von Massenanziehung und Fliehkraft in Verbindung mit der Erdrotation entstehen.

Gezeit: Gezeiten an einem Ort.

Tide: Teil der Gezeit, der sich aus der Flut und der nachfolgenden Ebbe zusammensetzt.

Hochwasser (HW):   Eintritt des höchsten Wasserstandes beim Übergang vom Steigen zum Fallen.

Niedrigwasser (NW):   Eintritt des niedrigsten Wasserstandes beim Übergang vom Fallen zum Steigen.

Flut: Steigen des Wassers von einem Niedrigwasser bis zum folgenden Hochwasser.

Ebbe: Fallen des Wassers von einem Hochwasser bis zum folgenden Niedrigwasser.

Wasserstand: Abstand der Wasseroberfläche von einer festen Nullmarke. Das Vorzeichen ist positiv, wenn die Wasseroberfläche oberhalb dieser Marke liegt.

Tiefenangaben, Alter der Gezeit

Wassertiefe (WT):   Abstand zwischen Wasserspiegel und Grund; bei Bestimmung mittels Echolot: Summe aus Tiefe des Echolotwandlers und Echolotung.

Tiefe des Echolotwandlers (T_{EI}):   Abstand des Echolotwandlers von der Wasseroberfläche.

Echolotung (EL):   Abstand zwischen Echolotwandler und Grund.

Kartennull (KN), Seekartennull (SKN):   Nullfläche, auf die die Tiefenangaben einer Seekarte bezogen sind.

Kartentiefe (KT):   Auf Kartennull bezogene Wassertiefe abzüglich Höhe der Gezeit.

Lowest Astronomical Tide (LAT):   Höhe des niedrigsten Niedrigwassers, das für einen Pegel vorausberechnet werden kann.

Springzeit (SpZ):   Zeit (Tag und Uhrzeit), zu der die halbmonatliche Ungleichheit der Hochwasserhöhen ihren größten Wert annimmt.

Nippzeit (NpZ):   Zeit (Tag und Uhrzeit), zu der die halbmonatliche Ungleichheit der Hochwasserhöhen ihren kleinsten Wert annimmt.

Mittzeit (MtZ):   Eine zwischen Spring- und Nippzeit liegende Zeitspanne; sie beginnt zwei Tage nach Springzeit und dauert drei Tage.

Springverspätung (SpV):   (bei halbtägiger Gezeitenform) Zeitunterschied zwischen Voll- bzw. Neumond und der nächsten Springzeit.

---

[1] Halbtägige Gezeiten (im Laufe eines Tages – Mondtages – zwei Hochwasser und zwei Niedrigwasser) treten in den nordwesteuropäischen Gewässern und in weiten Teilen des Atlantischen Ozeans auf.
Im Pazifischen und im Indischen Ozean weisen die Gezeiten verbreitet einen stärkeren eintägigen Anteil auf (im Laufe eines Tages – Mondtages – ein Hochwasser und ein Niedrigwasser).

Fragen 255 – 257

Begriffsbestimmungen

Gezeitenhöhen und -zeiten

Höhe der Gezeit (H):   Auf das örtliche Kartennull bezogener Wasserstand.

Hochwasserhöhe (HWH):   Höhe der Gezeit bei Hochwasser.

Hochwasserzeit (HWZ):   Zeit (Tag und Uhrzeit), zu der das Hochwasser eintritt.

Niedrigwasserhöhe (NWH):   Höhe der Gezeit bei Niedrigwasser.

Niedrigwasserzeit (NWZ):   Zeit (Tag und Uhrzeit), zu der das Niedrigwasser eintritt.

Steigdauer (SD), Flutdauer: Zeitspanne zwischen einer Niedrigwasserzeit und der folgenden Hochwasserzeit.

Falldauer (FD), Ebbdauer: Zeitspanne zwischen einer Hochwasserzeit und der folgenden Niedrigwasserzeit.

Tidenstieg (TS):   Unterschied zwischen einer Niedrigwasserhöhe und der folgenden Hochwasserhöhe.

Tidenfall (TF):   Unterschied zwischen einer Hochwasserhöhe und der folgenden Niedrigwasserhöhe.

Tidenhub (TH):   Arithmetischer Mittelwert aus Tidenstieg und Tidenfall einer Tide.

Höhenunterschied der Gezeiten (HUG):   Unterschied zwischen Hochwasserhöhe bzw. Niedrighöhe am Anschlussort und Hochwasserhöhe bzw. Niedrigwasserhöhe am Bezugsort.

Zeitunterschied der Gezeiten (ZUG):   Unterschied zwischen Hochwasserzeit bzw. Niedrigwasserzeit am Anschlussort und Hochwasserzeit bzw. Niedrigwasserzeit am Bezugsort.

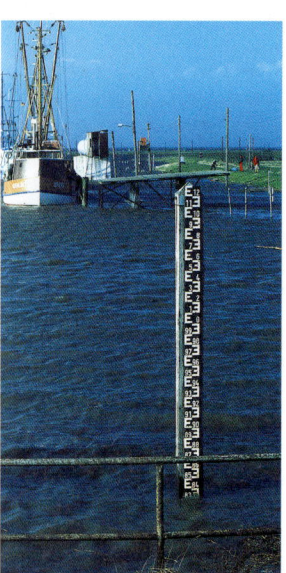

An einem Schifffahrtspegel ist die Höhe der Gezeit ablesbar.

Begriffsbestimmungen aus dem Gezeitenkalender

Papierseekarten

Ausrüstung mit Seekarten und Seebüchern

Gemäß § 13 der Schiffssicherheitsverordnung (s. Seite 95) *„hat der Eigentümer eines Schiffes, das die Bundesflagge führt, dafür zu sorgen ... dass die für die jeweilige Reise erforderlichen amtlichen Ausgaben von Seekarten und Seebüchern auf der Brücke vorhanden sind; bei Sportbooten im Sinne der Sportbootführerscheinverordnung–See genügt es, wenn an Bord nichtamtliche Ausgaben mitgeführt werden."*

Seekarten können in amtliche und nichtamtliche Karten unterschieden werden. **Amtliche Karten** werden in Deutschland vom Bundesamt für Seeschifffahrt und Hydrographie und im Ausland vom jeweiligen hydrographischen Dienst herausgegeben. **Nichtamtliche Karten** sind Verlagsprodukte und wurden speziell für die Sportschifffahrt entwickelt. Auch sie beruhen oft auf den amtlichen Vermessungen. Ein einheitliches Kartenbild für in- und ausländische Seegebiete, Erklärungen und Hinweise auf Deutsch und ein günstiger Preis machen diese Karten bei Wassersportlern sehr beliebt. Doch für Prüfungen sind sie nicht zugelassen. Deshalb sollen nun **amtliche Seekarten** vorgestellt werden. Es gibt:

– amtliche deutsche Seekarten (zu denen auch die internationalen Seekarten zählen, z. B. D. 2 INT 1456),
– amtliche ausländische Seekarten sowie
– amtliche Sportbootkarten.

Die amtliche deutsche **Karte 1 (INT 1)** erklärt alle in deutschen und internationalen Seekarten verwendeten Zeichen, Begriffe und Abkürzungen in deutscher (und englischer) Sprache. Sie wird zur Navigation mit amtlichen deutschen oder internationalen Seekarten benötigt.

Amtliche deutsche Seekarten sind die Seekarten, die a) im BSH-Verzeichnis der Nautischen Karten und Bücher aufgeführt sind und b) mit den Nachrichten für Seefahrer berichtigt werden können.

Das deutsche Seekartenwerk deckt seit 1.1.1997 nur noch den Nordostatlantik bis zu den Kapverdischen Inseln einschließlich seiner Randmeere ab (mit Ausnahme einiger Küstengewässer). Das deutsche Kartenwerk muss aus Kostengründen ständig verkleinert werden. Schade, denn mit amtlichen deutschen Karten erlernt jeder Wassersportler in Deutschland die Navigation; ihr Kartenbild, ihre Begriffe

und ihre Abkürzungen sind vielen vertraut.

Internationale Seekarten werden unter Verwendung der internationalen Abkürzungen und Symbole der Karte 1 (INT 1) von einem hydrographischen Dienst hergestellt. Alle anderen hydrographischen Ämter können sie übernehmen und nachdrucken. Dadurch vereinheitlichen sich die Kartenbilder allmählich. Eine nachgedruckte internationale Seekarte hat neben der internationalen Nummer (INT) auch eine nationale Nummer.

Deutsche Seekarten internationalen Stils sind:

– INT-Karten, die das BSH als „Producer" herausgibt (z. B. von der deutschen Küste);
– INT-Karten von anderen hydrographischen Diensten, die das BSH als „Printer" modifiziert herausgibt (von Küsten des Auslands);
– nationale Karten deutscher und ausländischer Gebiete, die das BSH im Stil der INT-Karten herausgibt.

In Seegebieten, für die es weder deutsche Sportbootkarten noch amtliche deutsche Seekarten gibt, müssen **ausländische Seekarten** benutzt werden.

Die Umstellung auf ausländische Seekarten ist nicht einfach und erfordert größte Aufmerksamkeit. Bevor mit einer solchen Karte navigiert werden kann, müssen zunächst alle Angaben und Hinweise übersetzt werden. Um unbekannte Zeichen oder Abkürzungen zu verstehen, wird die entsprechende nationale Karte 1 benötigt.

Anstatt sich immer wieder in neue Kartendarstellungen einzuarbeiten, ist es einfacher, grundsätzlich **britische Seekarten** zu verwenden. Die Briten besitzen ein weltweites Kartenwerk, sie bieten hervorragende Seebücher und unterhalten ein internationales Vertriebssystem. Die britischen Seekarten sind gut an den internationalen Stil angepasst. Allerdings sind einige ihrer insgesamt etwa 7000 Seekarten sehr alt und in ihnen sind die Tiefen manchmal nicht in Meter sondern noch in Faden und Fuß angegeben. Die britische **Karte 5011** entspricht der Karte 1.

Amtliche Sportbootkarten sind preisgünstiger als die normalen amtlichen Seekarten und von handlichem Format. Wer amtliche Karten vorzieht, wird daher zunächst nach amtlichen Sportbootkarten gucken. Für die Nord- und

Fragen 223, 230, 261

Papierseekarten

die Ostsee gibt es amtliche belgische, britische, dänische, deutsche, finnische, französische, niederländische, norwegische, polnische, russische und schwedische Sportbootkarten. Was Vermessungsgenauigkeit und Informationsgehalt betrifft, sind sie insbesondere für küstennahe Gewässer die erste Wahl.

Kleine Kartenkunde

Das **Gradnetz** aller Seekarten ist auf den Äquator und den Greenwicher Nullmeridian bezogen. Die Seekarten der europäischen Gewässer basierten früher überwiegend auf dem europäischen Bezugssystem **European Datum (ED)**. Leider ist das nicht das einzige Gradnetz. Weltweit werden etwa 170 unterschiedliche Bezugssysteme für Seekarten verwendet. Zwar bestehen meist nur geringfügige Netzdifferenzen (Unterschiede in Breite und Länge). Aber wenn eine Position aus einer Seekarte ganz genau in eine Seekarte mit einem anderen Gradnetz übertragen werden soll, so geht dies eben nicht mithilfe der geografischen Koordinaten. Zunächst muss eine Landmarke gefunden werden, die in beiden Karten vorhanden ist. Auf diese Landmarke ist die Position

mit Peilung und Abstand zu beziehen und dann zu übertragen, also z. B. 12,5 sm in Richtung 285° zum Leuchtturm Land's End.

GPS verwendet das **World Geodetic System 1984** (WGS 84), d. h., alle von GPS ermittelten Positionen sind auf dieses Gradnetz bezogen. Soll eine solche Position in eine Seekarte mit einem anderen Gradnetz übertragen werden, so müssen die Breite und Länge vorher korrigiert oder das Gerät auf das Gradnetz dieser Karte umgestellt werden. Die Korrekturwerte sind – soweit bekannt – in den Seekarten angegeben (siehe Seite 29).

Um diese Arbeit zu ersparen, werden neue Karten auf WGS 84 umgestellt. (Werden solche Korrekturen in einem Krieg vergessen, kann versehentlich die chinesische Botschaft in Belgrad von einer Rakete getroffen werden.)

Das Gradnetz der meisten Seekarten beruht auf der **Mercator-Projektion**. Gerhard Mercator (1512 – 1594) entwickelte die **Zylinder-Projektion**. Dazu wird ein Zylinder um den Äquator gelegt und die Erdoberfläche vom Erdmittelpunkt aus auf diesen Zylinder projiziert. Zwar werden Flächen umso stärker verzerrt, je näher sie an den

Polen liegen, doch Mercators Kartenprojektion ist **winkeltreu** – und damit ideal für die Navigation. Kursgerade (Loxodrome) werden in Mercatorkarten als Gerade wiedergegeben und wenn das Schiff eine Kursänderung von 50° nach Steuerbord macht, so knickt auch die Kurslinie in der Mercatorkarte um 50° nach rechts ab. Ein weiterer Vorteil der Mercatorprojektion ist die einfache Möglichkeit, Entfernungen zu messen. Da der Maßstab in Mercatorkarten zum Äquator hin kleiner und zu den Polen hin größer wird, müssen Distanzen am linken oder rechten Kartenrand etwa auf der Breite gemessen werden, auf der man sie der Karte entnommen hat. Mercatorkarten sind auf einen Blick zu erkennen: Alle Längen verlaufen vertikal, alle Breiten horizontal.

Seekarten werden nach ihrem Zweck, Inhalt und Maßstab wie folgt eingeteilt:

– **Ozeankarten**
  1 : 5 000 000 und kleiner
– **Übersichtskarten**
  1 : 1 600 000 bis
  1 : 5 000 000
– **Segelkarten** 1 : 300 000 bis 1 : 1 600 000
– **Küstenkarten** 1 : 30 000 bis 1 : 300 000
– **Pläne** 1 : 30 000 und größer

Hamburger Dienstgebäude des Bundesamtes für Seeschifffahrt und Hydrographie (BSH), des Herausgebers der amtlichen deutschen Seekarten und Seebücher

Fragen 223, 232

Papierseekarten, Seebücher

Auf Karten und Pläne in größerem Maßstab wird in deutschen Seekarten durch farbige Begrenzungslinien hingewiesen. Innerhalb dieser Begrenzungslinien werden nicht alle Einzelheiten dargestellt. Für die Navigation in diesen Gebieten müssen Karten und Pläne größeren Maßstabs benutzt werden.

Das **Kartennull** ist das Niveau der Wasseroberfläche, auf das sich alle Tiefenangaben in den Seekarten beziehen. Es ist so tief angesetzt, dass der Wasserstand nur selten darunter sinkt. In tidenfreien Revieren stimmt das Kartennull etwa mit dem mittleren Wasserstand überein. Das Kartennull in der Deutschen Bucht wurde aufgrund einer internationalen Vereinbarung 2005 neu festgesetzt: als örtlicher, niedrigstmöglicher, vorausberechenbarer Gezeitenwasserstand (**Lowest Astronomical Tide, LAT**). Seit 2005 beziehen sich die Gezeitentafeln und der Tidenkalender auf LAT; bei anhaltend starkem, ablandigem Wind kann der Wasserstand allerdings noch etwas tiefer absinken.

Das neue Seekartennull liegt etwa 0,5 m unter dem alten Seekartennull. Weil es wenig Sinn macht, Tiefenlinien von 4,5 m oder 9,5 m auszuweisen, muss das deutsche Nordseeküstenmeer neu vermessen werden. Das dauert fünf bis sieben Jahre lang. In den Gezeitentafeln und im Tidenkalender mussten die meisten Höhen der Hoch- und Niedrigwasser um etwa 0,5 m erhöht werden. Das ist 2005 geschehen.

Weil sich in Gezeitenrevieren die Wassertiefe aus der Summe von **Kartentiefe** und **Höhe der Gezeit** ergibt, erhält man bei Seekarten mit dem alten Kartennull einen etwa 0,5 m zu hohen Wert. Das BSH lässt daher auf neuen Seekarten, die noch das alte Kartennull enthalten, einen Aufkleber anbringen, mit dem auf den Unterschied von ca. 0,5 m und das richtige Anwenden der Gezeitentafeln hingewiesen wird.

Wracke und **Schifffahrtshindernisse** sollten stets in sicherem Abstand umfahren werden. Sie können ihre Lage verändern oder auseinander brechen und ihre Tiefe um mehrere Meter vermindern. Zudem können sich Fischernetze und andere treibende Gegenstände darin verfangen und mehrere Meter über dem Wrack schweben.

Die **Tiefenzahlen** geben die Tiefen (in Metern und Dezimetern) unter Kartennull an. **Tiefenlinien** sollten als Warngrenzen vor flacherem Wasser, vor Klippen, Riffen, Bänken, Untiefen usw. betrachtet werden. Befindet sich ein Schiff auf einer Tiefenlinie, so reicht eine einzige andere Standlinie aus, um den Schiffsort anzugeben. Der Verlauf der Tiefenlinien hängt von der Gestalt des Meeresbodens, den Vermessungsgrundlagen und dem Maßstab ab. Sind in einer Seekarte die Tiefenlinien nicht ausgezogen, so ist die Tiefendarstellung unsicher.

Durchfahrtshöhen von Brücken beziehen sich in der Regel auf den Hochwasserstand. **Sicherheitsdurchfahrtshöhen** unter Hochspannungsleitungen berücksichtigen noch einen Sicherheitsabstand von zwei bis fünf Metern, um elektrischen Entladungen vorzubeugen.

Amtlichen Seekarten wird zu Recht eine hohe Qualität bescheinigt. Doch auch die hydrographischen Dienste übernehmen **keine Gewähr für die Richtigkeit ihrer Angaben**. Dass Angaben unzutreffend oder veraltet sind, kann nie ausgeschlossen werden. Strom und Seegang ändern – vor allem auf Sand und Schlick – die Tiefen ständig. Schifffahrtszeichen müssen dort oft mehrmals im Jahr verlegt werden.

Die **Seebücher** ergänzen die Seekarten und sollten deshalb stets gemeinsam benutzt werden. Zu den Seebüchern zählen

– die Seehandbücher
– das Ozeanhandbuch
– die Monatskarten
– das Leuchtfeuerverzeichnis
– der Nautische Funkdienst
– der Revierfunkdienst
– der Jachtfunkdienst
– die Gezeitentafeln
– das Nautische Jahrbuch
– das Handbuch für Brücke und Kartenhaus
– das Handbuch für Suche und Rettung
– das Internationale Signalbuch
– das Verzeichnis von Auffanganlagen
– das englische Seefahrt-Standard-Vokabular

Die **Seehandbücher** dienen der Küstennavigation und sind in drei Teile gegliedert: Der Teil A enthält wichtige Schifffahrtsangelegenheiten, insbesondere Verkehrsvorschriften (z. B. Brückensignale). In Teil B werden die Naturverhältnisse beschrieben: Klima und Wetter, Gezeiten, Strömungen und Missweisung. Der Hauptteil C (Küstenkunde und Segelanweisungen) ergänzt die Seekarte und enthält wichtige Informatio-

Fragen 223, 226, 229, 231

Seebücher

nen zu Ansteuerung, Fahrwasser, Ankerplätzen und Häfen. Auch Küstenansichten und wichtige Objekte sind abgebildet.

Das **Handbuch der Ozeanwege** soll bei der Planung von Ozeanreisen helfen. Es beschreibt die Schifffahrtswege über den Atlantischen, den Indischen und den Pazifischen Ozean und die maritimen Naturverhältnisse.

In den zwölf **Monatskarten** werden Strömungen, die typische Wetterlage, Luft- und Wassertemperatur, Eisberg- und Treibeisgrenzen, charakteristische Wellenhöhen, Sichtigkeit, Missweisung, Schifffahrtsrouten und Großkreisentfernungen dargestellt.

Das Handbuch der Ozeanwege und die Monatskarten sammeln den Schatz an Erfahrungen, den Generationen von Seefahrern zusammengetragen haben.

Das deutsche **Leuchtfeuerverzeichnis** wird in drei Teilen nur für die östliche Nordsee und die Ostsee herausgegeben. Es enthält die Beschreibungen der Leuchtfeuer und Großtonnen sowie Informationen über Nebelschallzeichen.

Die gleichen Angaben macht die britische **Admi-** **ralty List of Lights and Fog Signals**. Tonnen werden in beiden Verzeichnissen erst ab acht Meter Höhe aufgeführt.

Das Handbuch **Nautischer Funkdienst** und das Handbuch **Revierfunkdienst** sind für ausrüstungspflichtige Schiffe gedacht. Der **Jachtfunkdienst für Nord- und Ostsee** bzw. **Mittelmeer** ist für nichtausrüstungspflichtige Schiffe vorgesehen. Er erscheint jährlich im Frühjahr und wird nicht berichtigt.

Auch die **Gezeitentafeln** (nur europäische Gewässer) sind ein Jahr gültig.

Das **Nautische Jahrbuch** erscheint ebenfalls jährlich und wird benötigt, um die Zeit, Breite und Länge auf See nach astronomischen Beobachtungen zu bestimmen.

Das **Handbuch für Brücke und Kartenhaus** soll der Schiffsführung als Ratgeber und Informationsquelle in Ergänzung zu den Seekarten und übrigen Seebüchern dienen. Es beschreibt Schifffahrtsbehörden und -organisationen, Seekarten und Seebücher, nautische Anlagen, Geräte, Schifffahrtszeichen, Hinweise zur Schiffsführung, Suche und Rettung, Küs- tenmeere und Anschlusszonen, Meeresumweltschutz, Schiffssicherheit, Schiffsverkehr, Zoll und Quarantäne. Es enthält Gesetzestexte und die Bekanntmachungen der Wasser- und Schifffahrtsdirektionen (WSD).

Das **Handbuch für Suche und Rettung** ist die amtliche deutsche Übersetzung der IMO-Veröffentlichung Merchant Ship Search and Rescue Manual (MERSAR). Es wendet sich speziell an die Sport- und Kleinschifffahrt und soll helfen, Notfälle auf See zu bewältigen.

Wenn die Sicherheit der Schifffahrt und der Menschen auf See bedroht und keine Sprachverbindung möglich ist, sollte man sich mithilfe des **Internationalen Signalbuchs** verständigen.

Das **Verzeichnis von Auffanganlagen** enthält die beim BSH verfügbaren Angaben über weltweit vorhandene Entsorgungsanlagen gemäß MARPOL- und Helsinki-Übereinkommen in den Häfen der verschiedenen Staaten.

Das **Seefahrtstandardvokabular** enthält Vokabeln und Standard-Redewendungen in der Schifffahrt.

Außerhalb der vom deutschen Seekartenwerk abgedeckten Seegebiete muss auf **ausländische Seebücher** zurückgegriffen werden. Empfohlen werden wiederum die britischen Seehandbücher, die **Admiralty Sailing Directions** sowie die **Admiralty List of Radio Signals** und die **Admiralty List of Lights and Fog Signals**.

Neben den Seebüchern gibt das Bundesamt für Seeschifffahrt und Hydrographie zahlreiche Sonderveröffentlichungen heraus, die zum Teil ebenfalls zu den amtlichen Seebüchern zählen. An die Sportschifffahrt richten sich verschiedene Broschüren:

– Sicherheit im See- und Küstenbereich,
– Entsorgungsmöglichkeiten für Öl, Schiffsmüll und Schiffsabwasser,
– Flaggendokumente und Vermessung von Sportfahrzeugen

sowie diverse Schriften des Bundesverkehrsministeriums und seiner nachgeordneten Behörden.

Wichtiger und informativer für die Sportschifffahrt sind die **Törnführer** des Delius Klasing Verlages und die **nautischen Reiseführer** der Edition Maritim.

Fragen 219, 226, 231, 260

ECDIS

ECDIS

Das **Electronic Chart Display and Information System** (ECDIS) ist das elektronische Navigationssystem, das in Verbindung mit amtlichen Datensätzen und Updates die Ausrüstungspflicht der Berufsschifffahrt mit Seekarten gemäß dem Internationalen Schiffssicherheitsvertrag SOLAS Kap. V Regel 20 erfüllt. ECDIS-Geräte müssen zuvor in einer Baumusterprüfung nachgewiesen haben, dass sie die Leistungsanforderungen der IMO für ECDIS erfüllen und entsprechend zugelassen sein. Dagegen darf ein **Rasterchart Display System** (**RCDS**) nur in Verbindung mit geeigneten Papierseekarten zur Navigation verwendet werden.

Andere elektronische Seekartensysteme – **Electronic Chart System** (**ECS**) dürfen nur in Verbindung mit herkömmlichen Seekarten für die Navigation eingesetzt werden. Diese Systeme unterliegen nicht den Anforderungen der IMO.

ECDIS besteht aus Hardware, Software, den digitalen Seekarten sowie einer Vielzahl von weiteren Informationen. Auf einem einzigen Bildschirm lassen sich folgende Daten darstellen:

– Seekarte
– Teile der Seehandbücher, des Nautischen Funkdienstes und des Leuchtfeuerverzeichnisses
– Radarbild bzw. ARPA-Targets
– Kurslinie und momentaner Standort des eigenen Schiffes
– Positions- und Navigationsdaten (Planungsdaten, aktuelle Navigationsdaten, aufgezeichnete Trackinformationen)
– AIS-Symbole

Die zeitraubende manuelle Berichtigungsarbeit entfällt. Die Änderungsdaten (Updates) müssen nur in das System eingelesen werden. Die ECDIS-Datenbasis wird automatisch berichtigt.

Die eigene Schiffsposition wird durch angeschlossene Navigationsanlagen, wie (D)GPS, ermittelt, auf der Kartendarstellung fortlaufend angezeigt und in Intervallen abgespeichert.

Der anzuzeigende Kartenausschnitt wird bei bewegter Schiffsposition automatisch bestimmt, sodass immer mindestens 25 % des Kartenbildes in Schiffsvorausrichtung sichtbar sind. Ein manueller Kartenwechsel ist nicht nötig.

Mit ECDIS geplante Wegpunkte und Routen bilden die Grundlage für die Überwachung einer kontrollierten Bahnführung. Die ECDIS-Anzeige kann mit dem Radarbild und den Radarzielen einer ARPA-Anlage überlagert werden. So sind auch die Bewegungen anderer Schiffe auf demselben Bildschirm ständig sichtbar.

ECDIS "weiß", wann das Schiff eine für seinen speziellen Tiefgang ungefährliche Tiefe bedenkenlos überfahren kann und ob bei der Annäherung z. B. an eine 10-m-Tiefenlinie ein Alarm auszulösen ist. ECDIS "kennt" die Eigenschaften aller Objekte und hilft so, gefährliche Annäherungen zu vermeiden.

ECDIS-Datendienst

Der IHO-Standard für digitale Seekarten (Special Publication No. 57, Edition 3.0), abgekürzt **S-57**) ist der internationale Standard für das Datenformat, nach dem ECDIS-Daten hergestellt und ausgetauscht werden. Ein Datensatz, der dem S-57-Standard entspricht und von einem amtlichen hydrographischen Dienst erstellt wurde, wird als Electronic Navigational Chart (**ENC**) bezeichnet.

Die IHO strebt mit ihrem Konzept **WEND** (Worldwide Electronic Navigational Chart Database) für die Zukunft einen weltweiten ENC-Datendienst an, der ECDIS-Daten für den internationalen Seeverkehr zur Verfügung stellen soll. Es besteht aus einem Netzwerk regionaler Zentren (Regional Electronic Navigational Chart Coordinating Center, **RENC**[1]), die die ENC-Daten der nationalen hydrographischen Dienste zusammenführen und vertreiben.

Obwohl der S-57-Standard schriftlich niedergelegt wurde, gibt es verschiedene Auslegungen und damit unterschiedliche ENC-Software und ECDIS-Systeme. Der Zusammenschluss mehrerer Kartenhersteller zum Zweck einer Standardisierung wird als **IC-ENC** (International Center for ENCs) bezeichnet. Ihre Aktivitäten werden weltweit von zwei **RENC-Offices** koordiniert: dem UK Hydrographic Office und dem Australian Hydrographic Service.

---

[1] In Europa gibt es derzeit zwei RENCs, das IC-ENC in Taunton, UK, mit 20 Mitgliedern und Primar Stavanger mit 11 Mitgliedern. Das IC-ENC Taunton vertreibt seine Produkte über 7Cs, British Admiralty, C-Map, Transas und Primar Stavanger.

Nachrichten für Seefahrer NfS

Die Nachrichten für Seefahrer (NfS) sind das Amtsblatt des Bundesamtes für Seeschifffahrt und Hydrographie (BSH). Sie erscheinen wöchentlich in **Heftform** und können auch aus dem **Internet** heruntergeladen werden.

2006 erscheinen die NfS im 137. Jahrgang. Sie dienen zur Berichtigung deutscher und einiger ausländischer Seekarten. Auch Seehandbücher, das Leuchtfeuerverzeichnis und das Verzeichnis der Nautischen Karten und Bücher werden mit den NfS berichtigt. Die NfS sind komplett zweisprachig, Deutsch und Englisch, gehalten.

Die NfS gliedern sich in fünf Teile und Anlagen:

Teil 1: Kartenberichtigungen
Teil 2: Handbuchberichtigungen
Teil 3: Katalogberichtigungen
Teil 4: Mitteilungen
Teil 5: Nautische Warnnachrichten.

In Teil 4 werden wichtige Ereignisse bekannt gegeben – von den Seeschifffahrtsstraßen, der hohen See und den Hoheitsgewässern anderer europäischer Staaten. Auch über neue Gesetze und Verordnungen wird informiert.

Besonders interessant ist Heft 1 eines jeden Jahrgangs, weil hier alle wichtigen Mitteilungen zusammen dargestellt werden.

Jede NfS-Ausgabe wird mit einer Übersicht der Seekarten eingeleitet, die nach diesem Heft zu berichtigen sind. Hier ist mit einem Blick erkennbar, ob Änderungen in Seekarten des zu befahrenden Seegebietes eingetreten sind. Daran schließen sich die eigentlichen Kartenberichtigungen an, die nach Seegebieten aufsteigend geordnet sind.

> Seegebiet 10: Ostsee und Gewässer zwischen Nord- und Ostsee;

> Seegebiet 20: Nordsee und europäisches Nordmeer;

> Seegebiet 30: Kanal und westeuropäische Meere;

> Seegebiet 40: Mittelmeer und Schwarzes Meer;

> Seegebiet 50: Nordatlantischer Ozean;

> Seegebiet 60: NW-afrikanische Gewässer und Rotes Meer.

Nachrichten und Mitteilungen, die international zum ersten Mal veröffentlicht werden, sind mit einem Stern * versehen. Nachrichten, die eine bevorstehende Maßnahme ankündigen, werden durch ein **P** (P = Preliminary) gekennzeichnet. **T** (T = Temporary) bedeutet, dass die Nachricht nur vorübergehend gilt.

Wegen der begrenzten Geltungsdauer werden keine Berichtigungen auf der Grundlage von **P-** oder **T-Nachrichten** vom BSH bzw. amtlichen Seekartenberichtigungsstellen durchgeführt. Deshalb müssen vor Gebrauch jeder Seekarte die noch gültigen P- und T-Nachrichten erfasst und – mit Bleistift – in der Karte vermerkt werden.

Wer deutsche Seekarten und Seebücher von einer **Vertriebsstelle mit eigenem Berichtigungsdienst** bezieht, bekommt den aktuellen Stand. Lediglich die P- und T-Nachrichten (siehe oben) müssen noch eingetragen werden. Wird das Material hingegen bei anderen Vertriebsstellen oder dem Buchhandel gekauft, müssen die Käufer ihre Seekarten selbst auf den Stand des neuesten NfS-Heftes bringen. Bis zu welcher NfS-Ausgabe eine Seekarte berichtigt wurde, ist auf die linke Seite des unteren Kartenrandes gestempelt (siehe Seite 15).

Sportbootkarten werden nach dem Druck nicht mehr berichtigt. Sie müssen immer vom Nutzer auf den aktuellen Stand gebracht werden. Sie enthalten daher keinen Berichtigungsstempel. Amtliche deutsche Sportbootkarten können ebenfalls über die NfS berichtigt werden. Der Delius Klasing Verlag bietet für seine Sportbootkarten einen besonderen Service: kostenloser Internet Download der Berichtigungen. Die NfS und die Berichtigungssätze anderer Verlage sind kostenpflichtig.

Britische Seekarten und Seebücher werden nach den **Notices to Mariners** berichtigt.

Seekartenberichtigung

Zunächst ist anhand des Berichtigungsstempels zu klären, bis wann die vorliegende Seekarte berichtigt ist. Umständlich wäre, jetzt alle anschließenden NfS-Ausgaben durchzusehen, ob eine Berichtigung für die vorliegende Karte enthalten ist. Einfacher ist, von der neuesten NfS-Ausgabe an rückwärts zu suchen. Sobald das Heft mit der letzten Berichtigung gefunden ist, findet man hier auch die Nummer des Heftes mit der vorletzten Berichtigung (siehe Bei-

Berichtigungen

spiel einer Kartenberichtigung). So können alle versäumten Berichtigungen schnell nachgeholt werden.

Die Nachrichten für Seefahrer geben genau an, wie die Seekarte zu berichtigen ist (siehe unten). Die Angaben müssen mit einem feinen, radierfesten Stift – exakt auf dem angegebenen Ort – in die Seekarte eingetragen werden. Ist das amtliche Zeichen für den Berichtigungsgegenstand – z. B. eine Spierentonne – nicht bekannt, kann es in Karte 1 nachgeschlagen werden. Müssen Seezeichen verlegt werden, so ist der neue Ort mit einem kleinen Kreis zu markieren und ein geschwungener Pfeil vom alten Seezeichen zum neuen Ort zu zeichnen. Schwierige und umfangreiche Kartenberichtigungen sind mithilfe von **Deckblättern** ganz einfach – sie müssen nur in die Seekarte geklebt werden. Die Deckblätter sind in die NfS eingeheftet. **Berichtigungspausen** sind auf Transparentpapier gedruckte Berichtigungsanweisungen. Schließlich ist die durchgeführte Berichtigung links auf den unteren Kartenrand zu stempeln (siehe Abbildung Seite 15).

Seekarten, deren Kartenbild infolge zahlreicher Berichtigungen oder umfang-

reicher Änderungen (wie Gefahren, Fahrwasser und Schifffahrtszeichen) veraltet ist, werden durch **neue Ausgaben** ersetzt.

Vorherige Ausgaben können dann nicht mehr berichtigt werden und sind für die Navigation nicht mehr verwendbar. Dies wird als Katalogberichtigung mitgeteilt.

Für Nachrichten für Seefahrer (NfS) besteht (in der Berufsschifffahrt) eine Aufbewahrungspflicht von zwei vollen Jahren, d. h., die NfS der zwei abgelaufenen Kalenderjahre und des laufenden Jahres müssen aufbewahrt werden.

Seebücher berichtigen

Der Stand eines Handbuchs oder Leuchtfeuerverzeichnisses ergibt sich aus den beiliegenden Berichtigungen. Spätere Eigenberichtigungen werden handschriftlich vermerkt.

Handbuchberichtigungen (des Leuchtfeuerverzeichnissen eines Seehandbuchs) sind entweder einseitig bedruckt – ausschneiden und einkleben – oder als Austauschseiten beigeheftet.

Katalogberichtigungen beziehen sich auf Veränderungen im aktuellen Verzeichnis der Nautischen

Der Autor an der Pinne seines Bootes (Hallberg Rassy 31)

Karten und Bücher, z. B. bei Neuausgaben.

Beispiel einer Kartenberichtigung aus den Nachrichten für Seefahrer (NfS)

2

SCHIFFFAHRTSRECHT

SEEVERKEHRSRECHT

KOLLISIONSVERHÜTUNGSREGELN

DAS INTERNATIONALE SIGNALBUCH

SEESCHIFFFAHRTSSTRASSENORDNUNG

SONSTIGE SCHIFFFAHRTSRECHTLICHE BESTIMMUNGEN

Übersicht

Für die Sportbootführerschein-Prüfung müssen viele gesetzliche Bestimmungen auswendig gelernt werden. Neulingen im Wassersport sei gesagt, dass das Schiffahrtsrecht in der Praxis weniger wichtig ist als in der Prüfung. Wie man in Gesprächen feststellen kann, sind selbst erfahrene Wassersportler mit den schifffahrtsrechtlichen Vorschriften oftmals nur in den Grundzügen vertraut.

Wer die Sportbootführerschein- oder die SKS-Prüfung bestehen will, muss die Prüfungsfragen beantworten können. Der ganze Stoff dieses Kapitels wird nur von Sportseeschiffern und Sporthochseeschiffern verlangt.

Die **Kollisionsverhütungsregeln** (KVR, International Regulations for Preventing Collisions at Sea, COL-REG) stellen das internationale Seeverkehrsrecht dar. Sie wurden 1972 von der **IMO**, der UN-Organisation für die Seeschifffahrt, verabschiedet und seitdem mehrfach ergänzt.

Die Kollisionsverhütungsregeln sind von 63 Staaten in nationales Recht umgesetzt worden. Sie gelten für alle Fahrzeuge auf hoher See und auf den damit zusammenhängenden, von Seeschiffen befahrbaren Gewässern.

Recht	Geltungsbereich
KVR	international
SeeSchStrO	national
AnlBV	national
EmsSchO	regional (grenzübergreifend)
Befahrensregelungen	regional
Hafenordnungen	lokal
WSD-Bekanntmachungen	lokal

Geltungsbereiche des Seeverkehrsrechts

Die KVR bestehen aus 38 Regeln zu den Themen

– Fahren und Ausweichen
– Lichter und Signalkörper
– Schall- und Lichtsignale

Die KVR wurden durch die **Verordnung zu den Kollisionsverhütungsregeln** (**VO KVR**) in deutsches Recht umgesetzt. Diese Verordnung gilt nicht nur im deutschen Küstenmeer, sondern für Schiffe unter deutscher Flagge auch darüber hinaus – sofern nicht in Hoheitsgewässern anderer Länder abweichende Regelungen gelten. Die VO KVR beinhaltet ein **Alkoholverbot** (0,5‰) und verbietet das Befahren von **Sicherheitszonen**. Die erstrecken sich in einem Abstand von 500 Meter um Plattformen, Bohrinseln, Forschungsanlagen u. a.

Die **Seeschifffahrtsstraßen-Ordnung** (SeeSchStrO) gilt im Wesentlichen nur auf den deutschen Seeschifffahrtsstraßen (siehe nebenstehende Abbildung) und beinhaltet einige über die KVR hinausgehende Vorschriften

– zum Fahren und zur Vorfahrt im Fahrwasser
– zum Transport bestimmter gefährlicher Güter
– zum Alkohol am Steuer
– zur maritimen Verkehrslenkung im deutschen Küstenmeer
– zur Ausrüstung mit und zur Verwendung von Positionslaternen und Schallsignalanlagen

Die **Schifffahrtsordnung Emsmündung** (EmsSchO) setzt ein bilaterales Abkommen zwischen Deutschland und Holland um. Damit wurde eine einheitliche Schifffahrtsordnung beiderseits der gemeinsamen Grenze geschaffen. Die Regelungen der EmsSchO sind weitgehend mit denen der SeeSchStrO identisch. Die

EmsSchO gilt im Mündungsgebiet der Ems, auf der Ems bis Papenburg und auf der Leda bis Leer. Dort gilt nicht die SeeSchStrO.

In Deutschland hat **spezielleres Recht Vorrang** vor allgemeinem Recht. Deshalb sind die SeeSchStrO beziehungsweise die EmsSchO vor den KVR anzuwenden.

Noch spezieller sind die **Hafenordnungen** (Hamburgische Hafenverkehrsordnung, Bremische Hafenordnung, Allgemeine Hafenordnung Niedersachsen, Sporthafenverordnung Schleswig-Holstein u. a.).

Die **Wasser- und Schifffahrtsdirektionen** Nord in Kiel und Nordwest in Aurich sind Mittelbehörden des Bundes. In den **Bekanntmachungen** der WSD Nord zur SeeSchStrO und der WSD Nordwest zur SeeSchStrO und zur EmsSchO sind Fahrwasser, Reeden, Liegestellen, Überhol- und Ankerverbotsgebiete festgelegt.

Zum Seeverkehrsrecht zählen auch **Befahrensregelungen** in Nationalparks und Naturschutzgebieten sowie die **Anlaufbedingungsverordnung**, die das Anlaufen der inneren Gewässer der Bundesrepublik und das Auslaufen aus ihnen im Wesentlichen für die Handelsschifffahrt regelt.

Fragen 1, 3, 6, 106

Geltungsbereiche

Diese Karte zeigt den Geltungsbereich der SeeSchStrO und die Grenze des deutschen Küstenmeers. Der Geltungsbereich der SeeSchStrO – die **Seeschifffahrtsstraßen** – besteht aus den rot schraffierten, durch eine schwarze Linie seewärts begrenzten Wasserflächen sowie den rot markierten Teilen der Binnenwasserstraßen. Auf diesen Wasserflächen darf ein Sportboot mit dem Sportbootführerschein See geführt werden. Die seewärtige Grenze der Seeschifffahrtsstraßen liegt drei sm von der Basislinie entfernt – mit Ausnahme der Ausbuchtungen, wo betonnte Fahrwasser über die 3-sm-Zone hinausführen (u. a. Fahrwasser „Alte Weser" und „Neue Weser"). Auch um Helgoland herum verläuft die Grenze der Seeschifffahrtsstraßen in drei sm Abstand von der Basislinie.

Die **Basislinie** wurde entsprechend dem UN-Seerechtsübereinkommen festgelegt. Vor den Ostfriesischen und den Nordfriesischen Inseln, vor Helgoland sowie an der deutschen Ostseeküste ist dies die Niedrigwasserlinie (d. h. 0 m Kartentiefe) entlang der Küste, wie sie in den amtlichen deutschen Seekarten großen Maßstabs eingetragen ist. Wo die Küste tiefe Einbuchtungen macht, wurde eine gerade Basislinie gezogen (in der Nordsee z. B. zwischen den Inseln sowie zwischen der Gruppe der Ostfriesischen Inseln, dem Scharhörner Watt und der Gruppe der Nordfriesischen Inseln; in der Ostsee z. B. in der Hohwachter Bucht und im Fehmarnsund – siehe hierzu die SKS-Übungskarten). Die landwärts der

Basislinie liegenden Gewässer heißen **innere Gewässer**. Die seewärtige Grenze des deutschen **Küstenmeer**s verläuft – gemäß dem UN-Seerechtsübereinkommen – in maximal zwölf sm Abstand von der Basislinie. Sie ist durch eine rote Linie gekennzeichnet und ist gleichzeitig die Grenze des Geltungsbereichs des Sportküstenschifferscheins. Das Küstenmeer – auch **Territorialgewässer** genannt – darf von Schiffen aller Staaten friedlich durchfahren werden („Recht der friedlichen Durchfahrt").

In einer an sein Küstenmeer angrenzenden Zone, der **Anschlusszone**, kann jeder Küstenstaat die erforderlichen Kontrollen ausüben und Verstöße gegen seine Zoll- und sonstigen Finanzgesetze, Einreise- oder Gesundheitsgesetze in seinem Hoheitsgebiet oder Küstenmeer verhindern und ahnden. Die Anschlusszone darf sich nicht weiter als 24 Seemeilen über die Basislinien hinaus erstrecken.

Die jenseits der Küstenmeere liegenden Meeresteile heißen **hohe See**. Die Freiheit der hohen See wird nach den Regeln des Völkerrechts ausgeübt und umfasst die Freiheit der Schifffahrt und der Fischerei sowie das Recht, Kabel und Rohrleitungen zu verlegen. Die **KVR** gelten auf der hohen See ebenso wie auf allen damit verbundenen, von Seeschiffen befahrbaren Gewässern, also auf dem deutschen Küstenmeer, den inneren Gewässern und den rot markierten Teilen der Binnenwasserstraßen.

Fragen 2, 4, 105

Verhalten bei allen Sichtverhältnissen

Teil B, Abschnitt I Verhalten von Fahrzeugen bei allen Sichtverhältnissen

Regel 5 Ausguck
Jedes Fahrzeug muss jederzeit durch Sehen und Hören sowie durch jedes andere verfügbare Mittel, das den gegebenen Umständen und Bedingungen entspricht, gehörigen Ausguck halten, der einen vollständigen Überblick über die Lage und die Möglichkeit der Gefahr eines Zusammenstoßes gibt.

Einhandsegeln von über zwölf Stunden Dauer kann als Verstoß gegen die KVR angesehen werden. Aber auch auf Yachten unter Autopilot wird gegen Regel 5 verstoßen.

Regel 6 Sichere Geschwindigkeit
Jedes Fahrzeug muss jederzeit mit einer sicheren Geschwindigkeit fahren, sodass es geeignete und wirksame Maßnahmen treffen kann, um einen Zusammenstoß zu vermeiden und innerhalb einer Entfernung zum Stehen gebracht werden kann, die den gegebenen Umständen und Bedingungen entspricht...

Regel 7 Möglichkeit der Gefahr eines Zusammenstoßes
a) Jedes Fahrzeug muss mit allen verfügbaren Mitteln entsprechend den gegebenen Umständen und Bedingungen feststellen, ob die Möglichkeit

der Gefahr eines Zusammenstoßes besteht. Im Zweifelsfall ist diese Möglichkeit anzunehmen... Eine solche Möglichkeit ist anzunehmen, wenn die Kompasspeilung eines sich nähernden Fahrzeugs sich nicht merklich ändert; ...

Regel 8 Manöver zur Vermeidung von Zusammenstößen
a) Jedes Manöver zur Vermeidung eines Zusammenstoßes muss in Übereinstimmung mit den Regeln dieses Teiles erfolgen und, wenn es die Umstände zulassen, entschlossen, rechtzeitig und so ausgeführt werden, wie gute Seemannschaft es erfordert...

Regel 9 Enge Fahrwasser
a) Ein Fahrzeug, das der Richtung eines engen Fahrwassers oder einer Fahrrinne folgt, muss sich so nahe am äußeren Rand des Fahrwassers oder der Fahrrinne an seiner Steuerbordseite halten, wie dies ohne Gefahr möglich ist.

b) Ein Fahrzeug von weniger als 20 m Länge oder ein Segelfahrzeug darf nicht die Durchfahrt eines Fahrzeugs behindern, das nur innerhalb eines engen Fahrwassers oder einer Fahrrinne sicher fahren kann.

Bei verminderter Sicht kann das Nicht-Behinderungsgebot nur mit einem Radargerät erfüllt werden, mit dem eine mögliche Behin-

derung frühzeitig erkannt werden kann (Antennengröße ≥ 90 cm). Ohne entsprechendes Radargerät darf ein Fahrzeug von weniger als 20 m Länge oder ein Segelfahrzeug allenfalls am äußersten rechten Rand, wenige Meter vom Tonnenstrich entfernt, in einem engen Fahrwasser fahren.

d) Ein Fahrzeug darf ein enges Fahrwasser oder eine Fahrrinne nicht queren, wenn dadurch die Durchfahrt eines Fahrzeugs behindert wird, das nur innerhalb eines solchen Fahrwassers oder einer solchen Fahrrinne sicher fahren kann. Das letztere Fahrzeug darf das in Regel 34 Buchstabe d vorgeschriebene Schallsignal (•••••) geben, wenn es über die Absichten des querenden Fahrzeugs im Zweifel ist.
g) Jedes Fahrzeug muss, wenn es die Umstände zulassen, das Ankern in einem engen Fahrwasser vermeiden.

1. Ausguck halten; prüfen, ob Kollisionsgefahr besteht; ggf. rechtzeitig und entschlossen ausweichen.
2. Sichere Geschwindigkeit
3. Rechtzeitig und entschlossen ausweichen.
4. Im Fahrwasser rechts fahren, kein anderes Schiff behindern.

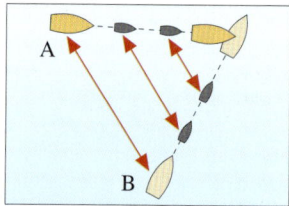

Kollisionsgefahr – die <u>Kompasspeilung</u> eines sich nähernden Fahrzeugs ändert sich nicht merklich.

§ 2 SeeSchStrO legt fest, dass die Fahrwasser als eng im Sinne der KVR gelten.

Sofern für den Segler auch außerhalb des Fahrwassers eine ausreichende Wassertiefe vorhanden ist, muss er das Fahrwasser verlassen.

Fragen 28, 72, 88, 262, 265, 281, 307

Verhalten bei allen Sichtverhältnissen

Verkehrstrennungsgebiete

Auf Basis von Regel 1 d richtet die IMO in stark befahrenen Seegebieten Verkehrstrennungsgebiete (VTG) ein. VTG sind zwei Einbahnwege, die durch Trennlinien oder Trennzonen getrennt werden. Um Schiffskollisionen zu vermeiden, soll gegenläufiger Verkehr auseinander gehalten werden. VTG gibt es in der Deutschen Bucht, beim Leuchtturm Kiel und vor Rostock.

Regel 10 *Verkehrstrennungsgebiete*
a) Diese Regel gilt in Verkehrstrennungsgebieten, die von der Organisation festgelegt worden sind; sie befreit ein Fahrzeug nicht von seiner Verpflichtung aufgrund einer anderen Regel.

b) Ein Fahrzeug, das ein Verkehrstrennungsgebiet benutzt, muss
i) auf dem entsprechenden Einbahnweg in der allgemeinen Verkehrsrichtung dieses Weges fahren,
ii) sich, soweit möglich, von der Trennlinie oder Trennzone klarhalten,

Ein Schiff darf in der Mitte des Einbahnweges, deutlich entfernt von der Trennzone, fahren. Es darf vorausfahrende Fahrzeuge rechts oder links überholen und dabei auch kurzzeitig die Trennzone befahren. Der Kurs muss stets der allgemeinen Verkehrsrichtung folgen. Sportboote sollten gleichwohl so weit rechts wie möglich fahren.

iii) in der Regel an den Enden des Einbahnweges ein- oder auslaufen; wenn es jedoch von der Seite ein- oder ausläuft, muss dies in einem möglichst kleinen Winkel zur allgemeinen Verkehrsrichtung erfolgen.

c) Ein Fahrzeug muss so weit wie möglich das Queren von Einbahnwegen vermeiden; ist es jedoch zum Queren gezwungen, so muss dies möglichst mit
der Kielrichtung im rechten Winkel zur allgemeinen Verkehrsrichtung erfolgen.

Küstenverkehrszone heißt das Gebiet zwischen der Küste und der landseitigen Begrenzung eines Verkehrstrennungsgebietes.

d) i) Ein Fahrzeug darf eine Küstenverkehrszone nicht benutzen, wenn es den entsprechenden Einbahnweg des angrenzenden Verkehrstrennungsgebietes sicher befahren kann. Fahrzeuge von weniger als 20 m Länge, Segelfahrzeuge und fischende Fahrzeuge dürfen die Küstenverkehrszone jedoch benutzen.
ii) Ungeachtet der Ziffer i

darf ein Fahrzeug eine Küstenverkehrszone benutzen, wenn es sich auf dem Weg zu oder von einem Hafen, einer Einrichtung oder einem Bauwerk vor der Küste, einer Lotsenstation oder einem sonstigen, innerhalb der Küstenverkehrszone gelegenen Ort befindet, oder zur Abwendung einer unmittelbaren Gefahr.

e) Außer beim Queren oder beim Einlaufen in einen Einbahnweg oder beim Verlassen eines Einbahnweges darf ein Fahrzeug in der Regel nicht in eine Trennzone einlaufen oder eine Trennlinie überfahren, ausgenommen
i) in Notfällen zur Abwendung einer unmittelbaren Gefahr;
ii) zum Fischen innerhalb einer Trennzone.

h) Ein Fahrzeug, das ein Verkehrstrennungsgebiet nicht benutzt, muss von diesem einen möglichst großen Abstand halten.

i) Ein fischendes Fahrzeug darf die Durchfahrt eines Fahrzeugs auf dem Einbahnweg nicht behindern.

j) Ein Fahrzeug von weniger als 20 m Länge oder ein Segelfahrzeug darf die sichere Durchfahrt eines Maschinenfahrzeugs auf dem Einbahnweg nicht behindern ...

Das Nicht-Behinderungsgebot gemäß Regel 8 f besteht nur gegenüber Maschinenfahrzeugen. Dem Vorrang des spezielleren Rechts folgend sind die Ausweichregeln 11 bis 19 vorrangig anzuwenden.

Queren eines Verkehrstrennungsgebietes (Kielrichtung im rechten Winkel zur allgemeinen Verkehrsrichtung)

Fragen 26, 96 – 99

Fahrzeuge, die einander in Sicht haben

KVR-Ausweichregeln

Die KVR-Ausweichregeln gelten weltweit. In deutschen Fahrwassern sind jedoch vorrangig vor den KVR-Ausweichregeln die Vorfahrtregeln der SeeSch-StrO anzuwenden (Seite 82).

Abschnitt 2 enthält die Ausweichregeln. Diese beinhalten <u>keine</u> Vorfahrts<u>rechte</u>, <u>sondern</u> Ausweich- und Kurshalte<u>pflichten</u>. Diese Regeln sind nur anzuwenden, wenn die Fahrzeuge einander in Sicht haben. Nicht in Sicht haben sich Fahrzeuge im Nebel, die einander nur durch Nebelsignale oder nur mit Radarhilfe wahrnehmen können. Dann ist allein Regel 19 anzuwenden (Seite 67).

Maßgeblich für die Beurteilung einer Ausweichsituation im freien Seeraum ist die Lage, wie sie beim ersten Insichtkommen bzw. beim Eintritt in den Nahbereich besteht. Eine spätere Änderung der Lage der Fahrzeuge zueinander verändert nicht die Ausweichpflicht.

*Regel 11 **Anwendung***
Die Regeln dieses Abschnitts gelten für Fahrzeuge, die einander in Sicht haben.

Das heißt nach Regel 3 k),

... wenn jedes (Fahrzeug) *vom anderen optisch wahrgenommen werden kann.*

*Regel 12 **Segelfahrzeuge***
Wenn zwei Segelfahrzeuge sich einander so nähern, dass die Möglichkeit der Gefahr eines Zusammenstoßes besteht, muss das eine dem anderen wie folgt ausweichen:
i) *Wenn sie den Wind nicht von derselben Seite haben, muss das Fahrzeug, das den Wind von Backbord hat, dem anderen ausweichen;*
ii) *wenn sie den Wind von derselben Seite haben, muss das luvwärtige Fahrzeug dem leewärtigen ausweichen;*
iii) *wenn ein Fahrzeug mit Wind von Backbord ein Fahrzeug in Luv sichtet und nicht mit Sicherheit feststellen kann, ob das* andere Fahrzeug den Wind von Backbord oder von Steuerbord hat, muss es dem anderen ausweichen.

Im Sinne dieser Regel ist die Luvseite diejenige Seite, die dem gesetzten Großsegel gegenüberliegt. ...

Viele Segler verwenden immer noch fälschlicherweise die früher gebräuchliche Kurzform von Regel 12 i) „Backbordbug vor Steuerbordbug". Dies kann bei Prüfungsfragen zu Punktabzug führen.

Szene vor dem Start zu einer Regatta: Beide Fahrzeuge haben den Wind von derselben Seite. Das linke Schiff liegt in Luv und war ausweichpflichtig.

Die italienische „Mandrake" mit Wind von Backbord kollidiert mit der niederländischen „Promotion", die den Wind von Steuerbord hat. Beide Schiffe erlitten Totalschaden.

Fragen 16, 19, 27, 73 – 75

Fahrzeuge, die einander in Sicht haben

Regel 13 *Überholen*

a) Ungeachtet der Regeln des Teiles B Abschnitte I und II muss jedes Fahrzeug beim Überholen dem anderen ausweichen.

b) Ein Fahrzeug gilt als überholendes Fahrzeug, wenn es sich einem anderen aus einer Richtung von mehr als 22,5° achterlicher als querab nähert und daher gegenüber dem zu überholenden Fahrzeug so steht, dass es bei Nacht nur dessen

Hecklicht, aber keines der Seitenlichter sehen könnte.
c) Kann ein Fahrzeug nicht sicher erkennen, ob es ein anderes überholt, so muss es dies annehmen und entsprechend handeln.
d) Durch eine spätere Änderung der Peilung wird das überholende Fahrzeug weder zu einem kreuzenden im Sinne dieser Regeln noch wird es von der Verpflichtung entbunden, dem anderen Fahrzeug auszuweichen, bis es dieses klar passiert hat.

Ein Überholer ist immer und unter allen Umständen ausweichpflichtig.

Einmal Überholer, immer Überholer.

Ausweichregeln Überholer

135° = Hecklichtbereich = mehr als 22,5° achterlicher als querab

querab
22,5°
135°
22,5°
querab

weißes Hecklicht
rotes Seitenlicht
grünes Seitenlicht

Giert das zu überholende Fahrzeug (es läuft im Seegang gelegentlich aus dem Ruder), so sieht der Überholer mal das weiße Hecklicht, mal ein Seitenlicht. Gleichwohl ist er gemäß Regel 13 c) ausweichpflichtig.

Ausweichregeln für Segelfahrzeuge

Das Segelfahrzeug mit Wind von Backbord weicht aus

Das luvwärtige Segelfahrzeug weicht aus

Bb · Stb

Bb · Stb

Im Sinne dieser Regel ist die Luvseite diejenige Seite, die dem gesetzten Großsegel gegenüberliegt.

Fahrzeug in Luv

Stb · Bb

Fahrzeug in Luv

Bb

Fahrzeug in Luv

Bb · Stb

Bb · Stb

Wenn ein Segelfahrzeug mit Wind von Backbord ein Segelfahrzeug in Luv sichtet und nicht mit Sicherheit (z. B. bei Nacht) feststellen kann, ob das andere Fahrzeug den Wind von Backbord oder von Steuerbord hat, muss es dem anderen ausweichen (KVR-Regel 12 iii). Damit ist das Segelfahrzeug in Luv Kurshalter.

Fragen 13, 19, 73 – 75, 89

Fahrzeuge, die einander in Sicht haben

*Regel 14 **Entgegengesetzte Kurse***

a) Wenn zwei Maschinenfahrzeuge auf entgegengesetzten oder fast entgegengesetzten Kursen sich einander so nähern, dass die Möglichkeit der Gefahr eines Zusammenstoßes besteht, muss jedes seinen Kurs nach Steuerbord so ändern (und dies gemäß Regel 34 mit einem kurzen Ton anzeigen), dass sie einander an der Backbordseite passieren.

b) Eine solche Lage muss angenommen werden, wenn ein Fahrzeug das andere recht voraus oder fast recht voraus sieht, bei Nacht die Topplichter des anderen in Linie oder fast in Linie und/oder beide Seitenlichter sieht und am Tage das andere Fahrzeug dementsprechend ausmacht.

c) Kann ein Fahrzeug nicht sicher erkennen, ob eine solche Lage besteht, so muss es von dieser ausgehen und entsprechend handeln.

*Regel 15 **Kreuzende Kurse***

Wenn die Kurse zweier Maschinenfahrzeuge einander so kreuzen, dass die Möglichkeit der Gefahr eines Zusammenstoßes besteht, muss dasjenige ausweichen, welches das andere an seiner Steuerbordseite hat; wenn die Umstände es zulassen, muss es vermeiden, den Bug des anderen Fahrzeugs zu kreuzen.

Entgegengesetzte Kurse

Schiffe liegen auf entgegengesetzten Kursen, wenn für beide bei Nacht beide Seitenlichter des anderen sichtbar sind.

In dem Fall schneiden sich die Kurslinien in einem Winkel von weniger als 6°.

Der vordere Überlappungsbereich jedes Seitenlichtes beträgt 3° – bei abnehmender Helligkeit. Beide Seitenlichter gleichzeitig können also höchstens von 3° Steuerbord bis 3° Backbord der Rechtvorauslinie gesehen werden. Zwei Fahrzeuge liegen auf entgegengesetzten Kursen, wenn bei Nacht jedes Fahrzeug beide Seitenlichter des jeweils anderen Schiffes sehen kann.

Entgegengesetzte Kurse

Bei Nacht sind von einem recht voraus liegenden Fahrzeug beide Seitenlichter gleichzeitig sichtbar.

Kreuzende Kurse

Bei Nacht ist nur ein Seitenlicht sichtbar.

Überholer
Bei Nacht ist das Hecklicht sichtbar.

Ausweichregeln zwischen zwei Maschinenfahrzeugen.

Ausweichen zwischen drei Maschinenfahrzeugen analog Regel 15 durch Kursänderungen nach Steuerbord. Eine Kurshaltepflicht nach Regel 17 a) i) besteht bei mehr als zwei Fahrzeugen nicht. Schallsignal nicht vergessen!

Fragen 76, 77

Fahrzeuge, die einander in Sicht haben

*Regel 16 **Maßnahmen des Ausweichpflichtigen*** *Jedes ausweichpflichtige Fahrzeug muss möglichst frühzeitig und durchgreifend handeln, um sich gut klar zu halten (**Ausweichpflicht**).*

Nicht immer weichen Berufsschiffe Segelbooten gemäß Regel 16 aus. Segelboote handeln dann nach Regel 17 a ii).

*Regel 17 **Maßnahmen des Kurshalters***

*a) i) Muss von zwei Fahrzeugen eines ausweichen, so muss das andere Kurs und Geschwindigkeit beibehalten (**Kurshalter**).*

*ii) Der Kurshalter darf jedoch zur Abwendung eines Zusammenstoßes selbst manövrieren, sobald klar wird, dass der Ausweichpflichtige nicht angemessen nach diesen Regeln handelt. (Ein solches Manöver heißt **Manöver des vorletzten Augenblicks**.)*

*b) Ist der Kurshalter dem Ausweichpflichtigen aus irgendeinem Grunde so nahe gekommen, dass ein Zusammenstoß durch Manöver des letzteren allein nicht vermieden werden kann, so muss der Kurshalter so manövrieren, wie es zur Vermeidung eines Zusammenstoßes am dienlichsten ist. Ein solches Manöver heißt **Manöver des letzten Augenblicks**.*

Bevor der Kurshalter ein Manöver des letzten Augenblicks einleitet, muss er den Ausweichpflichtigen auf die Ausweichpflicht hinweisen und ein Schallsignal (5 oder mehr kurze Töne) abgeben.

c) Ein Maschinenfahrzeug, das bei kreuzenden Kursen nach Buchstabe a Ziffer ii manövriert, um einen Zusammenstoß mit einem anderen Maschinenfahrzeug zu vermeiden, darf seinen Kurs, sofern die Umstände es zulassen, gegenüber einem Fahrzeug an seiner Backbordseite nicht nach Backbord ändern.

d) Diese Regel befreit das ausweichpflichtige Fahrzeug nicht von seiner Ausweichpflicht.

Wann ist ein Manöver des letzten Augenblicks oder des vorletzten Augenblicks einzuleiten? Das hängt von den Manöveriereigenschaften des anderen Fahrzeugs ab. Ein Containerschiff von ca. 200 m Länge läuft nach Hartruderlage noch etwa 2,5 bis 3,5 Schiffslängen nahezu unverändert geradeaus weiter, bevor die Drehung beginnt. Dabei schwenkt das Heck zunächst zur entgegengesetzten Seite aus – bei einer Kursänderung nach Steuerbord also nach Backbord, (siehe Seiten 66, 157).

Manöver des vorletzten Augenblicks: Ein Kurshalter unter Maschine darf, sofern die Umstände es zulassen, gegenüber einem Schiff (Maschinenfahrzeug) an seiner Backbordseite seinen Kurs nicht nach Backbord ändern.

Rechte und Pflichten

Der Kurshalter

- **muss** Kurs und Geschwindigkeit beibehalten;

- **darf** (nur) zur Abwehr eines Zusammenstoßes selbst manövrieren, sobald klar wird, dass der Ausweichpflichtige nicht angemessen handelt (Manöver des vorletzten Augenblicks); dies gilt rechtlich nicht als Ausweichen;

- **muss** so manövrieren, wie es zur Vermeidung eines Zusammenstoßes am dienlichsten ist, sobald der Kurshalter dem Ausweichpflichtigen so nahe gekommen ist, dass ein Zusammenstoß durch Manöver des Letzteren allein nicht vermieden werden kann (Manöver des letzten Augenblicks).

Der Ausweichpflichtige

- **muss** möglichst frühzeitig und durchgreifend handeln (deutliche Kursänderung oder Aufstoppen), um sich gut klarzuhalten;

- **muss** jede Änderung des Kurses und/oder der Geschwindigkeit zur Vermeidung eines Zusammenstoßes so groß machen, dass ein anderes Fahrzeug optisch oder durch Radar sie schnell erkennen kann (im Falle von Radar ist eine Kursänderung von 50° bis 60° erforderlich);

- **muss** Ausweichmanöver durch Manöversignale nach Regel 34 anzeigen (nur Maschinenfahrzeug).

Fahrzeuge, die einander in Sicht haben

Regel 18 **Verantwortlichkeiten der Fahrzeuge untereinander**
Sofern in den Regeln 9, 10 und 13 nicht etwas anderes bestimmt ist, gilt Folgendes:

a) *Ein Maschinenfahrzeug in Fahrt muss ausweichen*
   i) *einem manövrierunfähigen Fahrzeug;*
   ii) *einem manövrierbehinderten Fahrzeug;*
   iii) *einem fischenden Fahrzeug;*
   iv) *einem Segelfahrzeug.*

b) *Ein Segelfahrzeug in Fahrt muss ausweichen*
   i) *einem manövrierunfähigen Fahrzeug;*
   ii) *einem manövrierbehinderten Fahrzeug;*
   iii) *einem fischenden Fahrzeug.*

c) *Ein fischendes Fahrzeug in Fahrt muss, soweit möglich, ausweichen*
   i) *einem manövrierunfähigen Fahrzeug;*
   ii) *einem manövrierbehinderten Fahrzeug.*

d) i) *Jedes Fahrzeug mit Ausnahme eines manövrierunfähigen oder manövrierbehinderten muss, sofern die Umstände es zulassen, vermeiden, die sichere Durchfahrt eines tiefgangbehinderten Fahrzeugs zu behindern, das Signale nach Regel 28 (Seiten 70, 72) zeigt.*

   ii) *Ein tiefgangbehindertes Fahrzeug muss unter Berücksichtigung seines besonderen Zustands mit besonderer Vorsicht navigieren.*

e) *Ein Wasserflugzeug auf dem Wasser muss sich in der Regel von allen Fahrzeugen gut klarhalten und vermeiden, deren Manöver zu behindern. Sobald jedoch die Möglichkeit der Gefahr eines Zusammenstoßes besteht, muss es die Regeln dieses Teils befolgen.*

f) i) *Ein Bodeneffektfahrzeug muss sich bei Start, Landung und oberflächennahem Flug von allen Fahrzeugen gut klar halten und vermeiden, deren Manöver zu behindern;*
   ii) *ein Bodeneffektfahrzeug, das auf der Wasseroberfläche betrieben wird, muss die Regeln dieses Teiles für Maschinenfahrzeuge erfüllen.*

Regel 18 ordnet die Rangordnung der Verantwortlichkeit der Fahrzeuge untereinander hierarchisch. Beim Auslegen von Regel 18 ist der Vorrang der spezielleren Regelung zu beachten. Der speziellste Fall ist f); es folgen e), d) usw.

Absatz d) verlangt, tiefgangbehinderte Fahrzeuge

Der „Crash Stop Astern Test" mit einem leeren Containerschiff (3. Generation, L = 290 m, B = 32,5 m) in Ballast ergab, dass bei 23 kn Fahrt die Maschine erst nach etwa 6 min auf rückwärts geht (Stoppstrecke ≈ 1,7 sm; Stoppzeit ≈ 10,5 min). In beladenem Zustand sind diese Werte natürlich noch größer. Zudem geht der Trend zu immer größeren Schiffen. Seit 2006 werden die deutschen Küstengewässer – und auch die Elbe – von Containerschiffen mit einer Kapazität von 12000 TEU (ISO-Container von 20 Fuß Länge und 8 Fuß Breite; TEU = Twenty-feet Equivalent Unit) befahren. Solche Schiffe sind über 400 m lang und mehr als 50 m breit!

nicht zu behindern. Was genau zu tun ist, wird in Regel 8 f) beschrieben. Das Nicht-Behinderungsgebot darf nicht mit der Ausweichpflicht verwechselt werden. Es gilt nicht für manövrierunfähige und manövrierbehinderte Fahrzeuge.

Satz 1 gibt den Regeln 9, 10 und 13 Vorrang. Hieraus folgt z. B., dass ein manövrierbehindertes Fahrzeug, das ein Segelfahrzeug überholt, dem Segelboot ausweichen muss – entgegen Buchstabe b.

Manövrierunfähig: Außergewöhnliche Umstände (Maschinen-, Ruderschaden); Fahrzeug kann nicht ausweichen.

Manövrierbehindert: Arbeitseinsatz (Kabel-, Tonnen-, Rohrleger, Vermessungs- oder Versorgungsschiff, Bagger u. a.); Fahrzeug kann nicht ausweichen.

In Fahrt bedeutet, dass ein Fahrzeug weder vor Anker liegt, noch an Land festgemacht ist, noch auf Grund sitzt.

Fragen 10, 14, 15, 78 – 86

Verhalten bei verminderter Sicht

Abschnitt III Verhalten von Fahrzeugen bei verminderter Sicht

Solange die Fahrzeuge einander nicht in Sicht haben, gelten nicht die Ausweichregeln aus Teil II, sondern Regel 19. Tauchen die Schiffe aus dem Nebel auf, haben sie einander also in Sicht, so muss nach den Ausweichregeln aus Teil II gehandelt werden.

Verminderte Sicht beginnt bei tausend Meter Sichtweite. Dann müssen die vorgeschriebenen Lichter geführt und Nebelsignale gegeben werden. Alle Maßnahmen, die für die Nebelfahrt ergriffen werden, sollen in das Logbuch eingetragen werden. Alle Arbeiten am Schiff beenden.

Sportboote dürfen sich bei verminderter Sicht nicht in einem Fahrwasser aufhalten, sofern sie nicht über ein Radargerät verfügen, mit dem sie sicher beurteilen können, ob sie die durchgehende Schifffahrt behindern (siehe Seite 60).

*Regel 19 **Verhalten von Fahrzeugen bei verminderter Sicht***
a) Diese Regel gilt für Fahrzeuge, die einander nicht in Sicht haben, wenn sie in oder in der Nähe eines Gebietes mit verminderter Sicht fahren.

b) Jedes Fahrzeug muss mit sicherer Geschwindigkeit fahren, die den gegebenen Umständen und Bedingungen der verminderten Sicht angepasst ist. Ein Maschinenfahrzeug muss seine Maschinen für ein sofortiges Manöver bereithalten.

c) Jedes Fahrzeug muss bei der Befolgung der Regeln des Abschnitts I die gegebenen Umstände und Bedingungen der verminderten Sicht gehörig berücksichtigen.

d) Ein Fahrzeug, das ein anderes Fahrzeug lediglich mit Radar ortet, muss ermitteln, ob sich eine Nahbereichslage entwickelt und/oder die Möglichkeit der Gefahr eines Zusammenstoßes besteht. Ist dies der Fall, so muss es frühzeitig Gegenmaßnahmen treffen; ändert es deswegen seinen Kurs, so muss es nach Möglichkeit Folgendes vermeiden:

i) eine Kursänderung nach Backbord gegenüber einem Fahrzeug vorlicher als querab, außer beim Überholen;
ii) eine Kursänderung auf ein Fahrzeug zu, das querab oder achterlicher als querab ist.

e) Außer nach einer Feststellung, dass keine Möglichkeit der Gefahr eines Zusammenstoßes besteht, muss jedes Fahrzeug, das anscheinend

Wenn in dichtem Nebel das Schallsignal eines größeren Fahrzeugs anscheinend vorlicher als querab gehört wird

1. Möglichst aufstoppen! Sonst so langsam wie möglich fahren, sodass das eigene Schiff gerade noch steuerfähig bleibt.
2. Nebelsignal geben.
3. Maschine klarmachen, um sofort ausweichen zu können, falls das andere Schiff plötzlich aus dem Nebel auftauchen sollte.
4. Abwarten, bis das andere Schiff vorüber ist und keine Kollisionsgefahr mehr besteht.
5. Keinesfalls ein Ausweichmanöver durchführen, solange nicht das andere Fahrzeug sichtbar ist.

vorlicher als querab das Nebelsignal eines anderen Fahrzeugs hört oder das eine Nahbereichslage mit einem anderen Fahrzeug vorlicher als querab nicht vermeiden kann, seine Fahrt auf das für die Erhaltung der Steuerfähigkeit geringst mögliche Maß verringern. Erforderlichenfalls muss es jegliche Fahrt wegnehmen und in jedem Fall mit äußerster Vorsicht manövrieren, bis die Gefahr eines Zusammenstoßes vorüber ist.

Bei verminderter Sicht

1. Lichter führen.
2. Nebelsignale geben.
3. Mit allen Mitteln Ausguck gehen, Störgeräusche vermeiden. Ggf. Radargerät ständig benutzen.
4. Mögliche Fahrrouten großer Schiffe meiden.
5. Ohne entsprechendes Radargerät nicht in einem Fahrwasser aufhalten, erst recht kein Fahrwasser queren. Fahren am äußersten rechten Rand oder auf dem Tonnenstrich ist gestattet (Seite 60).
6. Langsam, mit sicherer Geschwindigkeit fahren.
7. Schiff (einschließlich Maschine) für ein sofortiges Manöver bereithalten; Autopilot ausschalten.
8. Radarerkennbarkeit verbessern (Radarreflektoren, aufrechte Schwimmlage).
9. Standort regelmäßig in die Seekarte eintragen.
10. In Gebieten mit Radarberatung: Radarberatung mithören, eigenes Schiff gegebenenfalls anmelden (UKW).
11. Rettungswesten anlegen.
12. Luken, Skylights, Niedergang schließen.
13. Rettungsinsel für einen sofortigen Einsatz vorbereiten.

Fragen 16, 17, 28, 90, 307, 308

Lichter der Fahrzeuge

KVR, SeeSchStrO und EmsSchO verpflichten alle Fahrzeuge, bei Nacht und bei verminderter Sicht Lichter zu führen.

Schiffe unter deutscher Flagge dürfen nur Positionslaternen verwenden, die vom Bundesamt für Seeschifffahrt und Hydrographie (oder einer vergleichbaren Organisation in der EU) geprüft und zugelassen wurden. Die Prüfung umfasst die Tragweite, die Farbwerte und die Sichtwinkel. Zugelassene Laternen sind an ihrer Baumusternummer (z. B. BSH/00/01/03) zu erkennen.

Die wichtigsten Positionslaternen sind:

– zwei **Seitenlichter** rot und grün, jedes über einen Sektor von 112,5° scheinend,
– ein **Hecklicht** weiß, über einen Sektor von 135° scheinend,
– ein oder zwei **Topplichter** weiß, über einen Sektor von 225° scheinend,
– weiße, rote oder grüne **Rundumlichter**, die über den ganzen Horizont (360°) fest scheinen oder funkeln.

Segelnde Fahrzeuge, Ruderboote und geschleppte Fahrzeuge führen nur die Seitenlichter (rot und grün) und das Hecklicht (weiß). Auf Maschinenfahrzeugen unter 20 m Länge können die beiden Seitenlichter zu einer **Zweifarbenlaterne** zusammengefasst werden. Segel- und Ruderboote unter 20 m Länge dürfen anstelle der Seitenlichter und des Hecklichtes eine **Dreifarbenlaterne** auf dem Masttopp führen (um Strom zu sparen).

Auf dem Masttopp wird die Laterne nicht von Segeln oder Flaggen verdeckt. Sie ist dort gut erkennbar und vor Seewasser geschützt (Korrosion). Eine Dreifarbenlaterne darf bei Maschinenfahrt nicht geführt werden.

Ein Segelfahrzeug in Fahrt darf zusätzlich am Masttopp zwei Rundumlichter, **rot über grün**, führen, jedoch nicht zusammen mit einer Dreifarbenlaterne.

Im Geltungsbereich der SeeSchStrO müssen Segelfahrzeuge unter 12 m Länge sowie Ruder- und offene Fischerboote, die die vorgeschriebenen Lichter nicht führen können, mindestens ein **weißes Rundumlicht** führen.

Ein Fahrzeug, das die vorgeschriebenen Lichter nicht führen kann, darf bei Nacht oder bei verminderter Sicht nicht fahren. Das gilt nicht in einem Notstand, etwa wenn ein Segelboot bei Flaute nicht rechtzeitig in den Hafen zurückkehren konnte. Nähert sich dann ein anderes Fahrzeug, so muss ein weißes Licht ge-

Ein Segelfahrzeug bis 20 m Länge führt Seitenlichter und Hecklicht oder eine Dreifarbenlaterne.

Lichterführung auf Maschinenfahrzeugen von weniger als 12 m Länge

Fragen 21, 24, 25, 34, 53 – 56, 114 – 117

Lichter der Fahrzeuge

zeigt werden (mit einer Taschenlampe in das Segel leuchten). Lichter *führen* bedeutet dagegen, dass die Positionslaternen eingeschaltet und fest angebracht sein müssen. Positionslaternen sind ständig gebrauchsfertig an Bord mitzuführen; sie dürfen andere nicht blenden.

Die **Mindesttragweite** der vom BSH zugelassenen Positionslaternen beträgt 2 sm; bei Fahrzeugen zwischen 12 und 20 m Länge muss die Tragweite des Topplichtes 3 sm betragen. Die hohe Tragweite wird mit Fresnellinsen erzielt. Sie bündeln das Licht und strahlen es – in aufrechter Schwimmlage – horizontal ab. Bei Krängung aber

strahlen solche Laternen in Luv in den Himmel und in Lee auf das Wasser (siehe Abbildung unten rechts). Aus größerer Entfernung sind sie dann schlecht zu sehen.

Maschinenfahrzeuge

Maschinenfahrzeuge in Fahrt (Seite 68) werden durch das weiße **Topplicht** gekennzeichnet. Das Topplicht ist mindestens 1 m höher als die Seitenlichter zu führen.

Maschinenfahrzeuge ab 50 m Länge müssen ein **zweites Topplicht** deutlich weiter achtern und mindestens 4,5 m höher als das erste Topplicht

führen. Ein Maschinenfahrzeug in Fahrt von weniger als 50 m Länge darf ein zweites Topplicht führen, es ist jedoch nicht dazu verpflichtet. An der Lage der beiden Topplichter zueinander lässt sich bei Nacht die Fahrtrichtung des Schiffes gut abschätzen.

Die Mindesthöhe des Topplichtes über den Seitenlichtern richtet sich nach der Länge:

Schiffslänge	Topplichthöhe
< 12 m	1 m
12 – 20 m	2,5 m
20 – 50 m	6 m

Ein Segel- oder Ruderboot gilt als Maschinenfahrzeug, sobald eine Maschine das

Boot antreibt. Bei Nacht und bei verminderter Sicht muss es zusätzlich zu Seitenlichtern und Hecklicht ein Topplicht führen (nicht zulässig in Verbindung mit einer Dreifarbenlaterne).

Zur Unterscheidung der verschiedenen Fahrzeuge bei Nacht sind diverse Kombinationen von Positionslichtern international (in den KVR) und national (in der SeeSchStrO) festgelegt worden. Sie sind als Übersicht auf der folgenden Doppelseite dargestellt. Fahrzeuge von weniger als zwölf Meter Länge brauchen im Falle von Manövrierunfähigkeit oder Manövrierbehinderung die entsprechenden Lichter nicht zu führen.

Maschinenfahrzeuge in Fahrt ab 50 m Länge müssen ein zweites Topplicht deutlich weiter achtern und mindestens 4,5 m höher als das erste Topplicht führen.

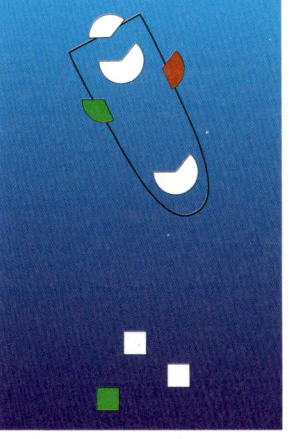

Aufsicht und Ansicht der Lichter eines Maschinenfahrzeugs

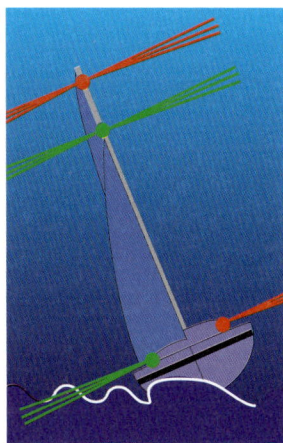

Eingeschränkte Sichtweite der Lichter auf einer krängenden Segelyacht

Fragen 18, 20, 23, 57 – 60

Lichter nach KVR

Maschinenfahrzeug in Fahrt von weniger als 50 m Länge.

Maschinenfahrzeug in Fahrt (Angabe zur Länge nicht möglich; ein Fahrzeug von weniger als 50 m Länge kann ein zweites Topplicht führen, ist jedoch nicht dazu verpflichtet).

Schleppverband in Fahrt mit Anhang von 200 m Länge oder weniger.

Schleppverband in Fahrt mit Anhang von 200 m Länge oder weniger. Der Schleppverband kann nicht vom Kurs abweichen.

Schleppverband in Fahrt mit Anhang von mehr als 200 m Länge. Der Schleppverband kann nicht vom Kurs abweichen.

Manövrierunfähiges Fahrzeug ohne Fahrt durchs Wasser (nicht vorgeschrieben für Fahrzeuge von weniger als 12 m Länge).

Manövrierunfähiges Fahrzeug mit Fahrt durchs Wasser (nicht vorgeschrieben für Fahrzeuge von weniger als 12 m Länge).

Manövrierbehindertes Fahrzeug ohne Fahrt durchs Wasser (nicht vorgeschrieben für Fahrzeuge von weniger als 12 m Länge).

Manövrierbehindertes Fahrzeug mit Fahrt durchs Wasser (nicht vorgeschrieben für Fahrzeuge von weniger als 12 m Länge).

Fahrzeug auf Grund von weniger als 50 m Länge (nicht vorgeschrieben für Fahrzeuge von weniger als 12 m Länge).

Fahrzeug auf Grund (wahrscheinlich 50 m oder länger; definitive Angabe über die Länge nicht möglich).

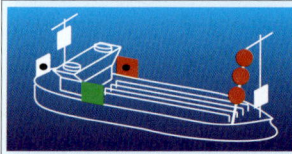

Tiefgangbehindertes Fahrzeug in Fahrt (Angabe zur Länge nicht möglich).

Fischender Trawler mit Fahrt durchs Wasser (wahrscheinlich 50 m oder länger; definitive Angabe über die Länge nicht möglich).

Fischendes Fahrzeug in Fahrt, das nicht trawlt, ohne Fahrt durchs Wasser (Angabe zur Länge s. oben).

Fahrzeug vor Anker von weniger als 50 m Länge.

Fahrzeug vor Anker (Länge mindestens 50 m).

Fragen 30 – 33, 36, 37, 40 – 42, 44, 46, 47, 49, 50, 52, 61, 62, 86

Lichter nach KVR oder SeeSchStrO

 Manövrierbehindertes Fahrzeug mit Fahrt durchs Wasser; Passieren an der Seite mit zwei grünen Lichtern möglich.

 Fahrzeug des öffentlichen Dienstes bei der Erfüllung polizeilicher Aufgaben.

 Segelfahrzeug in Fahrt.

 Luftkissenfahrzeug, das in nicht wasserverdrängendem Zustand navigiert.

 Fahrzeug beim Minenräumen; Annäherung auf weniger als 1000 m ist für andere Fahrzeuge gefährlich.

 Lotsenfahrzeug in Fahrt.

 Manövrierbehindertes Fahrzeug, das im Fahrwasser baggert oder Unterwasserarbeiten ausführt; keine Behinderung; Vorbeifahrt in Fahrtrichtung rechts (im Geltungsbereich der SeeSchStrO).

 Fahrzeuge und Schub- und Schleppverbände, die bestimmte gefährliche Güter befördern und bestimmte leere Fahrzeuge (im Geltungsbereich der SeeSchStrO).

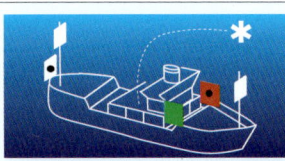 Fahrzeug der Bundeswehr und des Bundesgrenzschutzes sowie Maschinenfahrzeuge, die Schießscheiben schleppen (im Geltungsbereich der SeeSchStrO).

 Fahrzeug unter Segel von weniger als 12 m Länge oder Fahrzeug unter Ruder (im Geltungsbereich der SeeSchStrO).

 Nicht frei fahrende Fähre in Fahrt (im Geltungsbereich der SeeSchStrO).

 Frei fahrende Fähre auf dem Nord-Ostsee-Kanal, der Trave oder der Warnow in Fahrt (im Geltungsbereich der SeeSchStrO).

 Zollfahrzeug (im Geltungsbereich der SeeSchStrO).

 Am Ufer festgemachtes Fahrzeug von weniger als 50 m Länge (im Geltungsbereich der SeeSchStrO).

 Am Ufer festgemachtes Fahrzeug von 50 und mehr m Länge (im Geltungsbereich der SeeSchStrO).

 Festes Rundumlicht.

 Gleichtaktlicht.

 Festes Licht über begrenzten Sektor.

 Licht für den Beobachter nicht sichtbar.

Fragen 102, 103, 107, 108, 113, 114, 118

Signalkörper

Signalkörper müssen **schwarz** sein und folgende Abmessungen haben:

– **Ball**: Durchmesser mindestens 0,6 m;

– **Kegel**: Grundfläche mindestens 0,6 m Durchmesser; Höhe wie sein Durchmesser;

– **Zylinder**: Durchmesser mindestens 0,6 m; Höhe doppelt so groß wie sein Durchmesser;

– **Rhombus**: zwei Kegel mit einer gemeinsamen Grundfläche.

Der senkrechte Abstand zwischen Signalkörpern muss mindestens 1,5 Meter betragen.

Auf einem Fahrzeug von weniger als 20 Meter Länge dürfen Signalkörper geringerer Abmessungen verwendet werden, die dem Größenverhältnis des Fahrzeugs angemessen sind. Manövrierunfähige Fahrzeuge unter zwölf Meter Länge brauchen keine Signalkörper zu führen.

Hier die wichtigsten Signalkörper der KVR und der SeeSchStrO:

Fahrzeug unter Segel, das gleichzeitig mit Maschinenkraft fährt (KVR).

Fahrzeug vor Anker (KVR).

Manövrierbehindertes Fahrzeug (KVR).

Manövrierbehindertes Fahrzeug; Passieren an der Seite mit zwei Rhomben möglich (KVR).

Manövrierunfähiges Fahrzeug (KVR).

Grundsitzer (KVR).

Schleppverband mit Anhang von mehr als 200 m Länge (KVR).

Schleppverband mit Anhang von mehr als 200 m Länge. Der Schleppverband kann nicht vom Kurs abweichen (KVR).

Fischendes Fahrzeug (KVR).

Tiefgangbehindertes Fahrzeug (KVR).

Fahrzeug beim Minenräumen; Annäherung auf weniger als 1000 m ist für andere Fahrzeuge gefährlich (KVR).

Manövrierbehindertes Fahrzeug, das im Fahrwasser baggert oder Unterwasserarbeiten ausführt; keine Behinderung; Vorbeifahrt in Fahrtrichtung rechts (im Geltungsbereich der SeeSchStrO).

Fragen 18, 35, 38, 39, 43, 45, 48, 51, 52, 61, 85, 100, 101

Schallsignale

Schifffahrtszeichen (SeeSchStrO)

Anhalten (SeeSchStrO). ● ▬ ● ●

Durchfahren/Einfahren verboten Brücke / Sperrwerk / Schleuse kann vorübergehend nicht geöffnet werden (SeeSchStrO). ● ● ● ●

Durchfahren/Einfahren erlaubt Brücke / Sperrwerk / Schleuse geöffnet (SeeSchStrO).
a) für seewärts fahrende Fahrzeuge ▬ ▬ ● ●
b) für binnenwärts fahrende Fahrzeuge ▬ ▬ ● ● ▬

Hubbrücken dürfen jedoch nur von Fahrzeugen durchfahren werden, für die die Durchfahrtshöhe der letzten Hubstufe mit Sicherheit ausreicht.

Sperrung der Seeschifffahrtsstraße (SeeSchStrO). ▬ ▬ ▬ / ▬ ▬ ▬

Schallsignale der Fahrzeuge

Ich ändere meinen Kurs nach Steuerbord (KVR). ●

Ich ändere meinen Kurs nach Backbord (KVR). ● ●

Ich arbeite rückwärts (KVR). ● ● ●

Verstehe Ihr Verhalten nicht. Ich habe Zweifel, ob Sie ausweichen (KVR). ● ● ● ● ● (mind. 5)

Achtung (KVR, SeeSchStrO). ▬ ▬

Allgemeines Gefahr- und Warnsignal (SeeSchStrO). ▬ ● ● ● ● / ▬ ● ● ● ●

Bleib-weg-Signal (SeeSchStrO). ● ▬ ▬ (5 x / min)

Ich beabsichtige, Sie an Stb zu überholen (KVR). ▬ ▬ ●

Ich beabsichtige, Sie an Bb zu überholen (KVR). ▬ ▬ ● ●

Ich bin einverstanden, dass Sie überholen (KVR). ▬ ● ▬ ●

Aufforderungssignal „Brücke / Sperrwerk / Schleuse öffnen" (SeeSchStrO). ▬ ▬

Schallsignale bei verminderter Sicht, Nebelsignale

Maschinenfahrzeug in Fahrt mit Fahrt durchs Wasser (KVR) ▬ / 2 min

Maschinenfahrzeug in Fahrt ohne Fahrt durchs Wasser (KVR). ▬ ▬ / 2 min

Manövrierunfähiges, manövrierbehindertes, tiefgangbehindertes, segelndes, fischendes, schiebendes oder schleppendes Fahrzeug (KVR). ▬ ● ● / 2 min

Geschlepptes Fahrzeug (KVR). ▬ ● ● ● / 2 min

Fahrzeug vor Anker unter 100 m Länge (KVR). 🔔 5 s / min

Fahrzeug vor Anker von 100 und mehr m Länge (KVR). 🔔 5 s Gong 5 s / min

Zusätzliches Warnsignal eines Ankerliegers (KVR). ● ▬ ●

Grundsitzer unter 100 m Länge (KVR). 🔔🔔🔔 🔔🔔 🔔🔔🔔 5 s / min

Grundsitzer von 100 und mehr m Länge (KVR). 🔔🔔🔔 🔔🔔 🔔🔔🔔 5 s Gong 5 s

Lotse (KVR). ● ● ● ● (zusätzlich)

Bugsierte Maschinenfahrzeuge in Fahrt (SeeSchStrO). ▬ ● ▬ ▬

Nicht freifahrende Fähren: dauernde Einzelschläge (SeeSchStrO). 🔔🔔🔔🔔🔔🔔 ...

Freifahrende Fähren (SeeSchStrO). ● ▬ ▬ ●

Schallsignale werden mit einer **Pfeife** (Signalhorn), einer **Glocke** oder einem **Gong** gegeben. Schiffe unter 12 m Länge müssen nur über ein

„Gerät zur Abgabe eines kräftigen Schallsignals" verfügen; ab 12 m Länge ist eine Pfeife, ab 20 m Länge zusätzlich eine Glocke vorgeschrieben.

Ein langer Ton (etwa 4 – 6 s). ▬

Ein kurzer Ton (etwa 1 s). ●

Glockenschlag. 🔔

Rasches Läuten der Glocke. 🔔 5 s

Rasches Schlagen des Gongs.

Fragen 11, 63 – 71, 92 – 95, 119 – 123, 148, 164, 168

Notzeichen, Flaggensignale

KVR Anlage IV
Notzeichen

1. Die folgenden Signale, die zusammen oder einzeln verwendet oder gezeigt werden, bedeuten Not und die Notwendigkeit der Hilfe:

a) Kanonenschüsse oder andere Knallsignale in Zwischenräumen von ungefähr einer Minute;

b) anhaltendes Ertönen eines Nebelsignalgeräts;

c) Raketen oder Leuchtkugeln mit roten Sternen einzeln in kurzen Zwischenräumen;

d) das durch Telegrafiefunk oder eine andere Signalart gegebene Morsesignal SOS ●●● ▬▬▬ ●●●*;*

e) das Sprechfunksignal aus dem gesprochenen Wort „Mayday";

f) das Notzeichen NC des Internationalen Signalbuchs;

g) ein Signal aus einer viereckigen Flagge, darüber oder darunter ein Ball oder etwas, das einem Ball ähnlich sieht;

h) Flammensignale auf dem Fahrzeug, z. B. brennende Teertonnen, Öltonnen oder dergleichen;

i) eine rote Fallschirm-Leuchtrakete oder eine rote Handfackel;

j) ein Rauchsignal mit orangefarbenem Rauch;

k) langsames und wiederholtes Heben und Senken der nach beiden Seiten ausgestreckten Arme;

l) das Telegrafiefunk-Alarmzeichen;

m) das Sprechfunk-Alarmzeichen;

n) von einer Seenotfunkboje ausgestrahlte Funksignale;

o) zugelassene Signale, die über Funksysteme einschließlich Radartransponder auf Überlebensfahrzeugen übermittelt werden.

2. Die oben genannten Signale dürfen nur verwendet oder gezeigt werden, wenn Not und die Notwendigkeit der Hilfe vorliegen; die Verwendung von Signalen, die mit diesen Signalen verwechselt werden können, ist verboten.

3. Auf die betreffenden Abschnitte des Internationalen Signalbuchs, des Handbuchs für Suche und Rettung und auf folgende Signale wird hingewiesen:
a) ein Stück orangefarbenes Segeltuch mit einem schwarzen Quadrat oder Kreis oder mit einem anderen entsprechenden Zeichen (zur Erkennung aus der Luft);
b) ein Seewasserfärber.

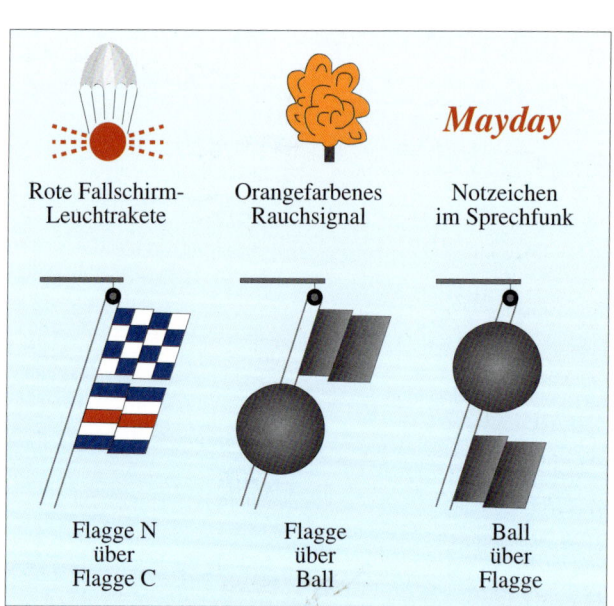

Rote Fallschirm-Leuchtrakete

Orangefarbenes Rauchsignal

Mayday

Notzeichen im Sprechfunk

Flagge N über Flagge C

Flagge über Ball

Ball über Flagge

Notzeichen gemäß KVR (Auszug)

Flaggensignale

Flaggensignale sind die preiswerteste (und wohl auch älteste) Form, auf Schiffen Nachrichten zu übermitteln. Wegen der geringen Störanfälligkeit haben sie ihre Berechtigung nicht verloren. Der Aufmerksamkeitswert von Signalflaggen ist – bei den auf Sportbooten üblichen Flaggenmaßen – jedoch gering.

Das **Internationale Signalbuch** stellt zahlreiche Nachrichten, die zwischen Schiffen oder Land und Schiff ausgetauscht werden können, als Buchstabencodes dar. Rechts sind die Einflaggensignale wiedergegeben. (Eine Verwendung als Schallsignal ist nur möglich, wenn es mit dem entsprechenden Signal der KVR oder der SeeSchStrO übereinstimmt, z. B. die Zeichen E oder I, nicht aber B.)
Hilfsstander werden eingesetzt, um einen Buchstaben zu wiederholen. Der 3. Hilfsstander (Zollgut an Bord) dient auch als Zollzeichen. Eine von Behördenfahrzeugen gezeigte **Flagge L** zählt zu den Schifffahrtszeichen gemäß SeeSchStrO (s. Seite 87). Flaggen werden auch bei Regatten eingesetzt. Der **Antwortwimpel** z. B. bedeutet Startverschiebung.

Signalflaggen

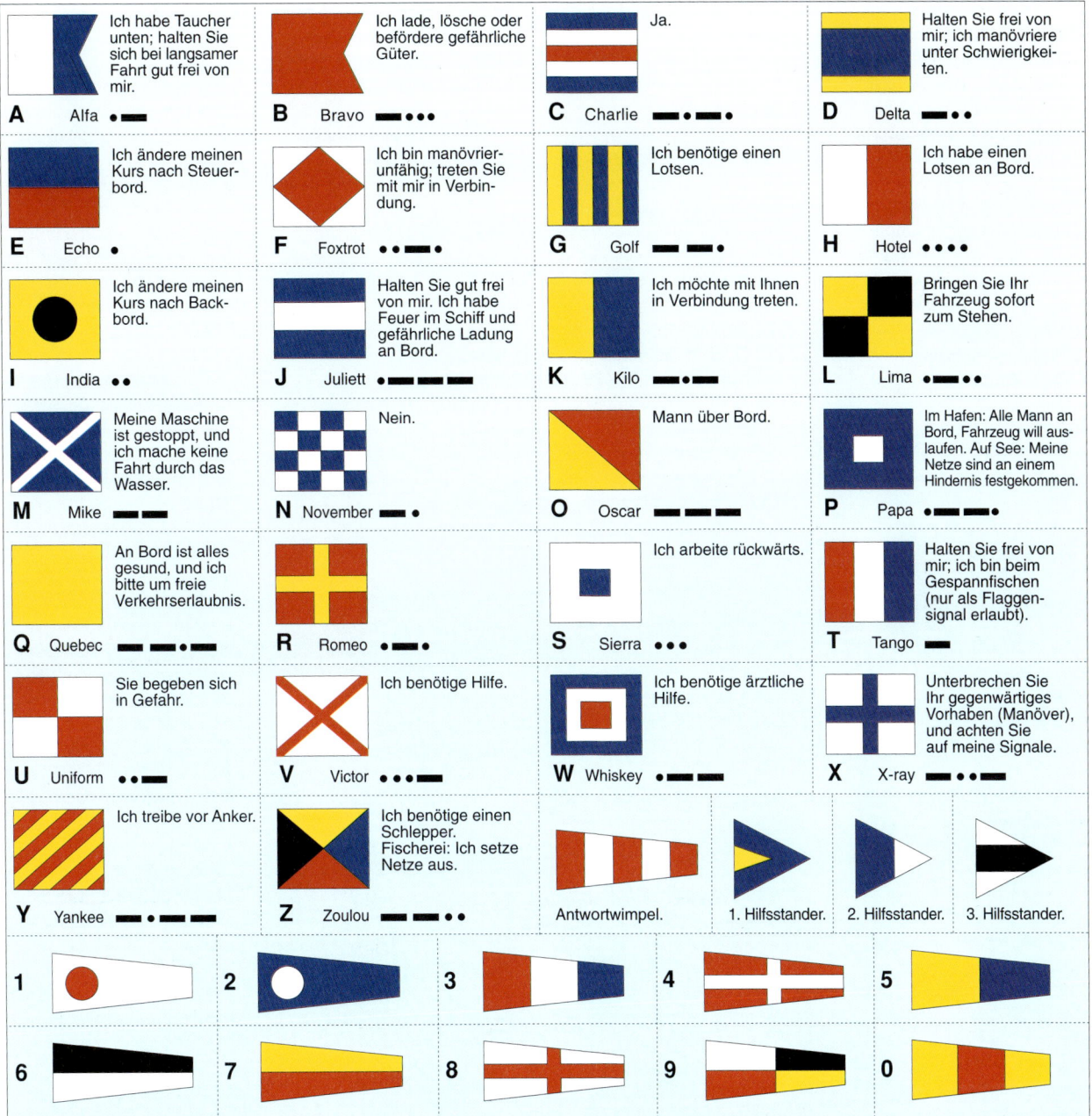

A Alfa • ▬	Ich habe Taucher unten; halten Sie sich bei langsamer Fahrt gut frei von mir.	
B Bravo ▬ • • •	Ich lade, lösche oder befördere gefährliche Güter.	
C Charlie ▬ • ▬ •	Ja.	
D Delta ▬ • •	Halten Sie frei von mir; ich manövriere unter Schwierigkeiten.	
E Echo •	Ich ändere meinen Kurs nach Steuerbord.	
F Foxtrot • • ▬ •	Ich bin manövrierunfähig; treten Sie mit mir in Verbindung.	
G Golf ▬ ▬ •	Ich benötige einen Lotsen.	
H Hotel • • • •	Ich habe einen Lotsen an Bord.	
I India • •	Ich ändere meinen Kurs nach Backbord.	
J Juliett • ▬ ▬ ▬	Halten Sie gut frei von mir. Ich habe Feuer im Schiff und gefährliche Ladung an Bord.	
K Kilo ▬ • ▬	Ich möchte mit Ihnen in Verbindung treten.	
L Lima • ▬ • •	Bringen Sie Ihr Fahrzeug sofort zum Stehen.	
M Mike ▬ ▬	Meine Maschine ist gestoppt, und ich mache keine Fahrt durch das Wasser.	
N November ▬ •	Nein.	
O Oscar ▬ ▬ ▬	Mann über Bord.	
P Papa • ▬ ▬ •	Im Hafen: Alle Mann an Bord, Fahrzeug will auslaufen. Auf See: Meine Netze sind an einem Hindernis festgekommen.	
Q Quebec ▬ ▬ • ▬	An Bord ist alles gesund, und ich bitte um freie Verkehrserlaubnis.	
R Romeo • ▬ •		
S Sierra • • •	Ich arbeite rückwärts.	
T Tango ▬	Halten Sie frei von mir; ich bin beim Gespannfischen (nur als Flaggensignal erlaubt).	
U Uniform • • ▬	Sie begeben sich in Gefahr.	
V Victor • • • ▬	Ich benötige Hilfe.	
W Whiskey • ▬ ▬	Ich benötige ärztliche Hilfe.	
X X-ray ▬ • • ▬	Unterbrechen Sie Ihr gegenwärtiges Vorhaben (Manöver), und achten Sie auf meine Signale.	
Y Yankee ▬ • ▬ ▬	Ich treibe vor Anker.	
Z Zoulou ▬ ▬ • •	Ich benötige einen Schlepper. Fischerei: Ich setze Netze aus.	

Antwortwimpel. 1. Hilfsstander. 2. Hilfsstander. 3. Hilfsstander.

1 2 3 4 5
6 7 8 9 0

Fragen 104, 113, 163, 164

Geltungsbereich

Die Seeschifffahrtsstraßen-Ordnung (SeeSchStrO) geht über die KVR hinaus. Sie enthält Vorschriften

– zum Fahren und zur Vorfahrt im Fahrwasser
– zum Alkohol am Steuer
– zum Transport bestimmter gefährlicher Güter
– zur maritimen Verkehrslenkung
– zur Ausrüstung mit und zur Verwendung von Positionslaternen und Schallsignalanlagen

Sie wurde erstmals 1971 erlassen und ist seitdem ständig an die veränderten Verhältnisse angepasst worden. Der Geltungsbereich der SeeSchStrO (§ 1) ist auf Seite 59 abgebildet.

1. Abschnitt Allgemeine Bestimmungen

§ 1 Geltungsbereich
(1) Die Verordnung gilt auf den Seeschifffahrtsstraßen mit Ausnahme der Emsmündung, die im Osten durch eine Verbindungslinie zwischen dem Pilsumer Watt (53° 29' 08'' N; 07° 01' 52'' O), Borkum (53° 34' 06'' N; 06° 45' 31'' O) und dem Schnittpunkt der Koordinaten 53° 39' 35'' N; 06° 35' 00'' O begrenzt wird. Seeschifffahrtsstraßen im Sinne dieser Verordnung sind
1. die Wasserflächen zwischen der Küstenlinie bei mittlerem Hochwasser oder der see-

wärtigen Begrenzung der Binnenwasserstraßen und einer Linie von 3 Seemeilen Abstand seewärts der Basislinie,
2. die durchgehend durch Sichtzeichen B.11 der Anlage 1 begrenzten Wasserflächen der seewärtigen Teile der Fahrwasser im Küstenmeer (das sind die durch laterale Zeichen betonnten, aus der 3-sm-Zone herausführenden Fahrwasser – z. B. Elbe, Alte Weser, Neue Weser). Darüber hinaus sind Seeschifffahrtsstraßen im Sinne dieser Verordnung die Wasserflächen zwischen den Ufern der nachstehend bezeichneten Teile der angrenzenden Binnenwasserstraßen:
3. Weser bis zur Nordwestkante der Eisenbahnbrücke in Bremen mit den Nebenarmen Schweiburg, Rechter Nebenarm, Rekumer Loch und Westergate;
4. Lesum und Wümme ...
21. Uecker bis zur ...

(2) Auf den Wasserflächen zwischen der seewärtigen Begrenzung im Sinne des Absatzes 1 Satz 2 und der seewärtigen Begrenzung des Küstenmeeres sind lediglich §2 Abs. 1 Nr. 3, Nr. 13 Buchstabe b, Nr. 22 bis 25 und 27, die §§ 3, 4, 5, 7 und § 32 Abs. 3, § 35 Abs. 1 und 2 sowie die §§ 55 bis 61 anzuwenden.

(3) Die Verordnung gilt im Bereich der Seeschifffahrts-

straßen auch auf den bundeseigenen Schifffahrtsanlagen, den dem Verkehr auf den Bundeswasserstraßen dienenden Grundstücken und in den öffentlichen bundeseigenen Häfen.
(4) Im Geltungsbereich dieser Verordnung gelten die Internationalen Regeln von 1972 zur Verhütung von Zusammenstößen auf See – Kollisionsverhütungsregeln ... soweit diese Verordnung nicht ausdrücklich etwas anderes bestimmt.

(5) Die Wasserflächen und Seegebiete, die vom Geltungsbereich dieser Verordnung (§1 Abs.1 bis 3) erfasst werden, sind aus der als Anlage III zu dieser Verordnung beigefügten Karte ersichtlich (Seite 59).

§ 2 Begriffsbestimmungen
(1) Für diese Verordnung gelten die Begriffsbestimmungen der Regeln 3, 21 und 32 der Kollisionsverhütungsregeln; im Übrigen sind im Sinne dieser Verordnung:

1. Fahrwasser
die Teile der Wasserflächen, die durch die Sichtzeichen B.11 und B.13 der Anlage I begrenzt oder gekennzeichnet sind oder die, soweit dies nicht der Fall ist, auf den Binnenwasserstraßen für die durchgehende Schifffahrt bestimmt sind; die Fahrwasser gelten als eng im Sinne der Kollisionsverhütungsregeln;

Sichtzeichen B.11 (Steuerbordseite) und B.13 (Backbordseite) sind die Fahrwassertonnen (Seite 23). Schifffahrtswege, die lediglich durch „Mitte-Tonnen" bezeichnet sind (z. B. Kiel-Flensburg-Weg) sind keine Fahrwasser im Sinne der SeeSchStrO mit der Folge, dass dort nicht der wichtige § 25 (Vorfahrt im Fahrwasser) gilt, sondern allein die KVR.

2. Steuerbordseiten der Fahrwasser
die Seiten, die bei den von See einlaufenden Schiffen an Steuerbord liegen. Verbindet ein Fahrwasser zwei Meeresteile oder zwei durch Gründe voneinander getrennt liegende Wasserflächen, so gilt als Steuerbordseite eines Fahrwassers die Seite, die von den Fahrzeugen an Steuerbord gelassen wird, wenn sie aus westlicher Richtung kommen, d. h. von Nord (einschließlich) über West bis Süd (ausschließlich). Ist ein solches Fahrwasser stark gekrümmt, so ist die am weitesten nördlich liegende Einfahrt für das gesamte zusammenhängende Fahrwasser maßgebend;

Die Steuerbordseiten der Fahrwasser sind durch grüne Tonnen – im Watt auch durch Stangen mit spitzen Toppzeichen (siehe Seite 46) – gekennzeichnet.

Fragen 105, 109, 110

Begriffsbestimmungen

3. Reeden
durch Sichtzeichen B.14 der Anlage I gekennzeichnete, nach § 60 Abs. 1 bekannt gemachte oder in den Seekarten eingetragene Wasserflächen zum Ankern;

4. schwimmende Geräte
manövrierbehinderte Fahrzeuge im Sinne von Regel 3 Buchstabe g der Kollisionsverhütungsregeln auch dann, wenn sie nicht in Fahrt sind, insbesondere Kräne, Rammen, Hebefahrzeuge einschließlich ihres schwimmenden Zubehörs; ...

7. Schleppverbände
die Zusammenstellung von einem oder mehreren schleppenden Maschinenfahrzeugen (Schlepper) und einem oder mehreren dahinter oder daneben geschleppten Anhängen, die keine oder keine betriebsbereite Antriebsanlage besitzen oder in ihrer Manövrierfähigkeit eingeschränkt sind; Motorsportfahrzeuge, die andere Sportfahrzeuge schleppen, gelten nicht als schleppende Maschinenfahrzeuge im Sinne der Kollisionsverhütungsregeln; ...

Schleppverbände müssen bei Nacht und bei verminderter Sicht die in Regel 24 KVR festgelegten Lichter und Signalkörper führen, hiervon ausgenommen sind schleppende Sportfahrzeuge.

11. Fahrgastschiffe
Fahrzeuge, die mehr als 12 Personen gewerblich befördern oder hierfür zugelassen oder eingesetzt sind; ...

Eine gewerblich eingesetzte Yacht mit 13 Kojen ist ein Fahrgastschiff; nur mit einem Sportbootführerschein darf sie nicht geführt werden.

13. Wegerechtschiffe
a) Fahrzeuge der mit Ausnahme der auf dem Nord-Ostsee-Kanal befindlichen, die die für eine Seeschifffahrtsstraße nach § 60 Abs. 1 bekannt gemachten Abmessungen überschreiten oder die wegen ihres Tiefgangs, ihrer Länge oder wegen anderer Eigenschaften gezwungen sind, den tiefsten Teil des Fahrwassers für sich in Anspruch zu nehmen;
b) Fahrzeuge im Bereich der Wasserflächen zwischen der seewärtigen Begrenzung im Sinne des § 1 Abs. 1 Satz 2 Nr. 1 und 2 und der seewärtigen Begrenzung des Küstenmeeres, die die nach § 60 Abs. 1 bekannt gemachten Voraussetzungen erfüllen; sie gelten als manövrierbehinderte Fahrzeuge im Sinne von Regel 3 Buchstabe g der Kollisionsverhütungsregeln; ...

Vor der ostfriesischen Küste laufen zwei Verkehrstrennungsgebiete zusammen; sie bilden hier einen kritischen Kreuzungsbereich. Da treffen nicht nur große Schiffe aufeinander, auch viele Yachten auf dem Weg zwischen Helgoland und den ostfriesischen Inseln müssen durch dieses Gebiet laufen.

Große Schiffe können schlechter manövrieren. Deshalb gelten Fahrzeuge, die bestimmte Abmessungen überschreiten – insbesondere Großtanker und tiefgangbehinderte Fahrzeuge – im deutschen Küstenmeer als manövrierbehindert. Sie müssen die entsprechenden Lichter oder Signalkörper führen, sind also gut erkennbar.

Segel- und Motorboote müssen manövrierbehinderten Fahrzeugen nach KVR Regel 18 ausweichen – tiefgangbehinderte Fahrzeuge müssten sie „nur" nicht behindern (Seiten 60, 66).

Die Verkehrszentrale »German Bight Traffic« informiert viertelstündlich über die Bewegungen der Wegerechtschiffe. Auch Sportboote müssen diese Meldungen regelmäßig abhören und bei ihrer Fahrt berücksichtigen – siehe SeeSchStrO, § 3 (1).

15. Freifahrer
Fahrzeuge, die von der Verpflichtung zur Annahme eines Seelotsen befreit sind; ...

21. Wassermotorräder
motorisierte Wassersportgeräte, die als Personal Water Craft wie „Wasserbob", „Wasserscooter", „Jetbike" oder „Jetski" bezeichnet werden, oder sonstige gleichartige Geräte; sie gelten nicht als Fahrzeuge im Sinne dieser Verordnung;
a) Parasailing Drachenfliegen und Fallschirmfliegen hinter einem ziehenden Wasserfahrzeug
b) Wassersportanhänge von Wassersportfahrzeugen gezogene aufblasbare Schwimmkörper, auf denen sich Personen befinden
c) Kitesurfen Surfen mit einem von einem Drachen gezogenen Surfbrett

Wassermotorräder haben Wasserstrahlantrieb (Jet). Sie sind – wie die übrigen Geräte – keine Fahrzeuge. Deshalb müssen sie nicht mit Lichtern und Signalkörpern ausgerüstet werden. Sie dürfen allerdings auch nicht bei Nacht und bei verminderter Sicht fahren. Um sie zu führen, wird ein Sportbootführerschein benötigt (zur Kennzeichenpflicht siehe Seite 90).

Grundregeln

22. **Maritime Verkehrs-sicherung**
die von der Verkehrszentrale zur Verhütung von Kollisionen und Grundberührungen, zur Verkehrsablaufsteuerung oder zur Verhütung der von der Schifffahrt ausgehenden Gefahren für die Meeresumwelt gegebenen Verkehrsinformationen und Verkehrsunterstützungen sowie erlassenen Verfügungen zur Verkehrsregelung und -lenkung;

23. **Verkehrsinformationen**
nautische Warnnachrichten sowie Mitteilungen der Verkehrszentrale über die Verkehrslage, Fahrwasser- sowie Wetter- und Tidenverhältnisse, die zu festgelegten Zeiten in regelmäßigen Abständen oder auf Anforderung einzelner Schiffe gegeben werden; ...

27. **Verkehrslenkung**
Maßnahmen der Verkehrszentralen am Nord-Ostsee-Kanal, durch die der Verkehr zum Zweck der Gefahrenabwehr oder der Verkehrsablaufsteuerung gelenkt wird;

27. **Verkehrszentralen**
die von der Wasser- und Schifffahrtsverwaltung des Bundes eingerichteten Revierzentralen.

(2) Im Sinne dieser Verordnung bedeutet:
1. am Tage die Zeit von Sonnenaufgang bis Sonnenuntergang;
2. bei Nacht die Zeit von Sonnenuntergang bis Sonnenaufgang.

§ 3 Grundregeln für das Verhalten im Verkehr

(1) Jeder Verkehrsteilnehmer hat sich so zu verhalten, dass die Sicherheit und Leichtigkeit des Verkehrs gewährleistet ist und dass kein anderer geschädigt, gefährdet oder mehr, als nach den Umständen unvermeidbar, behindert oder belästigt wird. Er hat insbesondere die Vorsichtsmaßnahmen zu beachten, die Seemannsbrauch oder besondere Umstände des Falles erfordern. Der Führer eines mit einer UKW-Sprechfunkanlage ausgerüsteten Fahrzeugs ist verpflichtet, bei der Befolgung der Vorschriften über das Verhalten im Verkehr die von einer Verkehrszentrale aus in deutscher, auf Anforderung in englischer Sprache gegebenen Verkehrsinformationen und -unterstützungen abzuhören und unverzüglich entsprechend den Bedingungen der jeweiligen Verkehrssituation zu berücksichtigen.

(2) Zur Abwehr einer unmittelbar drohenden Gefahr müssen unter Berücksichtigung der besonderen Umstände auch dann alle erforderlichen Maßnahmen ergriffen werden, wenn diese ein Abweichen von den Vorschriften dieser Verordnung notwendig machen.

(3) Wer infolge körperlicher oder geistiger Mängel oder des Genusses alkoholischer Getränke oder anderer berauschender Mittel in der sicheren Führung des Fahrzeugs oder in der sicheren Ausübung des Brücken-, Decks- oder Maschinendienstes behindert ist, darf ein Fahrzeug nicht führen oder als Mitglied der Schiffsbesatzung eine andere Tätigkeit des Brücken-, Decks- oder Maschinendienstes nicht ausüben. Dies gilt für das Fahren mit einem Wassermotorrad oder einem Kite- und Segelsurfbrett entsprechend.

(4) Wer 0,25 mg/l oder mehr Alkohol in der Atemluft oder 0,5 Promille oder mehr Alkohol im Blut oder eine Alkoholmenge im Körper hat, die zu einer solchen Atem- oder Blutalkoholkonzentration führt, darf ein Fahrzeug nicht führen oder als Mitglied der Schiffsbesatzung eine andere Tätigkeit des Brücken-, Decks- oder Maschinendienstes nicht ausüben. Dies gilt für das Fahren mit einem Wassermotorrad oder einem Kite- und Segelsurfbrett entsprechend.

Die Grundregeln sind die **wichtigste Vorschrift** der SeeSchStrO für das Verhalten im Verkehr. Sie sind so formuliert, dass alle nachfolgenden Einzelregelungen als Konkretisierung der Grundregeln angesehen werden können. Dies bedeutet, dass in Fällen ohne besondere Verhaltensvorschrift die Grundregeln zur Anwendung kommen. Alle Verkehrsteilnehmer müssen die Grundregeln beachten – auch Surfer und Jetskifahrer, obwohl sie kein Fahrzeug im Sinne der SeeSchStrO führen. Wer die Grundregeln nicht beachtet, begeht eine **Ordnungswidrigkeit**.

Die **Sicherheit** des Verkehrs ist nicht gewährleistet, wenn die Möglichkeit einer Kollision besteht oder es sogar dazu kommt. Wird z. B. durch ein langsam mitten im Fahrwasser fahrendes Fahrzeug der nachfolgende Verkehr gezwungen, die Fahrt zu verlangsamen oder gar aufzustoppen, so ist die **Leichtigkeit** nicht gewährleistet. Eine **Belästigung** kann durch übermäßig lautes Motorengeräusch entstehen.

Die Verpflichtung, Vorsichtsmaßregeln nach **Seemannsbrauch** zu beachten, ist eine Generalklausel. Sie verpflichtet alle Fahrzeugführer mehr für die Sicherheit zu tun, als in der SeeSchStrO ausdrücklich gefordert ist. Das beginnt mit den zehn Sicherheitsregeln für Wassersportler (siehe Seite 158).

Fragen 6 – 8, 22, 112, 281, 308

Verantwortlichkeit

Es bedeutet aber auch, allgemein anerkannte Standards zur Sicherheitsausrüstung zu beachten. Sie sind für den Wassersport in den DSV-Sicherheitsrichtlinien, der BSH-Broschüre „Sicherheit im See- und Küstenbereich, Sorgfaltsregeln für Wassersportler" und in Normen beschrieben. Die seemännischen Sorgfaltspflichten erstrecken sich schließlich auf die Schiffsführung, den Wachdienst, die Navigation und auf das Verhalten im Verkehr. Zu ihnen gehört auch, dass eine Reise nur angetreten werden darf, wenn das Fahrzeug

– mit den erforderlichen Sicherheitseinrichtungen ausgerüstet ist
– ausreichende Stabilität und den erforderlichen Auftrieb besitzt
– wasserdicht verschlossen werden kann.

Einzelheiten dazu stehen in Kapitel 4 dieses Buches sowie in der oben erwähnten BSH-Broschüre. Bei den Routinekontrollen der Schifffahrtspolizei spielt die Einhaltung der seemännischen Vorsichtsmaßregeln keine große Rolle. Doch nach einem Seeunfall kann es ganz anders aussehen. Wenn sich dann herausstellt, dass der Unfall bei Beachtung der seemännischen Sorgfalts-

pflicht vermieden worden wäre, so kann dem Schiffsführer **grobe Fahrlässigkeit** vorgeworfen werden. Bei Sachschaden droht dann der Verlust des Versicherungsschutzes, bei Personenschaden strafrechtliche Ermittlungen.

Der Führer eines mit einem **Funkgerät** ausgerüsteten Sportbootes muss nicht nur in den Sendebereichen der Verkehrszentralen die Verkehrsinformationen abhören, sondern auch Inhaber des entsprechenden Funkzeugnisses sein.

Darf der Fahrzeugführer wegen **Alkoholgenusses** das Fahrzeug nicht führen, so kann eine andere berechtigte Person (Inhaber eines Sportbootführerscheins See) zum Fahrzeugführer bestimmt werden.

§ 4 Verantwortlichkeit

(1) Der Fahrzeugführer und jeder sonst für die Sicherheit Verantwortliche haben die Vorschriften dieser Verordnung über das Verhalten im Verkehr und über die Ausrüstung der Fahrzeuge mit Einrichtungen für das Führen und Zeigen der Sichtzeichen und das Geben von Schallsignalen zu befolgen. Auf Binnenschiffen ist neben dem Fahrzeugführer hierfür auch jedes Mitglied der Besatzung

verantwortlich, das vorübergehend selbstständig den Kurs und die Geschwindigkeit des Fahrzeugs bestimmt.

(2) Verantwortlich ist auch der Seelotse; er hat den Fahrzeugführer oder dessen Stellvertreter so zu beraten, dass sie die Vorschriften dieser Verordnung befolgen können.

(3) Bei Schub- und Schleppverbänden ist unbeschadet der Vorschrift des Absatzes 1 der Führer des Verbandes für dessen sichere Führung verantwortlich. Führer des Verbandes ist der Führer des Schleppers oder Schubschiffes; die Führer der beteiligten Fahrzeuge können vor Antritt der Fahrt auch einen anderen Fahrzeugführer als Führer des Verbandes bestimmen.

(4) Steht der Fahrzeugführer nicht fest und sind mehrere Personen zur Führung eines Fahrzeugs berechtigt, so haben sie vor Antritt der Fahrt zu bestimmen, wer verantwortlicher Fahrzeugführer ist.

(5) Die Verantwortlichkeit anderer Personen, die sich aus dieser Verordnung oder sonstigen Vorschriften ergibt, bleibt unberührt.

Abs. 4 wendet sich vor allem an die Sportschifffahrt. Er stellt auch klar, dass der **Rudergänger** nicht automatisch der Fahrzeugführer ist. Ein Rudergän-

ger braucht nicht im Besitz einer Fahrerlaubnis zu sein. Der **Fahrzeugführer** ist für die Sicherheit des Fahrzeugs und aller Personen an Bord verantwortlich.

§ 5 Schifffahrtszeichen

(1) Schifffahrtszeichen im Sinne dieser Verordnung sind Sichtzeichen und Schallsignale, die Gebote, Verbote, Warnungen oder Hinweise enthalten. Die im Geltungsbereich dieser Verordnung verwendeten Schifffahrtszeichen, die Gebote und Verbote enthalten, sind in der Anlage I zu dieser Verordnung abschließend aufgeführt oder in den nach § 60 Abs. 2 erlassenen Rechtsverordnungen enthalten ...

Auf den Abdruck des

– § 6 (Sichtzeichen und Schallsignale der Fahrzeuge)
– § 7 (Fahrzeuge des öffentlichen Dienstes)
– Zweiten Abschnitts (Sichtzeichen und Schallsignale der Fahrzeuge; siehe Seiten 70, 71 und 72, 73)

wird verzichtet. Die §§ 11 bis 20 sind aufgehoben.

Zu den Schifffahrtszeichen der SeeSchStrO siehe die Seiten 87 bis 89.

Grundsätze, Rechtsfahrgebot

Die Fahrregeln der SeeSch-StrO gelten – wie die der KVR – bei allen Sichtverhältnissen. Im Gegensatz zu den Bestimmungen der KVR sind im Fahrwasser die Ausweichregeln für Überholer und entgegenkommende Fahrzeuge auch dann anzuwenden, wenn sich die Fahrzeuge nicht in Sicht, aber mittels Radar geortet haben.

Die Fahrregeln der SeeSch-StrO übernehmen das Rechtsfahrgebot der KVR, gestatten in bestimmten Fällen aber auch das Fahren auf der linken Fahrwasserseite.

Im Gegensatz zu den KVR, die auf offene Seegewässer zugeschnitten sind, muss im Fahrwasser grundsätzlich links überholt werden. Dabei können unter bestimmten Voraussetzungen die nach KVR vorgeschriebenen Schallsignale durch eine Absprache über UKW-Sprechfunk ersetzt werden.

4. Abschnitt Fahrregeln

§ 21 Grundsätze

(1) Die Fahrregeln dieses Abschnitts sowie des siebenten Abschnitts (Ergänzende Vorschriften für den Nord-Ostsee-Kanal) gelten unabhängig von den Sichtverhältnissen. Abweichend von den Regeln 11 und 19 der Kollisionsverhütungsregeln gelten die Regel 13 Buchstabe a und c und Regel 14 Buchstabe a und c der Kollisionsverhütungsregeln im Fahrwasser auch dann, wenn die Fahrzeuge einander nicht in Sicht, aber mittels Radar geortet haben.

Für Fahrzeuge ohne Radar gilt bei verminderter Sicht ausschließlich Regel 19 KVR.

(2) Beim Begegnen, Überholen und Vorbeifahren an Fahrzeugen und Anlagen ist ein sicherer Passierabstand nach Regel 8 Buchstabe d der Kollisionsverhütungsregeln einzuhalten.

(3) Im Fahrwasser müssen die Buganker klar zum sofortigen Fallen sein. Dies gilt nicht für Fahrzeuge von weniger als 20 Meter Länge.

Im Grundsatz besteht auf deutschen Fahrwassern Rechtsfahrgebot. Denn weil nach § 2 Abs. 1 Nr. 1 die Fahrwasser als eng im Sinne der KVR gelten, kommt Regel 9 KVR zur Anwendung, die in Buchstabe a das Rechtsfahrgebot enthält. Daher beschränkt sich die SeeSch-StrO auf die Ausnahmen vom Rechtsfahrgebot.

§ 22 Ausnahmen vom Rechtsfahrgebot

(1) Abweichend vom Gebot, im Fahrwasser gemäß Regel 9 Buchstabe a der Kollisionsverhütungsregeln so weit wie möglich rechts zu fahren, darf innerhalb von nach § 60 Abs. 1 bekannt gemachten Fahrwasserabschnitten von allen oder von einzelnen Fahrzeuggruppen links gefahren werden. Nach § 60 Abs. 1 bekannt gemachte Fahrzeuggruppen haben die einmal gewählte linke Fahrwasserseite beizubehalten.

(2) Außerhalb des Fahrwassers ist so zu fahren, dass klar erkennbar ist, dass das Fahrwasser nicht benutzt wird.

(3) Auf den nach § 60 Abs. 1 bekannt gemachten Wasserflächen außerhalb des Fahrwassers haben sich alle bekannt gemachten Fahrzeuggruppen an der in ihrer Fahrtrichtung rechts vom Fahrwasser liegenden Seite zu halten.

Absatz 3 betrifft nur die Weser auf der Strecke von Bremerhaven Geestemündung bis Vegesack. Dies gilt nicht für Fahrzeuge unter zwölf Meter Länge.

Segelnde Fahrzeuge dürfen im Fahrwasser kreuzen, um gegen den Wind voranzukommen. Ein kreuzendes Segelboot verstößt nicht gegen das Rechtsfahrgebot. Ein langer Kreuzschlag darf auch auf die linke Fahrwasserseite führen, wenn vorfahrtberechtigte Fahrzeuge nicht behindert werden. In Abschnitten mit starkem Schiffsverkehr kann eine Behinderung der vorfahrtberechtigten Schifffahrt generell gegeben sein. Die WSD sind ermächtigt, in solchen Fällen das Kreuzen einzuschränken (z. B. auf die rechte Fahrwasserseite) oder zu untersagen.

§ 23 Überholen

(1) Grundsätzlich muss links überholt werden. Soweit die Umstände des Falles es erfordern, darf rechts überholt werden.

(2) Das überholende Fahrzeug muss unter Beachtung von Regel 9 Buchstabe e und Regel 13 der Kollisionsverhütungsregeln die Fahrt so weit herabsetzen oder einen solchen seitlichen Abstand vom vorausfahrenden Fahrzeug einhalten, dass kein gefährlicher Sog entstehen kann und während des ganzen Überholmanövers jegliche Gefährdung des Gegenverkehrs ausgeschlossen ist. Das vorausfahrende Fahrzeug muss das Überholen so weit wie möglich erleichtern.

(3) Das Überholen ist verboten
1. in der Nähe von in Fahrt befindlichen, nicht freifahrenden Fähren,

Fragen 126, 127, 129, 267

Überholen, Begegnen

2. an engen Stellen und in unübersichtlichen Krümmungen,

3. vor und innerhalb von Schleusen sowie innerhalb der Schleusenvorhäfen und Zufahrten des Nord-Ostsee-Kanals mit Ausnahme von schwimmenden Geräten im Einsatz,

4. innerhalb von Strecken und zwischen Fahrzeugen, die nach § 60 Abs. 1 bekannt gemacht sind.

(4) Kann in einem Fahrwasser nur unter Mitwirkung des zu überholenden Fahrzeugs sicher überholt werden, so ist das Überholen nur erlaubt, wenn das zu überholende Fahrzeug auf eine entsprechende Anfrage oder Anzeige des überholenden Fahrzeugs hin eindeutig zugestimmt hat. Das überholende Fahrzeug kann abweichend von Regel 9 Buchstabe e Ziffer i der Kollisionsverhütungsregeln seine Absicht über UKW-Sprechfunk dem zu überholenden Fahrzeug mitteilen, wenn

1. eine eindeutige Identifikation der Kommunikationsteilnehmer erfolgt,

2. eine eindeutige Absprache über UKW-Sprechfunk möglich ist,

3. durch die Wahl des UKW-Kanals sichergestellt wird, dass möglichst alle betroffenen Verkehrsteilnehmer die UKW-Absprache mithören können, und

5. die Verkehrslage es erlaubt.

Ist das zu überholende Fahrzeug einverstanden, so kann es seine Zustimmung abweichend von Regel 34 Buchstabe c Ziffer ii der Kollisionsverhütungsregeln über UKW-Sprechfunk geben und Maßnahmen für ein sicheres Passieren treffen. Liegen die Voraussetzungen für die Absprache über UKW-Sprechfunk nicht vor, gilt ausschließlich Regel 9 Buchstabe e der Kollisionsverhütungsregeln.

Abs. 5 behandelt das Überholen durch Berufsschiffe auf dem Nord-Ostsee-Kanal.

§ 24 Begegnen
(1) Beim Begegnen auf entgegengesetzten oder fast entgegengesetzten Kursen im Fahrwasser ist nach Steuerbord auszuweichen ...

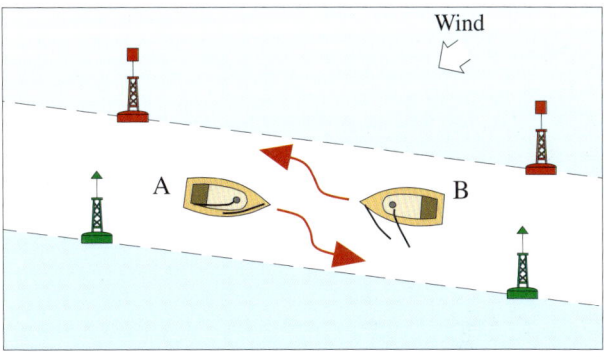

Vorrang der SeeSchStrO vor den KVR: Im Fahrwasser ist nicht Fahrzeug A mit Wind von Backbord (das auf Steuerbord-Bug segelt) ausweichpflichtig (Regelung nach KVR), sondern beide Fahrzeuge müssen nach Steuerbord ausweichen (Regelung nach SeeSchStrO, § 24 Abs. 1).

In § 24 ist weiter festgelegt, dass die WSD Strecken bekannt machen dürfen, wo nach Backbord ausgewichen werden darf. Wer nach Backbord ausweichen will, muss dies den Entgegenkommern per Schallsignal oder – wie in § 23 Abs. 4 beschrieben – über UKW-Sprechfunk mitteilen.

Überholverbot

1. In der Nähe von in Fahrt befindlichen, nicht freifahrenden Fähren,
2. an engen Stellen und in unübersichtlichen Krümmungen,
3. vor und innerhalb von Schleusen sowie innerhalb der Schleusenvorhäfen und Zufahrten des Nord-Ostsee-Kanals,
4. innerhalb von Strecken, die nach § 60 Abs. 1 bekannt gemacht sind.

Überholen in einem Fahrwasser oder in einer Fahrrinne (Regelung nach KVR ohne UKW-Sprechfunk)

Kann nur dann sicher überholt werden, wenn das vorausfahrende Fahrzeug mitwirkt, so muss der Überholer seine Absicht durch ein Schallsignal mitteilen:

Ich will Sie an Stb überholen. ▬ ▬ ▬ ●

Ich will Sie an Bb überholen. ▬ ▬ ▬ ● ●

Das Überholen ist verboten, solange das vorausfahrende Fahrzeug nicht seine Zustimmung durch das nachfolgende Schallsignal gegeben hat:

Ich bin mit dem Überholen einverstanden. ▬ ● ▬ ●

Überholen nicht möglich. ● ● ● ● ● ...

Fragen 129, 265, 267

Vorfahrt im Fahrwasser

§ 25 Vorfahrt der Schifffahrt im Fahrwasser

(1) Die in den nachfolgenden Absätzen enthaltenen Regelungen gelten für Fahrzeuge im Fahrwasser abweichend von der Regel 9 Buchstabe b bis d und den Regeln 15 und 18 Buchstabe a bis c der Kollisionsverhütungsregeln.

(2) Im Fahrwasser haben dem Fahrwasserverlauf folgende Fahrzeuge unabhängig davon, ob sie nur innerhalb des Fahrwassers sicher fahren können, Vorfahrt gegenüber Fahrzeugen, die

1. in das Fahrwasser einlaufen,
2. das Fahrwasser queren,
3. im Fahrwasser drehen,
4. ihre Anker- oder Liegeplätze verlassen.

(3) Sofern Segelfahrzeuge nicht deutlich der Richtung eines Fahrwassers folgen, haben sie sich untereinander nach den Kollisionsverhütungsregeln zu verhalten, wenn sie dadurch vorfahrtberechtigte Fahrzeuge nicht gefährden oder behindern.

(4) Fahrzeuge im Fahrwasser haben unabhängig davon, ob sie dem Fahrwasserverlauf folgen, Vorfahrt vor Fahrzeugen, die in dieses Fahrwasser aus einem abzweigenden oder einmündenden Fahrwasser einlaufen.

(5) Nähern sich Fahrzeuge einer Engstelle, die nicht mit Sicherheit hinreichenden Raum für die gleichzeitige Durchfahrt gewährt, oder einer durch das Sichtzeichen A.2 der Anlage I (Begegnungsverbot, Seite 89) gekennzeichneten Stelle des Fahrwassers von beiden Seiten, so hat Vorfahrt

1. in Tidegewässern und in tidefreien Gewässern mit Strömung das mit dem Strom fahrende Fahrzeug, bei Stromstillstand das Fahrzeug, das vorher gegen den Strom gefahren ist,
2. in tidefreien Gewässern ohne Strömung das Fahrzeug, das grundsätzlich die Steuerbordseite des Fahrwassers zu benutzen hat.

Das wartepflichtige Fahrzeug muss außerhalb der Engstelle so lange warten, bis das andere Fahrzeug vorbeigefahren ist.

(6) Ein Fahrzeug, das die Vorfahrt zu gewähren hat, muss rechtzeitig durch sein Fahrverhalten erkennen lassen, dass es warten wird. Es darf nur weiterfahren, wenn es übersehen kann, dass die Schifffahrt nicht beeinträchtigt wird.

Die Vorfahrtregelung der Schifffahrt im Fahrwasser wurde 1999 neu gefasst. Sie ist wohl die wichtigste Einzelbestimmung der SeeSchStrO.

Die Vorfahrtregeln sind nur in Fahrwassern anzuwenden und die sind – auf See – an der Betonnung zu erkennen. Sie schreiben in den genannten Fällen vor, die Vorfahrt der dem Fahrwasserverlauf folgenden Fahrzeuge (Längsfahrer) zu beachten. Dies gilt selbst dann, wenn der Längsfahrer auf der falschen Fahrwasserseite fährt.

Außerhalb eines Fahrwassers gelten die Vorfahrtregeln nicht. Hier kommen nur die Ausweichregeln der KVR zur Anwendung.

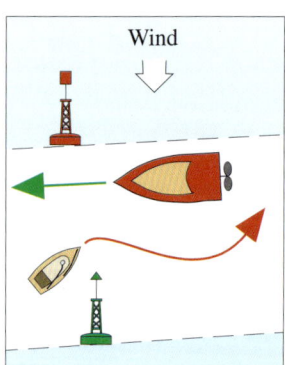

Vorrang der SeeSchStrO vor den KVR. Da das Maschinenfahrzeug dem Fahrwasserverlauf folgt, hat es Vorfahrt.

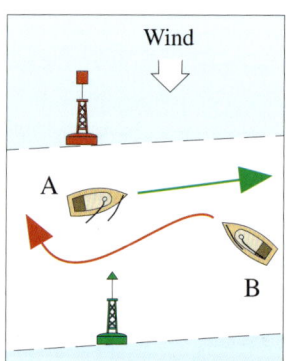

A ist Längsfahrer, während B das Fahrwasser quert. Nach § 25 Abs. 2 hat A Vorfahrt (obwohl er auf der linken Seite läuft).

C segelt im Fahrwasser und folgt dem Fahrwasserverlauf. C hat Vorfahrt vor D, der in das Fahrwasser einlaufen möchte.

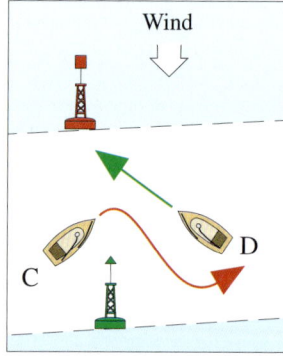

Da beide Segler das Fahrwasser queren (mehr als 10° vom Fahrwasserverlauf abweichen), müssen sie nach KVR ausweichen.

Fragen 124, 125, 128

Sonstige Fahrregeln

§ 26 Fahrgeschwindigkeit

(1) Jedes Fahrzeug, Wassermotorrad und Segelsurfbrett muss unter Beachtung von Regel 6 der Kollisionsverhütungsregeln mit einer sicheren Geschwindigkeit fahren. Fahrzeuge und Wassermotorräder haben ihre Geschwindigkeit rechtzeitig so weit zu vermindern, wie es erforderlich ist, um Gefährdungen durch Sog und Wellenschlag zu vermeiden, insbesondere beim Vorbeifahren an

1. Häfen, Schleusen, Sperrwerken,
2. festliegenden Fähren,
3. manövrierunfähigen und festgekommenen Fahrzeugen sowie an manövrierbehinderten Fahrzeugen nach Regel 3 g der KVR,
4. schwimmenden Geräten und schwimmenden Anlagen,
5. außergewöhnlichen Schwimmkörpern, die geschleppt werden, sowie
6. an Stellen, die durch die Sichtzeichen über Geschwindigkeitsbeschränkung oder durch die Flagge „A" des Internationalen Signalbuches (s. Seite 75) gekennzeichnet sind ...

(4) Fahrzeuge und Wassermotorräder dürfen vor Stellen mit erkennbarem Badebetrieb außerhalb des Fahrwassers in einem Abstand von weniger als 500 m von der jeweiligen Wasserlinie des Ufers eine Höchstgeschwindigkeit durch das Wasser von 8 km (4,3 sm) in der Stunde nicht überschreiten.

(5) Segelsurfer und Kitesurfer müssen vor Stellen mit erkennbarem Badebetrieb oder gekennzeichneten Badegebieten im Wasser außerhalb des Fahrwassers einen Abstand von mindestens 50 m von der seeseitigen Begrenzung des Badegebietes und gegenüber allen Badenden einhalten. Die Geschwindigkeit ist so anzupassen, dass eine Gefährdung, Schädigung oder Behinderung der Badenden ausgeschlossen ist und Belästigungen auf ein nach den Umständen vermeidbares Maß reduziert werden.

§ 28 Durchfahren von Brücken und Sperrwerken

(1) Vor und unter Brücken ist das Begegnen und Überholen nur gestattet, wenn das Fahrwasser mit Sicherheit hinreichenden Raum für die gleichzeitige Durchfahrt gewährt. Andernfalls ist die Vorfahrt entsprechend § 25 Abs. 5 zu beachten. Ein wartepflichtiges Fahrzeug muss in ausreichender Entfernung vor der Brücke anhalten. Dabei darf es vorübergehend an Festmachedalben, jedoch nicht an Leitwerken und Abweisedalben festmachen. ...

§ 29 Einlaufen in Schleusen und Auslaufen

(1) Schleusen dürfen nur von Fahrzeugen durchfahren werden, für die die Abmessungen der Schleuse mit Sicherheit ausreichen. Solange die Einfahrt in eine Schleuse nicht freigegeben ist, muss in ausreichender Entfernung vor der Schleuse angehalten werden. Dabei darf ein Fahrzeug vorübergehend an Festmachedalben, jedoch nicht an Leitwerken oder Abweisedalben festmachen.

(2) Die Fahrzeuge haben in der Reihenfolge ihrer Ankunft vor der Schleuse einzulaufen. Am Nord-Ostsee-Kanal bestimmt sich die Reihenfolge des Einlaufens in die Schleusen in Brunsbüttel und Kiel-Holtenau durch die Reihenfolge an der Grenze der Zufahrt.

(3) Vor dem Einlaufen in die Schleuse sind rechtzeitig alle Maßnahmen zu treffen, die sicherstellen, dass das Fahrzeug auch bei einem Ausfall der Maschinenanlage sofort gestoppt werden kann.

(4) Innerhalb der Schleusen ist verboten

1. zu ankern oder Anker, Ketten oder Trossen schleifen zu lassen,
2. ohne Erlaubnis der Schleusenaufsicht umzuschlagen.

(5) Die Fahrzeuge dürfen erst nach dem vollständigen Öffnen der Schleusentore auslaufen. Die Schleusenkammer ist unverzüglich zu verlassen...

§ 31 Wasserskilaufen, Schleppen von Wassersportanhängen, Wassermotorradfahren und Kite- und Segelsurfen

(1) Im Fahrwasser ist das Wasserskilaufen und das Schleppen von Wassersportanhängen sowie das Fahren mit einem Wassermotorrad oder einem Kite- und Segelsurfbrett mit Ausnahme auf den nach § 60 Abs. 1 bekannt gemachten oder durch Sichtzeichen freigegebenen Wasserflächen verboten. Außerhalb des Fahrwassers ist das Wasserskilaufen und das Schleppen von Wassersportanhängen sowie das Fahren mit einem Wassermotorrad oder einem Segelsurfbrett erlaubt; dies gilt nicht auf den nach § 60 Abs. 1 bekannt gemachten Wasserflächen.

(2) Die Führer von Zugbooten der Wasserskiläufer und von Wassersportanhängen sowie die Wassermotorradfahrer und Kite- und Segelsurfer haben allen Fahrzeugen auszuweichen; untereinander haben sie entsprechend den KVR auszuweichen. Bei der Begegnung mit Fahrzeugen, Wassermotorrädern und Segelsurfern haben die Wasserskiläufer sich im Kielwasser ihrer Zugboote zu halten. Die Führer von Zugbooten, die Wassersportanhänge schleppen, haben diese bei der Begegnung mit Fahrzeugen, Wassermotorrädern und Segelsurfern in ihrem Kielwasser zu halten.

(3) Bei Nacht, bei verminderter Sicht und während der nach § 60 Abs. 1 bekannt gemachten Zeiten darf nicht Wasserski gelaufen, Wassersportanhänge geschleppt oder mit einem Wassermotorrad oder einem Segelsurfbrett gefahren werden.

Fragen 133 – 136, 152, 281

Ankern, Anlegen, Festmachen

§ 32 Ankern

(1) Das Ankern ist im Fahrwasser mit Ausnahme auf den Reeden verboten. Dies gilt nicht für manövrierbehinderte Fahrzeuge nach Regel 3 Buchstabe g Ziffer i und ii der Kollisionsverhütungsregeln. Außerhalb des Fahrwassers ist das Ankern auf folgenden Wasserflächen verboten:

1. an engen Stellen und in unübersichtlichen Krümmungen,

2. in einem Umkreis von 300 m von schwimmenden Geräten, Wracks und sonstigen Schifffahrtshindernissen und Leitungstrassen sowie von Warnstellen, Kabeln und Rohrleitungen,

3. bei verminderter Sicht in einem Abstand von weniger als 300 m von Hochspannungsleitungen,

4. in einem Abstand von 100 m vor und hinter Sperrwerken,

5. vor Hafeneinfahrten, Anlegestellen, Schleusen und Sielen sowie in den Zufahrten zum Nord-Ostsee-Kanal,

6. innerhalb von Fähr- und Brückenstrecken sowie

7. an Stellen und innerhalb von Wasserflächen, die nach § 60 Abs. 1 bekannt gemacht sind.

(2) Der Gebrauch des Ankers für Manövrierzwecke gilt nicht als Ankern. Im Bereich der im Absatz 1 Nr. 2 und 4 bezeichneten Wasserflächen ist auch der Gebrauch des Ankers verboten.

(3) Auf den nach § 60 Abs. 1 bekannt gemachten Reeden dürfen nur die Fahrzeuge ankern, denen nach der Zweckbestimmung der Reede das Liegen dort gestattet ist.

(4) Auf einem in der Nähe des Fahrwassers oder auf einer Reede vor Anker liegenden Fahrzeug oder außergewöhnlichen Schwimmkörper sowie auf Fahrzeugen, für die nach Abs. 3 das Ankerverbot nicht gilt, muss ständig Ankerwache gegangen werden. Das gilt nicht für Fahrzeuge von weniger als 12 m Länge auf den nach § 10 Abs. 4 bezeichneten Wasserflächen.

Dies sind die von der WSD speziell für Sportfahrzeuge ausgewiesenen Ankerplätze. Hier brauchen Fahrzeuge von weniger als 12 m Länge auch kein Ankerlicht zu führen.

Brücken und Hochspannungsleitungen verursachen eine Radarabdeckung, sodass in ihrer Nähe ein Fahrzeug nicht immer geortet werden kann.

§ 33 Anlegen und Festmachen

(1) Die Schifffahrt darf durch das Anlegen und Festmachen nicht beeinträchtigt werden. Hat ein Fahrzeug mit dem Manöver des Anlegens begonnen, hat die übrige Schifffahrt diesen Umstand zu berücksichtigen und mit der gebotenen Sorgfalt zu navigieren.

(2) Das Anlegen und Festmachen ist verboten

1. an Sperrwerken, Strombauwerken, Leitwerken, Pegeln, festen und schwimmenden Schifffahrtszeichen,

2. an brüchigen Stellen am Ufer,

3. an Stellen, an denen das Ankern nach § 32 Abs. 1 Nr. 1 und 5 verboten ist,

4. innerhalb von Strecken, in denen das Ankern nach § 32 Abs. 1 Nr. 6 verboten ist, sowie

5. an nach § 60 Abs. 1 bekannt gemachten Stellen.

(3) Nebeneinander festgemachte Fahrzeuge sind, soweit es möglich ist, an beiden Enden ausreichend am Ufer zu befestigen.

(4) Festgemachte Fahrzeuge dürfen die Schiffsschraube nur drehen

1. probeweise mit der geringst möglichen Kraft,

2. unmittelbar vor dem Ablegen und

3. wenn andere Fahrzeuge oder Anlagen nicht gefährdet werden.

Anker-, Festmache- und Liegeverbot; Liegen heißt ankern oder festmachen.

Ankerverbot

1. Im Fahrwasser
2. An engen Stellen und in unübersichtlichen Krümmungen
3. Im Umkreis von 300 m von schwimmenden Geräten, Wracks, sonstigen Schifffahrtshindernissen und Leitungstrassen sowie von Warnstellen, Kabeln und Rohrleitungen
4. Bei verminderter Sicht im Abstand von weniger als 300 m von Hochspannungsleitungen
5. In einem Abstand von 100 m vor und hinter Sperrwerken
6. Vor Hafeneinfahrten, Anlegestellen, Schleusen und Sielen sowie in den Zufahrten zum Nord-Ostsee-Kanal
7. Innerhalb von Fähr- und Brückenstrecken
8. An Stellen und innerhalb von Wasserflächen, die nach § 60 (1) bekannt gemacht sind

Auf allen Fahrzeugen, die in der Nähe eines Fahrwassers oder auf einer Reede ankern, muss ständig Ankerwache gegangen werden. Nicht vorgeschrieben ist die Ankerwache nur auf Fahrzeugen unter zwölf Meter Länge und auch hier nur auf den Ankerplätzen speziell für die Sportschifffahrt.

Fragen 132, 137, 138

Schiffsunfälle, Verlust von Gegenständen

§ 37 Verhalten bei Schiffs-unfällen und bei Verlust von Gegenständen

(1) Bei Gefahr des Sinkens ist das Fahrzeug möglichst so weit aus dem Fahrwasser zu schaffen, dass die Schifffahrt nicht beeinträchtigt wird. Nach einem Zusammenstoß ist hierzu auch der Führer eines beteiligten schwimmfähig gebliebenen Fahrzeugs ver-pflichtet.

(2) Wird der für die Schiff-fahrt erforderliche Zustand der Seeschifffahrtsstraße oder die Sicherheit und Leichtigkeit des Verkehrs durch
1. in der Seeschifffahrtsstraße hilflos treibende, fest-gekommene, gestrandete oder gesunkene Fahrzeuge, schwimmende Anlagen oder außergewöhnliche Schwimmkörper oder durch andere treibende Gegenstände oder
2. Schiffsunfälle, Brände oder sonstige Vorkomm-nisse auf Fahrzeugen, schwimmenden Anlagen und außergewöhnlichen Schwimmkörpern beeinträchtigt oder gefährdet, so ist das zuständige Wasser- und Schifffahrtsamt oder die Verkehrszentrale unverzüglich zu unterrichten.

(3) Der Ort eines gesunkenen Fahrzeugs ist vom Fahrzeug-führer unverzüglich behelfs-mäßig zu bezeichnen. Nach

einem Zusammenstoß ist hierzu auch der Führer eines beteiligten schwimmfähig gebliebenen Fahrzeugs ver-pflichtet. Er darf die Fahrt erst nach Genehmigung des zuständigen Wasser- und Schifffahrtsamtes fortsetzen.

(4) Ein festgekommenes Fahr-zeug darf seine Maschine zum Freikommen benutzen, es sei denn, dass dies ohne Beschädigung der Seeschiff-fahrtsstraße einschließlich der Ufer, Strombauwerke und Schifffahrtsanlagen nicht möglich ist oder die Schiff-fahrt gefährdet wird.

(5) Auf Fahrzeugen, die das Bleib-weg-Signal nach Nr. 2.2 der Anlage II.2 wahrnehmen, sollen unverzüglich alle er-forderlichen Maßnahmen zur Abwendung der drohenden Gefahr getroffen werden, insbesondere

1. alle nach außen führenden und nicht zur Aufrecht-erhaltung des Schiffs-betriebes erforderlichen Öffnungen geschlossen,
2. alle nicht zur Gewährleis-tung der Sicherheit von Schiff, Besatzung und Ladung erforderlichen Hilfsmaschinen abgestellt,
3. nicht geschützte offene Feuer gelöscht, insbeson-dere das Rauchen einge-stellt, sowie
4. Geräte mit glühenden oder Funken gebenden Teilen stillgelegt werden.

Ein Wrack kann ein poten-zielles Schifffahrtshinder-nis darstellen. Um zu ver-meiden, dass ein Tank- oder Frachtschiff durch eine Unterwasserkollision manövrierunfähig wird und in Richtung Küste treibt, darf sich kein gefährliches Wrack im Fahrwasser be-finden.

Wenn ein Schiff zu sinken droht, sollte daher immer mit allen möglichen Mit-teln versucht werden, das sinkende Schiff aus dem Fahrwasser zu bringen. – Die Sicherheit der Men-schen an Bord geht natür-lich vor.

Auf Segelyachten, deren Mast gebrochen ist, ist es üblich, Wanten, Stage und Fallen zu kappen und den Mast zu versenken. Der gebrochene Mast könnte ja ein Leck in die Bordwand schlagen. Natürlich kann auch ein Mast das Ruder eines tiefgehenden Fahr-zeugs blockieren. Es könn-te dadurch manövrierun-fähig werden und in Rich-tung Küste treiben. Des-halb darf ein Mast nicht im Fahrwasser versenkt werden.

Ist eine Segel- oder Motor-yacht gesunken, so ordnet die Schifffahrtsverwaltung in der Regel die Hebung und Bergung an – und sei es nur, um zu verhindern,

dass Kraftstoff austritt und die Meeresumwelt ver-schmutzt. Ist die Wrack-stelle unbekannt, so muss das Wrack zunächst ge-sucht werden. Die Kosten für die Suche, Hebung, Bergung, Beseitigung und Entsorgung des Wracks trägt der Eigner. Jeder Bootseigner sollte daher darauf achten, dass seine Kaskoversicherung diese Kosten zusätzlich zum Wert des verlorenen Schif-fes, über die Versiche-rungssumme hinaus, er-stattet.

Schon alleine, um sich nicht dem Verdacht des Versicherungsbetruges auszusetzen, sollte die Wrackstelle – etwa mit-hilfe von GPS – festgehal-ten werden. Und wie kann gemäß Abs. 3 eine Wrack-stelle behelfsmäßig ge-kennzeichnet werden?

Sinkt ein Schiff relativ langsam, so kann eine lan-ge Leine mit einem Schwimmkörper (leerer Kanister) am sinkenden Schiff befestigt werden. Ist das nicht möglich, wird ein Anker an der Wrack-stelle versenkt. An das freie Ende der Ankerleine wird wieder ein Schwimm-körper gebunden.

Jeder Schiffsuntergang im deutschen Küstenmeer ist anzeigepflichtig.

Fragen 139, 140

Nord-Ostsee-Kanal

Der Nord-Ostsee-Kanal (NOK) führt von der Unterelbe bei Brunsbüttel zur Ostsee bei Kiel-Holtenau. Er ist 98,6 km lang. Schiffe, die zwischen Nord- und Ostsee verkehren, können 250 sm sparen und müssen nicht um Jütland herum durch das Skagerrak und das Kattegat laufen. 2005 wurde der NOK von 42552 Schiffen (ohne Sportboote) befahren – mehr als Suez- und Panamakanal zusammen. – Zehn Hochbrücken und vierzehn Fährstellen verbinden die gegenüberliegenden Ufer. Die Durchfahrtshöhe beträgt 40 Meter. Bei km 40,7 (von Brunsbüttel aus gezählt) zweigt der Gieselaukanal ab; er führt durch die Eider in die Nordsee.

Kanalfahrt

Ein unterbrochenes, weißes Licht vor den Kanalschleusen gibt die Einfahrt für Sportboote frei. Den Kanal dürfen Sportboote nur bei guter Sicht – und ohne Lotse – nur zu den Tagfahrzeiten befahren. Ggf. müssen sie rechtzeitig eine der acht Liegestellen ansteuern. An Liegestellen brauchen keine Lichter geführt zu werden. Das Ruder darf nur von zuverlässigen, in der Revierfahrt geübten Besatzungsmitgliedern bedient werden.

Selbststeueranlagen (Autopiloten) dürfen im NOK nicht benutzt werden.

Um Beschädigungen der Böschung zu vermeiden, wurde die Höchstgeschwindigkeit auf 15 km/h festgesetzt (Kontrollen).

Segeln ist auf dem NOK untersagt, jedoch dürfen Segel zusätzlich zum Maschinenantrieb gesetzt sein. Dabei muss ein schwarzer Kegel, Spitze nach unten, über dem Vorschiff geführt werden.

Der durch Schifffahrtszeichen angegebene Mindestabstand vom Ufer (Seite 89) ist auch von Sportbooten einzuhalten, weil hier der Kanal zum Schutz der Böschung aufgeschüttet ist („Bermen").

Ein Sportboot darf ein anderes Sportboot nur dann schleppen, wenn das geschleppte Boot weniger als 15 Meter lang ist und eine Mindestgeschwindigkeit von 9 km/h erreicht wird.

Bei verminderter Sicht dürfen Sportboote bekanntlich nicht im Kanal fahren. Denn wenn sie näher als achtzehn Meter an einer Böschung oder einem Kai laufen, können sie vom Radar eines anderen Schiffes nicht erfasst werden. Bei verminderter Sicht ist

daher an einer Liegestelle oder hinter den Dalben einer Weiche festzumachen.

Weichen

Damit auch sehr breite Schiffe den NOK benutzen können, wurde der Kanal an zwölf Stellen („Weichen") verbreitert. Hier können große Schiffe einander passieren. Der Verkehr an Weichen wird durch Lichtsignale geregelt. Sportboote müssen hier auf drei unterbrochene, rote Lichter achten. Dann nähert sich ein sehr großes Schiff. Jetzt müssen alle Fahrzeuge – auch Sportboote – aufstoppen und warten, bis ein unterbrochenes grünes Licht erscheint und die Weiterfahrt freigibt. Bei viel Verkehr warten Sportboote am besten hinter den Dalben.

Die Verkehrszentralen in Brunsbüttel und Kiel-Holtenau planen präzise die Passage großer Fahrzeuge durch den NOK und regeln den Verkehr über UKW-Sprechfunk.

Solche Fahrzeuge haben sich genau an die jeweils vorgegebene Geschwindigkeit zu halten. Alle Fahrzeuge mit UKW-Sprechfunk – auch Sportboote – müssen die Verkehrsregelung mithören; es besteht Funkbenutzungspflicht.

Auf dem NOK gilt die SeeSchStrO, die in Abschnitt 7 „Ergänzende Vorschriften für den Nord-Ostsee-Kanal" enthält. Weitere Regelungen zum NOK sind in den Bekanntmachungen der Wasser- und Schifffahrtsdirektionen (WSD) veröffentlicht worden.

Weiche mit Dalbenreihe und Signal „drei rote unterbrochene Lichter": Ausfahren für alle Fahrzeuge verboten

Schifffahrtszeichen

Schifffahrtszeichen

Schifffahrtszeichen im Sinne der SeeSchStrO sind Schallsignale und Sichtzeichen, die Gebote, Verbote, Warnungen und Hinweise enthalten.

Schallsignale

Schallsignale können als Schifffahrtszeichen und als Signale der Fahrzeuge gegeben werden. Wichtige Schifffahrtszeichen sind:

– Aufforderung zum Anhalten durch Behördenfahrzeuge
– Sperrung einer Seeschifffahrtsstraße (etwa nach einem Unfall)
– Durchfahren/Einfahren verboten (Brücke, Sperrwerk, Schleuse kann vorübergehend nicht geöffnet werden)

Zu den Schallsignalen siehe Seite 73.

Sichtzeichen

Man unterscheidet die Sichtzeichen in

– Flaggenzeichen
– Körperzeichen
– Feuer
– Lichtsignale
– Tafelzeichen

Flaggenzeichen

Es werden einfarbige Flaggen (rot, grün) oder Flaggen des Internationalen Signalbuches verwendet. Flaggenzeichen im Sinne der SeeSchStrO ist nur Flagge L (Aufforderung zum Anhalten durch Fahrzeuge des öffentlichen Dienstes, siehe Seite 75).

Körperzeichen, Feuer

Körperzeichen sind Tonnen (Seiten 22, 23), Pricken, Stangen, Bälle, Kegel und Zylinder. Körperzeichen und Feuer sind ein wichtiges Hilfsmittel der terrestrischen Navigation.

Tafelzeichen

Tafelzeichen, die ein Gebot oder Verbot aussagen, gelten im Bereich des Standortes der Tafel oder in der Strecke, die durch Zusatzzeichen für Entfernungs- oder Streckenangaben oder durch das Tafelzeichen „Ende einer Gebots- oder Verbotsstrecke" begrenzt wird. Sie gelten im Allgemeinen über die ganze Breite der Seeschifffahrtsstraße.

Gebotszeichen sind rechteckige weiße Tafeln mit rotem Rand.

Verbotszeichen sind rechteckige weiße Tafeln mit rotem Rand und rotem Schrägstrich von links oben nach rechts unten. Ein schwarzes Symbol im Mittelfeld stellt das verbotene Verhalten dar.

Warn- und Hinweiszeichen sind rechteckige Tafeln mit verschiedener, meistens blauer Farbgebung und zum Teil mit einem Symbol.

Lichtzeichen

Zu Lichtzeichen der SeeSchStrO siehe Folgeseite.

Wassereinbruch durch ein offenes Vorluk. Dieses sinkende Boot wurde in letzter Minute von einem Regatta-Begleitfahrzeug geborgen. Auf Seeschifffahrtsstraßen kann jedes Wrack – auch das einer Segelyacht – ein Schifffahrtshindernis werden. Ein sinkendes Fahrzeug muss soweit möglich aus dem Fahrwasser gebracht und die Wrackstelle behelfsmäßig gekennzeichnet werden. Die Schifffahrtspolizei ist zu benachrichtigen (§ 37, SeeSchStrO).

Fragen 139, 140

Verkehrsregelnde Lichtsignale

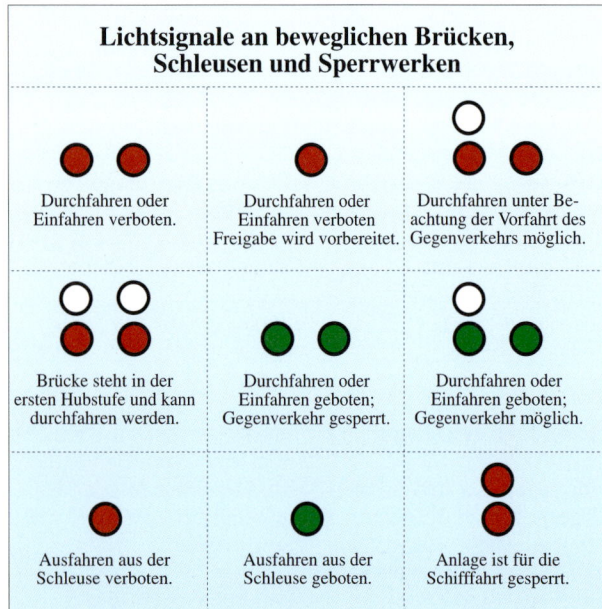

Lichtsignale an beweglichen Brücken, Schleusen und Sperrwerken

Durchfahren oder Einfahren verboten.

Durchfahren oder Einfahren verboten. Freigabe wird vorbereitet.

Durchfahren unter Beachtung der Vorfahrt des Gegenverkehrs möglich.

Brücke steht in der ersten Hubstufe und kann durchfahren werden.

Durchfahren oder Einfahren geboten; Gegenverkehr gesperrt.

Durchfahren oder Einfahren geboten; Gegenverkehr möglich.

Ausfahren aus der Schleuse verboten.

Ausfahren aus der Schleuse geboten.

Anlage ist für die Schifffahrt gesperrt.

Lichtsignale der SeeSchStrO

Nacht- und Tagsignale an Seeschifffahrtsstraßen

Sperrung der gesamten Seeschifffahrtsstraße oder einer Teilstrecke.

Außergewöhnliche Schifffahrtsbehinderung.

Verbot, so schnell zu fahren, dass Gefährdungen durch Sog und Wellenschlag eintreten.

Lichtsignale und zugehörige Signalkörper

Lichtsignale für den Nord-Ostsee-Kanal (Auszug für Sportboote)

Einfahren in die Zufahrten und in die Schleusenvorhäfen für alle Fahrzeuge verboten.

Freigabe zum Einfahren in die Zufahrten und in die Schleusenvorhäfen wird vorbereitet.

Einfahren in die Zufahrten oder in die Schleusenvorhäfen für Sportboote geboten.

Einfahren in das Weichengebiet für alle Fahrzeuge verboten.

Mit freier Durchfahrt durch das Weichengebiet kann gerechnet werden.

Ausfahren aus dem Weichengebiet für alle Fahrzeuge verboten.

Lichtsignale für Zufahrten und Weichengebiete des Nord-Ostsee-Kanals, die auch für die Sportschifffahrt gelten

Vorübergehende Sperrung einer Seeschifffahrtsstraße

Beginn.

Ende.

Vorübergehende Sperrung einer Seeschifffahrtsstraße

Kennungen

Festes Licht in der angegebenen Farbe.

Funkellicht oder unterbrochenes Funkellicht in der angegebenen Farbe.

Gleichtaktlicht in der angegebenen Farbe mit gleich langen Lichterscheinungen und Pausen.

Unterbrochenes Licht in der angegebenen Farbe mit kurzen Unterbrechungen zwischen langen Scheinen.

Darstellung der Kennungen

Fragen 147, 165, 166, 169, 170, 173

Tafelzeichen

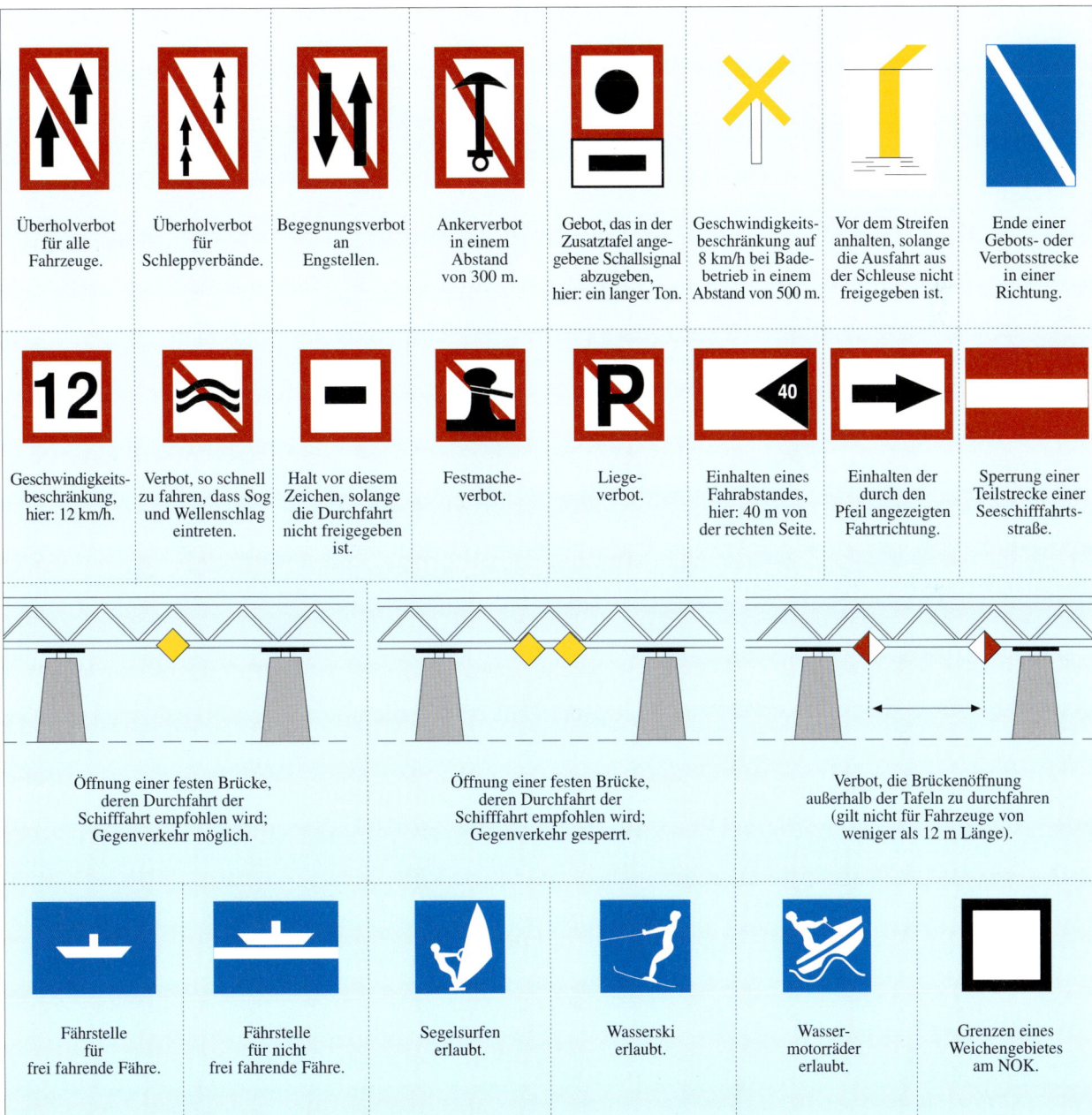

Überholverbot für alle Fahrzeuge.

Überholverbot für Schleppverbände.

Begegnungsverbot an Engstellen.

Ankerverbot in einem Abstand von 300 m.

Gebot, das in der Zusatztafel angegebene Schallsignal abzugeben, hier: ein langer Ton.

Geschwindigkeitsbeschränkung auf 8 km/h bei Badebetrieb in einem Abstand von 500 m.

Vor dem Streifen anhalten, solange die Ausfahrt aus der Schleuse nicht freigegeben ist.

Ende einer Gebots- oder Verbotsstrecke in einer Richtung.

Geschwindigkeitsbeschränkung, hier: 12 km/h.

Verbot, so schnell zu fahren, dass Sog und Wellenschlag eintreten.

Halt vor diesem Zeichen, solange die Durchfahrt nicht freigegeben ist.

Festmacheverbot.

Liegeverbot.

Einhalten eines Fahrabstandes, hier: 40 m von der rechten Seite.

Einhalten der durch den Pfeil angezeigten Fahrtrichtung.

Sperrung einer Teilstrecke einer Seeschifffahrtsstraße.

Öffnung einer festen Brücke, deren Durchfahrt der Schifffahrt empfohlen wird; Gegenverkehr möglich.

Öffnung einer festen Brücke, deren Durchfahrt der Schifffahrt empfohlen wird; Gegenverkehr gesperrt.

Verbot, die Brückenöffnung außerhalb der Tafeln zu durchfahren (gilt nicht für Fahrzeuge von weniger als 12 m Länge).

Fährstelle für frei fahrende Fähre.

Fährstelle für nicht frei fahrende Fähre.

Segelsurfen erlaubt.

Wasserski erlaubt.

Wassermotorräder erlaubt.

Grenzen eines Weichengebietes am NOK.

Fragen 130, 131, 133, 145, 146, 149, 150, 153 – 155, 157 – 160, 167, 171, 172

Seesportboot-Verordnung

See-Sportbootverordnung

Die See-Sportbootverordnung (**SeeSpbootV**) wurde 2002 erlassen; sie regelt die Inbetriebnahme, Vermietung und gewerbsmäßige Nutzung von Sportbooten und Wassermotorrädern. Sie gilt nicht nur für alle Sportboote im deutschen Küstenmeer und auf den Seeschifffahrtsstraßen, sondern auch für Sportboote, die die Bundesflagge führen und ihren ständigen Liegeplatz im Ausland haben.

Der Gesetzgeber definiert hier den Begriff **Sportboot** – wie bereits in der SchSV-98 – als Wasserfahrzeug, das für Sport- oder Freizeitzwecke *gebaut* worden ist (im Gegensatz zum **Sportschiff**, das nicht als Sportboot gebaut wurde, jetzt aber zu Sport- oder Freizeitzwecken eingesetzt wird).

Die SeeSpbootV bestimmt, dass

– Sportboote, die nach dem 15.6.98 erstmals auf den EU-Markt gekommen sind, nur in Betrieb genommen werden dürfen, wenn sie ein **CE-Zeichen** (siehe Seite 145) besitzen
– **Wassermotorräder** (Jetski) im Inland nur in Betrieb genommen werden

dürfen, wenn sie mit einem amtlichen **Kennzeichen** versehen sind (damit ist nicht das Kennzeichen der Miet- und Charterboote gemeint, sondern das Kennzeichen der Kleinfahrzeuge auf Binnenschifffahrtsstraßen)
– ein Sportboot oder Wassermotorrad nur **vermietet** werden darf, wenn es
1. das vorgeschriebene Kennzeichen und ggf. das CE-Zeichen besitzt
2. ein Bootszeugnis ausgestellt wurde
3. die in dem Bootszeugnis genannten Bedingungen und Auflagen eingehalten werden[1]
4. die in dem Bootszeugnis aufgeführte Ausrüstung an Bord vorhanden ist und fehlerfrei funktioniert[1]
5. in verkehrssicherem Zustand ist
– ein **Bootszeugnis** erteilt wird, wenn das zuständige Wasser- und Schifffahrtsamt (WSA) das Boot zur Vermietung zugelassen hat
– der Vermieter an beiden Außenseiten des Bugs das vom WSA zugeteilte **Kennzeichen** anzubringen hat (die ersten Buchstaben des Kraftfahrzeug-

---

[1] dafür sind auch der Mieter und der Bootsführer verantwortlich

kennzeichens des Ortes des WSA und die zugeteilte Nummer)
– der Vermieter ein Sportboot mit mehr als 5 PS nur an Inhaber eines gültigen **Sportbootführerscheins** übergeben darf und nicht an Personen, die die notwendigen Kenntnisse offensicht-

lich nicht besitzen oder infolge Alkoholgenusses in der Führung behindert sind
– kleine Sportboote (offene Boote) bei einsetzendem **Nebel, Sturm** oder aufziehendem **Gewitter** sofort zur Betriebsstätte zurückkehren oder am Ufer anlegen müssen

Besetzung von gewerbsmäßig genutzten Sportbooten	
Rumpflänge Fahrtgebiet	Besetzung
Bis 15 Meter Küstengewässer [3] Küstennahe Seegewässer [4] Weltweite Fahrt	1 x SSS-Schein [1] 1 x SHS-Schein [2] 1 x SHS- + 1 x SSS-Schein
15 bis 25 Meter Küstengewässer [3] Küstennahe Seegewässer [4] Weltweite Fahrt	1 x SHS-Schein [2] 1 x SHS- + 1 x SSS-Schein 2 x SHS-Schein
Über 25 Meter Küstengewässer [3] Küstennahe Seegewässer [4] Weltweite Fahrt	1 x SSS-Schein 1 x SHS- + 1 x SSS-Schein 2 x SHS-Schein

Anmerkungen:

[1] Sportboote, die innerhalb von 24 Stunden länger als 10 Stunden fahren, müssen zusätzlich mit einem Inhaber des Sportbootführerscheins See besetzt werden, der den Nachweis nach § 6 Abs. 2 Nr. 2 der Sportseeschifferscheinverordnung führt.

[2] Sportboote, die innerhalb von 24 Stunden länger als 10 Stunden fahren, müssen zusätzlich mit einem Inhaber des Sportküstenschifferscheins besetzt werden.

[3] Küstengewässer sind die Gewässer, die mit dem SKS-Schein befahren werden dürfen (12-sm-Zone).

[4] Küstennahe Seegewässer sind die Gewässer, die mit dem SSS-Schein befahren werden dürfen (europäische Seegewässer und 30-sm-Zone weltweit).

Seesportboot-Verordnung

– ein Sportboot nur dann gewerbsmäßig genutzt werden darf, wenn es ein **Sicherheitszeugnis** oder eine Prüfbescheinigung der See-Berufsgenossenschaft besitzt (sie ersetzt dann das Bootszeugnis)

– Führer eines gewerblich genutzten Sportbootes eine Fahrerlaubnis (**SSS- oder SHS-Schein**) und ein für die Funkstelle gültiges **Funkzeugnis** besitzen müssen und dafür sorgen müssen, dass die **Mannschaft** über die vorgeschriebenen Fahrerlaubnisse verfügt – siehe Tabelle gegenüber

§ 1 Geltungsbereich

(1) Diese Verordnung gilt für die Sportboote und Wassermotorräder im Bereich der deutschen Seeschifffahrtsstraßen und der seewärts angrenzenden Gewässer des deutschen Küstenmeeres.
(2) Diese Verordnung gilt außerdem für Sportboote, die die Bundesflagge führen und ihren ständigen Liegeplatz im Ausland haben.
(3) Dieser Verordnung unterliegen
1. die Eigentümer der Sportboote oder Wassermotorräder,
2. die Personen, die Sportboote oder Wassermotorräder vermieten (Unternehmer) und deren Gehilfen, wenn diese den Unternehmer selbstständig vertreten,

3. die Mieter, Bootsführer und Insassen der Sportboote oder Wassermotorräder.
(4) Diese Verordnung gilt, mit Ausnahme der §§ 14, 15, 17 und 19, nicht für Sportboote, die mit Gestellung eines Bootsführers oder einer Besatzung gegen Entgelt überlassen werden und der Schiffssicherheitsverordnung … unterliegen.

§ 2 Begriffsbestimmungen

Im Sinne dieser Verordnung sind
1. Sportboote
   Wasserfahrzeuge mit oder ohne Maschinenantrieb, die für Sport- oder Freizeitzwecke gebaut worden sind und dafür verwendet werden und die für nicht mehr als zwölf Personen zugelassen sind,
2. große Sportboote
   Sportboote mit Kajüte und Übernachtungsmöglichkeit, die für Fahrten seewärts der Basislinie (Küstenmeer, küstennahe Gewässer, Hohe See) geeignet und bestimmt sind, insbesondere Segel- und Motoryachten,
3. kleine Sportboote
   Sportboote, die für Fahrten binnenwärts der Basislinie (andere Gewässer) oder in Strandnähe geeignet und bestimmt sind, insbesondere offene Segel-, Motor-, Ruder-, Falt-, Schlauch- und Wassertretboote,
4. Wassermotorräder
   Wasserfahrzeuge mit weniger als vier Meter Länge,

die einen Verbrennungsmotor und Strahlpumpenantrieb als Hauptantriebsquelle verwenden und die dazu ausgelegt sind, von einer oder mehreren Personen gefahren zu werden, die nicht in, sondern auf dem Rumpf sitzen, stehen oder knien,
5. Vermietung
   die gegen Entgelt erfolgende Überlassung eines Sportbootes oder Wassermotorrades zum Gebrauch an laufend wechselnde Mieter ohne Gestellung eines Bootsführers oder einer Besatzung und ohne dass der Mieter das Sportboot gewerblich nutzt,
6. gewerbsmäßige Nutzung
   der Einsatz von Sportbooten für die Ausbildung zum Führen von Sportfahrzeugen oder für ähnliche Sport- und Freizeitzwecke, der auf Gewinnerzielung ausgerichtet ist …

§ 3 CE-Kennzeichnung

Soweit Sportboote, die nach dem 15. Juni 1998 erstmalig auf den Markt gelangen, zugleich kennzeichnungspflichtig sind, dürfen sie nur in Betrieb genommen werden, wenn sie mit der CE-Kennzeichnung versehen sind.

§ 4 Kennzeichnung von Wassermotorrädern im Inland

(1) Wassermotorräder dürfen nur in Betrieb genommen werden, wenn sie mit einem

gültigen amtlichen Kennzeichen … versehen sind.

§ 5 Bootszeugnis

(1) Das Bootszeugnis wird auf Antrag des Unternehmers erteilt. Es wird auf die Dauer von zwei Jahren, bei Werftneubauten auf die Dauer von drei Jahren befristet; eine anschließende Verlängerung um jeweils zwei Jahre ist nach vorheriger Untersuchung möglich.
(3) Die Erteilung eines Bootszeugnisses ist ausgeschlossen, wenn das Sportboot bereits mit einem gültigen Sicherheitszeugnis der See-Berufsgenossenschaft ausgestattet ist. Das Sicherheitszeugnis ersetzt in diesem Fall das Bootszeugnis im Sinne des Absatzes 1.
(5) Zulassungsbehörde ist das Wasser- und Schifffahrtsamt, in dessen Bezirk das Sportboot oder Wassermotorrad seinen ständigen Liegeplatz hat oder in dem sich die Betriebsstätte des Unternehmers befindet.

§ 6 Zulassungsverfahren

(1) Die Erteilung eines Bootszeugnisses setzt eine Untersuchung des Sportbootes oder Wassermotorrades durch die Zulassungsbehörde voraus…
(5) Die Zulassungsbehörde darf das Bootszeugnis nur für ein verkehrssicheres und mit den erforderlichen Kennzeichnungen versehenes Sportboot oder Wassermotorrad erteilen…

Seesportboot-Verordnung

§ 7 Vermietung

Ein Sportboot oder Wassermotorrad darf nur vermietet werden, wenn es

1. die vorgeschriebenen Kennzeichnungen [CE-Zeichen] und Kennzeichen besitzt,
2. ein von der Zulassungsbehörde für dieses Sportboot oder Wassermotorrad ausgestelltes Bootszeugnis nach dem Muster der Anlage 1 besitzt,
3. die in dem Bootszeugnis nach Nummer 2 festgelegten Bedingungen und Auflagen erfüllt und
4. die in dem Bootszeugnis vorgeschriebene Ausrüstung an Bord hat.

§ 8 Amtliche Kennzeichen

(1) Der Unternehmer muss bei vermieteten Sportbooten vor Inbetriebnahme auf der Innenseite deutlich sicht- und lesbar Name und Wohnsitz oder Sitz des Unternehmers und die von der Zulassungsbehörde festgesetzte höchstzulässige Anzahl der zu befördernden Personen anbringen. Er muss bis zu diesem Zeitpunkt an den Außenseiten des Bugs der Sportboote die deutlich sicht- und lesbaren, mindestens zehn Zentimeter hohen Buchstaben des amtlichen Kraftfahrzeugkennzeichens des Ortes der Zulassungsbehörde und eine von der Zulassungsbehörde bestimmte Nummer anbringen...

§ 9 Unterhaltung

(1) Der Unternehmer hat das Sportboot oder Wassermotor-

rad stets in verkehrssicherem Zustand zu unterhalten. Ein Sportboot oder Wassermotorrad, das sich nicht mehr in verkehrssicherem Zustand befindet oder dessen Ausrüstung nicht mehr vollständig oder unbrauchbar ist, darf nicht mehr vermietet werden.
(2) Nach jedem Umbau, Unfall oder einer sonstigen Veränderung, die die Verkehrssicherheit des Sportbootes oder Wassermotorrades beeinträchtigen kann, muss der Unternehmer es erneut der Zulassungsbehörde zur Untersuchung vorführen. Das Sportboot darf erst wieder vermietet werden, wenn seine Verkehrssicherheit erneut bescheinigt worden ist...

§ 11 Pflichten des Unternehmers

(1) Der Unternehmer darf ein Sportboot oder Wassermotorrad nicht übergeben an

1. Personen, die die notwendigen Kenntnisse und Fähigkeiten zur Bedienung und Führung des Sportbootes oder Wassermotorrades offensichtlich nicht besitzen,
2. Personen, die infolge körperlicher oder geistiger Mängel oder des Genusses alkoholischer Getränke oder anderer berauschender Mittel offensichtlich in der sicheren Führung des Sportbootes oder Wassermotorrades behindert sind,
3. Kinder unter zwölf Jahren An Jugendliche unter 16 Jahren darf ein großes Sportboot

nicht übergeben werden.
(2) Abs. 1 Nr. 3 ist nicht anzuwenden, wenn die Übergabe eines Sportbootes zu Ausbildungszwecken erforderlich ist und der Gebrauch des Sportbootes unter Aufsicht einer Person erfolgt, die mindestens 18 Jahre alt und Schwimmer ist.

§ 12 Pflichten der Mieter und Bootsführer

(1) Ein Mieter darf ein Sportboot oder Wassermotorrad nicht Personen zum selbstständigen Gebrauch überlassen, an die eine Übergabe nach § 11 Abs. 1 ausgeschlossen ist. § 11 Abs. 2 findet entsprechende Anwendung.
(2) Mieter und Bootsführer haben dafür zu sorgen, dass

1. die höchstzulässige Personenzahl nicht überschritten wird,
2. die in dem Bootszeugnis angegebenen Fahrtgrenzen nicht überschritten und die erteilten Auflagen eingehalten werden,
3. die vorgeschriebene Ausrüstung an Bord ist,
4. ein Kind unter zwölf Jahren in einem Sportboot oder Wassermotorrad nur mitgenommen wird, wenn ein Benutzer mindestens 18 Jahre alt und Schwimmer ist.

§ 14 Sicherheitszeugnis

Ein Sportboot darf nur gewerbsmäßig genutzt werden, wenn es ein Sicherheitszeugnis oder eine Prüfbescheinigung ... besitzt und den übri-

gen Anforderungen der Schiffssicherheitsverordnung entspricht.

§ 15 Fahrerlaubnis [1]

(1) Wer ein Sportboot zum Zwecke der gewerbsmäßigen Nutzung führt, bedarf einer Fahrerlaubnis sowie eines für die Funkstelle ausreichenden gültigen Funkzeugnisses. Ist das Sportboot in Küstengewässern [12-sm-Zone] eingesetzt, ist die Fahrerlaubnis durch Vorlage des Sportseeschifferscheines ... nachzuweisen. Ist das Sportboot in küstennahen Seegewässern [Geltungsbereich des SSS-Scheins] oder in der weltweiten Fahrt eingesetzt, ist die Fahrerlaubnis durch den Sporthochseeschifferschein ... nachzuweisen. Inhaber eines Sportsee- oder eines Sporthochseeschifferscheines benötigen ein Funkzeugnis nach § 13 Abs. 4a in Verbindung mit Anlage 3 der Schiffssicherheitsverordnung ...
(2) Der Bootsführer muss dafür sorgen, dass gewerbsmäßig genutzte Sportboote entsprechend ihrer Antriebsart mindestens die sich aus Anlage 4 ergebende Besetzung mit Inhabern von Fahrerlaubnissen nach Absatz 1 haben.

---

[1] Das gilt auch für Deutsche mit Wohnsitz im Geltungsbereich des Grundgesetzes, die im Ausland ein Sportboot zum Zwecke der gewerbsmäßigen Nutzung führen.

Grenzübertritt, Schiffspapiere

Die seewärtige Grenze der Bundesrepublik ist Außengrenze nach dem Schengener Durchführungsübereinkommen. Auf dem Seeweg darf das Bundesgebiet nur aus Häfen verlassen werden, die als **Grenzübergangsstelle** zugelassen sind. Um von anderen Häfen aus ausreisen zu können, ist eine **Grenzerlaubnis** erforderlich.

Im besuchten Land ist i. A. als erster Hafen ein **Zollhafen** anzulaufen. Dies ist ein Hafen, in dem die Einreise-, Zoll- und Gesundheitsformalitäten erledigt werden können (**einklarieren**).

Internationaler Bootsschein

Der Internationale Bootsschein wird vom DSV, DMYV und ADAC für Wassersportfahrzeuge ausgestellt und ist sinngemäß mit dem Kraftfahrzeugschein zu vergleichen. Obwohl kein amtliches Dokument, wird er von allen europäischen und vielen nicht-europäischen Ländern für Binnen- und Küstengewässer anerkannt.

Auch Frankreich akzeptiert inzwischen den Internationalen Bootsschein für seine gesamten Binnen- und Küstengewässer.

Flaggenzertifikat

Das Flaggenzertifikat ist ein amtlicher Ausweis für Seeschiffe bis zu fünfzehn Meter Rumpflänge, die einem deutschen Eigner gehören. Es wird durch das BSH für einen Zeitraum von acht Jahren ausgestellt und kann danach verlängert werden. Es wird wie gesagt zum Befahren französischer Seegewässer benötigt.

Schiffszertifikat

Schiffe, die in ein Schiffsregister eingetragen sind, erhalten ein **Schiffszertifikat** mit **Unterscheidungssignal**. Schiffsregister werden von einigen Amtsgerichten geführt. Nach der Schiffsregisterverordnung sind deutsche Seeschiffe von über fünfzehn Meter Rumpflänge registerpflichtig; kleinere Boote können in ein Schiffsregister eingetragen werden. Die privatrechtliche Bedeutung eines Schiffsregisters ist dem Grundbuch ähnlich; Eintragungen von Schiffshypotheken und Nießbrauchrechten sind möglich. Voraussetzung für eine Eintragung ist, dass

– der Eigner Deutscher ist
– ein Eigentumsnachweis erbracht und
– das Schiff vermessen wurde.

Das Vermessungsergebnis und weitere allgemeine Angaben zum Schiff sind im **Schiffsmessbrief** enthalten. Die Vermessung erfolgt nach dem Internationalen Schiffsvermessungs-Übereinkommen von 1969. Für Yachten unter 24 Meter Länge muss nur die Rumpflänge festgestellt werden (Werftangabe).

Registrierte Schiffe stehen im Ausland unter dem Schutz der diplomatischen Vertretungen. Sie sind zur Führung der Bundesflagge verpflichtet und müssen ihren Namen und am Heck ihren Heimathafen führen.

Im UKW-Sprechfunk sind eingetragene Schiffe an ihrem Rufzeichen erkennbar. Dieses ist mit dem **Unterscheidungssignal** identisch und besteht bei deutschen Schiffen aus einer vierstelligen Buchstabenkombination zwischen DAAA und DRZZ.

Genehmigungsurkunde für Funkanlagen

Betreiber von Funkanlagen auf Schiffen (z. B. UKW-Sprechfunk) müssen bei der Regulierungsbehörde für Telekommunikation und Post eine Frequenzzuteilung beantragen und die Urkunde an Bord mitführen.

Logbuch, Bootszeugnis

Ob auch auf Sportbooten ein Logbuch geführt werden muss, ist umstritten – eher nein. Wenn doch, müssen aufgezeichnet werden:

– Namen und Funktionen der Crewmitglieder
– Beginn und Ende der Fahrt
– Kurs, Geschwindigkeit Position, Strömung
– Wetter und Luftdruck
– wichtige Vorkommnisse

Im eigenen Interesse sollte der Schiffsführer alle Sicherheitsbelehrungen, Creweinweisungen und Sicherheitsüberprüfungen eintragen. Die Logbuchseiten müssen nummeriert sein und täglich unterschrieben werden. Das Logbuch ist dann drei Jahre lang aufzubewahren.

Für Yachten, die gewerbsmäßig vermietet werden, muss gemäß See-Sportbootverordnung ein **Bootszeugnis** ausgestellt werden (siehe Seite 91). Es bescheinigt die amtliche Sicherheitsüberprüfung und listet die vorgeschriebene Sicherheitsausrüstung auf. Für gewerblich genutzte Boote (Ausbildungs-, Sport- oder Freizeitzwecke) wird ein **Sicherheitszeugnis** und für Ausbildungsyachten zudem ein **Fahrterlaubnisschein** benötigt (siehe Seite 95).

MARPOL

MARPOL- und Helsinki-Übereinkommen

MARPOL steht für Marine Pollution. Die Bundesrepublik gehört zu den Unterzeichnerstaaten des internationalen MARPOL-Übereinkommens von 1973 und 1978 sowie des Helsinki-Übereinkommens von 1979 zum Schutz der Ostsee.

Das Helsinki-Übereinkommen wurde seitdem durch mehrere Anlagen ergänzt. In Deutschland wurden diese Verträge und ihre Anlagen durch Verordnungen in nationales Recht umgesetzt. Die Bestimmungen zu Schiffsmüll, Altöl, Kraftstoff und Schiffsabwasser betreffen auch Wassersportler.

Schiffsmüll

Schiffsmüll, Glas, Kunst- und Kraftstoffe jeglicher Art dürfen in Sondergebieten nicht im Meer entsorgt werden. **Sondergebiete** sind Nord- und Ostsee, Mittelmeer, Schwarzes und Rotes Meer, das Gebiet der Golfe, die Antarktis und die Karibik.

Lebensmittelabfälle ohne Verpackung dürfen in Sondergebieten in mindestens 12 sm Entfernung vom nächsten Land über Bord geworfen werden.

Altöl, Betriebsstoffe

Das MARPOL-Übereinkommen verbietet, Öl oder Betriebsstoffe aus dem Maschinenraum in das Meer einzuleiten, es sei denn, der Ölgehalt des Ausflusses beträgt nicht mehr als 15 ppm. Auf Segelyachten könnte Öl aus der Maschine austreten. Um es aufzufangen, befindet sich unter der Maschine zumeist eine Wanne, aus der das Öl in ein Abscheidegefäß gesaugt werden muss. Sollte Altöl in die Bilge gelangen, so muss sie mit einem Ölbindemittel gereinigt werden. Keinesfalls darf das ölhaltige Bilgewasser in das Meer gepumpt werden. In vielen Yachthäfen gibt es Altölsammelstellen.

Schiffsabwasser

Bestimmungen zu Schiffsabwasser gibt es für die gesamte Ostsee und den deutschen Teil der Nordsee.

Die 2. Ostseeschutz-Änderungsverordnung schreibt vor, dass Sportboote, die die Ostsee befahren und eine Toilette an Bord haben, mit einem Rückhaltesystem (Fäkalientank) und einem Anschluss (entsprechend ISO 8099) für die Entsorgung an Land ausgestattet sein müssen. Das gilt seit dem 1. Januar 2005.

Davon ausgenommen sind Sportboote, die vor 2003 gebaut wurden und maximal 10,50 Meter lang oder höchstens 2,80 Meter breit sind, sowie (unabhängig von ihrer Größe) alle vor 1980 gebauten Sportboote.

Schiffsabwasser dürfen in die Ostsee und in den deutschen Teil der Nordsee eingeleitet werden, wenn

– das Schiffsabwasser in einer zugelassenen Abwasseraufbereitungsanlage aufbereitet wurde und in dem das Schiff umgebenden Wasser keine schwimmenden Stoffe oder Verfärbungen sichtbar sind oder wenn
– das Abwasser mit einer zugelassenen Anlage mechanisch behandelt und desinfiziert wurde und mindestens 4 sm vom nächstgelegenen Land entfernt eingeleitet wird.

Unbehandeltes, in Sammeltanks aufbewahrtes Schiffsabwasser darf in einer mäßigen (von der Verwaltung zugelassenen) Rate eingeleitet werden, wenn

– das nächstgelegene Land mindestens 12 sm entfernt ist und
– das Schiff auf seinem Kurs mindestens 4 kn läuft.

Nationalparks im Wattenmeer

Die Nationalparks im Wattenmeer sind in drei Zonen aufgeteilt; sie sind in den Seekarten ausgewiesen:

–Zonen I   Ruhezonen
–Zonen II   Zwischenzonen
–Zonen III Erholungszonen

In den **Zonen I** befinden sich die besonders schutzbedürftigen Seehund- und Robbenschutzgebiete, die Vogelschutzgebiete sowie die Brut- und Mausergebiete. Sie sind zeitweise oder ganzjährig gesperrt. Während der Schutzzeiten – sie sind in den Seekarten angegeben – darf das Fahrwasser nicht verlassen werden. Die Höchstgeschwindigkeit beträgt in den Fahrwassern der Zonen I 12 kn und 8 kn außerhalb der Fahrwasser. Es darf in der Zeit zwischen drei Stunden nach einem Hochwasser und drei Stunden vor dem folgenden Hochwasser nicht verlassen werden – etwa zum Trockenfallen. Wasser- und Jetskifahren sind in den Zonen I grundsätzlich verboten.

Die Zonen II und III dürfen jederzeit befahren werden. Hier beträgt die zulässige Höchstgeschwindigkeit 16 kn in den Fahrwassern und 12 kn außerhalb der Fahrwasser.

SOLAS

Die Abkürzung **SOLAS** steht für Safety of Life at Sea. Das SOLAS-Abkommen[1], das Internationale Übereinkommen zum Schutz des menschlichen Lebens auf See, beschreibt die Sicherheitsanforderungen, die beim Bau und der Ausrüstung von Seeschiffen erfüllt werden müssen. Es besteht aus zwölf Kapiteln; Kapitel V ist 2002 neugefasst worden. Damit sind erstmals Vorschriften auch für Sportboote erlassen worden. Sie betreffen

– Magnetkompass
– Peileinrichtung
– Seekarten und -bücher
– GPS-Gerät
– Radarreflektor.

In Regel 19 heißt es:

Alle Schiffe (hier sind ausdrücklich auch Boote und sonstige Wasserfahrzeuge, unabhängig von Art und Verwendungszweck eingeschlossen) unabhängig von ihrer Größe müssen ausgerüstet sein
.1 mit einem ordnungsgemäß kompensierten Magnetregelkompass oder mit einer anderen von jeder Stromversorgung unabhängigen Vorrichtung zur Bestimmung des Kurses des Schiffes und zur Anzeige der er-
mittelten Werte am Hauptsteuerstand;
.2 mit einem Peildiopter oder einer Kompass-Peileinrichtung oder mit einer anderen von jeder Stromversorgung unabhängigen Vorrichtung zur Vornahme von Peilungen über einen Bogen des Horizonts von 360°;
.3 mit einer Vorrichtung zum jederzeitigen Korrigieren der angezeigten Kurs- und Peilwerte auf rechtweisende Werte; (Ablenkungstafel)
.4 mit Seekarten und nautischen Veröffentlichungen zum Planen und zur Anzeige der Bahn des Schiffes für die vorgesehene Reise sowie zum Mitplotten und Überwachen der Schiffsposition während der gesamten Reise; ein elektronisches Seekartendarstellungs- und Informationssystem (ECDIS) kann als Erfüllung der Vorschriften dieses Absatzes über das Mitführen von Seekarten anerkannt werden;
.5 mit Ersatzvorrichtungen zur Erfüllung der Funktionsanforderungen des Absatzes .4, falls diese Funktion teilweise oder ganz von elektronischen Vorrichtungen erfüllt wird (etwa ein angemessenes Sortiment von Papier-Seekarten);
.6 mit einem Empfänger für ein weltweites Satellitennavigationssystem oder ein terrestrisches Funknavigationssystem oder einer anderen Vorrichtung, die
während der beabsichtigten Reise jederzeit dazu benutzt werden kann, die Position des Schiffes selbsttätig zu bestimmen und zu aktualisieren;
.7 falls die Bruttoraumzahl des Schiffes weniger als 150 beträgt und sofern praktisch durchführbar, mit einem Radarreflektor oder einer anderen Vorrichtung, die das Auffinden durch andere Schiffe ermöglicht, deren Navigations-Radaranlage auf dem 9-GHz- oder dem 3-GHz-Frequenzband arbeitet ...

Regel 27 lautet:

Seekarten[1] und nautische Veröffentlichungen wie Seehandbücher[1], Leuchtfeuerverzeichnisse, Nachrichten für Seefahrer, Gezeitentafeln und alle sonstigen für die beabsichtigte Reise erforderlichen nautischen Veröffentlichungen müssen angemessen und auf dem neuesten Stand sein.

Nach Ansicht des Bundesverkehrsministeriums soll Regel V/34 angeblich auch die Sportschifffahrt zur Reiseplanung verpflichten – eine umstrittene Auslegung, denn Regel V/34 wendet sich ausdrücklich an den Kapitän und an den Reeder.

Schiffssicherheitsverordnung (SchSV)

Die SchSV beinhaltet die Durchführungs- und Ergänzungsbestimmungen. Danach müssen kleine Sportboote (im Sinne der SeeSpbootV, Seite 90) die SOLAS-Regel 19 nicht erfüllen.

Traditionsschiffe zwischen 15 und 55 Meter Rumpflänge und Traditionsschiffe, die mehr als 25 Personen befördern, müssen nur die Richtlinien des Bundesverkehrsministeriums nach § 6 SchSV erfüllen.

Für **Ausbildungsfahrzeuge** zwischen 8 und 24 Meter Länge gilt § 52a SchSV. Sie müssen danach die „Richtlinie über Sicherheitsvorschriften für gewerbsmäßig zu Ausbildungszwecken genutzte Sportfahrzeuge" erfüllen. Die Einhaltung der SchSV wird von der See-Berufsgenossenschaft (See-BG) überwacht. Sie überprüft Ausbildungsfahrzeuge und bestätigt die Erfüllung der Vorschriften durch ein **Sicherheitszeugnis**. Auch der **Fahrterlaubnisschein** wird von der See-BG ausgestellt. Er gibt die für das Schiff vorgeschriebene Mindestbesatzung an und bescheinigt die Einhaltung der Unfallverhütungsvorschriften.

---

[1] auch als Schiffssicherheitsvertrag bezeichnet

[1] auch nicht-amtliche Ausgaben sind zulässig (Seite 49)

Sicherung der Seefahrt

Verordnung über die Sicherung der Seefahrt

§ 1 *Anwendungsbereich*
(1) Diese Verordnung gilt für Seeschiffe, die berechtigt sind, die Bundesflagge zu führen ...

§ 2 *Meiden von Eisgebieten*
Der Schiffsführer oder sonst für die Sicherheit Verantwortliche hat, soweit die Umstände es zulassen, Gebiete zu meiden, in denen eine Gefährdung durch Eis besteht oder anzunehmen ist.

§ 3 *Meiden von Fischgründen*
Der Schiffsführer oder sonst für die Sicherheit Verantwortliche hat die Fischgründe von Neufundland nördlich von 43° N zu meiden. Dies gilt nicht, wenn besondere Umstände vorliegen, die ein Befahren der Fischgründe rechtfertigen.

§ 4 *Gefahrmeldungen*
(1) Ein Schiffsführer oder sonst für die Sicherheit Verantwortlicher, der auf See eine unmittelbare Gefahr für die Schifffahrt (zum Beispiel Eis, Wrack, Mine, Wirbelsturm) oder eine Windgeschwindigkeit von 50 kn (25,7 m/s, Windstärke 10 der Beaufortskala) oder mehr feststellt, hat hiervon unverzüglich und mit allen zur Verfügung stehenden Nachrichtenmitteln die in der Nähe befindlichen Schiffe sowie die nächsterreichbare zuständige

Stelle an Land zu unterrichten ...

§ 5 *Hilfeleistung in Seenotfällen*
(1) Ein Schiffsführer oder sonst für die Sicherheit Verantwortlicher eines auf See befindlichen Schiffes, dem gemeldet wird, dass Menschen sich in Seenot befinden, hat ihnen mit größtmöglicher Geschwindigkeit zu Hilfe zu eilen und ihnen oder dem betreffenden Such- und Rettungsdienst nach Möglichkeit hiervon Kenntnis zu geben. Den Anordnungen der Stellen, die sich gegenüber dem Schiffsführer oder sonst für die Sicherheit Verantwortlichen als die mit der Koordinierung der Suche und Rettung in Seenotfällen nach ... beauftragten Organisationen zu erkennen geben, ist Folge zu leisten.

(2) Ist ein Schiffsführer ... zur Hilfeleistung außerstande oder erweist sich seine Hilfeleistung als nicht erforderlich, so hat er dies unter Angabe der Gründe in das Schiffstagebuch einzutragen, soweit er zur Führung eines solchen verpflichtet ist, und den betreffenden Such- und Rettungsdienst entsprechend zu unterrichten ...

§ 6 *Besondere Vorschriften für das Verhalten nach Zusammenstößen*
(1) Sind Schiffe zusammengestoßen, so haben die beteiligten Schiffsführer oder sonst

für die Sicherheit Verantwortlichen allen von dem Unfall Betroffenen Beistand zu leisten, soweit sie dazu ohne erhebliche Gefahr für ihr Schiff und die darauf befindlichen Personen imstande sind. (2) Die Schiffsführer oder sonst für die Sicherheit Verantwortlichen haben mit ihren Schiffen so lange beieinander zu bleiben, bis sie sich darüber Gewissheit verschafft haben, dass weiterer Beistand nicht mehr erforderlich ist. Setzen sie ihre Fahrt fort, so haben sie den anderen am Zusammenstoß beteiligten Fahrzeugen ihren Namen und Anschrift sowie Namen, Unterscheidungssignal, Heimat-, Abgangs- und Bestimmungshafen ihres Schiffes mitzuteilen ...

Der 2002 eingefügte § 6a regelt die Meldepflicht von „Vorkommnissen", die dann ggf. auf Grundlage des Seesicherheits-Untersuchungsgesetzes (SUG) untersucht werden.

§ 7 *Meldung bestimmter schaden- oder gefahrverursachender Vorkommnisse*
(1) Der Schiffsführer eines Schiffes, das die Bundesflagge führt, oder bei dessen Verhinderung ein anderes Besatzungsmitglied oder, sofern keine dieser Personen dazu in der Lage ist, der Betreiber des Schiffes hat der Bundesstelle für Seeunfalluntersuchung unverzüglich jedes das

Schiff betreffende schaden- oder gefahrverursachende Vorkommnis im Sinne von Absatz 2 zu melden und möglichst folgende Angaben zu übermitteln:
1. *Name und derzeitiger Aufenthalt des Meldenden,*
2. *Ort (geografische Position) und Zeit des Unfalls,*
3. *Name, IMO-Identifikationsnummer, Rufzeichen und Flagge des Schiffes sowie Rufnummer des zu diesem Schiff gehörenden mobilen Seefunkdienstes (MMSI),*
4. *Typ, Verwendungszweck, Länge und Tiefgang des Schiffes,*
5. *Name des Betreibers des Schiffes,*
6. *Name des verantwortlichen Schiffsführers,*
7. *Herkunfts- und Zielhafen des Schiffes,*
8. *Anzahl der Besatzungsmitglieder und weiterer Personen an Bord*
9. *Umfang des Personen- und Sachschadens,*
10. *Angaben über beförderte Güter*
11. *Darstellung des Ablaufs des Vorkommnisses,*
12. *Angaben über andere Schiffe, die am Unfall beteiligt sind,*
13. *Wetterbedingungen,*
14. *Darstellung der Gefahr einer Meeresverschmutzung*
(2) Als Vorkommnis im Sinne des Absatzes 1 gilt jedes Ereignis beim Betrieb des Schiffes in der Seefahrt, wenn aufgrund des Betriebes

Fragen 323 – 325, 332 – 340

Seesicherheitsuntersuchung

1. eine Person tödlich oder schwer verletzt worden ist oder vermisst wird oder die Besatzung erheblich gefährdet wird,
2. a) das Schiff einen Schaden durch Aufgrundlaufen, Zusammmenstoß, Feuer, Wetter oder Explosion erlitten hat oder
   b) Ausfälle in einem System aufgetreten sind, das für die Stabilität oder sichere Fahrt unverzichtbar ist, und dadurch die sichere Schiffsführung beeinträchtigt wird oder worden ist oder
3. eine erhebliche Gefährdung oder Schädigung der Meeresumwelt eingetreten ist…

(4) Die Schifffahrtspolizeibehörden des Bundes unterrichten die Bundesstelle für Seeunfalluntersuchung unverzüglich über jedes schaden- oder gefahrverursachende Vorkommnis im Sinne des Absatzes 2, das Gegenstand ihrer Tätigkeit im Rahmen der Abwehr oder Bekämpfung von Gefahren im Sinne des Seeaufgabengesetzes ist.
(5) Zur Vervollständigung der Meldung ist der Betreiber des Schiffes auf Verlangen der Bundesstelle für Seeunfalluntersuchung verpflichtet, auf zugesandtem Formularblatt einen ausführlichen Bericht vorzulegen…

Seesicherheits-Untersuchungsgesetz (SUG)

Das Seesicherheits-Untersuchungsgesetz (SUG) hat 2002 das frühere Seeunfalluntersuchungsgesetz (See-UG) abgelöst. Es hatte fünf rechtliche Mängel:

1. Seeunfalluntersuchungen entsprachen nicht dem IMO-Code zur Untersuchung von Unfällen und anderen Vorkommnissen auf See. Er verlangt, dass Seeunfälle nach den gleichen (international einheitlichen) Verfahren untersucht werden wie Flugunfälle. Deutschland ist völkerrechtlich verpflichtet, den IMO-Code anzuwenden.
2. Seeunfalluntersuchungen konnten nicht außerhalb Deutschlands vorgenommen werden.
3. Die Seeämter hatten bisher die Seeunfalluntersuchungen durchgeführt. Sie waren nicht unabhängig, sondern Weisungen von Regierungsstellen unterstellt. (Hintergrund: Das 1877 geschaffene Seeunfalluntersuchungsgesetz hatte rechtlich unabhängige Seeämter, die in Wirklichkeit Gerichte waren, geschaffen. 1969 entschied das Bundesverwaltungsgericht jedoch, dass Seeämter

Verwaltungsbehörden sind und Verwaltungsakte im Sinne des § 9 VwVfg erlassen. Damit wurden die Seeämter weisungsabhängig.)
4. Es gab keine Trennung zwischen der objektiven Ursachenfeststellung und möglichen Konsequenzen für den Betroffenen. Seeämter durften auch Patente einziehen – das geschah aber nur bei Alkohol am Steuer.
5. Seeamtsverhandlungen mussten öffentlich geführt werden, selbst wenn – bei Alkohol am Steuer – die Persönlichkeit des Betroffenen zu beurteilen war. Sie verstießen damit gegen grundgesetzlich garantierte Datenschutzrechte.

Das SUG hat diese Mängel beseitigt. Das bisherige Bundesoberseeamt wurde zur **Bundesstelle für Seeunfalluntersuchung (BSU)** umgewandelt. Unabhängige Untersuchungsführer und Untersuchungsfachkräfte arbeiten dort nach den gleichen Verfahren wie ihre Kollegen in der Bundesstelle für Flugunfalluntersuchung. Untersucht werden alle „schaden- oder gefahrverursachenden **Vorkommnisse**". Das sind gemäß § 1 Absatz 2 SUG

im Zusammmenhang mit dem Betrieb eines Schiffes verur-

sachte Ereignisse, durch die
1. der Tod, das Verschwinden oder eine schwere Verletzung eines Menschen,
2. der Verlust, vermutliche Verlust oder Schiffbruch, das Aufgrundlaufen, die Aufgabe oder eine Kollision eines Schiffes,
3. ein maritimer Umweltschaden als Folge einer Beschädigung eines oder mehrerer Schiffe oder ein sonstiger Sachschaden,
4. eine Gefahr für einen Menschen oder ein Schiff oder
5. die Gefahr eines schweren Schadens an einem Schiff, einem meerestechnischen Bauwerk oder der Meeresumwelt verursacht worden ist.

Vorkommnisse sind also nicht nur Unfälle, sondern auch Beinahe-Unfälle – wie dies auch dem IMO-Code entspricht (die aber nach dem alten SeeUG nicht untersucht werden konnten). § 9 Absatz 2 SUG:

Die amtliche Untersuchung nach diesem Abschnitt dient ausschließlich folgenden Zwecken:
1. Ermittlung
   a) der Umstände der Vorkommnisse
   b) der unmittelbaren und mittelbaren Ursachen, durch die es zu dem Vorkommnis gekommen ist, und

Fragen 323, 325

Seesicherheitsuntersuchung

c) *der Faktoren, die den Schadens- oder Gefahreintritt begünstigt haben – einschließlich von Schwachstellen des Seesicherheitssystems,*

2. *Herausgabe von Untersuchungsberichten und insbesondere Sicherheitsempfehlungen zur Verhütung künftiger schaden- oder gefahrverursachender Vorkommnisse sowie*

3. *im Interesse erhöhter Sicherheit Stärkung der maritimen Zusammenarbeit und Sicherheitspartnerschaft der für die Sicherheit Verantwortlichen.*

Sie dient weder der Ermittlung von Tatsachen zum Zwecke der Zurechnung von Fehlern, um Nachteile für den Einzelnen herbeizuführen, noch dient sie der Feststellung von Verschulden, Haftung oder Ansprüchen. Jedoch sollte sie nicht deshalb von der uneingeschränkten Darstellung der Ursachen absehen, weil aus den Untersuchungsergebnissen Rückschlüsse auf ein schuldhaftes Verhalten oder auf eine haftungsrechtliche Verantwortlichkeit gezogen werden könnten.

Die Seesicherheitsuntersuchung beeinflusst nicht Unfalluntersuchungen von Polizei, Staatsanwaltschaft oder der SeeBG. Unfälle, an denen nur Kriegsschiffe beteiligt sind, werden nicht untersucht.

Die veröffentlichten Abschlussberichte der Bundesstelle enthalten keine ausdrücklichen Hinweise auf Fehlverhalten des Betroffenen. Dennoch können sie u. U. daraus erkennbar werden. Die WSD-Nordwest kann dann eine seeamtliche Untersuchung einleiten (mit dem Ziel, den Sportbootführerschein durch ein Seeamt entziehen zu lassen). Die Wasserschutzpolizei kann den Bericht für eigene Ermittlungen verwenden und der Staatsanwaltschaft übermitteln.

Ein Beispiel: In einer kroatischen Bucht fährt ein deutsches Sportboot mit seiner Schraube über einen Badenden und tötet ihn. Gemäß § 6a Verordnung über die Sicherung der Seefahrt ist der Skipper verpflichtet, das Vorkommnis unverzüglich der Bundesstelle für Seeunfalluntersuchung in Hamburg zu melden. (Auch die kroatischen Behörden informieren gemäß IMO-Code die Bundesstelle.) Sie sendet daraufhin einen Bevollmächtigten nach Kroatien und untersucht zusammen mit kroatischen Stellen gemäß IMO-Code den Unfall. Der Schiffsführer sollte frühzeitig auf Fehler anderer hinweisen, damit dies in die Untersuchung einfließen kann. Er sollte sich aber nicht selbst belasten,

ggf. von seinem Aussageverweigerungsrecht Gebrauch machen und rechtlichen Rat einholen.

Die Bundesstelle verfasst am Ende einen Abschlussbericht und veröffentlicht ihn. Ergibt sich daraus, dass der Schiffsführer möglicherweise fahrlässig oder grob fahrlässig gehandelt hat, so muss er mit straf-, zivil- und versicherungsrechtlichen Konsequenzen rechnen.

In der Vergangenheit befassten sich die Seeämter mit vielen Sportbootunfällen. Auch das neue Gesetz gilt grundsätzlich für die gesamte Seefahrt. Ob die Bundesstelle aber wie angekündigt in der Sportschifffahrt nur Unfälle mit Todesfolge und großem Schaden untersuchen wird, bleibt abzuwarten.

Wenn Anhaltspunkte bestehen, dass ein Patent oder Sportbootführerschein zu entziehen ist (**Alkohol am Steuer**), wird nach Abschnitt 4 SUG verfahren. Zunächst prüft die WSD Nordwest, ob ein öffentliches Untersuchungsinteresse nach § 22 SUG besteht. § 23 Absatz 2 SUG:

Die Untersuchung nach diesem Abschnitt ist einzustellen, wenn der Beteiligte gegenüber einer nach diesem Ab-

schnitt zuständigen Behörde unwiderruflich erklärt hat, dass er während der nächsten dreißig Monate … von seiner Berechtigung keinen Gebrauch machen wird, und wenn er dieser Behörde die entsprechenden Berechtigungsurkunden … übergeben hat.

Bei öffentlichem Untersuchungsinteresse untersucht eines der fünf **Seeämter** den Fall. Seeämter sind Untersuchungsausschüsse bei den WSD. Wenn der Sachverhalt es erfordert, sind Beweise außerhalb der mündlichen Verhandlung aufzunehmen. Die benutzten Seekarten und Aufzeichnungen sowie Logbücher müssen bis zum Abschluss der Verhandlung aufbewahrt und auf Verlangen dem Seeamt herausgegeben werden.

Im Untersuchungsverfahren findet eine mündliche Verhandlung statt, soweit nicht alle Beteiligten widersprechen. Die mündliche Verhandlung ist öffentlich, soweit nicht ein Betroffener dem widerspricht. Das Untersuchungsverfahren wird durch einen Spruch abgeschlossen. Er lautet auf Einstellung des Verfahrens, wenn kein Befähigungszeugnis entzogen wird. Gegen den Spruch kann Widerspruch bei der WSD eingelegt und Klage erhoben werden.

Seefunk

Seit dem 1.2.1999 wird der Seefunk nach den Regeln des **GMDSS** (Global Maritime Distress and Safety System, weltweites Seenot- und Sicherheitsfunksystem für die Schifffahrt) betrieben.

GMDSS wurde von den zuständigen UN-Unterorganisationen ITU und IMO 1987/1988 geschaffen und vom 1.2.92 bis 31.1.99 weltweit eingeführt. Mit dem GMDSS können

– in einem Notfall eine Rettungsleitstelle und die umliegende Schifffahrt schnell, sicher und umfassend alarmiert und eine koordinierte Suche und Rettung unverzüglich eingeleitet werden,

– alle für eine sichere Durchführung der Reise notwendigen Sicherheitsmeldungen, nautischen Warnungen sowie Wetterberichte (maritime Sicherheitsinformationen, MSI) umgehend, schriftlich und weltweit an die Schifffahrt übermittelt werden.

Durch eine Änderung des SOLAS-Übereinkommens wurde allen ausrüstungspflichtigen Schiffen vorgeschrieben, über Funkeinrichtungen für folgende Zwecke zu verfügen (siehe Seite 143):

– Sendeeinrichtungen zur Alarmierung einer Rettungsleitstelle (MRCC); hierfür sind zugelassen:
– DSC-Controller für UKW/GW/KW,
– Satellitenseefunkanlagen des Typs INMARSAT-A, -B oder -C,
– Satelliten-Seenotfunkbaken (EPIRB) für COSPAS-SARSAT,
– UKW-DSC-Seenotfunkbaken;

– Empfangseinrichtungen, um bei den Rettungsleitstellen eingegangene und an die Schifffahrt weiterzuleitende Alarme empfangen zu können; hierfür sind zugelassen:
– DSC-Controller für UKW/GW/KW,
– Satellitenfunkanlagen INMARSAT-A/B/C;

– Sendeeinrichtungen, um im Notfall die umliegenden Schiffe selbst alarmieren zu können; hierfür sind zugelassen:
– DSC-Controller für UKW/GW,
– UKW-DSC-Seenotfunkbaken;

– Einrichtungen, um Notalarme anderer Schiffe empfangen zu können; hierfür sind zugelassen:
– DSC-Controller für UKW/GW;

– Funkgeräte für die Suche und Rettung (UKW-/GW-/ KW-Sprechfunkgeräte, Satellitenfunkanlagen INMARSAT-A/B/C);

– Funkverkehr vor Ort zwischen Helfern und Havaristen (UKW-Sprechfunkgeräte);

– Geräte zur Abgabe (Radartransponder) und zum Empfang (Radargerät) von Ortungssignalen;

– Geräte zum Empfang maritimer Sicherheitsinformationen und nautischer Warnnachrichten (NAVTEX-Empfänger, Satellitenfunkanlagen INMARSAT-EGC, KW-Funkfernschreiber);

– Funkeinrichtungen für den allgemeinen Verkehr zwischen Schiff und Land und für den Verkehr zwischen den Brücken der Schiffe.

Da seit 1999 der Seenot- und Sicherheitsfunkverkehr ausschließlich im GMDSS abgewickelt wird, besteht auch für die nicht ausrüstungspflichtige Schifffahrt, also auch für die Sportschifffahrt, die Notwendigkeit, sich mit geeigneten Komponenten auszurüsten (Seite 143).

Welche Funkausrüstung für ein Schiff vorgeschrieben (oder für ein Sport-

boot sinnvoll) ist, hängt vom Seegebiet ab, das befahren werden soll. Dazu wurden vier Seegebiete A1 bis A4 wie folgt definiert:

A1 Ein von der zuständigen Verwaltung festgelegtes Gebiet innerhalb der Sprechfunkreichweite mindestens einer UKW-KüFuSt, die ununterbrochen für DSC-Alarmierungen zur Verfügung steht.

A2 Ein von der zuständigen Verwaltung festgelegtes Gebiet (ohne Seegebiet A1) innerhalb der Sprechfunkreichweite mindestens einer GW-KüFuSt, die ununterbrochen für DSC-Alarmierungen zur Verfügung steht.

A3 Ein Gebiet (ohne Seegebiete A1 und A2) innerhalb der Überdeckung eines geostationären INMARSAT-Satelliten, der ununterbrochen für Alarmierungen zur Verfügung steht (70° N bis 70° S).

A4 Ein Gebiet außerhalb der Seegebiete A1, A2 und A3.

Seit 2005 muss der Schiffsführer im Besitz eines Funkzeugnisses sein, wenn ein Funkgerät an Bord ist.

3

WETTERKUNDE

Wie entsteht das Wettergeschehen?

Die Atmosphäre

Die Atmosphäre umhüllt die Erde. Sie setzt sich aus verschiedenen Schichten zusammen und in jeder Schicht spielen sich ganz bestimmte Naturvorgänge ab. Die unterste Schicht heißt **Troposphäre**. Das besondere an der Troposphäre ist das Wasser. Die Troposphäre ist die einzige Schicht der Atmosphäre, in der Wasser vorkommt. Die höheren Schichten enthalten kein Wasser mehr.

Über der Troposphäre lagert die **Tropopause**. Sie ist der Deckel der Troposphäre. Das Besondere an der Tropopause ist die **Wärme**. Unten, in der Troposphäre wird die Luft mit zunehmender Höhe immer kälter; oben in der Tropopause steigt die Temperatur plötzlich an. Luft, die aus der Troposphäre aufsteigt, kommt nicht höher. Sobald es über ihr wärmer wird, sinkt sie wieder abwärts. Die Tropopause deckelt die Troposphäre ab.

Weil sich warme Luft ausdehnt, erreicht die Troposphäre über den besonders heißen Gebieten der Erde eine **Höhe** von etwa 17 km. Über den Polargebieten ist die Troposphäre nur noch etwa 7 km hoch. Und bei uns ändert sie ihre Höhe mit den Jahreszeiten.

Cumuluswolken, auch Haufenwolken genannt, gehören zu den Quellwolken. Wie bei einem Raketenstart oder Großfeuer machen sie sichtbar, dass Warmluft zügig aufsteigt.

Ohne Wasser gibt es kein Wetter. Deshalb spielt sich das ganze Wettergeschehen nur in der Troposphäre ab. **Wasser**, der Ursprung allen Lebens, ermöglicht auch das Wettergeschehen. Wasser tritt in der Troposphäre in allen drei Aggregatzuständen auf:

– fest: als Hagel, Graupel oder Schnee
– flüssig: als Regen oder Nebeltröpfchen (Wolke)
– gasförmig: als Wasserdampf (unsichtbar)

Die Menge des in der Luft enthaltenen Wasserdampfes wird **Luftfeuchte** genannt. Warme Luft kann viel Wasserdampf aufneh-

men, kalte Luft nur wenig. Erwärmt sich Luft, ohne dass ihr Wasser zugeführt wird, so sinkt die **relative Luftfeuchte** (Ein Haarföhn erwärmt und trocknet Zimmerluft). Kühlt Luft ab, so steigt die relative Luftfeuchte (kalte Scheiben beschlagen). Auf welche Temperatur muss eine Luftmasse abgekühlt werden, damit sie 100% Luftfeuchte hat? Diese Temperatur heißt **Taupunkt**. Kühlt in einer kalten Herbstnacht eine Autoscheibe oder ein Grashalm unter den Taupunkt ab, so bildet sich Tau. Steigt warme Luft so weit auf, dass ihre Temperatur unter den Taupunkt sinkt, entstehen Wolken.

Die **Sonne** liefert die Energie für das Wettergeschehen. Sie erwärmt die Erde ja nicht gleichmäßig, sodass sich Luftmassen unterschiedlicher Temperatur bilden, etwa die polaren Kaltluftmassen und die subtropischen Warmluftmassen. Doch Luftmassen unterscheiden sich nicht nur durch ihre Temperatur, sondern auch durch Druck und Feuchte. Warme, feuchte Luftmassen unter hohem Druck sind energiereich, kalte trockene Luftmassen unter geringem Druck energiearm. Unterschiedliche Energiezustände bleiben in der Natur nicht lange erhalten – eine heiße Tasse Kaffee kühlt ab, ein Eiswürfel schmilzt. Auch in der Troposphäre geben energiereiche Luftmassen Energie ab und energieärmere Luftmassen nehmen Energie auf. Dieser Energieausgleich verursacht großräumige Luftbewegungen und damit das Wettergeschehen.

Der **Luftdruck** entsteht durch das Eigengewicht der auf der Erdoberfläche lastenden Luft. Er wird in **Hektopascal** (**hPa**, 1 hPa = 100 kg · m^{-1} · s^{-2}) angegeben. Der Normaldruck beträgt 1013 hPa. Dies ist der Druck einer 10,13 m hohen Wassersäule und entspricht dem Gewicht,

Luftdruck

Wenn Luft aufsteigt, kühlt sie ab. Wenn Luft zu Boden sinkt, erwärmt sie sich.

Sinkt der Luftdruck, verschlechtert sich das Wetter. Steigt der Luftdruck, bessert es sich.

das durch 1013 g auf einen cm² ausgeübt wird. Der Luftdruck wird mit einem **Barometer** gemessen.

Luft, Sonne, Wasser

Drei Elemente – Luft, Sonne, Wasser – erzeugen das Wetter. Luft umhüllt die Erde; ihr Gewicht bewirkt den Luftdruck. Die Sonne erwärmt das Land und darüber die Luft. Warme Luft steigt auf – der Luftdruck sinkt dadurch und die Luft kühlt mit zunehmender Höhe ab. Ist die Luft auf ihren Taupunkt abgekühlt, so bilden sich Wolken. Kleinste Wassertröpfchen schweben in der Luft. Steigt die Luft noch höher auf, so werden die Wassertropfen so groß, dass sie als Regen zur Erde fallen. Lange bevor das schlechte Wetter einsetzt, sinkt bereits der Luftdruck.

Es **hagelt**, wenn Luft mit sehr hoher Geschwindigkeit aufsteigt (zeitweise mit über 100 km/h), sodass die Wassertropfen nach oben gerissen werden, zu Eisklumpen gefrieren und erst nach mehrmaligem Auf und Ab zu Boden fal-

len (z. B. Gewitter). Ist eine Wolke dunkelgrau, so hat sie tausende von Tonnen Wasser geladen. Wegen des starken Aufwindes in der Wolke fällt es aber noch nicht zur Erde.

Sinkt kalte Luft aus großer Höhe herab, so steigt der Luftdruck. Absinkende Luft erwärmt sich; dabei trocknet sie. Kein Wölkchen bedeckt den Himmel, die Sonne lacht. Doch zuerst steigt der Luftdruck.

Hoch und Tief

Ein Gebiet hohen Luftdrucks nennt man **Hoch**, eines mit tiefem Druck heißt **Tief**. Dabei kommt es nicht auf die absolute Höhe des Luftdrucks an, sondern nur darauf, dass in größerem Umkreis nicht noch höherer oder tieferer Luftdruck herrscht. In Wetterkarten (Bodendruckkarten) werden die (stets großen) **Zentren** der Hochs mit **H** und die (immer kleinen) **Kerne** der Tiefs mit **T** bezeichnet. Um sie verlaufen **Isobaren**, das sind Linien, die Orte gleichen Luftdrucks miteinander verbinden.

Schönwetter-Cumuli. Die Luft wird von der Erde erwärmt und steigt aufwärts; sie bildet Wolken, sobald sie auf ihren Taupunkt abgekühlt ist (typisch ist der glatte Unterrand). Schönwetter-Cumuli wachsen nicht hoch hinaus; bei steigendem Luftdruck sinkt kalte Luft von oben abwärts und verhindert, dass die Wolke wächst.

Cumulus congestus-Wolken (aufgetürmte Haufenwolken). Sie können aus zwei Gründen hoch hinauswachsen: Entweder ist die Erde sehr heiß geworden, dann lösen sich die Wolken gegen Abend wieder auf. Oder keine absinkende Luft bremst ihr Wachstum. Dann steigt der Luftdruck nicht weiter an und das schöne Wetter geht schon bald zu Ende.

Wind

Altocumulus castellanus

Altocumulus castellanus

Altocumulus castellanus

Altocumulus castellanus

Schönwetter-Cumuli (Cumulus humilis)

Altocumulus castellanus (mittelhohe Cumuli mit türm-chenartigen Quellungen) erinnern an Zinnen einer Burg-mauer. Sie bilden sich nur über Land oder in Landnähe, vor allem in den frühen Morgenstunden, selten am Vor-mittag. Altocumulus castellanus gelten als Vorboten eines Gewitters am Nachmittag.

Warum scheint an der Küste so oft die Sonne?
An der Küste lacht die Sonne schneller. Cuxhaven mel-det im Sommerhalbjahr durchschnittlich 115 Sonnen-stunden mehr als Bremen. Warum?

Im Sommer erwärmt sich das Land mehr als das Wasser. Auch die Luft ist über Land wärmer als die über Wasser. Erwärmte Luft steigt auf. Dabei kühlt sie ab, wird feucht und schon bilden sich Wolken. Über dem Wasser ist die Luft kühler. Kühle Luft sinkt ab. Dabei erwärmt sie sich und trocknet; die Bewölkung lockert auf. Die Küste und die Inseln profitieren davon.

Unterschiedliche Drücke bleiben nicht lange beste-hen. Das zeigt sich auch beim Aufpumpen einer Luftmatratze. Pumpt man in eine Einkammermatrat-ze etwas Luft, so entsteht ein kleiner Luftberg, ein Hoch. Am anderen Ende bleibt die Matratze zu-nächst platt, hier befindet sich jetzt ein Tief. Die Druckunterschiede halten sich nicht lange, bald ist der Luftberg verschwun-den. Die Luft hat sich in der Matratze gleichmäßig verteilt; sie ist vom Hoch zum Tief geströmt – sozu-sagen ein Matratzenwind.

Wind ist bewegte Luft. Er entsteht, weil Luft aus ei-nem Hoch in ein Tief fließt. Je größer der Druckunter-schied, desto stärker der Wind. Große Druckunter-schiede sind in Wetterkar-ten an eng verlaufenden Isobaren erkennbar. Der Druckunterschied wird als **Luftdruckgradient** be-zeichnet. Er wird quer zu den Isobaren gemessen und auf eine Strecke von 60 sm bezogen. Wo die Isobaren mit großem Ab-stand verlaufen, weht der Wind schwach. Im Zentrum eines Hochs und im Kern eines Tiefs herrscht Stille. Da bewegt sich die Luft nur nach oben oder unten.

Meteorologen bestimmen die Windstärke, indem sie in Wetterkarten den Isoba-renabstand messen. Dabei sind jedoch auch die geo-grafische Breite, die örtli-chen Verhältnisse und die Krümmung der Isobaren zu berücksichtigen. In höheren Breiten nimmt der Wind – bei gleichem Gradient – ab (siehe unten); Berge kön-nen den Wind stauen oder beschleunigen (Fallwind). Nach außen gekrümmte Isobaren (Hoch) beschleu-nigen, nach innen ge-krümmte Isobaren (Tief) bremsen den Wind.

An Bord eines Schiffes ist fallender Luftdruck mit ei-nem Barografen (Luft-druckschreiber) gut er-kennbar. Sinkt der Luft-druck auf der Nord- oder Ostsee in drei Stunden um mindestens vier hPa (in Wetterberichten wird dann von „stark vertiefend" ge-sprochen), so ist mit Stark-wind oder Sturm zu rech-nen. Auf das Mittelmeer ist diese Regel nicht immer übertragbar; wo Gebirge dicht an die Küsten rei-chen, kann sich das Wetter sehr schnell ändern.

Windstärken werden nach der **Beaufortskala** ange-geben. Beaufort (sprich: Bohfohr) war Anfang des 19. Jahrhunderts englischer Admiral; auf ihn gehen die **Windstärken 0 – 12** zu-rück. Beaufort besaß so viel Erfahrung, dass er nur

Fragen 285, 287 – 289

Corioliskraft

NW, 4 Bft, wolkenlos

SW, 4 Bft, 8/8 bedeckt

NE, 6 Bft, 4/8 bedeckt

W, 3 Bft, 6/8 bedeckt

E, 1 Bft, 2/8 bedeckt

NW, 10 Bft, 8/8 bedeckt

Windfiedern werden in die Richtung gezeichnet, aus welcher der Wind weht. Die Fiedern zeigen immer zum Tief (mit dem Rücken zum Wind nach links).

Wind weht auf der Nordhalbkugel rechts herum (im Uhrzeigersinn) aus einem Hoch heraus und gegen den Uhrzeigersinn in ein Tief hinein. Er schneidet bei mittlerer Windstärke die Isobaren in einem Winkel von etwa 20°. Bei stärkerem Wind wird dieser Winkel kleiner, bei schwachem Wind größer. Je enger die Isobaren verlaufen, umso stärker ist der Wind. Die Isobaren enthalten Druckangaben in hPa.

aus dem Fenster gucken musste und schon wusste er, welche Segel gesetzt werden mussten. Daran erkannte Beaufort, dass sich die Windstärke am Aussehen der Wellen ablesen lässt. Damals konnte die Windgeschwindigkeit noch nicht gemessen werden. Heute werden Windstärken in zehn Meter Höhe gemessen und immer noch nach der Beaufortskala angegeben. An Bord misst man in m/s oder Knoten (kn = sm/h). Dabei gilt ungefähr: 1 m/s ≈ 2 kn.

Die Windrichtung gibt an, *woher* der Wind weht. Die Winddrehung lässt sich

Auf einem Karussell, einer Scheibe, die sich wie die Erde links herum dreht, will ein innen stehendes Kind ein anderes, das sich außen befindet, mit einer Wasserpistole bespritzen. Bei hoher Drehgeschwindigkeit wird der Wasserstrahl sein Ziel verfehlen, da sich das Karussell unter dem Wasserstrahl hinwegdreht. Vom Karussell aus gesehen scheint der Strahl nach rechts abgelenkt zu werden.

So einer Kraft ist auch der Wind auf der nördlichen Erdhälfte ausgesetzt. Aus einem Hoch heraus wird er nach rechts abgelenkt und weht im Uhrzeigersinn. Auch auf dem Weg in ein Tief wird der Wind nach rechts gelenkt, doch hier bedeutet das gegen den Uhrzeigersinn.

Die rechtsgerichtete Kraft wirkt so lange, bis der Wind völlig parallel zu den Isobaren weht. Merke: Lang andauernder Höhenwind („Gradientwind") weht immer isobarenparallel, er ist dann im Gleichgewicht zwischen Druckgradientkraft und Corioliskraft. Am Boden wird der Anteil der rechtsablenkenden Kraft durch Bodenreibung verringert. Merke: Nur am Boden schneidet der Wind die Isobaren.

Auf der Südhalbkugel (Karussellunterseite) wird der Wind nach links abgelenkt. Er weht dort gegen den Uhrzeigersinn aus einem Hoch und im Uhrzeigersinn in ein Tief.

leicht am Wetterhahn auf einem Kirchturm erklären: Dreht sich der Hahn nach rechts, so hat der Wind **rechtgedreht**, dreht sich der Hahn zurück, spricht man von **rückdrehendem Wind**.

Andauernder Wind weht nicht auf dem direkten Weg aus einem Hoch in ein Tief, er wird vielmehr durch die Erdumdrehung abgelenkt. Die Erde dreht sich nach links und verursacht auf der nördlichen Halbkugel eine rechtsablenkende, auf Südbreite eine linksablenkende Kraft (**Corioliskraft**). Auf Nordbreite strömt daher der Wind im Uhrzeigersinn aus einem Hoch heraus und gegen den Uhrzeigersinn in ein Tief hinein; auf Südbreite umgekehrt – gegen den Uhrzeigersinn aus dem Hoch und im Uhrzeigersinn in das Tief. Die Stärke der Corioliskraft hängt von der geografischen Breite ab – von null am Äquator wächst sie mit der Breite und erreicht an den Polen ihr Maximum. Als ablenkende Kraft bremst sie die Luftbewegung und verringert die Windstärke. Daher verursacht ein Druckunterschied von 5 hPa auf 250 km Breite auf

30°: Windstärke 9 Bft,
55°: Windstärke 7 Bft,
70°: Windstärke 6 Bft.

Fragen 284, 286 – 288, 290 – 292

Beaufortskala

		BEAUFORTSKALA	
Wind Stärke	Wind Bezeichnung	Auswirkungen der Windstärke auf die See	Knoten m/s
0	Stille	Spiegelglatte See.	<1 0-0,2
1	Leiser Zug	Kleine, schuppenförmig aussehende Kräuselwellen ohne Schaumkämme.	1-3 0,3-1,5
2	Leichte Brise	Kleine Wellen, noch kurz, aber ausgeprägter. Die Kämme sehen glasig aus und brechen sich nicht.	4-6 1,6-3,3
3	Schwache Brise	Die Kämme beginnen zu brechen. Schaum überwiegend glasig, ganz vereinzelt können kleine weiße Schaumköpfe auftreten.	7-10 3,4-5,4
4	Mäßige Brise	Wellen sind noch klein, werden aber länger. Weiße Schaumköpfe treten schon ziemlich verbreitet auf.	11-15 5,5-7,9
5	Frische Brise	Mäßige Wellen, die eine ausgeprägtere Form annehmen. Überall weiße Schaumkämme. (Ganz vereinzelt kann auch schon Gischt vorkommen.)	16-21 8,0-10,7
6	Starker Wind	Die Bildung großer Wellen beginnt; Kämme brechen und hinterlassen größere weiße Schaumflächen; etwas Gischt.	22-27 10,8-13,8
7	Steifer Wind	See türmt sich; der beim Brechen entstehende weiße Schaum beginnt sich in die Windrichtung zu legen.	28-33 13,9-17,1
8	Stürmischer Wind	Mäßig hohe Wellenberge mit Kämmen von beträchtlicher Länge. Von den Kanten der Kämme beginnt Gischt abzuwehen. Der Schaum legt sich in gut ausgeprägten Streifen in die Windrichtung.	34-40 17,2-20,7
9	Sturm	Hohe Wellenberge; dichte Schaumstreifen in Windrichtung; „Rollen" der See beginnt. Der Gischt kann die Sicht schon beeinträchtigen.	41-47 20,8-24,4
10	Schwerer Sturm	Sehr hohe Wellenberge mit langen überbrechenden Kämmen. See weiß durch Schaum. Sicht durch Gischt beeinträchtigt.	48-55 24,5-28,4
11	Orkanartiger Sturm	Außergewöhnlich hohe Wellenberge. Die Kanten der Wellenkämme werden überall zu Gischt zerblasen. Die Sicht ist herabgesetzt.	56-63 28,5-32,6
12	Orkan	Luft mit Schaum und Gischt angefüllt. See vollständig weiß. Die Sicht ist sehr stark herabgesetzt; jede Fernsicht hört auf.	>63 >32,7

Fragen 285, 294, 295, 299 – 304

Landwind, Seewind

Wenn sich mit steigendem Luftdruck das Wetter bessert, wenn die Wolken verschwinden und die Sonne endlich wieder lacht, freuen sich alle. Für Segler hat dieses Wetter auch eine Schattenseite – im Zentrum eines ausgeprägten Hochs weht nur flauer Wind.

Dies gilt allerdings nur für das Landesinnere und die offene See. An Küsten, Seeufern und vor größeren Inseln weht trotz Hochdrucklage häufig schöner Segelwind. Dieser **Seewind** setzt schwach ein, mittags frischt er mäßig auf und am späten Nachmittag erreicht er seine größte Stärke. Er entsteht durch die unterschiedliche Erwärmung von Land und Wasser.

Die Sonne erwärmt das Land schnell; das Wasser aber ändert seine Temperatur im Tagesgang kaum. Wenn sich das Land erwärmt, steigt hier die Luft auf, ein **Hitzetief** entsteht. In der Höhe strömt die aufgestiegene Luft über das kühlere Wasser und sinkt dort nieder. So bildet sich ein **Kältehoch**.

Aus dem Hoch, also vom Wasser, weht der Seewind zurück an die Küste; hier erfrischt der Seewind und schafft etwas Kühlung.

Seewind kann in unseren Breiten Windstärke vier bis fünf erreichen, aber nur wenn die Lufttemperatur an Land viel höher ist als die Wassertemperatur. Das kommt im Mai nicht selten vor; an Land wird es nachmittags über 25° warm, das Wasser kommt über 10° nicht hinaus. Der Seewind reicht dann zehn Seemeilen weit vor die Küste.

Sobald die Sonne nachlässt, also gegen Abend oder wenn sich größere Wolken bilden, schwächt sich auch der Seewind ab, und die **Abendflaute** breitet sich aus. (Nimmt der Wind am Abend zu, so steht eine Wetterverschlechterung bevor, es muss mit Regen, Starkwind oder sogar Sturm gerechnet werden.)

Bei wolkenloser, windstiller Nacht wendet sich das Blatt. An Land gehen die Temperaturen deutlich zurück, das Wasser aber kühlt kaum ab. Nun entsteht über Land ein Kältehoch. Nach demselben Prinzip entwickelt sich

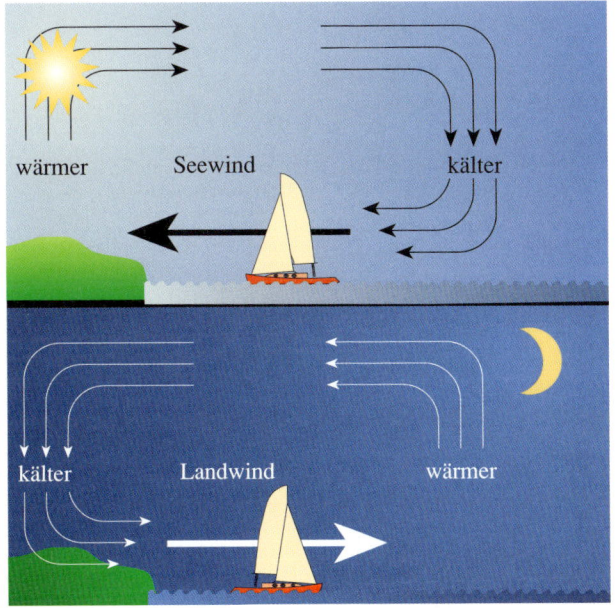

dann leichter **Landwind**; er erreicht jedoch kaum mehr als Stärke zwei und ist auf einen Streifen von zwei bis fünf Seemeilen vor der Küste begrenzt.

Watt, gewässerreiches Hinterland, größere Waldgebiete oder schmale Landzungen erhitzen sich in der Sonne weniger, hier zirkulieren Land- und Seewind schwächer.

Der Herbst ist die hohe Zeit des Landwindes, wenn es nachts an Land richtig kalt wird, das Wasser aber noch warm ist. In den frühen Morgenstunden, vor Sonnenaufgang herrscht dann Landwind. Erwärmt sich das Land, schläft der Landwind ein. Sobald es wärmer als das Wasser wird, setzt wieder Seewind ein – anfangs nur in Küstennähe, schwach und auf 50 bis 100 Meter Höhe begrenzt.

Seewind kann – wie gesagt – nur bei stabiler Hochdrucklage entstehen, wenn woanders überall Flaute herrscht. Das Ende der Schönwetterperiode kündigt sich oft durch Wärmegewitter oder Wind am Abend an. Mit den Gewitterböen endet der Seewind und der Abendwind beendet auch das schöne Wetter. Doch die Segler sind nun nicht mehr auf Land- und Seewind angewiesen.

Tagsüber, besonders in den Nachmittagsstunden, weht ein kühler Seewind zum erhitzten Land, während sich zum Ende der Nacht, am frühen Morgen, ein schwacher Landwind entwickeln kann.

Fragen 296, 297

Entstehung von Wolken und Nebel

Wie entstehen Wolken

Aufsteigende Luft dehnt sich aus und kühlt ab. Dadurch nimmt ihre relative Feuchte zu (Seite 102). Unterschreitet die Lufttemperatur ihren Taupunkt (100 % relative Feuchte), so kondensiert der überschüssige Wasserdampf an Kondensationskernen zu Wassertröpfchen. Kondensationskerne sind mikroskopisch kleine Teilchen, die in der Luft schweben – etwa Staubpartikel oder Aerosole. Vereisung setzt – wegen des geringen Drucks in höheren Luftschichten – erst bei Temperaturen unterhalb von –10 °C ein. Bei tiefen Temperaturen sublimiert der überschüssige Wasserdampf zu Eiskristallen.

Die Wassertröpfchen und Eiskristalle werden als Wolke sichtbar. Sie sind so leicht, dass bereits eine schwache Aufwärtsbewegung ausreicht, um sie schweben zu lassen.

Wachsen die Wassertröpfchen, sodass ihr Gewicht die Kraft des Auftriebs übersteigt, dann fallen sie. Auf ihrem Weg zur Erde verkleinern sich die Tropfen (Verdunstung), manchmal erreichen sie gar nicht den Boden. Das erklärt die Fallstreifen, die manchmal unter einer Wolke hängen.

Die Höhe, in der sich Wolken bilden, heißt **Kondensationsniveau**.

Luft kann aus verschiedenen Gründen aufsteigen

– warmer Untergrund erwärmt die Luft; sie steigt dann auf
– Luft strömt über Berge und wird nach oben gedrückt
– Rauer Untergrund (Bäume, Bauten, Hügel) wirbelt Luft auf
– eine Kaltfront schiebt sich unter Warmluft und hebt sie an
– eine Warmfront gleitet auf Kaltluft in die Höhe

Wie entsteht Nebel

Wenn das Kondensationsniveau am Boden liegt, entsteht Nebel. Nebel bildet sich aus drei Gründen

– Luft kühlt ab
– Luft reichert sich mit Wasserdampf an
– Luftmassen vermischen sich

1. Luft kühlt ab
Wenn warme Luft über kaltem Wasser unter ihren Taupunkt abkühlt, entsteht **Advektionsnebel** – auch **Kaltwassernebel** genannt. Advektionsnebel bildet sich bei Südwind in jedem Frühjahr auf der Nord- und Ostsee. Wenn der warme Wind auf dem Meer unter seinen Taupunkt abkühlt (weil die Wassertemperatur unter dem Taupunkt liegt), entsteht Nebel.

Helgoland liegt oft im Nebel, da südlich der Insel die Wassertiefe auf über fünfzig Meter abfällt. Der Gezeitenstrom spült kaltes Tiefenwasser an die Oberfläche („kalte Eier"), sodass die Luft hier unter ihren Taupunkt abkühlt und die Insel in Nebel hüllt. Aus kalten Eiern können **driftende Nebelbänke** entstehen. So entwickelt sich auch der **Neufundland-Nebel** im Grenzbereich zwischen dem Labradorstrom (kalt) und dem Golfstrom (warm).

Luft kann nachts abkühlen und neblig werden. Bei wenig Wind entsteht Bodennebel – oder Hochnebel, wenn die Luft von oben nach unten abkühlt. Dieser Nebel heißt **Abstrahlungsnebel**, weil die Luft ihre Wärme abstrahlt. Abstrahlungsnebel entsteht auf See kaum, da Wasser Wärme besser speichert. Er kann aber von Land aus in küstennahe Seegebiete wehen (**Küstennebel**).

2. Zufuhr von Feuchte
Wenn umgekehrt kalte Luft (im Herbst) über warmes Wasser streicht, sättigt sie sich allmählich mit Wasserdampf. So kommt **Warmwassernebel** auf. **Arktischer Seerauch** hat dieselbe Ursache, er bildet sich aber nur in (sub)arktischen Gewässern oder im Winter, wenn die Wassertemperatur mehr als 10 °C über der Lufttemperatur liegt (die See „kocht").

3. Mischungsnebel
An Fronten können sich Luftmassen vermischen und **Frontnebel** bilden. Typisch für Warmfronten ist, dass sich die Sicht verschlechtert. Frontnebel kann auch entstehen, wenn Warmluft auf kalte Luft aufgleitet und Regen die darunter liegende Kaltluft mit Feuchte sättigt (Zufuhr von Feuchte).

Einteilung der Wolken

Wolken entwickeln und verändern sich fortlaufend und zeigen einen unerschöpflichen Formenreichtum. Dennoch können Wolken nach unterschiedlichen Kriterien und Formen eingeteilt werden.

Eine einfache Unterteilung der Wolken kann nach ihrer Form in Haufen- und Schichtwolken erfolgen. **Haufenwolken**, auch **Cumuluswolken (Cu)** genannt, sind einzelne scharf begrenzte Wolken. Jedes Kind, das Wolken zeich-

Einteilung der Wolken

nen möchte, malt Cumuluswolken. Cumuli mit ihren runden, blumenkohlartigen Formen entstehen, wenn Luft *rasch* vertikal aufsteigt (emporquillt) und dabei ihren Taupunkt erreicht. Haufenwolken sind typische **Konvektionswolken** (Konvektion = freier Auftrieb aufgrund von Wärmeüberschuss).

Schicht- oder **Stratuswolken (St)** sind struktur- und formenlose, großräumige Wolkendecken. Stratuswolken bilden sich, wenn Luft *sehr langsam* (wie auf einer schrägen Ebene) aufgleitet oder infolge nächtlicher Wärmeabstrahlung großräumig auskühlt (Hochnebel). Schichtwolken sind meist auch **Advektionswolken** (Advektion = durch Heranführen erzwungene, großräumige Hebung).

Labile Schichtung
Luft tendiert zum Aufsteigen (Cumulus).

Stabile Schichtung
Aufsteigende Luft wird gebremst (Stratus).

Cumuluswolken
Ausdruck eines *zügigen*, unregelmäßigen, stets vertikalen Aufsteigens der Luft.

Stratuswolken
Zeichen eines *langsamen* Aufgleitens feucht-warmer Luft über großen Gebieten.

Wolken können auch nach ihrer Zusammensetzung oder Temperatur unterschieden werden. **Wasserwolken** bestehen nur aus Wassertröpfchen. Dies sind kompakte Wolken mit scharfen Rändern. Wasserwolken kommen nur in Höhen vor, in denen es wärmer als −10 °C ist.

Mischwolken enthalten Wassertropfen und Eiskristalle (Schnee, Graupel, Hagel). Sie sind je nach Wolkendicke hell- bis dunkelgrau. Ihre Ränder sind mal fest umrissen, teilweise ausgefranst. Mischwolken bringen Niederschläge. Sie liegen in einem Höhenbereich mit Temperaturen von −10 °C bis −35 °C.
Eiswolken sind weiß glänzend und an faserigen, schleierförmigen oder diffusen Umrissen erkennbar. Ihre Ränder sind ausgefranst. Sie enthalten nur Eiskristalle. Die Temperatur liegt unter −35 °C.

Aus der Einteilung in Wasser-, Misch- und Eiswolken ergeben sich drei **Wolkenstockwerke**

– das untere
– das mittlere
– das obere

Die Lufttemperatur hängt von der Jahreszeit und der geografischen Breite ab. Bei mittlerer Temperatur ergeben sich für die gemäßigten Breiten etwa folgende Stockwerkhöhen

– unteres   0 – 2 km
– mittleres 2 – 7 km
– oberes   5 – 13 km

Das mittlere und das obere Wolkenstockwerk überschneiden sich. Merke: Wasserwolken kommen nur im unteren Wolkenstockwerk vor, Mischwolken nur im mittleren und Eiswolken nur im oberen Stockwerk.

Böen – ein Gruß von oben
Böen sind Fallwinde. Steigt Luft auf, strömt woanders Luft abwärts und erzeugt eine Bö. Aufsteigende Luft erzeugt große Cumuluswolken. Sie entstehen nur in labiler Schichtung. Labile Schichtung, große Cumuli, also Böen.

Die **Wolkenfarbe** zeigt an, wie viel Wasser in der Wolke ist. In einer dunklen Gewitterwolke schüttet es wie aus Eimern, doch der starke Auftrieb (bis 100 km/h) reißt den Regen nach oben. Die Wolkenfarbe variiert auch mit dem Lichteinfall. Sie ist kein Hinweis auf die Heftigkeit von Böen oder Gewittern.

Böenwalzen
Besonders heftige Böen treten an Böenwalzen auf. Das sind walzenförmige Wolken, die sich um eine vertikale Achse drehen und rasch voranschreiten. Sie bilden sich an Kaltfronten, schweren Gewittern und Troglinien.

Beschaffenheit	Temperatur	Stockwerk	Höhe			Wolkentyp (s. Folgeseite)				
Eiswolken	kälter als −35 °C	Oberes	5 – 13 km	Ci		Cc	Cs	↑		↑
Mischwolken	−10 °C bis −35 °C	Mittleres	2 – 7 km			Ac	As			
Wasserwolken	wärmer als −10 °C	Unteres	0 – 2 km		Cu	Sc	St	Ns		Cb

Wolkenbezeichnung

Die Bezeichnung von Wolken beruht auf fünf lateinischen Wörtern

– **Cirrus** (Haar)
– **Cumulus** (Haufen)
– **Stratus** (ausgebreitet)
– **Nimbus** (Regen)
– **Altus** (hoch)

Daraus setzen sich die zehn international einheitlichen **Wolkenhaupttypen** zusammen.

1. Unteres Stockwerk
Cumulus (Cu)
Dichte, scharf abgegrenzte Wolke, flacher Unterrand quillt blumenkohlförmig in die Höhe, leuchtet weiß in der Sonne. Cumuluswolken, auch Haufenwolken genannt, gehören zu den Quellwolken und zeigen, dass Luft aufsteigt (labile Schichtung).

Stratus (St)
Formlose, graue Wolkendecke ohne Konturen, sieht aus wie dunkler Hochnebel, hängt niedrig (bis 600 Meter) am Himmel, Sprühregen möglich, Stratuswolken werden auch Schichtwolken genannt, sie zeigen an, dass keine Luft aufsteigt (stabile Schichtung).

Stratocumulus (Sc)
Großflächige Wolkenschicht aus vielen Haufenwolken mit unscharfen Rändern.

Nimbostratus (Ns)
Tiefe graue bis dunkelgraue Stratusdecke mit anhaltendem Niederschlag (Landregen).

Cumulonimbus (Cb)
Haufenwolke von beträchtlicher Höhe, oben oft ambossförmig abgeflacht (die Wolke erstreckt sich dann über die gesamte Höhe der Troposphäre und stößt an die Tropopause); bringt oft Schauer oder Gewitter.

2. Mittleres Stockwerk
Altostratus (As)
Hohe, konturlose, graue Wolkenschicht, die Sonne ist nur noch verwaschen erkennbar, keine Halos.

Altocumulus (Ac)
Höhere, grobe, wenig scharf abgegrenzte Wolkenfelder in Form von Ballen, Walzen oder Wolkenschäfchen; kommen als Einzelwolken und auch als Schichten vor.

3. Oberes Stockwerk
Cirrus (Ci)
Aus einzelnen Fasern oder Büscheln bestehende weiße Eiswolke. Sie entsteht aus Turbulenz oder Kondensstreifen von Flugzeugen. Merke: Wetterprognosen aus Cirren sind unsicher; sie können eine Warmfront ankündigen, aber auch harmlose Reste von Kondensstreifen sein.

Cirrocumulus (Cc)
Sehr hohe, dünne Cumulusfelder oder -flocken.

Cirrostratus (Cs)
Sehr hoher, durchscheinender weißer Wolkenschleier – auch Schleierwolke genannt –, der sich über den ganzen Himmel erstreckt und im Allgemeinen einen Halo erzeugt.

Wolkenbezeichnung

Stratus (St)

Cirrostratus (Cs) mit Halo

Nimbostratus (Ns)

Cumulonimbus (Cb)

Zyklogenese

Planetarischer Wärme-ausgleich

In den Tropen steht die Sonne beinahe senkrecht am Himmel. Hier empfängt die Erde viel mehr Wärme, als sie in den Weltraum abstrahlt. Über den Polen dagegen hat die Erde eine negative Strahlungsbilanz. Sie verliert mehr Wärme, als ihr von der Sonne zugeführt wird.

Damit die Tropen nicht immer wärmer und die Pole nicht ständig kälter werden, wird die überschüssige Wärme von den Tropen zu den Polen befördert. Der Transport erfolgt durch Meeresströme – wie Golf- und Labradorstrom – und durch Luftmassen.

Aus den subtropischen Hochdruckgebieten strömt feucht-warme Luft polwärts und aus den polaren Hochdruckgebieten fließt trocken-kalte Luft zurück. In den gemäßigten Breiten treffen diese Luftmassen aufeinander. Sie fließen zunächst ungestört aneinander vorbei – getrennt von einer Zone flauen Windes. Bald jedoch fallen sie einander in den Rücken (Wellenstörung) und daraus entstehen Tiefs, die sich zu großen Tiefdrucksystemen (Wolkenspiralen) auswachsen. In diesen Tiefs wird die Warmluft angehoben, sodass sie anschließend weiter polwärts strömen, dort absinken und die Polargebiete von oben mit Wärme versorgen kann. Der „Zweck" eines Tiefs ist also nur, die warme Luft nach oben zu verfrachten. Danach ist das Tief vollständig okkludiert und löst sich wenig später auf.

Zyklogenese

Die wandernden Tiefdruckgebiete in den gemäßigten Breiten heißen **Zyklonen**. Als **Zyklogenese** bezeichnet man ihre Entstehung. Der Lebenslauf der Zyklonen wird auf der gegenüberliegenden Seite beschrieben. Er beginnt mit einer so genannten **Wellenstörung,** oft im Nordatlantik, auch dort, wo der warme Golfstrom und der kalte Labradorstrom aufeinander treffen.

Reißt der Jetstream (starker Westwind in großer Höhe) die subtropische Warmluft mit sich, so entwickelt sich daraus ein **flaches Tief**.

Für die weitere Entwicklung ist wichtig, dass a) die Luftmassen sich kaum vermischen und b) die Kaltluft schneller voranströmt als die Warmluftmasse. Um den Tiefdruckkern rotierend holt die kalte Luftmasse die warme ein (**junge Zyklone mit umfangreichem Warmsektor**) und schiebt sich dann, da sie schwerer ist, unter die warme Luft (**Beginn des Okklusionsprozesses**). Gleichzeitig saugt der Jetstream die Warmluft weiter nach oben. Der Okklusionspunkt wandert immer weiter nach außen.

Während die warme Luft angehoben wird, kühlt sie ab, kondensiert und erzeugt die aus Wetterfilmen bekannte, riesige Wolkenspirale. Das Druckgebilde wird nunmehr als **umfangreiches** oder **steuerndes Tief** bezeichnet. Über ihm ist der Jetstream S-kurvenförmig deformiert.

In diesem Stadium entwickeln sich an lang gestreckten Kaltfronten häufig **Randtiefs.** Sie entstehen aus einer Wellenstörung und umkreisen das Muttertief **zyklonal** (auf der Nordhalbkugel gegen den Uhrzeigersinn). Mit dem Jetstream ziehen die Tiefs meist in nordöstliche Richtungen und prägen das Wettergeschehen.

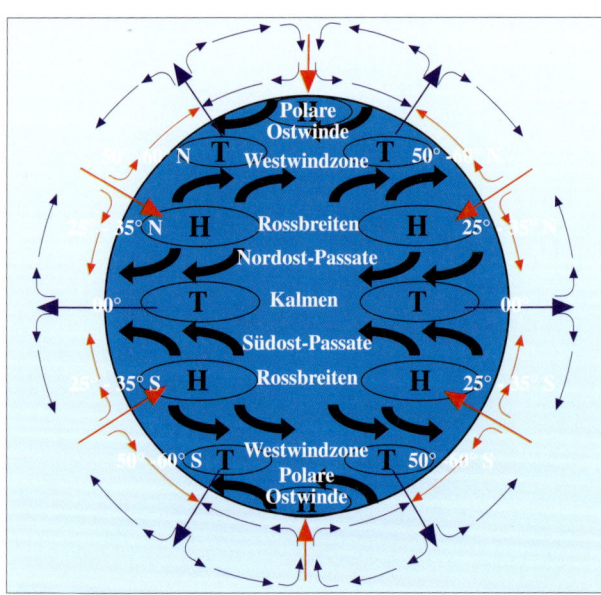

Schematische Darstellung der globalen Luftbewegungen. Die Druckgebilde wandern mit den Jahreszeiten nord- und südwärts. Man beachte, dass der Wind auf der Nordhalbkugel nach rechts und auf der Südhalbkugel nach links abgelenkt wird.

Zyklogenese

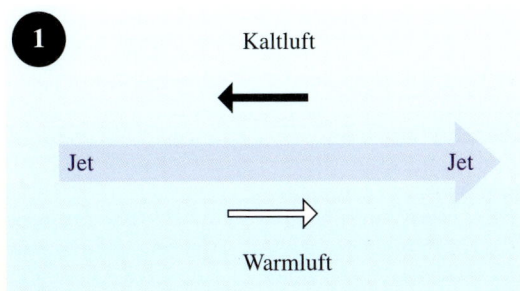

Polar- und Subtropikluft strömen ungestört.

Wellenstörung

Flaches Tief

Junge Zyklone mit umfangreichem Warmsektor

Beginn des Okklusionsprozesses

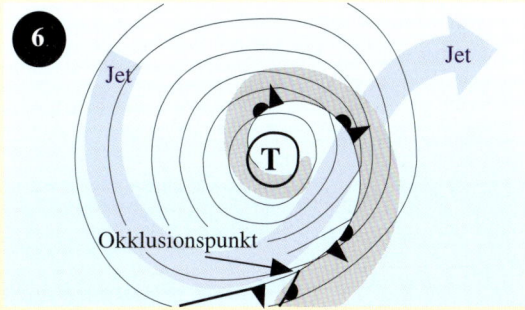

Umfangreiches, steuerndes Tief mit Wolkenspirale

Energiereiche Subtropikluft und energiearme Polarluft strömen zunächst ungestört aneinander vorbei. Aus einer Wellenstörung kann dann ein flaches Tief entstehen, das rasch – im Winter mit bis zu 50 kn – mit dem Jet (Höhenwind) in östliche Richtungen zieht. Junge Zyklonen mit umfangreichem Warmsektor ziehen in Richtung der Isobaren im Warmluftsektor und erreichen dabei noch Geschwindigkeiten von 25 – 30 kn. Okkludierte Tiefs ziehen anfangs noch mit etwa 10 kn, werden aber immer langsamer und schließlich stationär; der Jet ist am Ende stark verformt.

Frage 298

Hoch- und Tiefdruckgebiete

Hoch, Hochdruckgebiet oder **Antizyklone** nennt man ein Gebiet relativ hohen Luftdrucks. Es entsteht häufig aus absinkender Kaltluft, die sich erwärmt und dabei trocknet. Man unterscheidet zwei Hochdrucktypen

– warmes oder umfangreiches Hoch
– kaltes oder flaches Hoch

Das **warme Hoch** ist subtropischen Ursprungs; es reicht weit – bis zur Tropopause – nach oben, besitzt eine große Ausdehnung und verändert seine Lage nur langsam. Der Himmel erscheint durch den großen Anteil an Wasserdampf milchig blass.

Das **Azorenhoch** und das **Russlandhoch** sind warme oder umfangreiche Hochs. Typisch für ein warmes Hoch ist ein langsamer, aber dauerhafter (manchmal tagelanger) Druckanstieg. Im Sommer beschert ein warmes Hoch lange gutes Wetter. Die Sicht ist nicht übermäßig gut, und am Himmel zeigt sich manchmal ein leichter Wolkenschleier. Am Tage können flache Cumuluswolken aufkommen, die sich abends auflösen. Sein Ende kündigt sich mit fallendem Luftdruck an.

Die Abwärtsbewegung in einem Hoch reicht nicht immer bis zum Boden. An der kalten Seite des Hochs (Nordwind) ist die Bodenluft manchmal kälter als die absinkende Höhenluft. Es entsteht dann eine warme Grenzschicht (**Temperaturinversion**) mit Stratuswolken. Daher bringt nicht jedes Hoch blauen Himmel.

Eine **Hochdruckbrücke** verbindet zwei Hochs miteinander. Sie entsteht nur bei einer stabilen Hochdrucklage. Eine Brücke zwischen dem Azorenhoch und dem Russlandhoch bringt Deutschland wochenlang gutes Wetter (Siebenschläfer). Hochs sind häufig asymmetrisch. Eine horizontale Auswölbung eines warmen Hochs heißt **Keil**. Auch Keile bringen gutes Wetter – und schwachen Wind.

Das **kalte Hoch** kommt häufig als **Zwischenhoch** zwischen zwei Tiefdruckgebieten vor; es verändert seine Lage rasch. Seine Höhe reicht nicht über 1500 Meter hinaus. Es kündigt sich mit kräftigem, nicht lange anhaltendem Luftdruckanstieg an und erzeugt dann sehr gute Sicht und strahlend blauen Himmel. Weil es rasch wandert, ist das gute Wetter schnell – oft nach einem Tag – wieder vorbei.

Ein **Tief**, auch **Zyklone** genannt, wird durch relativ niedrigen Luftdruck, der zu seinem Kern hin abnimmt, charakterisiert. Tiefs sind unterschiedlich große Luftwirbel mit einer leicht rückwärts geneigten Achse. Tiefs verwirbeln zyklonal (auf Nordbreite gegen den Uhrzeigersinn). Nach ihrer Entstehung lassen sich zwei Tiefdrucktypen unterscheiden: das kalte (statische) Tief und das warme (dynamische) Tief.

Als **warmes Tief** wird ein Tief bezeichnet, welches durch aufsteigende Warmluft entsteht. Es charakterisiert den Entstehungsprozess der Zyklone und wird auch flaches Tief genannt. Es hat je eine aktive Warm- und Kaltfront.

Das **kalte Tief** ist der Endzustand der Tiefdruckentwicklung. Kalte Tiefs, die auch umfangreiche Tiefs genannt werden, ziehen langsam – auf der Nordhalbkugel meistens nach NE bis N –, wobei ihre Zugrichtung durch warme Hochdruckgebiete (Russland- oder Azorenhoch) abgelenkt werden kann.

Ein Tief bringt schlechtes Wetter (kühle Luft im Sommer, milde im Winter). Tritt in seinem Einflussbereich verbreitet Windstärke 8 auf, so heißt

Hoch- und Tiefdruckgebiete

es **Sturmtief**, ab Windstärke 10 **Orkantief**. Ein Tief mit nur einer geschlossenen Isobare wird als **flaches Tief** bezeichnet.

Das **Randtief** ist ein kleineres Tief, das am Rand (Kaltfront) eines gealterten Tiefs entsteht und es zyklonal umkreist. Dabei dreht es sich viel schneller als das Muttertief; es kann sich mit ihm vereinigen oder – bei starker Vertiefung – polwärts ziehen.

Während in einem Randtief die Warmluft (wie beim Muttertief) durch den Jet-stream angehoben wird, geschieht dies bei einem **Teiltief** meistens durch ein Gebirge. Nicht selten entsteht es am Okklusionspunkt. Strömt Warmluft über die nördliche Nordsee ostwärts, so gelangt sie an die norwegische Südküste und wird dann am skandinavischen Gebirge angehoben. Hohe Luftschichten können nun schon vom Jet-stream erfasst und mitgerissen werden. Hinter dem Gebirge sinkt die Luft wieder abwärts zum Skagerrak und Oslofjord. Ein Teil nach oben, ein anderer nach unten, die Luft wird quasi auseinander gezogen, Dichte und Druck nehmen ab und wenn jetzt noch eine Kaltluftmasse nachströmt, kann sich das bekannte **Skagerraktief** bilden. Nicht selten zieht es ESE-wärts und bringt der Ostsee schlechtes Wetter. Weitere Beispiele für Teiltiefs sind das **Genuatief**, das **Adriatief** und das Tief südlich Grönlands. Im Gegensatz zum Randtief entwickeln Teiltiefs also später ein Eigenleben. Rand- und Teiltiefs sind zunächst mit dem Muttertief durch eine gemeinsame Isobare verbunden.

Eine **Tiefdruckrinne** verbindet zwei Tiefs, die hantelförmig um einen gemeinsamen Schwerpunkt kreisen.

Ähnlich wie eine Welle weitere Wellen hervorruft, löst die Entstehung eines kalten Tiefs oft weitere **Wellenstörungen** aus. Aus ihnen können sich wiederum neue Tiefs entwickeln. So entsteht eine **Zyklonenfamilie**. Sie kann vier bis fünf Zyklonen umfassen, die – jeweils von einem Zwischenhoch getrennt – über uns hinwegziehen.

Tief mit Zwischenhochs, eine typische Wetterlage in unseren Breiten (vereinfacht dargestellt). Auf der Vorderseite eines Tiefs – noch im Einfluss des Zwischenhochs – herrscht schönes Wetter, Sonne und schwacher bis mäßiger E- oder SE-Wind. Fallender Luftdruck kündigt das nahende Tief an. Auf der rechten Seite der Druckgebilde dreht der Wind langsam recht (siehe Seite 117). Die Windverhältnisse – Windrichtung und Windstärke – ergeben sich aus dem Verlauf und Abstand der Isobaren (siehe Seite 105). Hinter der Kaltfront entwickelt sich das typische Rückseitenwetter: frischer NW-Wind mit aufgelockerter Cumulus- und Cumulus congestus-Bewölkung (siehe Seite 103). Unter dem Einfluss des nächsten Hochs dreht der Wind weiter recht und nimmt ab. Die Nordseite heißt auch Abladeseite. Dort fällt sehr viel Niederschlag, aber es gibt keine Fronten. Die Luft bleibt kalt. Der Wind dreht rück, ohne schnelle Winddreher. Der Luftdruck verändert sich gleichmäßig. Die Hochs und Tiefs wechseln sich ungefähr im 24-Stunden-Rhythmus ab.

Nach der **Guilbert-Großmann-Regel** zieht ein Tief häufig binnen 24 Stunden an die Stätte des vorangehenden Zwischenhochs und umgekehrt. Beim Durchzug einer Zyklonenfamilie folgt einem Tag mit schlechtem Wetter häufig ein Tag mit besserem Wetter, der nächste bringt wieder Regen usw., bis die Zyklonenfamilie durchgezogen ist.

Der Volksmund formulierte dies als Regel vom **Freitags-Sonntags-Wetter**, wonach das Wetter am Sonntag oft dem vom vorigen Freitag ähnlich ist.

Warmfront und Kaltfront

Fronten

Luftmassen unterschiedlicher Temperatur vermischen sich kaum, sondern bleiben unter dem Einfluss eines Tiefs lange erhalten. Die schmalen Zonen, die die Luftmassen voneinander trennen, heißen **Fronten**.

Wenn Kaltluft Warmluft verdrängt, spricht man von einer **Kaltfront**. Wenn eine Warmluftmasse kalte Luft wegschiebt, wird die Grenzzone **Warmfront** genannt. Beide Fronten reichen häufig vom Boden bis zur Tropopause.

Eine **Okklusionsfront** ist eine Höhenfront. Sie entsteht in einer ausgereiften Zyklone, wenn eine Kaltfront eine Warmfront aufgeholt, unterlaufen und angehoben hat. Okklusionsfronten können Warmfrontcharakter (**Warmfrontokklusion**) und Kaltfrontcharakter (**Kaltfrontokklusion**) haben. Im Einflussbereich eines Hochs lösen sich alle Fronten auf.

In Gebieten mit starkem Druckgefälle – in einer Wetterkarte daran erkennbar, dass zahlreiche Isobaren die Frontlinie schneiden – verursacht eine Front oftmals sehr heftiges Wettergeschehen (Regen, Böen, Gewitter).

Darstellung in Wetterkarten

Um die Wetterabläufe in Fronten zu verstehen, muss man wissen, wie Kalt- und Warmluftmassen einander verdrängen.

– Warmluft gleitet auf einer gering geneigten Grenzschicht *sehr langsam* aufwärts und verdrängt mit dieser schrägen Fläche die Kaltluft vor und unter ihr.

– Eine *rasch* ziehende Kaltluftmasse bildet eine fast senkrechte Grenzschicht; daran *wirbelt* sie die Warmluft *heftig auf* und schiebt sie vor sich her.

Daraus ergeben sich grundsätzlich unterschiedliche Wolkenbilder:

Warmfront: stratusförmige Bewölkung,

Kaltfront: cumulusförmige Bewölkung.

Warmluft gleitet langsam auf ...

... und verursacht dichte Stratus-Bewölkung.

Kaltluft wirbelt Warmluft heftig nach oben ...

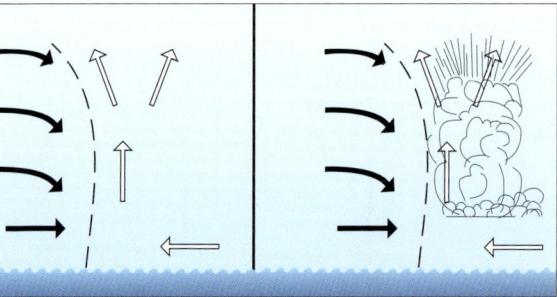

... und erzeugt Cumulus-Bewölkung.

Warmfront = Stratus-Bewölkung
Zeichen eines *langsamen* Aufgleitens von feuchtwarmer Luft über großen Gebieten.

Keine Böen, ergiebiger Regen.

Kaltfront = Cumulus-Bewölkung
Ausdruck eines *zügigen*, unregelmäßigen, stets vertikalen Aufsteigens der Luft.

Oft starke Böen, Schauer, manchmal Gewitter.

Dementsprechend gibt es an Warmfronten kaum Böen, jedoch ausgeprägte, oft vier bis sechs Stunden lange Niederschläge. An Kaltfronten dagegen treten oft starke Böen, Schauer und Gewitter auf.

Warmfront und Kaltfront

Die rechte Seite eines Tiefs ist gefährlicher, da hier der im Tief wehende Wind durch die Eigenbewegung des Tiefs verstärkt wird. Links ist er schwächer, weil der Wind hier der Eigenbewegung entgegengerichtet ist. Auf welcher Seite man steht, erkennt man an der Winddrehung: Rechts dreht der Wind recht, auf der linken Seite rück.

Wetterregeln über Warm- und Kaltfronten

1. Warmfronten verlagern sich im Sommer mit bis zu 25 kn, Kaltfronten können 35 kn erreichen. Im Winter kann sich die Geschwindigkeit fast verdoppeln. Warmfronten ziehen langsamer als Kaltfronten.
2. Fronten verlagern sich in Richtung des Windes hinter ihnen.
3. Je mehr Isobaren ein Frontabschnitt schneidet, umso schneller bewegt sich die Front. Je spitzer also der Winkel, in dem die Isobaren den Frontabschnitt schneiden, umso geringer ist seine Geschwindigkeit.

Windregeln über Kaltfronten

Der Wind in Kaltfronten

- weht zunächst frontparallel
- frischt häufig vor der Front auf (heftige Böen, sogar Sturmböen möglich)
- flaut bei Frontdurchgang ab
- frischt hinter der Front rechtgedreht wieder auf

Stärkere Windsee nach dem Durchzug einer Kaltfront.

Der Luftdruck nimmt ab, wenn sich das Tief nähert. Isobarenknicke an den Fronten erscheinen als Knicke in der Druckkurve. Hinter der Warmfront stabilisiert sich der Luftdruck etwas; er steigt nach dem Durchzug der Kaltfront deutlich erkennbar an (Zwischenhoch). Fallender Druck kündigt das nächste Tief an.

Aus dem Isobarenabstand ist ersichtlich, wie sich der Wind an der Front entwickeln wird: links Vorderseitensturm, der Wind nimmt nach Durchgang der Front ab, weil vor der Front die Isobaren eng verlaufen und dahinter ihr Abstand größer wird; rechts umgekehrt Rückseitensturm, da sich die Isobaren hinter der Front verengen.

Fragen 288, 292, 298

Warmfront

Aufzug einer Warmfront

Wie beschrieben verdrängt die Warmluft an einer *schrägen* Ebene kalte Luft. Diese Ebene reicht bis an die Tropopause. Zuerst ist daher die vordere Oberkante dieser Ebene sichtbar – Cirren in etwa zehn km Höhe. Erste Anzeichen einer Warmfront sind also Cirrus-Wolken. Die eigentliche Warmfront liegt dann noch 500 bis 800 km entfernt und wird erst neun bis zwölf Stunden später den Beobachter erreichen.

Am Anstieg der Warmluft hat der Jetstream großen Anteil; er zieht die Warmluft hoch. Anschaulich dargestellt hüpft die Warmluft da oben wie ein Stein, der über einen Teich geschleudert wird. Beim Hüpfen kühlt sie ab, kondensiert und wird als Cirre sichtbar. Gelegentlich können lockenförmige Cirren beobachtet werden; die Locken zeigen in die Richtung des Jetstreams.

Zwar geht jeder Warmfront eine Cirrus-Bewölkung voraus, aber nicht allen Cirren folgt auch eine Warmfront. Aus Cirren allein kann also noch nicht auf eine Warmfront geschlossen werden; erst die weitere Wetterentwicklung gibt genaueren Aufschluss.

Zieht eine Warmfront auf, verdichten sich etwa zwei Stunden später die Cirren zu einer hohen, dünnen Cirrostratus-Bewölkung. Bei geeignetem Sonnenstand werden ein Halo oder Nebensonnen erkennbar, sie entstehen durch Brechung des Lichtes an Eiskristallen. Die Verdichtung nimmt weiter zu, weil sich die Bewölkung nach unten ausdehnt. Es entsteht eine hohe graue Wolkenschicht (Altostratus); die Sonne ist noch verwaschen sichtbar. Der Halo verschwindet bald wieder. Der Luftdruck fällt langsam.

Mit der Bewölkung frischt der Wind auf, ohne seine Richtung zu ändern (im Sommer meist SE 4). Die Front kommt in der Regel aus Südwesten. Die Wolkendecke verdichtet sich und kommt immer weiter herunter. Etwa drei bis fünf

> In Menschen und Cirren kann man sich irren.

> Cirrostratus am Abend – Regen am Morgen.

Bewölkung und Niederschlag an der Warmfront

Die aktive Kaltfront

Stunden nach der Cirro-stratus-Bewölkung hat sich eine ausgeprägte Nimbo-stratus-Bewölkung entwickelt, also eine niedrige, dichte, graue, strukturlose Wolkenschicht. Es fängt an zu regnen. Die Wolken sinken immer tiefer und es regnet unaufhörlich weiter – insgesamt vier bis sechs Stunden lang. Die Wolken können sogar die See erreichen (Nebel). Im Sommer gibt es gelegentlich Schauer und Gewitter. Der Luftdruck sinkt stetig.

Kurz bevor die Front durchzieht, schläft der Wind ein. Nun fällt auch der Luftdruck nicht weiter, die Warmfront ist da. Die Lufttemperatur steigt um einige Grad an und auch der Wind setzt – rechtgedreht – wieder ein. Er weht nun aus SW. Wenig später hört es auf zu regnen. Nun lockert die Bewölkung wieder auf, das Schietwetter ist erst einmal vorbei. Der Beobachter befindet sich im Warmsektor der Zyklone.

Aufzug einer aktiven Kaltfront (Typ A)

Der Warmsektor endet mit der Kaltfront. Das Wettergeschehen an einer Kaltfront hängt von der Geschwindigkeit der Front ab. Hier unterscheidet man aktive und passive Kaltfronten (Typ A und B).

Die **aktive Kaltfront** verlagert sich rasch. Sie liegt relativ **nahe am Tiefkern**. In Wetterkarten wird dieser Kaltfronttyp von mehreren Isobaren geschnitten. Die hohe Geschwindigkeit erzeugt einen **steilen vertikalen Frontverlauf**. Daher entwickeln sich die Wolken *vor* der Front: Cumuli verdichten sich zu einer geschlossenen Cumulonimbus-, manchmal aber auch nur zu Nimbostratus-Be-

wölkung. Für etwa zwei Stunden kann es zu Regenschauern kommen.

Nach Durchzug der Front klart es rasch auf, die Sicht wird deutlich besser. Später können erneut Schauer und auch Gewitter niedergehen. Mit Gewittern ist zu rechnen, wenn der Luftdruck nicht deutlich ansteigt, das Rückseitenwetter sich nicht bessert, sondern unbeständig bleibt.

Bodenreibung kann die Front nahe am Boden verlangsamen, sodass die Kaltluft in der Höhe vorauseilt. Die Grenzfläche kippt dann

Bewölkung und Niederschlag an der sich rasch verlagernden, aktiven Kaltfront (Typ A)

Die passive Kaltfront

nach vorne über, sodass kalte Luft über warmer liegt. Das erzeugt hohe Labilität. Wird Warmluft aufgewirbelt, so beschleunigt sich der Auftrieb erheblich, sobald die warme Luft in die Kaltluftmasse gerät. Eine solche Front ist an einer Kette mächtiger Cumulonimben erkennbar. Sie kündigen heftige Böen, Schauer und Gewitter an. Die Front wird auch **Gewitterfront** genannt. Ein **Böenkragen** weist auf gefährliche Windstöße hin. Sie entstehen durch Fallwinde hinter dem Böenkragen. Erst wenn die Sicht aufklart, ist die Böengefahr vorüber.

Aufzug einer passiven Kaltfront (Typ B)

Die Kaltfront B verlagert sich nur langsam. Sie tritt im **Randbereich** oder **außerhalb von Zyklonen** auf. Ihre **Grenzschicht** ist **flach nach hinten geneigt**. Die Kaltluft schiebt sich viel langsamer, wie ein flacher Keil, unter die Warmluft. Passiv gleitet die Warmluft daran in die Höhe. Daher heißt dieser Fronttyp auch **passive Front**. Die Frontneigung erzeugt keine Bewölkung vor, sondern hinter der Front. Schauerartiger Regen setzt hinter der Front

Aktive Kaltfront (A)
Erst Wolken, dann Regen, dann Front.

Passive Kaltfront (B)
Erst Front, dann Wolken und Regen.

ein. Nicht selten geht er später in gleichförmigen Niederschlag über.

Bei beiden Typen schläft der **Wind** ein, wenn die Front durchzieht. Später frischt er **rechtgedreht** wieder auf; bei Fronttyp A frischt er eher und stärker auf, bei Fronttyp B dreht er stärker recht.

An einer langsamen, fast stationären Kaltfront entwickelt sich nicht selten eine Wellenstörung und daraus dann ein Randtief.

Die Wetterentwicklung lässt sich auf See viel besser beobachten als an Land, weil hier der Blick frei ist und das Wetter nicht durch die Landschaft beeinflusst wird. Anstatt jedoch zu versuchen, allein aus den Wolken den Aufzug einer Front vorherzusagen, sollte man vorher wissen, was kommt. Dann lassen sich die Wetterzeichen gut deuten und konkrete Vorhersagen machen.

Bewölkung und Niederschlag an der langsam ziehenden, passiven Kaltfront (Typ B)

Trog

Zu den schwersten und gefährlichsten Stürmen außerhalb der Tropen gehören die Orkane im Zusammenhang mit Trögen. Auch der Orkan, der im Fastnet-Rennen 1979 viele Todesopfer forderte, war ein **Trogorkan**.

Auf der Rückseite einer gut entwickelten, okkludierten Zyklone kann ein Trog entstehen, wenn die Okklusionsfront bereits den Tiefkern umrundet hat (sich also hinter dem Kern befindet). Er wird daher auch **Rückseitentrog** genannt. In der zugehörigen Wetterkarte fällt auf, dass hinter der Kaltfront der typische Isobarenknick fehlt, die Isobaren vielmehr unverändert weiterlaufen und der Druck weiter abnimmt.

Ein zuverlässiges Indiz für eine bevorstehende Troglage ist daher eine **Flautefront**. Nach dem Durchgang der Kaltfront frischt der Wind weder auf noch dreht er nennenswert recht. Stattdessen nimmt er ab und dreht allenfalls ein wenig recht, einige Stunden später aber wieder rück. Einer solchen Flautefront kann etwa zwölf Stunden später ein Trog folgen.

Der Flautefront schließt sich eine zwei- bis achtstündige Aufheiterungsphase mit einem erneuten Aufzug an – Cirren, Cirrostratus, Altostratus und starker Quellbewölkung. Der Wind dreht meist auf SW bis S rück und wird mit einsetzender Quellbewölkung böig. In der Trogachse kann der Wind sogar kurzzeitig abnehmen. In einem *Sturmtief* mit seinen eng beieinander liegenden Isobaren folgt dann ein Hammer. Der Wind dreht auf NW und bringt Böenwalzen bis **Orkanstärke** – bis zu vier Stärken über dem Mittelwind.

Vom Tiefkern aus verläuft durch die Punkte der stärksten Isobarenkrümmung die **Trogachse**. Sie stellt den eigentlichen **Trog** dar.

Hier erreicht der Luftdruck seinen Tiefpunkt, doch mit dem Druckanstieg steht erst der heftigste Teil des Sturms bevor. Die Trogachse ist keine Kaltfront. Zwar dreht der Wind um bis zu 90° recht (siehe Isobarenverlauf) – aber vor der Trogachse liegt bodennah auch schon Kaltluft. Doch wird sie durch die hoch reichende, rückseitige Kaltluft ersetzt und das löst die gefährlichen Böen aus.

Starkwindsysteme vor und hinter der Trogachse erzeugen zwei verschiedene Wellensysteme. Sie überlagern sich und so entstehen äußerst gefährliche **Kreuzseen**. Sogar großen Schiffen können diese Wellen gefährlich werden. Kreuzseen bilden die größte Gefahr eines Trogorkans – Yachten können hier durchaus kentern.

Troglage, die Trogachse ist gestrichelt dargestellt

Typische Trogachse (eigentlicher Trog) mit Windpfeilen

Luftdruckkurve in einer Zyklone mit Warmfront (WF) und Kaltfront (KF) ...

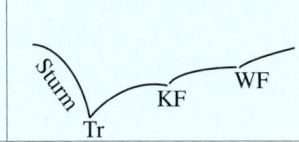

... und mit einem Trog (Tr) mit schweren Böen und gefährlichen Kreuzseen

Gewitter

Angenommen nach einigen heißen Sommertagen ist die Luft schwül geworden und nun strömt sehr kalte Höhenluft über die feucht-warme Bodenluft. Kalte Luft zieht sich zusammen, sie hat eine höhere Dichte und ein höheres Gewicht. Schwer lastet sie auf der Warmluft unter ihr. Man sagt dann, es ist drückend.

Gelangt eine feucht-warme Luftblase in diese kalte Höhenluft, so steigt sie sehr schnell auf. Sie ist ja viel wärmer als ihre Umgebung. Je kälter es um sie herum ist, umso schneller wird die warme Luft aufsteigen. Gleichzeitig zieht sie immer mehr feucht-warme Bodenluft nach.

In einer voll entwickelten Gewitterwolke (Cumulonimbus) kann Warmluft mit über 100 km/h emporschießen, bis an die Tropopause. Der Wasserdampf kondensiert schlagartig und schlagartig bildet sich Regen – nicht selten viele tausend Tonnen.

Doch kein Tropfen fällt zu Boden. Die aufwärts stürmende Luft reißt alle Regentropfen mit nach oben. In großer Höhe gefriert der Regen zu Eis. Durch das viele Wasser ist die Wolke jetzt dunkelgrau geworden. Erst wenn der Auftrieb nachlässt oder die Eisklum-pen schwer genug sind, fällt Niederschlag.

Damit es zu einem Gewitter kommt, müssen die Wassertropfen zerstäuben und in positiv und negativ geladene Teilchen getrennt werden. Positiv geladene Tröpfchen gelangen in den höchsten und den untersten Teil der Wolke, die negativ geladenen sammeln sich in der Mitte. Wenn sich die Spannung entlädt, blitzt es. Entladungen zwischen Wolken bewirken **Wolkenblitze**, Entladungen zwischen Wolken und Erde **Erdblitze**.

Luftmassengewitter entstehen wie beschrieben aus feucht-warmer Bodenluft. An Land gehen sie zumeist in den Nachmittagsstunden schwüler Sommertage nieder. Sie kündigen oft das Ende einer Schönwetterpe-riode an. Denn solange ein warmes Hoch noch das Wetter bestimmt, sinkt Luft abwärts und verhindert, dass Warmluft hoch genug aufsteigen kann. Auf See können Luftmassengewitter nur über sehr warmem Wasser vorkommen, etwa auf dem Mittelmeer im Spätsommer, wenn nachts die Luft stark abkühlt.

Auch an manchen Fronten wird feucht-warme Luft kräftig und turbulent angehoben. **Frontgewitter** kommen meistens an Kaltfronten vor, selten – und dann auch schwächer – an Warmfronten. Sie erstrecken sich auf ein größeres Gebiet als Wärmegewitter. Frontgewitter können sich in einer Art Kettenreaktion 100 km an der Front entlang entwickeln, das Gewittergebiet kann bis zu 20 km breit werden.

Bei **orografischen Gewittern** wird warme Luft von Bergen nach oben gedrängt.

Entwicklung und Ablauf

Damit Gewitter entstehen können, muss die **Troposphäre labil geschichtet** sein. Wärmegewitter entwickeln sich in drei Stufen:

– das Cumulus- oder Aufbaustadium
– das Cumulonimbus- oder Reifestadium

Schritt 1 Cumulus – Schritt 2 Cumulus congestus – Schritt 3 Cumulonimbus.

Fragen 305, 306

Gewitter

– das Auflösestadium, in dem sich die Wolke zurückbildet

Intensive Sonnenstrahlung erhitzt feuchte Bodenluft. Sie steigt auf und bildet Cumuluswolken. Schnell wachsen sie an und bauen sich zu Cumulus congestus auf. Auch in ihnen erreicht der Aufwind schon beinahe 100 km/h. Von unten und den Seiten wird Luft nachgesaugt.

Bald hat sich der Cumulus congestus zu einer mächtigen Wolke ausgebildet, einer **Cumulonimbuswolke**. Sie reicht bis an die Tropopause. Die Tropopause ist deutlich wärmer als die Luft, die von unten kommt. Die aufgestiegene Luft prallt an diesem warmen Deckel ab und strömt nun seitwärts. So entsteht die typische Ambossform.

An der Vorderseite strömt warmer Bodenwind ein, an der Rückseite tritt die herabgestürzte Kaltluft aus. Ein **Böenkragen** weist auf erste heftige Böen hin. Er entsteht dort, wo herabstürzende Kaltluft die einströmende Warmluft aufwirbelt.

Inzwischen setzt das Gewitter mit Blitz, Donner und heftigem Niederschlag ein. Zuerst fällt er an der Rückseite des Gewitters. Denn hier bildet sich ein starker Abwind und reißt den Niederschlag mit zu Boden. Die Erdanziehung beschleunigt den Abwind so stark, dass Böen bis Orkanstärke niederkrachen können. Nun beginnt auch das **Auflösestadium**. Es ist erreicht, wenn es so stark regnet, dass der Auftrieb versiegt und die Wolke in sich zusammenfällt.

Als gefährlichster Teil einer Gewitterzelle wird das **Hagelgebiet** angesehen, das sich in den meisten Fällen auf der linken Rückseite eines nahenden Gewitters befindet. Um einem Gewitter auszuweichen, sollte daher nach Steuerbord abgelaufen werden; das Gewitter soll also an der Backbordseite des Schiffes bleiben.

Welche Stärke die Gewitterböen erreichen, kann an Bord nicht vorhergesehen werden. Sofern möglich sollte jede Gewitterzelle großräumig umfahren werden.

Blitze sind Funken (Entladungen) sehr großen Ausmaßes. Blitze laufen ruckweise durch einen oft zickzackförmig verzweigten **Blitzkanal**. Er wurde durch schwächere Vorentladun-

gen zuvor aufgebaut. Der Blitzkanal ist nur wenige Zentimeter groß; nicht selten wird er von mehreren Blitzen genutzt.

Wenn Luft von einem Blitz getroffen wird, erhitzt sie auf 40000 °C. Dadurch dehnt sie sich explosionsartig aus. Es entsteht eine Druckwelle, die in der Nähe des Blitzes als starkes Krachen, in mittlerer Entfernung als **Donner** und weit entfernt als Rollen zu hören ist. Donner und Rollen werden durch die Reflexion der Schallwellen an Wolken hervorgerufen; sie können bis zu 30 km weit hörbar sein.

Im Gegensatz dazu haben **Kugelblitze** das Aussehen eines leuchtenden Tennis- bis Fußballs, der sich relativ langsam rollend oder springend in Erdnähe fortbewegt und gelegentlich auch mit lautem Knall explodiert. Kugelblitze sind äußerst selten.

Die **Häufigkeit von Gewittern** nimmt von den Tropen zu den höheren Breiten hin ab. Während in der Äquatorialzone bis zu 160 Gewitter pro Jahr gezählt werden, rechnet man in mittleren Breiten mit etwa 15 bis 30 Gewittertagen. In Polargegenden gibt es nur sehr selten Gewitter.

Verhaltensregeln bei Gefahr von Blitzschlag

– Unter Deck ist der sicherste Platz. Anders als ein Auto ist ein Kunststoffboot aber kein faradayscher Käfig; die Kajüte bietet keinen absolut sicheren Schutz vor Blitzschlag.
– Möglichst zwei Meter Abstand vom Mast (unter Deck auch von Püttings), Wanten, Stagen und Baum halten. Schuhe mit Gummisohlen tragen.
– Nicht am Anker hantieren; die Kette kann zum Blitzableiter werden.
– Badende müssen das Wasser verlassen (Lebensgefahr).
– Blitzschlag (auch in der Nähe des Schiffes) kann Navigationsanlagen, Maschine, Kompass und auch das Ruder beschädigen.
– Im Hafen: Elektro-Landanschluss einholen; falls elektrisch leitende Festmacher ausgebracht sind, diese ebenfalls ersetzen.

Das Wetter auf der Nordsee

Typisches Nordsee-Wetter

Die Nordsee liegt in der Westwindzone. Dennoch gibt es kein einheitliches Wetter. Die **mittlere Windstärke** nimmt von Südost nach Nordwest zu. Im Sommer weht in küstennahen Gebieten meist **schwacher Wind** (höchstens Windstärke drei mit 65 % Wahrscheinlichkeit). Auf freier See herrscht nur noch in 50 % aller Fälle Schwachwind. **Stürme** dauern zumeist nicht länger als einen Tag. Der erste Sommersturm kommt im Allgemeinen erst im Juli oder August. Im Oktober herrscht im statistischen Mittel an vier Tagen Sturm. Im Winter ist auf der Nordsee mit lang anhaltendem, schwerem Sturm zu rechnen.

Nebel kann – außer im Hochsommer – immer auftreten. Er dauert im Mittel jedoch höchstens drei Stunden an. Die driftenden Nebelbänke auf See werden – wie erwähnt – von kalten Eiern, eng begrenzten Kaltwasserzonen, hervorgerufen. Die über das kalte Wasser strömende Luft kühlt ab, wird feucht und kondensiert schließlich. Hiervon ist auch das **Helgoländer Seegebiet** betroffen, wo die Gezeitenströme aus fünfzig Meter Tiefe kaltes Tiefenwasser

an die Oberfläche spülen (siehe Seite 108). Im Spätsommer und Herbst verhüllt oft dichter Nebel die Insel (Nebelschallsignal auf der Mole des Vorhafens).

Wenn im Frühsommer das Wasser noch deutlich kälter als die Luft ist, kühlt der warme SW-Wind über der Nordsee ab und erzeugt **Frühjahrsnebel**. Im Herbst dagegen wärmen sich polare Kaltluftmassen über der noch warmen Nordsee auf und sättigen sich mit Feuchtigkeit. So entsteht eine flache, dauerhafte **Herbstnebelschicht**, die oft erst vom nächsten Hoch beseitigt wird.

Sommergewitter gehen in Küstenregionen regelmäßig nieder; mit zwei bis drei Gewittertagen pro Monat muss immer gerechnet werden; auf See sind Gewitter seltener. Die Gewitter sind zwar nur von kurzer Dauer, oft aber sehr heftig.

Gefährlich sind die **Seegatten** zwischen den Inseln bei westlichem Starkwind. Wegen des **Düseneffektes** kann hier die Windstärke noch zunehmen. Wenn dann der Gezeitenstrom gegen den Wind läuft (Ebbe), entsteht hier ein katastrophaler Seegang, der schon bei Windstärke sechs Fischkutter versenken kann.

Man sollte bei solchem Wetter besser Helgoland anlaufen. Immense **Grundseen** können sich auch auf den Sandbänken vor den Inseln und Flussmündungen bilden. Die Wellen brechen häufig an der Zehn-Meter-Tiefenlinie. Hier sei an den deutschen Seenotkreuzer *Alfried Krupp* erinnert, der 1995 vor Borkum durchkenterte und dabei zwei Männer verlor.

An der **holländischen Nordseeküste** ist das Wetter häufig besser als an der deutschen. Nirgends auf der ganzen Nordsee scheint die Sonne länger als hier. Aber in Holland gibt es auch viele Flautentage – dreimal so viel wie bei Helgoland. Typisch sind auch hier die Wärmegewitter. Im IJsselmeer überraschen steile Wellen manche Wassersportler.

Das **englische Wetter** ist besser als sein Ruf. England – besonders das „grüne Paradies im Südwesten" – profitiert vom Azorenhoch und dem Golfstrom. Dessen Ausläufer erreichen sogar die Orkneyinseln.

Die englische und die schottische Nordseeküste bieten bei Westwindlagen etwas Schutz vor den atlantischen Tiefs, die ja immer wieder über die Nordsee hinwegziehen.

Skandinavien ist ihnen schutzlos ausgesetzt. Die Verhältnisse vor der **dänischen Nordseeküste** sind zwar mit denen vor der britischen Nordseeküste vergleichbar. Allerdings weht der Wind hier auflandig und es gibt nur wenige Häfen, die man notfalls anlaufen könnte. Die „Jammerbucht" vor dem nördlichen Jütland spricht Bände.

Das **Skagerrak** ist aus mehreren Gründen gefürchtet. Zunächst wegen seiner Wellen, die bei anhaltendem SW-Wind ausgehend vom Ärmelkanal eine etwa 800 km lange Anlaufstrecke haben. Gleichzeitig setzt vor der südnorwegischen Küste ein starker SW-Strom und baut hier an verschiedenen Stellen Seegang auf, dem eine Yacht eindeutig nicht mehr gewachsen ist.

Am gegenüberliegenden Ufer, nördlich von Skagen, treffen die Wellensysteme aus der Nordsee und dem Kattegat aufeinander – ein Schiff, das dann auf die Sandbank nördlich der Halbinsel Grenen kommt, ist kaum mehr zu retten.

Schließlich ist das **Skagerraktief** zu erwähnen. Von Island heranziehende Tiefdruckgebiete teilen sich manchmal: Eines läuft die westnorwegische Küste nordwärts. Der andere Teil

Das Wetter auf der Ostsee

entwickelt sich zum Skagerraktief, einem klassischen Teiltief, das dem Westausgang des Skagerraks und der mittleren Nordsee Sturm (Gefahr von Trogbildung) und der Ostsee stürmischen Wind beschert. An der südnorwegischen Küste muss dann mit gefährlichen Böen gerechnet werden. Sogar im geschützten Oslofjord kann es äußerst unangenehm werden.

Auch ein kräftiges Hoch über Skandinavien kann dem Oslofjord, dem Skagerrak und der norwegischen Küste Sturm bringen.

Meteorologische Begriffe

Streng genommen versteht man unter **Wetter** den Zustand der Atmosphäre zu einem bestimmten Zeitpunkt an einem bestimmten Ort. Der zeitliche Ablauf des Wetters wird auch **Wettergeschehen** genannt.

Mit dem Begriff **Witterung** meint man das typische oder vorherrschende Wettergeschehen innerhalb eines bestimmten Zeitraums. Er kann sich über wenige Tage erstrecken, aber auch eine ganze Jahreszeit umfassen.

Das Wort **Klima** stammt aus dem Griechischen und bedeutet eigentlich Neigung der Erde zu den Polen. Es bezeichnet die Gesamtheit der meteorologischen Erscheinungen oder Witterungen in einem Gebiet. Das Klima ergibt sich aus langjährigen Wetterbeobachtungen. Das Klima auf einem Meer oder Ozean wird in **Monatskarten** (Seite 52) beschrieben. Die Angaben zu Windrichtung und -stärke, Luft- und Wassertemperaturen, zu Treibeisgrenzen, Wellenhöhen, Meeresströmen usw. sind Durchschnittswerte jahrzehntelanger Beobachtungen.

Ostsee-Wetter

Durchschnittlich Windstärke drei weht im Sommerhalbjahr auf der Ostsee. Starkwind hat 7 bis 11 %, Sturm nur 1 % Wahrscheinlichkeit. Lokale Wind- und Wettersysteme sind häufig anzutreffen. Über der Dänischen Südsee lacht oft die Sonne, während an der deutschen Ostseeküste viele Wolken den Himmel bedecken.

Auf der Ostsee überwiegen westliche Winde. Bei Westwindlage herrscht wechselhaftes Wetter. Es wird dann von Tiefs und Zwischenhochs geprägt, die im steten Wechsel über die Ostsee hinwegziehen. Ostwind bläst aus einem Hoch über Skandinavien oder Osteuropa und bringt schönes Urlaubswetter. Die Ostsee ist geschützter als die Nordsee, die Wellen sind kleiner, der Wind oft um ein bis zwei Stärken schwächer. Nebel verhüllt die Ostsee selten und dann meist nur in Küstennähe.

Die Ostsee ist ein reizvolles Revier mit einer riesigen Anzahl schöner Häfen. Damit ist sie für den Einstieg in den Yachtsport – insbesondere für Familien mit Kindern – sehr gut geeignet, allerdings besser nicht im April oder Oktober.

Bei Südwestwind ist auf der Nord- und der Ostsee mit Frühjahrsnebel zu rechnen.

Das Wetter auf dem Mittelmeer

Die Westwinddrift beeinflusst das Mittelmeerwetter im Sommer nicht. Das Azorenhoch und die bis zu 3000 Meter hohen Pyrenäen und Alpen schützen es vor Kaltluftvorstößen und den Tiefdruckgebieten, die über den Atlantik ostwärts ziehen. **Stürme** treten seltener auf als auf dem Nordatlantik, dauern nicht so lange und breiten sich nicht so weit aus.

Die für den Westwindgürtel typischen Wolkenformationen, die den Aufzug einer Front ankündigen, kommen im Mittelmeer kaum vor. **Aufzüge schlechten Wetters** entwickeln sich

sehr rasch. Sie kündigen sich oftmals durch fallenden Luftdruck und dichte Bewölkung an.

Nebel gibt es auf dem Mittelmeer nur selten. Starker Dunst ist dagegen auch im Sommer relativ häufig und auch er kann die Sicht etwas einschränken.

Gewitter sind im Frühjahr über dem Mittelmeer die Ausnahme, sie können im Sommer und verstärkt im Herbst auftreten. Im Sommer kann der Scirocco Gewitter mit starkem Niederschlag bringen. Regen dämpft zwar den Seegang, vermindert aber auch die

Sicht. Die Adria ist berüchtigt wegen ihrer unwetterartigen Sommergewitter. Während im Sommer die meisten Gewitter in Küstennähe vorkommen, ist auf See der Herbst für Gewitter prädestiniert (labile Schichtung, kalte Luft über warmem Wasser).

Im **Winterhalbjahr** können alle Regionen des Mittelmeers von orkanartigen Stürmen heimgesucht werden. Yachten sollten das Mittelmeer dann grundsätzlich nicht befahren. Von Mai bis September ist das Mittelmeer ein sehr reizvolles Revier.

Ein einheitliches Mittelmeerwetter gibt es nicht. Stattdessen bestimmen die vielerorts bis an die Küste heranreichenden Gebirgszüge das Wetter. Zusammen mit Buchten und hohen Steilküsten erzeugen sie lokale Effekte und damit saisonal sehr unterschiedliche Wetter- und Windverhältnisse.

Ein erstes Beispiel ist der woanders harmlose nächtliche **Landwind** (Seite 107). Im Mittelmeer kann er durch **Bergwind** deutlich verstärkt und mit heftigen Böen sogar gefährlich werden. Zwischen der milden Luft über dem Meer und der Kaltluft auf den Bergen klafft ein großer Tem-

peraturunterschied. Dazu beschleunigt die Schwerkraft den bergab wehenden Wind ganz erheblich. Davon sind die griechischen, kroatischen, ligurischen, südspanischen und marokkanischen Küsten betroffen.

Ein weiteres Beispiel sind die französischen Alpen und die Pyrenäen. Sie bilden einen Trichter; in dessen Mitte liegt das Zentralmassiv. Deshalb können südwärts strömende Luftmassen nur durch das Rhônetal und die Senke bei Carcassonne fließen. Diese Düsen beschleunigen die Luft mächtig. So entsteht **Mistral**, der im Februar den Golfe du Lion zu einem der stürmischsten Seegebiete der Erde macht – mit mehr und schweren Stürmen als vor dem winterlichen Kap Hoorn!

Mistral

Die Römer tauften ihn ventus magistralis (Meisterwind), Mistral heißt er bei den Franzosen, Maestral in Spanien, Maestrale auf Italienisch.

Mistral erstreckt sich gewöhnlich nicht weit (10 bis 15 sm) auf das Mittelmeer hinaus. Wenn aber ein Tief über Italien oder der Adria und gleichzeitig

Sommerliche Gleitfahrt auf dem Mittelmeer. Die flache, breite Rumpfkonstruktion wird überwiegend von hydrodynamischen Auftriebskomponenten getragen und erreicht auf glattem Wasser hohe Geschwindigkeiten. Bei höheren Wellen schlägt sie hart auf, was Boot und Insassen entsprechend beansprucht. Das Boot ist leicht achterlich getrimmt, sodass die benetzte Rumpffläche klein und der Reibungswiderstand gering ist.

Das Wetter auf dem Mittelmeer

ein Hoch über Spanien oder der Biskaya liegt, dann beherrscht der Mistral fast das ganze westliche Mittelmeer.

Mistral dauert im Mittel 3,5 Tage. Er tritt verstärkt im Winter auf, seine Böen können aber auch im Sommer Orkanstärke erreichen. Er verändert sich durch thermische Effekte im Verlauf eines Tages und erreicht seine größte Stärke gegen 12:00 Uhr Ortszeit.

Seine Richtungen sind im Golfe du Lion N–NW, um die Balearen N–NNE, im Golf von Genua W–SW und in der Straße von Bonifacio (Korsika) NW–W. Der Mistral ist auch in der Bucht von Ciotat zwischen Marseille und Toulon sowie im Hafen von Bastia (Korsika) berüchtigt, wo schon Windstärke elf gemessen wurde. Er kann lokale Effekte hervorrufen – etwa stürmische Fallwinde an Steilküsten Kataloniens –, sich aber auch als Starkwind bis Nordafrika oder Sizilien auswirken.

Bora

Die Bora ist ein gefürchteter Fallwind in der nördlichen Adria. An der kroatischen Küste, wo hohe Berge dicht am Meer liegen, ist sie äußerst gefährlich;

vorgelagerte Küstenebenen vermindern die Windstärke. In manchen Tälern dagegen verstärken Düseneffekte die Bora so sehr, dass dort nicht einmal mehr Bäume wachsen können. Fallwinde und Düseneffekte verlieren aber drei bis fünf sm vor der Küste deutlich an Wirkung. Dennoch kann die Bora bis an die italienische Küste wehen – der Abschnitt zwischen Ancona und Venedig ist besonders betroffen.

Im Winter kann Bora einige Tage lang andauern, im Sommer sind wenige Stunden typisch. Gelegentlich ist die Bora nur eine einzige Sturmbö, vor- und nachher herrscht schwacher Wind. Die Bora weht in den Wintermonaten besonders heftig (bis 100 kn!), wenn sich ein kaltes Hoch über dem Festland und ein Tief über dem warmen Mittelmeer bilden.

Bei **zyklonaler Bora** bestimmt die Mittelmeerzyklone das Wetter. Dann beherrschen Fronten mit ihren typischen Wolkenbildern (Seite 116 ff.) das Wettergeschehen. Die Warmfront bringt ergiebige Niederschläge, während an der Kaltfront Orkanböen auftreten können. Warnzeichen sind deutliche Luftdruckabnahme und warme, diesige Luft.

Dominiert der Einfluss des Hochs, nennt man die Bora antizyklonal. Die Bora ist dann frontenfrei und gilt als weniger gefährlich, obgleich auch die **antizyklonale Bora** schweren Sturm (50 kn) und Orkanböen mit sich bringen kann.

Die aus dem Hoch strömende kalte Festlandsluft bildet Wolkenbänke, die an den Bergkämmen hängen und von der Küste aus sichtbar sind. Weil die Luft bergab weht, erwärmt sie sich. Sie trocknet und wird völlig wolkenlos. Erst weit vor der Küste, nachdem die Luft lange über das warme Wasser geweht ist, bilden sich wieder Cumuluswolken. Der Himmel ist tiefblau, es herrscht ausgezeichnete Fernsicht. Es gibt daher kaum eine War-

nung vor den plötzlich einsetzenden, heftigen Fallböen, die von Kaltluftvorstößen ausgelöst werden. Die Bora kann für Yachten äußerst gefährlich werden. Weht sie quer über die Adria, bietet auch die italienische Küste keinen Schutz.

Etesien (griechisch) oder Meltemi (türkisch)

Dies sind nordöstliche Winde in der nördlichen Ägäis und nordwestliche Winde nahe Rhodos und der türkischen Südküste. Sie bringen sehr gute Sicht und wolkenlosen Himmel. Meltemi/Etesien kommt von Mai bis September vor und ist im Juli und August am stärksten (morgens Windstärke drei bis vier, abends bis Stärke zehn).

Nachmittägliche Thermik über Palma de Mallorca

Das Wetter auf dem Mittelmeer

Scirocco

Scirocco nennt man die sehr warmen oder heißen südlichen Winde, die in den Wüsten Nordafrikas und Arabiens entstehen und in alle Teile des Mittelmeers wehen können. Scirocco kommt im April und Mai besonders oft vor, kann sich aber auch in den übrigen Monaten bilden. Der italienische Name Scirocco ist die allgemeine Bezeichnung, der Wind heißt auch

– Samun im Libanon
– Sharki in Israel
– Khamsin in Ägypten
– Ghibli in Libyen
– Chili in Tunesien, Algerien und Marocco
– Leveche in Spanien
– Marin in Frankreich

Vor der afrikanischen Küste ist der Scirocco ein Sandsturm; die Sicht beträgt weniger als hundert Meter. Auf hoher See vermischen sich Sand und Regen und überziehen das Deck mit einer rutschigen Dreckschicht.

Als Wüstenwind ist der Scirocco zunächst sehr heiß und extrem trocken. Der Himmel ist dann wolkenlos, aber der Sand lässt ihn grau und die Sonne dunkelrot erscheinen. Über dem Meer nimmt die Luft große Mengen an Feuchtigkeit auf; es bildet sich eine schwüle, feucht-warme Luftmasse. Auf den Balearen sind die Straßen bei Scirocco manchmal genauso feucht wie nach einem Regen. Die in der Wüste aufgeheizte Luft ist vor allem am Boden sehr heiß, in der Höhe nimmt die Temperatur ab. Diese Schichtung heißt **feucht-labil**; die warme, feuchte Luft kann leicht bis in große Höhe aufsteigen.

Das erklärt auch, warum sich bei Scirocco viele Gewitterzellen (mit schweren Böen) bilden und warum in den nördlichen Teilen des Mittelmeers niedrige Wolkendecken und ergiebige Niederschläge typisch für Scirocco sind.

Der quer über das Mittelmeer laufende Seegang erreicht im Golf von Genua die größte Höhe (charakteristische Wellenhöhe vier bis sechs Meter). Durch den Winddruck kann zudem der Wasserstand um drei bis vier Meter ansteigen. So ist im Hafen von Genua schon erheblicher Schaden entstanden. Auch in der Adria sowie zwischen den Meerengen des Dodekanes können schwere Stürme und hohe Seen auftreten.

Scirocco-Auswirkungen sind gelegentlich sogar in Süddeutschland zu beobachten, wenn „Blutregen" rötlichen Saharastaub auf Autos ablagert.

Vendaval und Levanter

Das afrikanische Atlasgebirge und das spanische Hochland formen einen Engpass. In der Straße von Gibraltar kann der Düseneffekt den Wind um zwei bis drei Stärken erhöhen.

Westliche Winde werden hier **Vendaval**, östliche Winde **Levanter** genannt. Auf der Höhe Gibraltars können starke Böen und erhebliche Strömungen vorkommen. Sie verursachen steile, hohe Seen. Östliche Winde rufen vor Gibraltar stürmische Fallwinde mit Verwirbelungen hervor. Sie können bei der Ansteuerung Gibraltars sogar für kleinere Frachtschiffe unangenehm werden.

Libeccio, Gregale

Der **Libeccio** beherrscht das Tyrrhenische und das Ligurische Meer. Er weht das ganze Jahr über beständig aus West bis Südwest und kann an der Süd- und der Westküste Italiens raue See erzeugen. In der Straße von Bonifacio erreicht er durch den Düsen-effekt sogar Sturmstärke. An der Westküste Korsikas tritt unangenehmer Seegang auf. Berüchtigt sind die heftigen Böenwalzen (Raggiature).

Der **Gregale** ist ein starker Nordostwind, der in der kühlen Jahreszeit im westlichen Mittelmeer und bei Malta weht. Er kommt aus dem griechischen oder albanischen Bergland und kann vor Malta Wellen von bis zu sieben Meter Höhe erzeugen. Häfen im Nordosten der Insel bieten dann keinen guten Schutz. Der Gregale kommt nicht im Sommer vor.

Herbststürme bei den Balearen

Im September und Oktober können um die Balearen Herbststürme von Stärke elf mit schwerem Seegang auftreten. Sie haben sogar schon im Hafen Schiffe versenkt.

Steganlagen sind aus der Verankerung gerissen, ankernde Schiffe vertrieben und Buchten in kurzer Zeit versandet. Die **gota fria** (kalter Tropfen) genannten Stürme dauern zwar oft nur eine halbe bis eine Stunde, können aber gleichwohl verheerenden Schaden anrichten.

Seegang

Wind erzeugt Seegang. Der Wind wird durch Bodenreibung abgebremst; die Energie geht aber nicht verloren, sie verlagert sich vom Wind auf das Wasser und zeigt sich dort als Wellen. Eine Welle transportiert Energie, kein Wasser; das Wasser wird nur angehoben. Die Energie einer Welle äußert sich in ihrer Höhe und in ihrer Geschwindigkeit. Je höher oder schneller die Welle, desto mehr Energie enthält sie. Welche Energie in Wellen stecken kann, offenbart sich, wenn an einer Hafenmole Tonnen von Wasser meterhoch aufspritzen.

Seegang, der durch den herrschenden Wind gebildet wird, heißt **Windsee**. Charakteristisch für Windsee sind spitze Wellenkämme. Flaut der Wind ab, verschwinden zuerst die Spitzen der Wellen. Übrig bleiben schließlich längere, abgerundete Wellen, die so genannte **Dünung**.

Die Wellen der Windsee unterscheiden sich in Länge und Höhe. Je größer die Länge, desto schneller die Welle. Deshalb überholen – und überlagern – sich Wellen ständig; sie interferieren. Wellenkamm auf Wellenkamm addiert die Höhe, Wellenkamm auf Wellental lässt die Welle verschwinden.

Dünung und Windsee aus verschiedenen Richtungen erzeugt **Kreuzsee**. In Trögen, beim Kern eines Tiefs und hinter Kaltfronten kann Kreuzsee auftreten. Sehr hohe Einzelwellen (Summe der beiden Einzelwellen) können gefährlich werden.

Flaches Wasser bremst die Wellen. Weil die Energie nicht verloren geht, wachsen die Wellen in die Höhe. Und weil sich die Wellenlänge infolge der geringeren Geschwindigkeit verkürzt, werden die Wellen steiler. Dieser Seegang heißt **Grundsee**. Sie entsteht, wenn die Wassertiefe die halbe **Wellenlänge** λ unterschreitet. Übersteigt die Höhe der Wellen ein Siebtel ihrer Länge, brechen Wellen (**Brandung**).

Das erklärt auch **Tsunamis** (japan. Hafenwellen). Sie entstehen durch Erdbeben auf dem Meeresgrund. Von dort aus breiten sich kreisförmig Wellen aus – etwa einen halben Meter hoch, mit einem Wellental voran und extrem schnell. Bis zu 1000 km/h können sie erreichen – je tiefer das Beben, desto schneller die Wellen und je stärker das Beben, desto höher die Wellen. An flachen Küsten bremsen die Wellen ab und wachsen in die Höhe; doch zuerst zieht das Wellental voran das Wasser zurück.

Die **charakteristische (oder kennzeichnende) Wellenhöhe Hc** bezeichnet die durchschnittliche Höhe des höchsten Drittels aller Wellen im Seegang. Etwa 13,5 % aller Wellen sind höher als die charakteristische Wellenhöhe, 1 % übersteigt das 1,5-fache der charakteristischen Wellenhöhe. Die charakteristische Wellenhöhe in ausgereifter Windsee bei Windstärke fünf kann zwei Meter, bei Windstärke sieben sechs Meter und bei Windstärke neun zwölf Meter betragen.

Drei Faktoren beeinflussen die Höhe der Windsee: die Wassertiefe, wie lange der Wind weht und der **Fetch** (Anlaufstrecke der Wellen). Windstärke sieben erzeugt eine charakteristische Wellenhöhe von sechs Meter – bei 72 Stunden Wirkdauer, 60 Meter Wassertiefe und 800 km Fetch.

Weil in flachem Wasser Wellen langsamer werden, ändert sich auch ihre Laufrichtung. Auf flachem Wasser bleiben die landwärtigen Wellenteile hinter den seewärtigen zurück (**Refraktion**). Die Wellen richten sich parallel zu den Tiefenlinien aus. Wellen, die in tiefem Wasser parallel zur Küste laufen, schwenken auf flacherem Wasser zur Küste hin und kommen quer zum Wind an Land.

Ist es in Lee einer kleineren Insel flach, so laufen bei hohem Seegang dort die Wellen zusammen. Sie überlagern sich und es entstehen kurze, steile Wellen.

Setzt Strom in Windrichtung, bleiben die Wellen kleiner, weil die Bodenreibung des Windes geringer ist. Wellen, die in ein Gebiet hineinlaufen, in dem Strom setzt, werden mit dem Strom flacher und länger. Gegen einen Strom nimmt die Länge ab und die Wellenhöhe steigt, die Wellen sind steiler. Die See ist **kabbelig**. Das ist typisch für Flüsse und die Seegatten in der Nordsee.

Besonders hohe Einzelwellen heißen **Kaventsmänner**. Geschichten über Kaventsmänner wurden lange Zeit für Seemannsgarn gehalten – bis an Bohrinseln Messeinrichtungen installiert wurden. Seitdem ist nachgewiesen, dass auf der Nordsee Wellenhöhen von 28 Metern vorkommen können – ein zehngeschossiges Haus!

Nach Berechnungen von Prof. Al Osborne (Los Angeles) kann eine drei Meter hohe Welle mit einer Kraft von 1,5 Tonnen pro Quadratmeter gegen ein Schiff schlagen und eine Zwölf-Meter-Welle sechs Tonnen Seeschlag erzeugen.

Fragen 275, 283

Seewetterberichte empfangen

Vor jeder Fahrt sollte ein aktueller Seewetterbericht eingeholt werden. Er hängt oft am Hafenbüro aus. Dauert die Reise länger als einige Stunden, so sollten Wetterberichte sowie Starkwind- und Sturmwarnungen an Bord empfangen werden können. Wie man deutsche Seewetterberichte empfangen kann, steht im DWD-Merkblatt „Sturmwarnungen und Seewetterberichte für die Sport- und Küstenschifffahrt". Hier eine Übersicht über die grundsätzlichen Empfangsmöglichkeiten für Yachten.

1. Radiosender (z. B. NDR 4, DLF, DW) bringen auf Mittel- und Kurzwelle ausführliche Wetterberichte. Sie übertragen für die deutschen Seegebiete auch nautische Warnmeldungen. Der Empfang ist in weiten Teilen der Ost- und Nordsee möglich. Andere Länder bieten ähnliche Dienste, zumeist aber nur in der Landessprache.

2. Schriftliche Wettervorhersagen auf Englisch, die per NAVTEX (Navigational Telex, Seite 143) gesendet werden. Es wird ein NAVTEX-Empfänger benötigt.

3. Kürzer gefasste, gesprochene Wetterberichte. Sie werden von Küstenfunkstellen über UKW-Sprechfunk ausgestrahlt. Hierfür ist ein UKW-Sprechfunkgerät erforderlich. Die Reichweite liegt bei etwa 30 sm.

4. Gedruckte Wetterberichte und Wetterkarten. Sie werden als Funkfernschreiben (F1B) auf Kurzwelle gesendet. Voraussetzung hierfür ist ein spezielles Empfangsgerät.

5. Wetterberichte für weit abgelegene Seegebiete werden über Satelliten ausgestrahlt und können weltweit zwischen 65° N und 65° S empfangen werden. Dazu sind ein INMARSAT-C-Empfänger und ein PC nötig.

6. Wetterkarten und Wetterberichte können per Telefon abgerufen und über Modem und PC angezeigt und ausgedruckt werden. Dazu werden ein Handy, Modem, PC (Laptop) sowie die SEEWIS-Software des Deutschen Wetterdienstes benötigt.

7. Seewetterberichte im Internet unter www.dwd.de Wetterkarten mit Vorhersagen, Analysen, Bodendruck und Höhenwetter, Wind, Wolken und Temperaturen bei wetter.com

8. Fax-Service des DWD.

9. Individuell erstellte, meteorologische Törnberatung durch den Deutschen Wetterdienst in Hamburg (geringe Gebühr). Die Törnberatung umfasst einen Zeitraum von 5 Tagen und wird telefonisch oder per Fax erteilt. Um einen reibungslosen Ablauf zu gewährleisten und ggf. individuelle Besonderheiten zu berücksichtigen, sollte die Beratung mindestens am Tag vorher angemeldet werden (Tel. 040 / 6690-1811; Fax -1947).

Auf der Nord- und Ostsee sind die erste und die dritte Möglichkeit üblich, da Radio- und Funkgeräte meist vorhanden sind. Auf dem Mittelmeer ist die vierte Möglichkeit interessant: aussagekräftige, gut gegliederte Wetterberichte in deutscher Sprache. NAVTEX und INMARSAT werden zunehmend auch in der Sportschifffahrt genutzt. Vorteil: weltweiter, vollautomatischer Empfang von Wettervorhersagen, keine Vorhersage wird mehr versäumt. Nachteil: Wetterlage und Stationsmeldungen sind nicht enthalten.

SEEWIS bietet zweifellos die umfassendsten Wetterinformationen für meteorologisch besonders interessierte Personen.

Die Admiralty List of Radio Signals Vol 3 (weltweit), der Jachtfunkdienst, der Nautische Funkdienst und die Merkblätter des DWD (nur Europa) enthalten die Sendezeiten, Frequenzen, Vorhersagegebiete der Seewetterberichte. Deutsche Seewetterberichte sind wie folgt gegliedert:

1. Starkwindwarnungen (near gale warning, ab 6 Bft), Sturmwarnungen (gale warning, ab 8 Bft), und Orkanwarnungen (ab 10 Bft); sie werden normalerweise sechs bis acht Stunden, bevor der Wind einsetzt, verbreitet
2. Wetterlage
3. Vorhersage für die nächsten 12 Stunden
4. Aussichten für die folgenden 12 Stunden
5. Stationsmeldungen

Bei Windvorhersagen sind Schwankungen möglich in

– Richtung: bis zu 2 Strich nach jeder Seite (bei NW von WNW bis NNW)
– Stärke: Böen bis zu 1 bis 2 Stärken über dem Mittelwind

Starke Böen (bei Kaltfronten und Troglagen) können Sturm- oder Orkanstärke erreichen. Sie werden als Schauer- und Gewitterböen angekündigt. Recht- oder rückdrehend bedeutet mindestens 45° Winddrehung.

Seewetterberichte auswerten

In Seewetterberichten gebräuchliche Beschreibung der Druckgebilde

Hoch
Druckwert im Schwerpunkt

festliegend,
verlagernd oder wandernd (100 – 150 sm / 24 h),
rasch wandernd (200 – 300 sm / 24 h),
abschwächend (fallender Druck),
verstärkend (steigender Druck),
ausweitend (mit Richtungsangabe)

Tief, Teiltief, Randtief, Trogtief
Druckwert im Schwerpunkt

festliegend,
langsam ziehend (ca. 5 –10 kn),
ziehend (ca. 20 kn),
rasch ziehend (ca. 30 – 40 kn),
abschwächend (steigender Druck),
rasch abschwächend (Anstieg mind. 4 hPa / 3 h),
vertiefend (fallender Druck),
stark vertiefend (Druckfall mind. 4 hPa / 3 h),
auffüllend (innerhalb von 12 Stunden keine
geschlossene Isobare mehr vorhanden)

Hochkeil, Keil
mehrere Druckwerte entlang der Keilachse

schwenkend, verlagernd, festliegend,
abschwächend (Druckfall),
verstärkend (Druckanstieg)

Kaltfront, Warmfront, Trog
Druckangabe entlang der Front

schwenkend, ziehend, festliegend,
abschwächend (Wetterwirksamkeit lässt nach,
Winddrehung schwächer),
verstärkend (Wetterwirksamkeit nimmt zu,
Winddrehung stärker)

Ausläufer
Druckangabe entlang der Front

oft für Okklusion benutzt,
Begriffe s. o.

Wettersymbole

=	diesig
☰	Nebel
ꝯ	Sprühregen
•	Regen
⦙	Regenschauer
✳	Schnee
⁂	Schneeschauer
▲	Hagel
△	Graupel
⊬	Schneetreiben
⚡	Gewitter
↯	Wetterleuchten

Sichtweite in Seewetterberichten

Dichter oder starker Nebel	0 – 200 m
Mäßiger Nebel	200 – 500 m
Leichter Nebel	500 – 1000 m
Stark diesig, schlechte Sicht	0,5 – 2 sm
Diesig, mäßige Sicht	2 – 5 sm
Mittlere Sicht	5 – 10 sm
Gute Sicht	über 10 sm

Himmel	Bedeckungsgrad
wolkenlos	0
sonnig	0 – 1/8
heiter	1/8 – 2/8
gering bewölkt	2/8 – 3/8
wolkig	4/8 – 6/8
stark bewölkt	6/8
fast bedeckt	7/8
bedeckt / trüb	8/8
wechselnd bewölkt	Rückseitenwetter

Stationsmeldungen (Beispiele)

16   1004

WNW 6, Regen, 16 Grad,
1004 hPa, Bedeckung: 4/8

18   1012

NE 5, diesig, 18 Grad,
1012 hPa, Bedeckung: 6/8

Frage 284

4

SEEMANNSCHAFT

YACHTBAU, AUSRÜSTUNG

AUS DER PRAXIS DES WASSERSPORTS

UNTER MASCHINE

SICHERHEIT AN BORD

SEEMÄNNISCHE ARBEITEN

YACHTGEBRÄUCHE

Maschinenanlage

Eine Maschinenanlage besteht aus zahlreichen Aggregaten. Hier sollen nur Maschine, Antrieb und Propeller kurz beschrieben werden. Denn sie bestimmen das Fahrverhalten einer Yacht.

Maschine

Bootsmotoren können in Außenborder und Einbaumaschinen (Innenborder) unterteilt werden.

Außenborder sind gute Antriebe für Boote bis etwa acht Meter Länge. Sie kosten weniger, sind leichter und kleiner als Innenborder. Wartung und Reparatur sind unkomplizierter. Für ein Boot, das überwiegend gesegelt werden soll

und Motorhilfe lediglich bei Flaute oder in Häfen benötigt, ist ein Außenborder ideal. An einer Halterung auf dem Achterdeck oder Spiegel wird der Außenborder befestigt (siehe Seite 156). Wenn der Motor nicht gebraucht wird, verschwindet beides in einer Backskiste.

Wegen ihrer kleinen Propeller erzeugen Außenborder relativ wenig Schub. Für schwere Schiffe sind sie daher nicht verwendbar.

In stärkerem Seegang, wenn das Boot stampft, wird das Heck so weit aus dem Wasser gehoben, dass ein Außenborder – selbst bei langem Schaft – leerschlagen und dann nicht mehr genutzt werden kann.

Einbaumaschinen gibt es als Diesel- und als Benzinmotoren. Benzinmotoren sind wegen der Brand- und Explosionsgefahr auf Segelbooten grundsätzlich abzulehnen. Benzin an Bord erfordert ähnliche Sicherheitsvorkehrungen wie Gas (siehe Seite 153).

Auf vielen Yachten bis etwa zwölf Meter Länge lagert der Motor unter dem Kajütboden oder in einem engen Kasten hinter dem Niedergang. Wichtig ist, dass man für Wartung und Reparatur gut an die Maschine herankommen kann. Das Problem haben große Yachten nicht. Sie besitzen einen begehbaren Maschinenraum. Egal ob großer oder kleiner Maschinenraum, jeder Verbrennungsmotor braucht frische Luft.

Manches Motorproblem hat in der Maschinenraumbelüftung seine Ursache.

Eine Maschinenleistung von 5 PS pro Tonne Verdrängung ist für eine Segelyacht ausreichend, auch in schwerer See. Dann kann noch ein ganz anderes Problem auftreten. Wenn die Yacht in eine tiefe Welle stürzt, kann die Maschine von ihrem Fundament abreißen. Deshalb muss sie sicher verankert werden.

Antrieb

Antriebsformen für Einbaumotoren sind:

– Z-Antrieb (Motorboote)
– S-Antrieb (Saildrive für Segelyachten mit flachem Unterwasserschiff)

Das Bugstrahlruder, ein Propeller in einer Röhre am Bug, erzeugt Querschub. Das ist beim An- und Ablegen hilfreich und ermöglicht, auf engem Raum zu drehen.

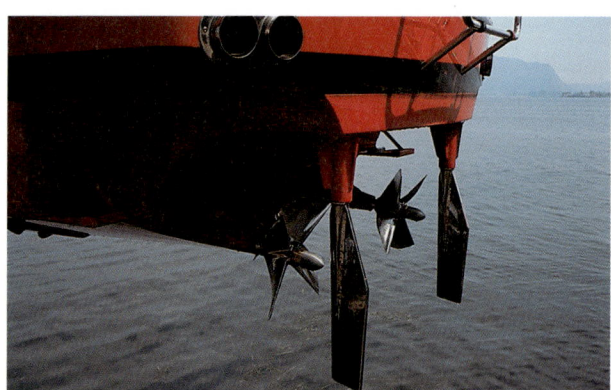

Zwillingsschrauben einer Riva Ferrari. Die Schrauben drehen gegenläufig (beide nach außen), sodass sich die Radeffekte (siehe Seite 156) gegenseitig aufheben.

Maschinenanlage

– Wellenantrieb bei V-förmigem Unterwasserschiff und bei schweren Schiffen
– V-Antrieb, wenn die Maschine weit achtern eingebaut werden soll

Z- und S-Antriebe bieten zahlreiche Vorteile:

– kostengünstiger Einbau
– kompakte Bauweise
– kein Lecken
– leiser, vibrationsarmer Lauf
– keine Stopfbuchse
– keine separate Kühlwasserleitung, also auch kein zusätzliches Seeventil
– neutrales Fahrverhalten

Wegen der enormen Kräfte, die auf den Antrieb einwirken, sind S-Antriebe auf Motoren bis etwa 50 PS und Z-Antriebe auf etwa 250 PS beschränkt.

Auch bei schweren Schiffen wird die Kraft besser über eine **starre Welle** (L-Antrieb) übertragen. Sie ist mehrfach gelagert und wird durch das **Stevenrohr** nach außen geführt. Es wird zumeist mit einer **Stopfbuchse** abgedichtet. Die Stopfbuchse muss gelegentlich nachgestellt werden, damit kein Wasser in das Schiff läuft. Die Metalllager müssen regelmäßig geschmiert werden (siehe Betriebsanleitung).

Typische Antriebsformen auf Segel- und Motorbooten. Es fehlt der Jet- oder Wasserstrahlantrieb. Auf Motorbooten ist er selten, auf Segelyachten kommt er gar nicht vor.

V-Antrieb wird häufiger auf Motoryachten als auf Segelyachten verwendet. Damit kann der Motor weit nach achtern über den Propeller eingebaut werden. Bei starrer Welle und bei V-Antrieb muss mit **Radeffekt** gerechnet werden (siehe Seite 156).

Propeller

Propeller oder **Schrauben** werden beschrieben durch

– die Zahl ihrer Flügel
– die Größe ihrer Fläche
– den Durchmesser
– die Steigung

Die **Steigung** bezeichnet die Länge der Strecke, die mit einer Propellerdrehung zurückgelegt wird. Vereinfacht gesprochen entspricht die Propellersteigung dem Gang im Auto.

Die **Auswahl** des Propellers sollte einem Fachmann übertragen werden. Der Propeller muss sowohl zur Maschine als auch zum Schiff passen. Liegt der Propeller dicht unter der Wasseroberfläche und dreht er zu schnell, kann **Kavitation** entstehen. Dann bilden sich Wasserdampfbläschen. Sie fressen den Propellerrand an und senken die Schubkraft. Mit einem falschen Propeller können auch die Wellenlager beschädigt werden. Selbst ein Motorschaden ist bei einem ungeeigneten Propeller nicht auszuschließen, ganz zu schweigen von hohem Verbrauch und schlechtem Fahrverhalten. Je nach Drehrichtung des Antriebs unterscheidet man **rechtsgängige** und **linksgängige** Propeller. Für viele Segler ist jedoch die Antriebsleistung des Pro-

pellers weniger wichtig als sein Wasserwiderstand beim Segeln.

Ein **Festflügelpropeller** hat auf Segelyachten zwei bis vier feste Flügel. Er ist preisgünstig und zum Motoren gut geeignet, aber beim Segeln bremst er die Fahrt bis zu einem Knoten.

Die zwei Flügel eines **Faltpropellers** falten sich beim Segeln zusammen und bremsen kaum. Das wird mit einem schlechten Wirkungsgrad erkauft. Auch ist der Aufstoppweg länger, weil sich der Propeller gegen das anströmende Wasser erst mal entfalten muss.

Ein **Drehflügelpropeller** bietet bei Maschinenfahrt die Leistung eines Festflüglers, unter Segeln drehen sich seine Flügel und bieten dem anströmenden Wasser nur geringen Widerstand.

Bei einem **Verstellpropeller** lässt sich die Steigung verstellen. In glatter See läuft das Schiff mit hoher Steigung schnell. In starkem Seegang oder beim Schleppen wird Schubkraft benötigt. Dann ist eine kleine Steigung besser. Auch ein Verstellpropeller hat beim Segeln nur wenig Wasserwiderstand.

Elektroanlage

Die **Elektroanlage** einer Yacht besteht aus:

– Stromspeicher (Akkus)
– Stromgenerator (Lichtmaschine)
– Ladegerät
– Landanschlusssteckdose
– Schalttafel
– Kontrollinstrumenten
– Verkabelung

Batterien

Strom wird an Bord – wie in Kraftfahrzeugen – meistens in Bleiakkumulatoren gespeichert. 12-Volt-Batterien bestehen aus sechs in Reihe geschalteten Zellen von je zwei Volt Spannung. Auf großen Yachten wird 24 Volt Spannung benötigt. Dazu werden zwei 12-Volt-Akkus hintereinander geschaltet. Merke: Reihenschaltung addiert die Spannung, Parallelschaltung die Strommengen.

Für den Bordbetrieb sind folgende Akkus besonders gut geeignet:

– kippsichere Akkus
– wartungsfreie Akkus
  Hier muss kein destillier-

tes Wasser mehr nachgefüllt werden.
– Akkus für die Ladung durch Solargeneratoren,
– Gelakkus
  Sie enthalten Schwefelsäure in gelierter Form und können daher tief entladen werden und im Winter an Bord bleiben.

Technischer Standard sind zwei getrennte Stromquellen für Maschine und Verbraucher. Dann kann die Maschine auch mit leeren Verbraucherakkus noch gestartet werden (und die Verbraucherbatterien wieder laden).

Die **Nennkapazität** wird in Amperestunden (Ah) angegeben. De facto stehen jedoch nur etwa 60 % der Nennkapazität zur Verfügung, da ein Akku kaum über 80 % seiner Nennkapazität geladen werden kann und nicht tiefer als 20 % entladen werden darf. Es liefern also zwei 60-Ah-Verbraucherakkus netto nur 72 Ah.

Akkus sollten kentersicher befestigt sein. Auch eine 180°-Kenterung darf sie nicht bewegen.

Stromverbrauch

Stromverbraucher an Bord sind

– Positionslichter
– Navigations-, Funkgeräte
– Beleuchtung
– Druckwasserpumpe
– Kühlgerät

Der Stromverbrauch der einzelnen Geräte wird als Leistung (Watt) angegeben.

Die erforderliche Nettokapazität wird ermittelt, indem nach der Formel Ampere = Watt : Volt die Stromstärke bestimmt und mit der erwarteten Einschaltzeit multipliziert wird. Division durch 0,6 ergibt die benötigte Batteriekapazität (siehe unten).

Ladung

Mit dem Voltmeter wird der Ladezustand gemessen. Die Ladung erfolgt über den Bordgenerator (Lichtmaschine) oder per Landanschluss über die Landanschlusssteckdose mit einem Ladegerät. Dauer und Umfang der Ladung hängen von der Kennlinie des Ladegerätes ab. Optimal für Blei- wie auch für Gelakkus ist die IUoU-Kennlinie.

Zur Ladung von Akkus können – ohne Berücksichtigung der jeweiligen Kennlinie – folgende Hinweise gegeben werden:

1. Die Leistung der Lichtmaschine hängt von der Drehzahl des Motors ab.

Größe	Einheit
Leistung	Watt
Stromstärke	Ampere
Spannung	Volt

Stromstärke = Leistung geteilt durch Spannung

Ampere = Watt : Volt

Kapazitätsberechnung für einen 3-tägigen Segeltörn
(12-Volt-Anlage; Watt : 12 = Ampere)

Verbraucher	W	A	h	Ah
Dreifarbenlaterne	25	2,08	16	33,2
Instrumente (Nav.)	7	0,60	60	36,0
Autopilot	25	2,08	15	31,2
Radio		0,05	2	0,1
Decksbeleuchtung	25	2,08	1	2,1
				102,6

Hierfür benötigte Batteriekapazität = 171,2 Ah

2 Salonlampen	50	4,16	2	9,3
2 Kabinenlampen	50	4,16	2	9,3
Kühlgerät	80	6,66	12	80,0
Druckwasserpumpe	100	8,33	2	16,7
				218,0

Hierfür benötigte Batteriekapazität = 363 Ah

Elektroanlage

Ein üblicher 35-A-Generator bringt etwa 20 – 25 Ampere Ladestrom.

2. Ein Akku kann stündlich mit 10 % bis maximal 30 % seiner Nennkapazität geladen werden.

3. Je voller die Batterie, desto weniger Ladestrom kann sie aufnehmen.

4. Um genau zu ermitteln, wie viel Ampere die Batterie aufgenommen hat, wird ein spezielles Messgerät benötigt. Es misst die Lade- und die Verbraucherströme und multipliziert sie mit der jeweiligen Zeit. Das Ergebnis ist eine fortlaufende Energiebilanz.

5. Eine Ladung dauert acht bis zwölf Stunden, ei-

Akkutest – Wie gut ist die Starterbatterie?

1. Man lasse den Anlasser bei betätigtem Absteller zehn Sekunden „orgeln". Der Motor soll nicht anspringen!

2. Danach ist die Akkuspannung deutlich abgefallen.

3. Zeigt das Voltmeter nach einigen Minuten wieder mehr als 12 V an, so ist der Akku o. k.

ne Vollladung bis zu 24 Stunden. Dies gilt aber nur für neuwertige Akkus. Alte Akkus haben weniger Kapazität und sind schlechter zu laden. Während der Ladung kann sich Knallgas bilden. Ein Funke führt zu einer ordentlichen Verpuffung. Daher muss beim Laden der Batterieraum belüftet werden.

Schalttafel

Hinter der Schalttafel läuft die komplette Verdrahtung zusammen. Jeder Stromkreis hat einen eigenen Sicherungsautomaten. Er

Akkuspannung

10,5 V	Totale Entladung, Akku zerstört
11,4 V	Entladeschlussspannung. Akku darf nie tiefer entladen werden.
11,6 V	Ruhespannung bei entladenem Akku
12,1 V	Ruhespannung bei 25 % Ladung
12,3 V	Ruhespannung bei 50 % Ladung
12,5 V	Ruhespannung bei 75 % Ladung
12,7 V	Ruhespannung bei 100 % Ladung
13,8 – 14,1 V	Ladeschlussspannung. Akku darf nicht voller geladen werden.
14,4 V	Gasungsspannung Explosionsgefahr

dient gleichzeitig als Schalter. Mit zwei **Hauptschaltern** (Verbraucher und Maschine) kann das ganze Bordnetz ausgeschaltet werden. Oft sind in die Schalttafel Überwachungs- und Anzeigeinstrumente eingebaut. Ein **Amperemeter** zeigt die Stärke des fließenden Stroms an. Wird die Batterie geladen, steht die Anzeige im Bereich „+", Stromentnahme wird mit „–" angegeben. Beim Laden erkennt man, wie die Stromstärke immer kleiner wird. Wird gleichzeitig geladen und entnommen, gibt es die Differenz an.

Kabelnetz

Elektrische Leitungen setzen dem Strom Widerstand entgegen. Je länger die Leitung, umso mehr Strom geht verloren (Spannungsabfall), weil der Widerstand mit der Länge der Leitung steigt. Der Widerstand kann reduziert werden, indem der Querschnitt der Leitung vergrößert oder die Bordspannung erhöht wird. Die erforderlichen Kabelquerschnitte werden einer Tabelle entnommen. Bei langen Leitungswegen empfiehlt sich ein **24-Volt-Bordnetz**.

Die Schalttafel befindet sich häufig neben dem Kartentisch. Auf diesem Foto liegt sie neben dem Kopf und Rücken des Funkers. Rechts daneben, in einer eigenen Tafel die Sicherungsautomaten. So viele Schalter, Anzeigen und Geräte hat nur eine große Yacht.

Flüssiggasanlage

Gas verbrennt, ohne zu riechen oder zu rußen und sein Heizwert ist hoch. Gaskocher sind einfach zu bedienen. Kein Wunder, dass auf vielen Yachten mit Gas gekocht und manchmal auch geheizt wird.

Jedoch sind Gas-Luft-Gemische mit einem Gasanteil von zwei bis zehn Prozent hoch explosibel und leicht entzündlich. Propan- und Butangas sind schwerer als Luft. Bei einer Leckage sammelt es sich in der Bilge und ein kleiner Funken führt zu einer entsetzlichen Gasexplosion.

Daher sind Gasanlagen auf Booten als technische Arbeitsmittel im Sinne des Gerätesicherheitsgesetzes eingestuft worden. Sie sind nach den **technischen Regeln „Arbeitsblatt G 608"** zu errichten, zu prüfen und zu betreiben.

Die **Gasflaschen** unterliegen der Druckbehälterverordnung. Sie dürfen nur in speziellen Schächten („Flaschenkästen") oder an Deck gelagert werden – mit mindestens 50 cm Abstand zu Niedergängen, Luken und Zündquellen, damit bei einer Leckage kein Gas unter Deck gelangen oder explodieren kann.

Die **Flaschenkästen** dürfen nur von oben aus zu-

gänglich sein und nach außen entlüftet werden. Damit auch hier kein Gas in das Bootsinnere eindringen kann, muss jeder Flaschenkasten einen Abfluss nach außen haben, der oberhalb der Wasserlinie mündet. Der Abfluss muss mindestens zwei cm^2 Querschnittsfläche besitzen. Die Gasflaschen im Kasten müssen arretiert werden, sodass sie unverrückbar stehen und fest mit dem Boot verbunden sind.

Im Bootsinneren oder in Backskisten dürfen überhaupt keine Gasflaschen aufgestellt oder gelagert werden.

Auf die Gasflasche wird ein Sicherheitsventil geschraubt, das **Hauptabsperrventil** der Gasanlage. Es wird mit einem **Druckminderer** verbunden, der den Druck auf 50 mbar reduziert. Ein weiteres **Sicherheitsventil** überwacht den Druckminderer. Es öffnet bei 100 bis 120 mbar Druck. Das ausströmende Gas muss direkt nach außenbords fließen.

Diese Ventilkombination ist mit einer Schlauchleitung nach DIN 4815 von höchstens 400 mm Länge mit der Rohrleitung verbunden. Die Rohrleitungen und deren Verlegung müssen dem Arbeitsblatt G 608 entsprechen.

Koch-, Back- oder Grillgeräte müssen vom DVGW geprüft und zugelassen werden. Thermoelektrische Zündsicherungen sollen verhindern, dass Gas ausströmt, wenn die Flamme erlischt. Brennbare Bauteile, die beim Betrieb heiß werden können, müssen geschützt werden.

Über den Koch-, Back- oder Grillgeräten müssen **Lüftungsöffnungen** mit einem freien Querschnitt von mindestens 150 cm^2 vorhanden sein. Während des Betriebes sind sie zu öffnen. Offene Brennstellen dürfen nicht zum Heizen verwendet werden (Kohlenmonoxid-Vergiftung).

Vor der ersten Inbetriebnahme muss die Gasanlage durch einen Sachkundigen auf Einhaltung der Regeln geprüft werden. Dabei ist auch eine Dichtheitsprüfung nach der Druckabfallmethode durchzuführen. Über die **Prüfung** ist eine Bescheinigung auszustellen. Alle zwei Jahre und nach allen Änderungen ist die Gasanlage erneut zu prüfen. Dafür ist der Eigner verantwortlich. Nur ein Sachkundiger darf die Gasanlage reparieren.

Nach jedem Kochen muss das Hauptabsperrventil geschlossen werden. Bei ei-

ner elektromagnetischen Fernabsperrung muss nur ein Schalter in der Pantry umgelegt werden.

Flüssiggasflaschen dürfen nur durch eingewiesene Personen ausgewechselt werden (nicht rauchen, kein offenes Feuer).

Im Winterlager werden die Gasflaschen von Bord genommen; die Anlage wird gasdicht verschlossen.

Wer die genannten Vorsichtsmaßnahmen beachtet, braucht sich um eine Gasexplosion keine Sorgen zu machen. **Gaswarngeräte** als zusätzliche Sicherheit werden nur selten eingebaut. Sie sollten nicht nur explosionsgeschützt, sondern amtlich zugelassen (PTB) sein. Die Gassensoren altern und sind wasserempfindlich – einmal mit Wasser in Berührung gekommen, müssen sie ausgewechselt werden. Gaswarngeräte sollen kontinuierlich in Betrieb sein. Sonst könnte z. B. ein sehr hoch konzentriertes Gemisch beim Einschalten gar nicht angezeigt werden. Ist ein kontinuierlicher Betrieb nicht möglich, müsste nach längerer Abwesenheit das Fahrzeug zunächst mit einem **tragbaren Gasspürgerät** untersucht werden – insgesamt ein hoher Aufwand.

Bord-Toilette

Als Bord-Toilette findet man auf den meisten Yachten ein **Seewasserklosett**. Die Toilette wird mit Seewasser gespült. Mit einer kleinen Hand- oder Elektropumpe wird es in das Becken gepumpt. Mit derselben Pumpe werden gleichzeitig die Fäkalien abgepumpt – nach außenbords oder in einen Fäkalientank. Die Pumpe hat also eine Doppelfunktion, sie entleert das WC und sie spült Seewasser zur Reinigung nach.

An der Pumpe befindet sich ein Hebel. Wird er umgelegt, so fließt kein Seewasser mehr nach. Die Pumpe entleert dann nur noch das WC-Becken.

Die Fäkalien im WC-Becken durchlaufen zunächst die Pumpe, dann das Abflussrohr und schließlich ein Rückschlagventil am Borddurchlass. Damit es hier nicht zu Ablagerungen oder sogar zu Verstopfungen kommt, muss das WC nach jeder Benutzung reichlich und ausgiebig gespült werden. Es ist dringend davon abzuraten, Essensreste oder Abfälle durch das WC zu spülen.

Die Toilette sollte nicht mit handelsüblichen Toilettenreinigern gereinigt werden. Gummiteile in der Pumpe könnten ange-

griffen werden. Gegen Ablagerungen kann das WC gelegentlich mit Essigwasser gespült werden.

Trotzdem verschmutzen die Innenteile im Laufe der Zeit. Die Pumpe geht dann immer schwerer. Nun sollten die Schläuche ausgewechselt werden.

Auf den meisten Yachten liegt das WC unterhalb der Wasserlinie. Nach dem Prinzip der kommunizierenden Röhren kann durch die Seewasser- und durch die Fäkalienleitung Wasser zurück in die Toilette und damit auch in das Schiff laufen.

Damit kein Wasser durch die Fäkalienleitung in die

Toilette fließt, wird sie als Schwanenhals über die höchstmögliche Wasserlinie gezogen. Das allein reicht aber nicht aus, vielmehr muss an der höchsten Stelle ein Schnüffelventil eingebaut werden.

Dadurch dringt Luft in die Leitung ein, das Vakuum wird unterbrochen und die Saugheberwirkung (kommunizierende Röhren) gestoppt. Sicherheitshalber ist der Borddurchlass noch mit einem Rückstauventil gegen eindringendes Wasser geschützt.

In die meisten Yachten ist ein **Fäkalientank** eingebaut. Dann werden die Fäkalien zunächst in den Tank geleitet. Ist der Ab-

fluss geöffnet, fließen sie unmittelbar wieder in das Meer ab; bei geschlossenem Abfluss verbleiben sie im Tank. So kann die Toilette auch in Häfen und Ankerbuchten benutzt werden. Einrichtungen, um die Fäkalien abzusaugen, findet man nur in wenigen Häfen. Daher muss der Tank auf freiem Wasser in ausreichender Entfernung vom nächsten Land in das Meer entleert werden (siehe Seite 94).

Jeder Borddurchlass muss mit einem Seeventil absperrbar sein. Für die Bord-Toilette gibt es zwei Seeventile, eines für frisches Seewasser, das andere für die Fäkalienleitung. Beide Seeventile sollten nach jeder Toilettenbenutzung geschlossen werden.

Chemie-Toiletten werden nur auf kleinen Booten eingebaut. Sie besitzen drei Vorteile:

– kostengünstiger Einbau
– keine Rumpfdurchlässe
– geringer Platzbedarf

Aber viele Chemie-Toiletten stinken und auch nicht jeder Hafen bietet eine Entsorgungsmöglichkeit. Fäkalien aus einer Chemie-Toilette dürfen nicht in eine Toilette gekippt werden.

Bedienelemente eines Bord-WC

1. Seeventil für Seewasserspülung (manchmal außerhalb des WC-Raumes)
2. Handpumpe für Toilettenspülung mit dem
3. Hebel zur Unterbrechung der Seewasserzufuhr (Becken wird leergepumpt)
4. Hebel zum Öffnen und Schließen des Fäkalientanks
5. Seeventil Fäkalienleitung

Bedienung eines Bord-WC

1. Seeventil für Seewasserspülung öffnen
2. Handpumpe betätigen, sodass Seewasser in das Becken läuft und gleichzeitig die Fäkalien abfließen
3. Das leere Toilettenbecken ausgiebig spülen (20 bis 30 Pumpenhübe)
4. Seewasserzufuhr unterbrechen (Hebel umlegen)
5. Becken leerpumpen
6. Offene Seeventile schließen

Sicherheitsausrüstung

Die Sicherheitsrichtlinien für die Ausrüstung und Sicherheit von Segelyachten der Kreuzer-Abteilung des DSV beschreiben Baumerkmale und Ausrüstung:

– Sturmsegel
– Kollisionsschott
– abdichtbarer Niedergang
– gesicherte Steckschotten
– Lenzpumpen, Pützen
– Seeventile, Leckstopfen
– Notsteuereinrichtung
– Anker mit Kette/Trosse
– Positionslaternen
– Notpositionslichter mit eigener Stromversorgung
– Radarreflektor
– Pyrotechnische Signale
– Feuerlöschmittel
– Rettungsinsel
– Rettungswesten, Lifebelts
– Mann-über-Bord-Signal- und Rettungsmittel
– Erste-Hilfe-Ausrüstung
– Funkanlage
– GMDSS-Ausrüstung
– Seenotfunkboje (EPIRB)

Als **Sturm- und Schwerwettersegel** sind Trysegel, Sturmfock und Schwerwetterfock mitzuführen – mit hoch geschnittenem Unterliek, damit überkommende See nicht in das Segel schlägt.

Es muss ein wasserdichtes **Kollisionsschott** vorhanden sein. Es darf nicht mehr als fünfzehn Prozent der Länge über alles vom Bug entfernt sein, muss jedoch hinter der Wasserlinie liegen.

Niedergänge aus Cockpits müssen bis zur Hauptdecksebene abdichtbar sein. Wird der Niedergang mit **Steckschotten** verschlossen, so müssen sie gesichert werden können und mit dem Boot fest zu verbinden sein.

Als **Lenzpumpen** werden eingesetzt

– Handpumpen (selbst ansaugende Membranpumpen; Förderleistung bei 45 Hüben pro Minute 20 bis 100 Liter)
– elektrische Tauchpumpen (nicht selbst ansaugend, liegen in der Bilge. Förderleistung 30 bis 125 Liter pro Minute). Sie werden oft mit einem Schwimmschalter gesteuert und laufen dann automatisch an.
– Maschinengetriebene oder elektrische Impellerpumpen (50 bis 700 Liter pro Minute).

Der Germanische Lloyd fordert für Yachten zwischen acht und zehn Meter Länge eine Handpumpe mit fünf m^3/h und eine kraftbetriebene Pumpe mit mindestens sechs m^3/h Leistung.

Mit Lenzpumpen kann ein Wassereinbruch nur bekämpft werden, wenn das Leck so gut wie möglich verstopft ist. Durch ein nur 5 cm großes Leck, das 40 cm unter Wasser liegt,

dringen pro Minute 330 Liter Wasser ein (Seite 167).

Neben den Lenzpumpen müssen zwei **Pützen** (Eimer) starker Konstruktion an Bord sein, jede mit mindestens neun Litern (zwei Gallonen) Fassungsvermögen. Die Pützen müssen eine Leine haben.

Rumpf, Deck und Aufbau müssen zu einer wasserdichten Einheit verschlossen werden können. Alle unter Wasser befindlichen Rumpfdurchbrüche (mit

Offenes Seeventil heißt: Das Schiff schwimmt auf der dünnen Schlauchleitung statt auf der festen Bordwand.

Ausnahme von Logwellen, Echolot …) müssen durch **Seeventile** verschlossen werden können. Konisch angespitzte Weichholzpflöcke (**Leckstopfen**) müssen an jedem Rumpfdurchlass vorhanden sein.

Eine **Notsteuereinrichtung** ist bei Radsteuerung eine Notpinne und bei Pinnensteuerung eine Ersatzpinne.

Gesetzliche Ausrüstungspflicht nach KVR
Positionslaternen, Signalkörper, Schallsignalgeräte.

Gesetzliche Ausrüstungspflicht nach SOLAS Kapitel V
Magnetkompass, Magnetpeilkompass, Ablenkungstabelle, auf den neuesten Stand berichtigte Seekarten und Seebücher, Empfänger für ein weltweites Satellitennavigationssystem (z. B. GPS-Navigator), Radarreflektor.

Vom BSH und der BSU empfohlene Mindestausrüstung
– Navigation: Echolot oder Handlot, Log, Transponder, Fernglas, Bleistift, Zirkel, Kursdreiecke, Seefunkanlage, Empfangsanlage für Schiffssicherheitsinformationen, Internationales Signalbuch, Rundfunkanlage, SeeSchStrO mit Bekanntmachungen der WSD, KVR, Barometer, Sextant, Chronometer, Logbuch, Signalflaggen.
– Schwerwetter: Sturmfock, Trysegel, Reffeinrichtung, Reserveruderpinne, Treibanker, Drahtschere, Kappbeil.
– Schiffsbetriebssicherheit: Anker mit Kettenvorläufer und Leine, Feuerlöscher, Lenzpumpe, Eimer, Ösfass, Bordapotheke, Erste-Hilfe-Kasten, Riemen, Paddel, Bootshaken, Taschenlampe, Ersatzteile, Reservekanister, Werkzeug, Drahtschere.
– Seenot: ohnmachtssichere Rettungsweste mit Signalpfeife für jede Person, Lifebelts mit Karabinerhaken, Rettungsring mit Wurfleine und Leuchte, Seenotsignalmittel, Streichhölzer.

Sicherheitsausrüstung

Eine seegehende Yacht muss zwei **Anker** mit Ketten oder Trossen mit mindestens sechs Meter Kettenvorlauf haben. Ein **Reitgewicht** an der Trosse erhöht die Haltekraft des Ankers und wirkt ruckdämpfend. Eine Ankerkette darf nicht direkt im Ankerkasten befestigt werden, sondern an einem Taustropp. Er muss so lang sein, dass er notfalls an Deck geholt und gekappt werden kann.

Positionslaternen müssen vom BSH zugelassen sein. Reserveglühlampen sind vorrätig zu halten. **Notpositionslaternen** müssen den gleichen Anforderungen entsprechen und über eine eigene, vom normalen Laternenbetrieb getrennte Stromversorgung und Verkabelung verfügen.

Fahrzeuge ab zwölf Meter Länge müssen mit einer **Pfeife** der Klasse IV, ab zwanzig Meter Länge mit einer **Glocke** der Klasse II ausgerüstet sein. Die Pfeife muss nach vorne gerichtet und so hoch angebracht sein, dass sich der Schall ungehindert ausbreiten kann und die Besatzung keinen Hörschaden erleidet. Auf Fahrzeugen unter zwölf Meter Länge muss ein Gerät zur Abgabe eines kräftigen Schallsignals vorhanden sein.

Mit einem **Radarreflektor** (Katzenauge für Radarstrahlen) sollen kleine Fahrzeuge im Radar besser erkennbar sein. Achtflächige Radarreflektoren müssen einen Mindestquerschnitt von 457 mm (18") besitzen; nichtachtflächige Reflektoren müssen Reflexionsfläche von mindestens 10 m² besitzen. Aber selbst damit kann nicht garantiert werden, dass das Radarecho stark genug ist. Das leistet nur ein **Aktiv-Radarreflektor** (Radarziel-Verstärker). Er empfängt Impulse fremder Radargeräte, verstärkt sie und sendet sie auf gleicher Frequenz zurück. Das entspricht einer Reflexionsfläche von 80 m².

Pyrotechnische Seenotsignale sind rote Leuchtsterne, rote Handfackeln, orangefarbene Rauchsignale und Knallsignale. Sie dürfen nur im Seenotfall verwendet werden, wenn Gefahr für Leib und Leben und die Notwendigkeit zur Hilfe besteht.

Leuchtsterne können als Raketen und mit einer Signalpistole abgeschossen werden. **Fallschirmsignale** sinken langsamer und fallen besser auf. Sie steigen 300 Meter hoch auf, sind 12,5 Seemeilen weit sichtbar und brennen 30 Sekunden lang.

Erwerb, Aufbewahrung, Verwendung und Beförderung dieser Seenotsignalmittel werden durch das Sprengstoffgesetz und durch das Waffengesetz geregelt. Als Mindestausstattung wird empfohlen:

– 12 rote Fallschirmsignale
– 4 rote Handfackeln
– 4 weiße Handfackeln
– 2 orangefarbene Rauchsignale

Ein **Leinenwurfgerät** kann bei Seenot, Mann über Bord oder im Falle einer Bergung wertvoll sein. Manche Pistole kann zu einem (nicht ungefährlichen) Leinenwurfgerät umgerüstet werden.

Feuerlöschmittel sind Feuerlöscher, Feuerlöschdecken, Eimer mit Wasser. Mit solchen Feuerlöschmitteln können nur Entstehungsbrände gelöscht werden. Sobald sich ein Feuer ausgebreitet hat, kann es mit Feuerlöschern nicht mehr gelöscht werden.

Feuerlöscher können mit Pulver, CO_2, Wasser oder Schaum gefüllt sein. **Pulver** soll das Feuer abdecken und ersticken; das Pulver hinterlässt erhebliche Rückstände. Wird mit Pulver ein Kajütbrand gelöscht, muss die ganze Inneneinrichtung erneuert werden.

Mit CO_2 wird einem Feuer der Sauerstoff entzogen. Offenes Feuer erstickt, Glut kann jedoch bestehen bleiben. CO_2 eignet sich daher besonders gut zum Löschen eines Feuers ohne Glut (Maschinenraum).

Kleinere Brände, etwa in der Pantry, können gut mit einer **Feuerlöschdecke** bekämpft werden.

Eine 10-m-Yacht sollte folgende Feuerlöschmittel griffbereit an Bord haben:

– eine Feuerlöschdecke in Pantrynähe
– ein CO_2-Löscher nahe am Maschinenraum
– ein Wasserlöscher in der Backskiste

Auf Motoryachten werden häufig **Feuerlöschanlagen** (automatische auslösende Feuerlöscher) in den Maschinenraum eingebaut.

Eine **Rettungsinsel** wird gebraucht, wenn die Yacht brennt oder sinkt. Sie kann niemals eine Alternative zu einer schwimmfähigen Yacht sein. Die Rettungsinsel wird am Heckkorb gefahren oder an Deck (Diebstahlsicherung vor dem Auslaufen entfernen) oder leicht zugänglich in einer Backskiste oder am Niedergang. Sie muss in fünfzehn Sekunden einsatzbereit sein.

Fragen 317, 319 – 322

Sicherheitsausrüstung

Rettungsinseln müssen entsprechend den Herstellerangaben gewartet werden; die Wartungsintervalle betragen zwölf oder 24 Monate, für vakuumverpackte Inseln 36 oder 48 Monate.

Im Notfall muss zusätzliche Ausrüstung mit in die Rettungsinsel genommen werden, etwa: Trinkwasser, Lebensmittel, Tabletten gegen Seekrankheit, warme Kleidung, Notsignale, UKW-Handsprechfunkgerät, Dosenöffner, Angelzeug, Decken, Schlafsäcke, Kartenspiel.

Jede Person an Bord benötigt eine **Rettungsweste** (CE-, DIN- oder GS-Zeichen). Die Rettungsweste muss Mund und Nase einer erschöpft oder bewusstlos im Wasser liegenden Person in fünf Sekunden aus jeder Lage aus dem Wasser heben. Der Kopf muss in eine rückwärtige, ohnmachtssichere Wasserlage gebracht und dort stabil gehalten werden.

Aufblasbare Rettungswesten werden mit einer Gaspatrone (explosionsartig) aufgeblasen. Wasser, manchmal auch Spritzwasser, löst die Automatik aus. Automatikwesten können auch von Hand ausgelöst werden (Reißleine). Falls weder die Auto-

matik noch die manuelle Auslösung funktioniert, kann die Weste mit dem Mund aufgeblasen werden. Automatikwesten müssen regelmäßig von einem Fachbetrieb gewartet werden. Eine fremde Weste sollte immer gründlich überprüft werden, bevor sie angelegt wird.

Rettungswesten werden nicht nur bei schlechtem Wetter, sondern auch bei Manövern oder Arbeiten an Deck angelegt. Kinder und Nichtschwimmer tragen am besten immer eine Rettungsweste.

Überprüfen von Automatik-Westen

- Gebrauchsanleitung lesen
- Wartungsplakette prüfen
- Gaspatrone unbeschädigt und fest verschraubt?
- Aufblas-Automatik optisch einwandfrei und mit dem Schwimmkörper ruck- und drehfest verbunden?
- Luftkammer verdreht?
- Knopf für Handauslösung griffbereit?
- Ventil klar zum Aufblasen mit dem Mund?
- Trillerpfeife vorhanden?
- Druckprobe: Schwimmkörper mit Atemluft prall füllen und 16 Stunden lang liegen lassen.

Rettungswesten sollten griffbereit liegen; Neulingen muss gezeigt werden, wie die Weste angelegt wird und wie sie sich im Ernstfall zu verhalten haben.

Crewmitglieder brauchen **Sicherheitsgurte ("Lifebelts")** mit Sicherheitsleinen. Sie sollen verhindern, dass einer über Bord fällt. Der Skipper muss bei der Sicherheitseinweisung zeigen, wo die Sicherheitsleine eingeklickt werden kann (durchgebolzte Augen oder Strecktaue). Ungeeignet sind der Bug- und der Heckkorb, die Seereling, Handläufe und die Steuersäule.

Strecktaue sind Stahldrähte (rostfrei, 1 x 19, fünf Millimeter Durchmesser) oder gleich festes Gurtband. Gurtband rollt nicht weg, wenn darauf getreten wird. Strecktaue liegen auf den Seitendecks. Bevor das Cockpit verlassen wird, klickt man sich ein und kann sich dann an Deck relativ frei bewegen. In schwerer See darf die Sicherheitsleine erst unter Deck wieder ausgehakt werden.

Die Sicherheitsrichtlinien verlangen als **Mann-über-Bord**-Rettungsmittel:
– eine mindestens fünfzehn Meter lange, schwimmende Wurfleine

– ein ohnmachtssicherer Rettungsschwimmkörper mit Treibanker; er soll verhindern, dass der Schwimmkörper vertreibt
– eine selbstzündende Leuchtboje

Empfohlen wird zudem:
– eine selbstaufrichtende Markierungsboje mit Treibanker, Flagge, selbstzündendem Licht, Trillerpfeife und Farbbeutel
– 1 Bergegurt
– zwei an Wanten angebrachte Haken, um daran eine Rettungstalje zu befestigen; so kann eine über Bord gefallene Person am besten geborgen werden

Mit einem **Seefunkgerät** kann im Notfall Hilfe von der umliegenden Schifffahrt und gleichzeitig von Rettungsleitstellen erbeten werden. Terrestrischer Seefunk wird betrieben auf

– UKW (Reichweite etwa 30 Seemeilen)
– Grenzwellen (etwa 250 Seemeilen)
– Kurzwellen (weltweit)

Es müssen laut Sicherheitsrichtlinien mindestens ein **UKW-Seefunkgerät**, ein UKW-Handsprechfunkgerät und eine **Notantenne** an Bord vorhanden sein.

Fragen 317, 318, 329

GMDSS-Funkausrüstung

Die Abkürzung GMDSS steht für Global Maritime Distress and Safety System (Seite 99). Das weltweite maritime Seenot- und Sicherheitsfunksystem ist eine weltweit einheitliche Sammlung von Rechtsvorschriften und technischen Richtlinien. Dank GMDSS können Schiffe überall auf der Welt automatisch die zuständige SAR-Leitstelle (MRCC) und gleichzeitig die Schiffe in ihrer Nähe alarmieren. Und wichtige nautische Nachrichten, Warn- und Sicherheitsmeldungen werden den Schiffen von Land aus schriftlich übermittelt.

Alle Schiffe, deren Bruttoraumzahl größer als 300 ist, sind seit dem 1.2.99 mit GMDSS-Einrichtungen ausgerüstet. Seitdem wird Seefunk weltweit einheitlich nach den Vorschriften des GMDSS betrieben. Auf Sportbooten werden folgende GMDSS-Geräte eingesetzt:

DSC-Controller (Digital Selective Calling, digitaler Selektivruf) ergänzen die Sprechfunkgeräte. DSC ist eine digitale Anruftechnik. Mittels DSC kann

– per Knopfdruck ein Notalarm gesendet werden;

dieser Alarm enthält die Schiffskennung und die aktuelle Position; sie wird vom GPS-Gerät automatisch hinzugefügt,
– ein Anruf an alle Funkstellen gesendet werden, um eine wichtige Meldung zu verbreiten,
– eine andere Funkstelle direkt angerufen werden, wenn deren Rufnummer (MMSI) bekannt ist.

NAVTEX-Geräte (Navigational Telex) sind Funkfernschreiber zum Empfang

– nautischer Warnungen
– Wettervorhersagen
– weiterübermittelter Notmeldungen
– Mitteilungen zu GPS und LORAN-C
– Informationen über Lotsendienste
– Eisberichte

In Deutschland werden nautische Warnnachrichten (NWN) vom **Seewarndienst Emden** für das gesamte deutsche Warngebiet und von den Verkehrszentralen herausgegeben. Der Zusatz „vital" weist auf eine lebensbedrohende Gefahr hin.

EPIRBs (Emergency Position Indicating Radio Beacon) sind Seenotfunkbojen. Eine Epirb sendet auf 406 MHz Notsignale an Satelliten, sobald sie eingeschaltet wird oder ins Wasser

fällt. Die Satelliten werden von **COSPAS-SARSAT**, betrieben, gemeinschaftlich von Russland, Frankreich, Kanada und den USA.

In der Basisversion fliegen vier Satelliten in 850 bis 1000 km Höhe auf festen polumlaufenden Bahnen, während sich die Erde unter ihnen dreht. Wegen der geringen Höhe kann jeder Satellit ein Gebiet von etwa 6000 km Durchmesser beobachten. Er kann einen Alarm also erst dann empfangen, wenn er die Epirb überfliegt. Um die Position zu ermitteln, muss noch ein zweiter Satellit über die Epirb fliegen. Dies dauert durchschnittlich 43 Minuten. Das neuere System nutzt zusätzlich noch vier geostationäre Satelliten. Damit kann es – außerhalb der Polargebiete – jeden Notalarm in wenigen Minuten an eine Rettungsleitstelle übermitteln. Die Position wird entweder von einem GPS-Navigator in der Epirb beigesteuert oder später von den polumlaufenden Satelliten ermittelt.

Mit einem Radar-Transponder für die Suche und Rettung (**SART**) können Schiffbrüchige im Nebel besser gefunden werden. Aktivierte Transponder erzeugen Notzeichen auf den Radarschirmen aller Schiffe in der Umgebung.

UKW-Sprechfunkgerät mit DSC; ca. 1000 € (HDW-Hagenuk)

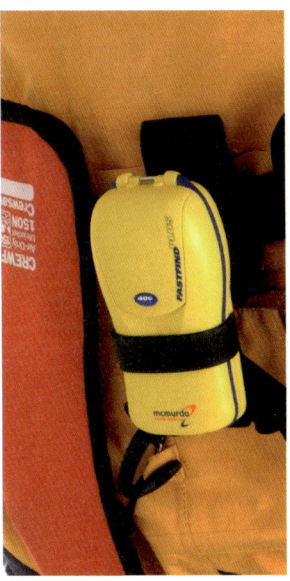

COSPAS-SARSAT-EPIRB 15 cm hoch; ca. 500 € (HDW-Hagenuk)

Klassifikation

Germanischer Lloyd (GL)

Der Germanische Lloyd, Hamburg, ist die Organisation zur technischen Überwachung der Seefahrt in Deutschland. Er besteht seit 1867 und wird im Auftrag von Werften, Yachteignern oder Versicherern tätig. Mehr als hundert Regierungen haben ihn mit hoheitlichen Aufgaben betraut. Der GL hat Klassifikations- und Bauvorschriften entwickelt. Sie sind als Regelwerk der Technik anerkannt.

Wasserfahrzeugen, die in Übereinstimmung mit den Bauvorschriften des GL – Teil 3 „Wassersportfahrzeuge" – hergestellt und ausgerüstet werden, kann die **Klasse** des GL erteilt werden. Die Klassifikation umfasst den Schiffskörper, die Maschinenanlage und die elektrische Anlage, die schiffbauliche Ausrüstung, die Verschlusseinrichtungen (Seeventile) und das Rigg, wie es in den Vorschriften beschrieben ist. Auch Serienfahrzeuge können klassifiziert werden.

Ein Einzelbau der **Klasse + 100 A5** entspricht zu 100 % den Bauvorschriften des GL und muss nach einer Klassenperiode von fünf Jahren einer erneuten Prüfung unterzogen werden.

Beispiele für weitere Klassenbezeichnungen sind 90 A3, 80 A2 oder 70 A1. Die Zahlen 90, 80, 70 kennzeichnen den Unterhaltungszustand des Schiffskörpers im Verhältnis zu den Forderungen der Bauvorschriften, unter Berücksichtigung der zulässigen Abnutzungstoleranzen. Die Ziffern 3, 2, 1 bezeichnen die Dauer der Klassenperiode in Jahren.

Für Serienbauten heißt die + 100 A5 entsprechende Klasse „**Type Tested GL-100 A5**".

Bei reduziertem Prüfumfang (Hauptkomponenten des Rumpfes, Kiel, Ruder, Deck und Aufbauten) wird für Einzelbauten ein **Rumpfbauschein (Approved Hull Construction)** und für Serienbauten die Klasse „**Type Tested**" vergeben.

Wassersportfahrzeuge, die nur den Bedingungen für einen **eingeschränkten Fahrtbereich** genügen, erhalten kennzeichnende Zusätze, z. B. **Fahrtbereich II**. Damit sind Fahrten entlang der Küste möglich, und zwar in einem Seegebiet von 200 Seemeilen gemessen vom Festland bzw. von Inseln, die dem Festland vorgelagert und nicht weiter als 400 Seemeilen vom Fest-

land bzw. einer anderen Insel entfernt sind.

Die Bauvorschriften des GL sollen anhand von zwei Beispielen – Cockpit und Seereling – in vereinfachter Form wiedergegeben werden.

Boden sowie Längs- und Querwände von **Cockpits** gelten als Hauptverbände und sind entsprechend zu bemessen. Cockpits müssen zum Schiffsinneren wasserdicht sein.

Der Cockpitboden muss in einer ausreichenden Höhe über der Schwimmwasserlinie liegen, sodass eingedrungenes Wasser unter vorhersehbaren Neigungen und Vertrimmungen des Fahrzeugs durch Entwässerungsrohre oder Wasserpforten unverzüglich abfließen kann.

Jedes Cockpit muss mindestens ein Entwässerungsrohr je Seite enthalten. Der Gesamtquerschnitt aller Rohre darf nicht kleiner sein als

– 25,0 cm² im Fahrtbereich I
– 12,5 cm² im Fahrtbereich II oder III
– 10,0 cm² im Fahrtbereich IV oder V

Cockpitentwässerungsrohre müssen die gleiche Festig-

keit wie der umgebende Schiffskörper aufweisen; sie dürfen nur mit besonderer Genehmigung durch Schläuche ersetzt werden.

Jedes Fahrzeug muss unabhängig vom Fahrtbereich und der Fahrzeuggröße mit einer **Seereling** versehen sein, die folgenden Anforderungen entspricht:

Bei Fahrzeugen ab acht Meter Länge muss die Relingshöhe mindestens 600 mm betragen.

Zusätzlich zur Seereling sind ein Bugkorb und ein Heckkorb erforderlich.

Die Seereling sowie Bug- und Heckkörbe bieten das erforderliche Maß an Sicherheit nur, wenn die angrenzenden Flächen in allen vorhersehbaren Situationen auch sicher zu begehen sind. Es muss auf jeder Schiffsseite ein Verkehrsweg von ausreichender Breite und rutschsicherer Ausführung sowie eine Fußreling an der Bordkante von mindestens 20 mm Höhe vorhanden sein.

Der Abstand der Relingsstützen darf 2,15 Meter nicht überschreiten.

Der Abstand der Durchzüge voneinander oder vom Deck darf 300 mm nicht überschreiten.

CE-Zeichen

Der Inhalt der EG-Richtlinie „Sportboote" ist als 10. Verordnung zum Gerätesicherheitsgesetz am 16.6.1996 in deutsches Recht übernommen worden. Danach müssen seit dem 16.6.1998

– neue Sportboote
– gebrauchte Sportboote, die aus einem Drittland (nicht zur EU gehörig) importiert werden

die technischen Anforderungen der Richtlinie erfüllen (**CE-Zeichen**). Die Auslegung der technischen Anforderungen erfolgt – sofern vorhanden – durch Normen und technische Regeln. Ein privater Import eines Bootes etwa aus den USA ist dann nicht mehr ohne weiteres möglich. Die Richtlinie gilt für Sportboote zwischen 2,5 und 24 Meter Rumpflänge; ausgenommen sind:

– Rennboote (z. B. Admiral's Cupper)
– Kanus, Kajaks, Gondeln, Tretboote
– Surfbretter
– Jet-Skis
– originale, einzelne Nachbauten historischer Boote, die im Wesentlichen mit den ursprünglichen Baumaterialien gebaut wurden
– Experimental-Fahrzeuge
– Eigenbauten, die nicht innerhalb von fünf Jah-

ren nach Fertigstellung in der EU auf den Markt gebracht werden
– Fahrzeuge mit bezahlter Mannschaft, die der kommerziellen Personenbeförderung dienen
– Tauchboote
– Luftkissenfahrzeuge
– Tragflächenboote

An der Steuerbordseite des Spiegels muss sich ein fest angebrachtes **Rumpfkennzeichen** befinden. Es gibt (in codierter Form) an:

– Herstellerland
– Hersteller
– Seriennummer

– Monat und Jahr der Herstellung
– Modelljahr

An jedes Boot muss zudem eine **Herstellerplakette** angebracht werden mit

– Herstellername
– Bootskategorie
– zulässiger Höchstlast – Personenzahl und maximale Zuladung
– CE-Zeichen, Prüfstelle
– Zusatzangaben, etwa die höchste zulässige Motorisierung

Mit der **Kategorie** legt der Hersteller fest,

–in welchem Fahrtgebiet
–bis zu welcher Windstärke
–bis zu welcher charakteristischen Wellenhöhe

ein Boot sicher benutzt werden kann. So darf eine Fahrt, bei der mehr als Windstärke acht auftreten kann, grundsätzlich nur mit einem Boot der Kategorie A unternommen werden. Wer bei solchen Wetterverhältnissen mit einem Boot einer niedrigeren Kategorie Schiffbruch erleidet, muss mit Schwierigkeiten rechnen. Dies könnte als Verstoß gegen die seemännische Sorgfaltspflicht (Grundregel der SeeSchStrO) angesehen und als grobe Fahrlässigkeit u. a. den Verlust des Versicherungsschutzes nach sich ziehen.

Mit jedem Boot muss ein **Benutzerhandbuch** ausgeliefert werden. In der **Konformitätserklärung** muss der Lieferant erklären, dass das Fahrzeug der EG-Richtlinie Sportboote entspricht und darin muss er die Normen und technischen Regeln aufführen, nach denen das Boot gebaut wurde. Ab zwölf Meter Rumpflänge muss auch angegeben werden, wie die Einhaltung der grundlegenden Sicherheitsanforderungen der Richtlinie überprüft wurde.

Kategorie

A Hochsee
Ausgelegt für ausgedehnte Fahrten, bei denen Wetterverhältnisse mit einer Windstärke über acht und signifikante Wellenhöhen über vier Meter auftreten können und die diese Boote weitgehend aus eigener Kraft bestehen können.

B Außerhalb von Küstengewässern
Ausgelegt für Fahrten außerhalb von Küstengewässern, bei denen Windstärken bis einschließlich acht und signifikante Wellenhöhen bis einschließlich vier Meter auftreten können.

C Küstennahe Gewässer
Ausgelegt für Fahrten in küstennahen Gewässern, großen Buchten, Flussmündungen, Seen, Flüssen, bei denen Wetterverhältnisse mit einer Windstärke bis einschließlich sechs und signifikante Wellenhöhen bis einschließlich zwei Meter auftreten können.

D Geschützte Gewässer
Ausgelegt für Fahrten auf kleinen Seen, schmalen Flüssen und Kanälen, bei denen Wetterverhältnisse mit einer Windstärke bis einschließlich vier und signifikante Wellenhöhen bis einschließlich 0,5 Meter auftreten können.

Ankern

Um Gewicht zu sparen oder um den Anker bequem stauen zu können, werden manche Yachten mit unzulänglichem Ankergeschirr ausgerüstet. Dies rächt sich dann, wenn das Schiff bei Sturm einen geschützten Ankerplatz verlassen muss, weil der Anker nicht mehr hält. Für jedes Schiff kann der Augenblick kommen, etwa bei einem Ruderbruch in Küstennähe, wo allein der Anker es vor der sicheren Zerstörung bewahren kann.

Anker

Die Haltekraft eines Ankers basiert auf zwei Eigenschaften:

– Gewicht
– Eingraben oder Verhaken

Anker, deren Haltekraft vor allem durch ihr Gewicht erzielt wird, nennt man **Gewichtsanker**. Anker, die ihre Zugfestigkeit vor allem ihrem Vermögen, sich einzugraben, verdanken, heißen **Patentanker**. Für beide Typen gilt:

– Schwere Anker halten besser als leichte
– Anker halten am besten an einer Kette, schlechter an einer Trosse (Leine)
– Je länger die Kette oder Trosse, desto höher ist die Haltekraft
– Der Ankergrund muss geeignet sein

Der klassische Gewichtsanker ist der **Stock-** oder **Admiralitätsanker**. Auf stark verkrautetem oder steinigem Grund gibt es keine Alternative zum Stockanker. Er hat sich als Allroundanker bewährt,

wird aber wegen seines hohen Gewichts und seiner unhandlichen Konstruktion auf modernen Yachten kaum noch eingesetzt. Auch der **Pilzanker** und der **Klappdraggen** sind Gewichtsanker.

Moderne Anker sind Patentanker. Ihre Konstruktion zielt darauf ab, dass sich der flach über den Grund gezogene Anker eingräbt.

Zahlreiche Patentanker wurden entwickelt; die folgenden sind vom Germanischen Lloyd als **Anker mit hoher Haltekraft** anerkannt:

– Bruce-Anker
– Suncor-Anker
– CQR-Anker
– Danforth-Anker
– D'Hone-Anker
– Heuss-Spezial-Anker
– Pool-Anker

Stockanker Bruce-Anker CQR-Anker Danforth-Anker

Auszug aus den Klassifikations- und Bauvorschriften „Schiffstechnik" des Germanischen Lloyd Teil 3 Wassersportfahrzeuge, Ausgabe 1993				
Deplacement D [t]	Gewicht des		Ankerkette	
	1. Ankers [kg]	2. Ankers [kg]	Länge [m]	Nenndicke [mm]
bei 3,00	12,0	10,0	24,0	6,0
bei 4,00	13,0	10,5	25,0	6,0
bei 5,00	13,5	11,0	26,0	7,0
bei 6,00	15,0	13,0	27,0	7,0
bei 8,00	17,0	15,0	29,0	8,0
bei 12,00	21,0	18,0	32,5	8,0

Die angegebenen Ankergewichte gelten für „Anker hoher Haltekraft". Der erste Anker sollte ein herkömmlicher Stockanker sein. Sein Gewicht muss um 25 % größer sein als in Spalte 2 angegeben.

Bügelanker Klappdraggen D'Hone-Anker Fortress-Anker

Ankern

Der **CQR-Anker** (**C**oastal **Q**uick **R**elease) – auch **Pflugscharanker** genannt – verfügt über eine Haltekraft vom mindestens Zwanzigfachen, höchstens Sechzigfachen seines Gewichts. Er wird auf vielen Yachten ständig am Bug gefahren, sodass er schnell fallen kann und nicht erst an Deck geholt werden muss. Mit einer langen Kette und einer elektrischen Ankerwinsch (**Ankerspill**) stellt er ein hervorragendes Ankergeschirr dar.

Der **Danforth-Anker** weist eine Haltekraft bis zum Hundertfachen seines Gewichts auf. Seine großflächigen, scharfen Flunken können an den Schaft geklappt werden, sodass er sich flach stauen lässt. Der Danforth-Anker wird oft als Zweitanker (Heckanker) eingesetzt.

Ankerkette, Ankertrosse

Wenn es nur um das Ankern geht, ist eine Kette einer Trosse weit überlegen. Das Eigengewicht der Kette wirkt selbst wie ein kleiner Anker. Die Kette zieht den Ankerschaft auf den Grund, unterstützt damit das Eingraben und verkleinert den zum Schwojen benötigten Raum. Auch wirkt eine nahezu senkrecht hängende Kette ruckdämp-

fend. Schließlich kann sie nicht an einer scharfen Steinkante durchscheuern.

Ohne Ankerwinsch ist eine Kette schlecht zu handhaben. Wer möchte mit bloßen Händen einen Anker an einer Kette aufholen! Durch ihr Gewicht verschlechtert die Kette natürlich auch die Segeleigenschaften – zumindest bei Regatten.

Eine Ankertrosse ist leichter und handlicher als eine Kette, schamfilt (scheuert) aber schnell auf hartem Grund. Dafür lässt sie sich notfalls zum Schleppen oder Festmachen verwenden. Die Bruchlast einer Trosse ist nicht schlechter als die einer Kette. Ein Kompromiss sind Anker-

trossen mit Kettenvorläufer oder Trossen mit Bleieinlage an einem Ende.

Ein **Reitgewicht** wird an der Ankerleine herabgelassen, um die Leine niederzuhalten. Das Reitgewicht erhöht die Haltekraft und verhindert dadurch starkes Einrucken.

Eine Ankertrosse sollte an den Anker geschäkelt sein. Ein Knoten setzt die Bruchlast erheblich herab und könnte in glattem Tauwerk slippen. Eine Ankerkette hingegen muss mit einem Taustropp am Schiff befestigt werden, um die Kette notfalls kappen zu können.

Trosse	Kette + Trosse	Kette
Mindestens 10fache Wassertiefe; bei schlechtem Wetter und/oder Grund die 15- bis 20fache Wassertiefe oder mehr	Mindestens 7fache Wassertiefe; bei schlechtem Wetter und/oder Grund die 12- bis 15fache Wassertiefe	Mindestens 5fache Wassertiefe; bei schlechtem Wetter und/oder Grund die 10- bis 12fache Wassertiefe

Die Ketten- oder Trossenlänge („Ausstich") kann auf tiefem Wasser etwas reduziert werden, wenn Ankerplatz und -grund es zulassen. Zu viel Kette ist besser als zu wenig.

Frage 271

Ankern

Ankerplatz, Ankergrund

Der richtige Ankerplatz und der richtige Ankergrund sind das A und O für sicheres Ankern.

Ein **Ankerplatz** muss Schutz vor Wind und Wellen bieten und das Wasser darf nicht zu tief sein.

Eine lauschige Ankerbucht kann zur Falle werden, etwa wenn der Wind dreht und zunimmt oder plötzlich Fallwinde von umliegenden Bergen herabbrausen.

Bei auflandigem Wind darf vor einer Küste grundsätzlich nicht geankert werden. Aber auch die Leeküste einer Insel kann bei Sturm zum Ankern ungeeignet sein (Refraktion, siehe Seite 129).

Der Ankerplatz muss schließlich groß genug sein, damit ausreichend Kette oder Trosse gesteckt werden kann und das Schiff genügend Raum zum Schwojen hat, nicht mit anderen Booten kollidiert und nicht auf einem Flach festkommt.

In Gezeitenrevieren muss geprüft werden, ob auch bei Niedrigwasser die Wassertiefe noch reicht.

In Seekarten sind Ankerplätze ausgewiesen. Hier interessieren natürlich nicht die Reeden, sondern nur die Ankerplätze speziell für die Sportschifffahrt.

Die Haltekraft eines Ankers hängt vom **Ankergrund** ab. **Sand** ist ein guter Ankergrund. Großflächige Anker (Danforth, Fortress) haben hier ihre Stärken.

Auch **Lehm** ist ein guter Ankergrund. Am besten halten hier Anker mit spitzen, scharf angeschliffenen Flunken (Bügelanker).

Ungeeignet ist **Felsen**. Allenfalls schlanke Haken finden daran Halt (CQR-Anker). **Seegras** ist für Patentanker ein schlechter Grund. In dichten Bewuchs können sich leichte Anker nicht eingraben. Sie verhaken sich bestenfalls im Gras und reißen dann aus.

Auch im **Schlamm** und **Kies** hält ein Patentanker nur, wenn er in festen Grund darunter gelangt und sich dort vergräbt. Seegras, Schlamm und Kies erfordern schwere Anker.

Zeigt das Wasser am Ankerplatz unterschiedliche Färbungen, so lasse man den Anker möglichst auf hellem Grund fallen. Helle Farbe entsteht durch Sandgrund.

Auskunft über den Ankergrund kann auch ein Handlot mit **Lotspeise** (Fett am Lotgewicht) geben.

Ankermanöver

Ankermanöver werden auch auf Segelyachten unter Maschine gefahren. Das ist bequemer, als unter Segeln vor Anker zu gehen. Zuerst müssen Anker und Trosse klargemacht werden. Die Trosse sollte in Buchten an Deck liegen; bei einer Ankerkette mit Ankerwinsch entfällt das, hier muss nur die Kupplung der Kettennuss gelöst werden. Auf fremden Schiffen sollte man sich vergewissern, dass die Trosse auch wirklich am Schiff befestigt ist. So sind schon viele Anker verloren gegangen.

Eine **Ankerboje** ist ein kleiner Ball, der mit einer **Trippleine** am Ankerkreuz festgemacht ist. Die Boje markiert den Anker. Sie soll verhindern, dass ein anderes Boot seinen Anker so fallen lässt, dass dessen Kette über dem eigenen Ankergeschirr liegt. Sollte

Ein Bügelanker gräbt sich in lehmigen Grund.

CQR-Anker in einer Ankerhalterung, dahinter Ankerspill

Ankern

der Anker mit fremden Ankern, an einem Stein oder einem Kabel unklar kommen, kann der Anker an der Trippleine nach hinten freigezogen werden.

Zum Ankern läuft man zunächst genau in Windrichtung. Das Schiff muss aufstoppen, bevor der Anker fällt. Es darf nicht über den Anker laufen. Damit ausreichend Trosse gesteckt werden kann, muss der Anker weit in Luv vom Liegeplatz fallen. Der Anker darf nicht geworfen werden, sondern er soll langsam auf den Grund gleiten, damit sich die Trosse nicht um die Ankerflunken wickelt. So könnte kein Anker halten.

Nun wird genau mit dem Wind langsam achteraus gelaufen. Dabei wird ständig Ankerleine ins Wasser geworfen, sodass der Anker nicht belastet wird. Der Anker soll möglichst tief einsinken, bevor er sich eingräbt. Auch das Eingraben selbst soll gefühlvoll geschehen. Falsch wäre es, den Anker durch Zug auf die Trosse einzurucken. Anker und Boot brauchen – vor allem in strömenden Gewässern – etwas Zeit zum **Eintörnen** (Einschwingen).

Wenn die Trosse vibriert, pflügt der Anker durch den Grund. Er hält nicht. Aber auch wenn die Trosse nicht vibriert, muss geprüft werden, ob der Anker gefasst hat. Dazu können die Wassertiefe gelotet, der Abstand zu anderen Schiffen beobachtet und markante Objekte an Land gepeilt werden. Hält der Anker nicht, muss er aufgeholt und das Manöver wiederholt werden.

Vor Anker liegend darf das Schiff keinesfalls sich selbst überlassen werden. Eine Person, die auch weiß, was im Ernstfall zu machen ist, sollte **Ankerwache** gehen. Sie beobachtet, ob

– sich das Wetter ändert
– der eigene Anker hält
– das Boot frei schwojt
– ein Schiff in Luv auf das eigene zutreibt

Verschlechtert sich das Wetter, so muss mehr Kette gesteckt und/oder ein Reitgewicht aufgesetzt werden. In einer ruhigen Nacht reicht es aus, die Lage etwa alle drei Stunden zu kontrollieren.

Um ankerauf zu gehen, läuft man unter Maschine langsam zum Anker. Dabei wird die Trosse eingeholt. Ein elektrisches Ankerspill holt die Kette auf und leitet sie automatisch in den Kettenkasten.

Steht die Trosse senkrecht, bricht sie den Anker aus dem Grund. Bewegt sich der Anker nicht, kann – falls vorhanden – mit der Trippleine der Anker nach hinten gezogen werden. Hat sich der Anker an einer fremden Kette verhakt, kann man versuchen, sie mit einem Draggen anzuheben. Schlimmstenfalls muss ein Taucher den Anker klarmachen. Ist auch das unmöglich, muss der Anker aufgegeben werden.

Ein Plattenanker ist auf Sand gefallen ...

... und gräbt sich langsam ein.

Fragen 272, 273

Ankern

Vermuren, Verkatten, Verwarpen, Gesetzliche Vorschriften

Vermuren heiß, ein Schiff vor zwei Buganker zu legen (**offene Muring**). Vorteil: Das Schiff braucht weniger Fläche zum Schwojen. Die Haltekraft verbessert sich nur wenig. Ein Sonderfall ist das **Tidenmuring**.

beide Anker und schäkelt die zweite Trosse mit einem Muringschäkel an die erste Kette.

Schließlich muss die erste Kette so weit ausgelassen werden, dass die Yacht über beide Trossen hinwegschwojen kann – ein ziemlich aufwändiges Manöver.

Verkatten heißt, zwei Anker an einer Kette auszubringen. Das erhöht die Haltekraft erheblich (etwa die doppelte Haltekraft wie beim Vermuren).

Der vordere Anker, der **Kattanker**, ist der leichtere; er muss mehr als die Wassertiefe vom Hauptanker entfernt sein, damit

Das Verholen eines Bootes mit einem leichten Anker nennt man **Verwarpen** oder **warpen**. Der dafür eingesetzte Anker wird als **Warpanker** bezeichnet.

Ein Fahrzeug vor Anker muss bei Tage einen **schwarzen Ball** und bei Nacht ein **weißes Rundumlicht** führen (KVR).

Offene Muring

Tidenmuring

Verkatten

Dabei wird ein Anker stromaufwärts, der andere stromabwärts ausgebracht, sodass das Schiff je nach Stromrichtung vor einem der beiden Anker liegt.

Nachdem der erste Anker gefallen ist, muss so viel Kette gegeben werden, bis sich das Boot an der Stelle befindet, wo der zweite Anker liegen soll.

An der ersten Kette verholt man sich zurück zwischen

Mit dem Vermuren nicht zu verwechseln ist das Liegen an einer **Muringboje**. Dies ist eine von der Hafenverwaltung mit solidem Grundgeschirr ausgelegte Boje, an der ein Schiff festmachen kann. Muringbojen können in oder vor einem Hafen liegen.

sich die Anker aufholen lassen. Es ist nicht einfach, die beiden Anker auszubringen und später wieder zurück an Bord zu holen.

Daher verkattet man zwei Anker nur, wenn durch Sturm oder Seegang der Ankerplatz unsicher wird.

Ankert ein Fahrzeug in der Nähe des Fahrwassers oder auf einer Reede, so muss ständig Ankerwache gegangen werden (SeeSchStrO).

Ankerball, Ankerlicht und Ankerwache sind für Fahrzeuge unter zwölf Meter Länge auf den von der Strom- und Schifffahrtspolizei als Anker- und Liegestellen bekannt gemachten Wasserflächen nicht erforderlich (SeeSchStrO).

Festmachen

Festmacheleinen

Drei Anforderungen werden an Festmacher gestellt: Sie müssen eine hohe Bruchlast besitzen, elastisch und abriebfest sein. Eine hohe Bruchlast ist selbstverständlich. Elastische Leinen lassen das Boot nicht so stark rucken und schonen die Klampen. Je länger die Leine, umso höher die Elastizität. Festmacher sollten so geführt werden, dass sie möglichst lang sind. Ruckminderer aus Gummi oder Federn sind vor allem in kurzen Leinen gut. Sie ersetzen aber nicht eine gute elastische Leine. Alte Schoten sind als Festmacher ungeeignet; sie recken überhaupt nicht. Einen abriebfesten Mantel sollten Festmacher besitzen, weil sie oft unbemerkt am Boot oder Steg scheuern. Wird eine Scheuerstelle entdeckt, schützt man sie am besten mit einem Lappen oder einem übergezogenen Schlauchstück.

Festmachen in Boxen

In Boxen wird eine Yacht normalerweise mit zwei Vorleinen (Bugleinen), die schräg zum Steg geführt werden, und zwei Achterleinen (Heckleinen) zu den hinteren Pfählen festgemacht. Achtern führt man

die Festmacher am besten über Kreuz.

In einer kurzen Box wirken die Vor- und Achterleinen fast quer zum Schiff. Sie begrenzen nur die Bewegung zur Seite. Deshalb müssen noch lange Springs ausgebracht werden, damit die Yacht sich nicht nach vorne oder hinten bewegen kann. An acht Leinen liegt das Schiff auch in einer kurzen Box sicher.

Der Schwell vorbeifahrender Schiffe lässt manchmal die Masten benachbarter Boote aneinander schlagen. Dann müssen die Yachten

so festgemacht werden, dass die Masten gegeneinander versetzt sind.

Änderungen des Wasserstandes

Auch in gezeitenfreien Revieren kann der Wasserstand schwanken. Festmacher brauchen daher immer etwas Lose. Schwimmpontons steigen und fallen mit dem Wasser. Hier wird nicht viel Lose benötigt. An festen Brücken sieht es anders aus.

Bei anhaltendem Starkwind steigt oder fällt der

Wasserstand manchmal so stark, dass das Schiff in seinen Leinen hängt. Damit der Hafenmeister oder Nachbarn ohne umständliche Kletterpartie die Festmacher verlängern können, sollte – bei längerer Abwesenheit – auf der Brücke ausreichend Leine liegen.

Wird das Schiff verlassen, so müssen alle Seeventile geschlossen, der Hauptschalter des Bordnetzes ausgeschaltet und der Elektro-Landanschluss abgezogen werden. Bei Gewitter könnte sonst ein Blitz hierüber Erde finden.

Auch längsseits benötigt man zum Festmachen mindestens vier Leinen: die Vor- und die Achterleine sowie die Vor- und die Achterspring. Durch die Springs werden Drehbewegungen des Schiffes verhindert.

Richtiges Festmachen in Boxen: Die Heckleinen verlaufen über Kreuz. Die Masten sind versetzt und können nicht aneinander schlagen.
Das Schiff in der Mitte liegt in einer zu kurzen Box. Durch lange Springs werden die Bewegungen nach vorne und achtern kontrolliert.

Links: Wenn das Boot für längere Zeit verlassen wird, sollte auf der Brücke genügend Leine liegen. Bei stärkeren Wasserstandsschwankungen können die Leinen vom Steg aus nachgeführt werden.
Rechts: Die Heckleinen sind auf Slip gelegt und können vom Boot aus bedient werden.

Fragen 270, 278, 279

Starten der Maschine

Eine Maschine starten

Ein Auto wird angelassen und schon kann es losfahren. Das geht bei einem Boot nicht so einfach. Ein Boot wird so gestartet:

– Elektro-Hauptschalter einschalten
– Kraftstoffmenge prüfen
– Seeventil für Kühlwassereinlass öffnen
– Kraftstoffventile öffnen
– Motorraum auf Wasser-, Kraftstoff- und Ölleckagen kontrollieren
– Kühlflüssigkeitsstand prüfen
– Ölstand prüfen
– Stopp-Griff hineinschieben
– fünf bis zehn Sekunden vorglühen
– Wendegetriebe auskuppeln, etwas Gas geben
– Anlasserknopf drücken
– Maschine kurz warmlaufen lassen

Die grau gedruckten Punkte müssen nicht unbedingt vor jedem Anlassen gemacht werden.

Achtung! Explosionsgefahr beim Start eines Benzinmotors. Benzingase können aus dem Motor ausgetreten sein und sich im Motorraum gesammelt haben. Vor dem Anlassen muss das Motorraum-Gebläse etwa fünf Minuten lang laufen, um das Gas abzusaugen.

Wendegetriebe

Das Wendegetriebe kann die Drehrichtung der Propellerwelle umdrehen. Es wird meistens mit einem Hebel bedient. Mit ihm wird gleichzeitig geschaltet und Gas gegeben (Einhebelschaltung). Beim Umschalten von Vorwärts- auf Rückwärtsfahrt soll der Hebel ein bis zwei Sekunden lang in Neutralstellung gehalten werden. Der Kupplungsknopf wird dabei nicht gedrückt.

Vor dem Start den Kupplungsknopf eindrücken (= auskuppeln) und Hebel etwas vorschieben. Nach dem Anlassen den Gashebel zurück in Neutralstellung schieben; der Kupplungsknopf springt dann wieder heraus, die Maschine ist nun eingekuppelt.

Einhebelschaltung: Gas und Schaltung in einem Hebel

Einfache Instrumententafel: links Drehzahlmesser mit Betriebsstundenzähler, darunter Warnanzeige mit Fenstern für Kühlwassertemperatur, Schmieröldruck, Generator und Vorglühen. Rechts die Abdeckkappe der Alarmsirene (oben), Kippschalter für Vorglühen und Alarmtest, Druckschalter Power on/off, Druckschalter Anlasser. Neben der Instrumententafel der Stoppgriff zum Abschalten des Motors (rausziehen).

Technische Hinweise

Zweikreiskühlung

Ein Auto hat einen Kühler. Der Fahrtwind streicht daran vorbei und kühlt das Kühlwasser, das seinerseits den Motor kühlt. Ein Bootsmotor wird nicht durch Fahrtwind, sondern mit Seewasser gekühlt. Es fließt durch einen Wärmetauscher, den „Kühler" des Bootsmotors, und wird dann über den Auspuff wieder außenbords geleitet. Denn der Auspuff muss – anders als beim Auto – auch gekühlt werden, da er ja im Rumpf liegt. Aus dem Auspuff eines Bootsmotors treten also Abgase und das Wasser des **offenen Kühlkreislaufs** aus. Der **geschlossene Kreislauf** kühlt den Motor. Sein Kühlwasser gibt im Wärmetauscher die Motorwärme an den offenen Kühlkreis ab. Dieses Verfahren heißt **Zweikreiskühlung**.

Die Ansaugöffnung des offenen Kühlkreislaufs ist klein und kann verstopfen. Deshalb muss nach dem Anlassen geprüft werden, ob Kühlwasser aus dem Auspuff fließt. Falls nein, ist der offene Kühlwasserkreislauf unterbrochen. Möglicherweise ist nur das Seeventil für den Kühlwassereinlass verschlossen oder der Kühlwassereinlass ist verstopft. Das muss beseitigt werden.

Betrieb

Der Motor muss bei niedriger Drehzahl und unter geringer Last warmgefahren werden. In kaltem Zustand sollte er nie mit hoher Drehzahl laufen.

Der Anlasser darf nicht bei laufendem Motor betätigt werden. Der Startermotor und der Zahnkranz des Schwungrades könnten beschädigt werden. Auch darf der Anlasserknopf nicht gedrückt gehalten werden, wenn der Motor bereits angelaufen ist.

Ein Dieselmotor wird mit einem **Stoppgriff** ausgeschaltet. Dazu muss der Griff herausgezogen werden. Notfalls kann der Motor auch abgeschaltet werden, indem das Luftansaugrohr zugedrückt wird.

Um beim Segeln den Wasserwiderstand des Propellers möglichst klein zu halten, sollte bei einem feststehenden Propeller Leerlauf eingelegt sein (der Propeller soll mitdrehen). Bei einem Faltpropeller soll der Rückwärtsgang eingelegt sein (Hebel nach hinten schieben, der Propeller soll nicht drehen).

Der Motor sollte täglich mindestens fünfzehn bis dreißig Minuten lang laufen. So werden nicht nur die Batterien geladen, sondern auch Probleme beim Starten vermieden. Bei laufendem Motor darf das Boot nicht stark krängen, da sonst die Schmierölversorgung behindert oder sogar die Kühlung unterbrochen werden könnte (wenn der Kühlwassereinlass über Wasser liegt).

Bunkern

Diesel zu bunkern, erfordert keine besonderen Vorsichtsmaßnahmen. Zwei Hinweise zum Dieselvorrat: Der Tank darf nicht völlig leer gefahren werden; sonst müsste der Motor entlüftet werden. Bei längerem Stillstand oder seltener Benutzung soll der Tank möglichst voll sein. Andernfalls könnte sich Kondenswasser im Tank bilden und danach die Maschine nicht mehr anspringen (Wasserabscheider müsste entleert werden).

Beim Bunkern von **Benzin** besteht Explosionsgefahr. Selbst bei geerdeter Tankanlage muss vor dem Tanken ein Potenzialausgleich gemacht werden. (Zapfpistole kurz an den noch verschlossenen Tankdeckel halten). Die Benzingase, die aus dem Tank gedrückt werden, während das Benzin hineinläuft, dürfen nicht in das Bootsinnere gelangen (Explosionsgefahr).

Der Elektro-Hauptschalter (Motor) wird ausgeschaltet, wenn der Motor längere Zeit außer Betrieb bleibt. Auch das Seeventil (Kühlwasser) und die Kraftstoffventile sollten dann geschlossen werden.

Der Elektro-Hauptschalter darf nicht bei laufendem Motor ausgeschaltet werden, weil der Generator und der Spannungsregler sonst beschädigt werden können.

Fahrtstufe	Drehzahl	Kraftstoffverbrauch
Wirtschaftliche Marschfahrt	50 %	25 %
Höchste Marschfahrt	80 %	60 %
Volle Fahrt	90 %	80 %
Vollgasfahrt	100 %	100 %

Inspektionen

Inspektionen

Kleinere Inspektionen müssen gemäß Betriebsanleitung selbst durchgeführt werden.

Bei der **täglichen Inspektion** vor dem Start werden der Stand der Kühlflüssigkeit und des Schmieröls überprüft. Sind Leckagen am Motor erkennbar (Öl, Kraftstoff, Wasser)?

Bei der **Kontrolle der Kühlflüssigkeit** besteht Verbrennungsgefahr. Der Deckel darf bei heißem Motor nicht mit einer Drehung abgenommen werden. Dampf oder heiße Kühlflüssigkeit könnten herausspritzen. Der Deckel ist zunächst bis zum ersten Anschlag zu drehen; bevor er abgenommen wird, soll einen Moment gewartet werden. Der Füllstand sollte bis unter den Einfüllstutzen reichen bzw. bei einem separaten Ausgleichsbehälter zwischen den Min- und Max-Marken liegen. Zum Nachfüllen der Kühlflüssigkeit sollte nach Möglichkeit das gleiche Gemisch verwendet werden, das sich bereits in der Anlage befindet. Die Kühlanlage ist langsam zu füllen.

Der **Motorölstand** wird wie beim Auto mit dem Messstab überprüft. Der Füllstand darf niemals unter die untere Marke absinken. Angaben zur Qualität und Viskosität des Öls findet man in der Betriebsanleitung.

Nach jeweils 14 Tagen sind folgende Inspektionsarbeiten durchzuführen:

– **Ölstand-Kontrolle im Wendegetriebe** oder S-Antrieb.

– **Wasserabscheider überprüfen**. Der Wasserabscheider trennt Wasser, das sich durch Kondensation im Tank gebildet hat oder durch einen undichten Tankdeckel eingedrungen ist, vom Kraftstoff. Bei vollem Wasserabscheider sind Wasser und Verunreinigungen über ein Ventil oder einen Stopfen abzulassen. Der Abscheider sollte erst einige Stunden nach Abstellen des Motors entwässert werden.

– **Keilriemenspannung kontrollieren**. Der Keilriemen darf sich nur etwa einen halben Zentimeter weit eindrücken lassen. Eine übermäßig hohe Spannung führt zu Lagerschäden, bei zu geringer Spannung kann der Keilriemen rutschen (quietscht manchmal). Den Keilriemen zu spannen, ist nicht schwer; der Generator wird gelöst und so weit verschoben, bis der Keilriemen die richtige Spannung hat. Ein verschlissener oder gerissener Keilriemen ist auszuwechseln. Etwa eine Betriebsstunde nach dem Auswechseln oder Nachspannen des Keilriemens ist die Spannung nochmals zu überprüfen.

– **Säurestand in den Batterien** prüfen. Warnung: Die Batterien enthalten Knallgas und extrem aggressive Schwefelsäure. Funken oder offene Flammen in der Nähe der Batterie können zu einer Explosion führen. Es ist eine Schutzbrille zu tragen. Wenn die Bleiplatten nicht mehr vollständig bedeckt sind, ist destilliertes Wasser nachzufüllen.

– **Seewasserfilter kontrollieren**. Seeventil schließen, Filter öffnen und ggf. reinigen.

Um **Korrosion** zu vermeiden, soll der Motor alle zwei Wochen einmal gestartet und warmgefahren werden. Wird das Boot voraussichtlich für mehr als 90 Tage nicht betrieben, sollten Maschine, Antrieb und Propeller eine Langzeitkonservierung erhalten.

Sichtkontrollen

Dicker Schmutz auf der Maschine zieht Feuchtigkeit an und kann Kriechströme und Probleme an der Elektrik auslösen. Nur an einer gepflegten und sauberen Maschine können Sichtkontrollen durchgeführt werden. Öl-, Wasser- oder Kraftstoffleckagen dürfen nicht auftreten und sind Anzeichen undichter Verschraubungen oder Dichtungen. Schwarzer Staub entsteht durch einen rutschenden Keilriemen oder nicht fluchtende Keilriemenscheiben.

Niemals in eine laufende Maschine greifen!

Hörkontrollen

Ungewöhnliche Geräusche der Maschine oder des Antriebs (Rasseln, Klappern, Klopfen, Schleifen) weisen immer auf Störungen hin. Eine frühzeitige Reparatur begrenzt den Schaden und vermeidet Ausfälle. Klappern unter dem Rumpf kann durch eine angefressene Zinkanode, die zum Schutz des Propellers vor Elektrolyse an der Propellerwelle (auch bei GFK-Yachten) angebracht ist, hervorgerufen werden.

Störungen

Alarm Kühlflüssigkeit (Temperatur zu hoch)

Ist der Motor zu heiß geworden, sollte sofort Leerlauf eingelegt und ausgekuppelt werden. Sinkt dann die Temperatur? Falls nicht, den Motor ausschalten. Mögliche Ursachen für eine Überhitzung sind:

– Seewassereinlass verstopft
– Keilriemen rutscht
– Keilriemen gerissen
– zu wenig Kühlflüssigkeit
– Seewasserfilter verstopft
– Pumpenlaufrad defekt
– Thermostat defekt
– Temperaturgeber defekt
– Anzeigeinstrument defekt
– Luft im Kühlsystem

Bei Yachten mit Saildrive hat der Temperaturalarm häufig eine kleine Ursache: Eine Plastiktüte, eine Folie oder Seegras hat sich um den Saildrive gewickelt und den Kühlwassereinlass verstopft. Um den Fremdkörper wieder loszuwerden, muss man nur ein paar Mal vor- und rückwärts fahren. Die Fetzen treiben dann im Kielwasser.

Alarm Öldruck zu niedrig

Den Motor sofort ausschalten; ohne intakten Ölkreislauf tritt binnen Sekunden ein größerer Schaden ein. Nur wenige Ursachen lassen sich mit Bordmitteln beheben:

– zu wenig oder kein Öl
– Öldruckschalter defekt
– Masseschluss an Geberleitung

Auch wenn die Öldruckwarnung bei Vollgas verlöscht, muss der Motor sofort abgeschaltet werden. Diese Störung kann ebenfalls nicht mit Bordmitteln beseitigt werden.

Alarm Ladekontrolle (Generator)

Der Generator dient zur Stromerzeugung. Der Motor kann zunächst weiter betrieben werden, aber die Batterien werden nicht mehr geladen. Strom sparen! Ursachen, die ohne fremde Hilfe behebbar sind, können sein:

– Keilriemen gerissen oder zu locker
– Masseschluss an Geberleitung

Abgasfarbe	
Weiß	Wasser im Abgas; Kühlsystem intakt?
Schwarz	Luftfilter verstopft?
Blau	Schmieröl im Kraftstoff; Ölstand zu hoch?

Startschwierigkeiten

Wenn der Anlasser nicht oder nur langsam dreht:
– Hauptschalter aus
– Batterie leer

Wenn der Anlasser normal läuft:
– Stoppgriff reingeschoben?
– Sicherung defekt?
– Lange genug vorgeglüht?
– Kraftstoffventil zu?
– Tank leer?
– Luft im Kraftstoffsystem?
– Wasserabscheider voll?

Motor würgt beim Einkuppeln ab:
– Propeller blockiert?
– Getriebe blockiert? (ausreichend Getriebeöl)
– Propellerwelle verbogen?

Motor bleibt nach dem Start stehen:
– Vakuum im Tank? (Die Tankbelüftung ist verstopft, wenn der Motor bei offenem Tankdeckel nicht stehen bleibt.)
– Luft im Kraftstoffsystem?
– Kraftstoff- oder Luftfilter verdreckt?

Warnung
Man verwende bei Startschwierigkeiten eines Dieselmotors niemals ein Start-Spray oder ähnliche Produkte! Die Glühkerzen könnten eine Explosion im Einlassrohr verursachen. Es besteht Verletzungsgefahr.

Entlüften des Kraftstoffsystems

Das Kraftstoffsystem muss entlüftet werden, wenn

– der Tank völlig leer gefahren wurde
– der Kraftstofffilter ausgewechselt worden ist
– Kraftstoffleitungen geöffnet wurden
– der Motor längere Zeit nicht benutzt wurde

Entlüftet wird mithilfe einer kleinen, am Motor befindlichen Handpumpe (siehe Betriebsanleitung). Im Kraftstoffsystem befinden sich eine oder mehrere Entlüftungsschrauben (siehe Betriebsanleitung), die nacheinander ein bis zwei Umdrehungen weit gelöst werden müssen.

Die Förderpumpe ist dann jeweils so lange zu betätigen, bis Kraftstoff blasenfrei austritt. Mit einem saugfähigen Lappen wird er aufgefangen.

Die Entlüftungsschrauben müssen – noch während der Kraftstoff austritt – wieder gut verschlossen werden. Sie sollten nach kurzem Betrieb des Motors nochmals auf Leckage überprüft werden.
Tipp: Wenn die Handpumpe schlecht arbeitet, den Motor kurzzeitig drehen lassen.

Hafenmanöver

Viel Erfahrung ist nötig, um eine Yacht in engen Häfen manövrieren zu können. Wie dreht das Boot? Wie stoppt es auf? Wie läuft es rückwärts? Das hängt ab von

– der Kiel- und Ruderform
– dem Tiefgang, aber auch der Wassertiefe
– dem Antrieb
– dem Winddruck auf die Aufbauten

Yachten mit Wellen- bzw. V-Antrieb manövrieren ganz anders als Boote mit S-Antrieb (siehe Abbildung auf Seite 135). Beim S-Antrieb strömt der Propeller das Ruder nur schlecht an; das Ruder wirkt erst, wenn das Schiff Fahrt macht. Sitzt dagegen der Propeller direkt vor dem Ruder, so dreht die Yacht aus dem Stand. Abgesehen davon lässt sich ein Boot mit S-Antrieb gut manövrieren.

Ein typisches Problem bei Wellen- oder V-Antrieb ist, dass der Propeller das Heck stark zur Seite versetzt – besonders wenn der Propeller auf einer schrägen Welle nahe am Heck sitzt. Ein solches Boot lässt sich kaum rückwärts fahren, weil bei Achterausfahrt das Heck besonders stark zu einer Seite zieht. Immer wieder muss dann Leerlauf eingelegt und gegengesteuert werden.

Ein **rechtsgängiger Propeller** dreht sich bei Vorwärtsfahrt von hinten gesehen rechtsherum. Dadurch schwenkt das Heck leicht nach Steuerbord; der Bug wird also etwas nach Backbord versetzt. Bei Fahrt achteraus dreht ein rechtsgängiger Propeller nach links und kann – besonders beim Anfahren – das Heck erheblich nach Backbord versetzen. Bei **linksgängigen Propellern** sind die Verhältnisse umgekehrt („Radeffekt").

Die Schiffsseite, zu der bei Rückwärtsfahrt das Heck versetzt wird, nennt man gelegentlich Schokoladenseite. An dieser Seite ist das Längsseits-Anlegen einfacher, weil beim Aufstoppen das Heck zugleich zur Brücke versetzt wird.

Auch beim Wenden auf engem Raum sollte die Schraubenwirkung beachtet werden. Entscheidend ist dabei immer das Verhalten bei Rückwärtsfahrt. Da ein rechtsgängiger Propeller bei Rückwärtsfahrt das Heck nach Backbord versetzt, unterstützt er das Wenden über Steuerbord.

Bei stärkerem Wind ist vor allem der Winddruck zu berücksichtigen. Um besser aufstoppen zu können, soll man – falls möglich – gegen den Wind anlegen.

Die seitliche Schraubenwirkung ist bei Fahrt achteraus stärker (rechtsgängiger Propeller).

Anlegen mit der „Schokoladenseite" (rechtsgängiger Propeller). Aufstoppen versetzt das Heck zur Brücke.

Wenden auf engem Raum mit Propellerhilfe. Ein rechtsgängiger Propeller zieht bei Fahrt achteraus das Heck nach Backbord und unterstützt so das Wenden über Steuerbord (siehe Manöverphasen zwei und drei). Deshalb wird auf engem Raum besser über Steuerbord gewendet.

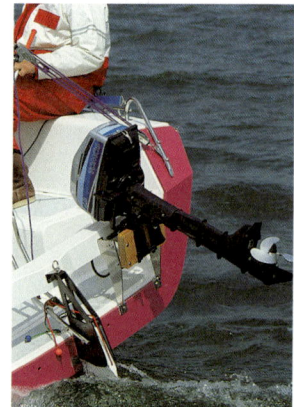

Ein Außenborder darf nur mit leerem Vergaser hochgekippt werden, sonst läuft Kraftstoff ins Wasser. Wird der Benzinschlauch abgezogen, so brennt der Vergaser leer und dann geht der Motor aus. Jetzt kann kein Sprit mehr auslaufen. Das ist auch beim Transport oder Verstauen des Motors wichtig.

Fragen 264, 274, 276, 277

Berufsschifffahrt

Größere Frachtschiffe verdrängen zwischen 20 000 und 500 000 Tonnen. Auf einer Yacht mit fünf bis zehn Tonnen kann man diese gewaltige Masse und

– die Geschwindigkeit
– die Sichtverhältnisse auf der Brücke
– die Aufstoppstrecke
– das Drehverhalten

eines solchen Schiffes kaum richtig einschätzen.

Viele gefährliche Situationen entstehen dadurch, dass auf Yachten die **Geschwindigkeit** eines Fracht- oder Fahrgastschiffes unterschätzt wird.

Aufbauten und Ladung können die Sicht behindern. Nach den IMO-Richtlinien müssen die **Sichtverhältnisse** von der Brücke freie Sicht nur auf den Horizont ermöglichen. Die Wasserfläche muss lediglich in einem vorausliegenden Sektor von 20° sichtbar sein. Dabei darf ein toter Winkel von zwei Schiffslängen – höchstens jedoch 500 Meter – vor dem Bug verdeckt bleiben. Wenn ein kleines Boot vor dem Bug eines solchen Schiffes herläuft, bleibt dem Brückenpersonal oft nichts anderes übrig, als zu hoffen, dass das Boot auf der anderen Seite wieder auftaucht.

Ausweichmanöver müssen auf großen Schiffen frühzeitig geplant werden; unter Umständen muss bereits bei einem Abstand von zwei bis drei Seemeilen ein Manöver des letzten Augenblicks eingeleitet werden.

Der **Notstoppweg** eines größeren Handelsschiffes beträgt je nach Schiffstyp, -größe und Beladung das 8- bis 15fache der Schiffslänge und dauert etwa zehn Minuten. Bei einem Notstopp riskiert der Rudergänger nicht nur Schäden an Maschine, Antrieb und Propeller, sondern auch ein unkontrollierbares Ausbrechen des Hecks.

Wenn auf einem großen Frachtschiff bei 12 – 27 kn (Marschfahrt) durch **Hartruderlage** eine Kursänderung eingeleitet wird, verlässt das Fahrzeug erst nach mehreren Schiffslängen seine bisherige Kurslinie, wobei zuerst das Heck in Gegenrichtung ausschwenkt. Diese Bewegung des Hecks heißt **Anschwenkverhalten**.

Man berücksichtige auch, dass heute meistens nur noch eine Person auf der Brücke sitzt, von der man nie genau weiß, was sie gerade macht. Mit einem **Manöver des vorletzten Augenblicks** (Seite 65)

Gefahren bei Überholmanövern

1 Bugstau des Überholers: Das zu überholende Fahrzeug kann dabei vor den Bug des Überholers geraten.

2 Bugwelle des Überholers: Das zu überholende Fahrzeug kann aus dem Ruder laufen und auf die Uferböschung geraten.

3 Sog des Überholers: Das zu überholende Fahrzeug kann an die Bordwand gesaugt werden.

4 Heckwelle des Überholers: Das überholte Fahrzeug kann aus dem Ruder laufen und auf die Uferböschung geraten.

vermeidet man Gefahren. Wasser mit einer Tiefe von zehn Meter gilt für manche Schiffe bereits als flach. Auf flachem Wasser kann das Heck nach unten gesaugt werden. Dieser Effekt wird **Squat** genannt. Durch Squat kann die Steuerfähigkeit eingeschränkt werden oder sogar ganz verloren gehen.

Läuft ein Schiff nahe an einer Untiefe oder Uferböschung vorbei, kann es seitlich angesaugt werden und aus dem Ruder laufen (**Bankeffekt**).

Um Squat oder Bankeffekt zu vermeiden, können für ein größeres Schiff **Kursänderungen** nötig sein.

Sie werden durch Schallsignale angekündigt (Seite 73). Insbesondere in einem engen Fahrwasser ist damit zu rechnen, dass das Heck ausschwenkt. Hier ist ein großer Sicherheitsabstand erforderlich.

Bei **Fischern** sollte man immer auf plötzliche Kurs- und Geschwindigkeitsänderungen vorbereitet sein.

Fragen 263, 266, 275, 280

Zehn Sicherheitsregeln für Wassersportler

Nach den Grundregeln für das Verhalten im Verkehr (Seite 78) hat auch ein Wassersportler die Vorsichtsmaßregeln zu beachten, die Seemannsbrauch oder besondere Umstände des Falls erfordern. Zur Erfüllung der seemännischen Sorgfaltspflicht gehört die Anwendung der folgenden vom Bundesamt für Seeschifffahrt und Hydrographie (BSH) aufgestellten Sicherheitsregeln.

Fahrzeugführer **1. Schätzen Sie Ihre Kenntnisse und Fähigkeiten richtig ein!**

Auch wenn Sie die Befähigung zum Führen eines Sportbootes in einer Prüfung nachgewiesen haben, sammeln Sie zunächst am Tage praktische Erfahrung in geschützten Gewässern, die nur wenig von Fahrzeugen der Berufsschifffahrt befahren werden.

Fahrzeug **2. Machen Sie sich mit den Eigenschaften und der Einrichtung Ihres Fahrzeugs vertraut!**
Ihr Fahrzeug muss für das vorgesehene Fahrtgebiet geeignet sein. Stellen Sie fest, ob Ihr Fahrzeug den Anforderungen für Fahrten in Küstennähe oder auf der hohen See genügt. Fahrzeug und Einrichtung müssen sich in einem fahr- und funktionstüchtigen Zustand befinden.

Sicherheitsausrüstung **3. Rüsten Sie Ihr Fahrzeug mit geeigneten Rettungsmitteln aus!**
Zur Mindestsicherheitsausrüstung gehören eine Rettungsweste für jede Person an Bord, geeignete Mittel, um ein Feuer an Bord zu bekämpfen, und Signalmittel, um einen Notfall anzuzeigen, sowie Lenzvorrichtung (Pumpe, Eimer,

Ösfass) und Erste-Hilfe-Ausrüstung. Zur Orientierung empfehlen sich die Sicherheitsrichtlinien der Kreuzer-Abteilung des DSV. Die Sicherheitsausrüstung muss regelmäßig überprüft und gewartet werden.

Reiseplanung **4. Informieren Sie sich über das vorgesehene Fahrtgebiet!**
Machen Sie sich mit den Schifffahrtsvorschriften und den Hilfen für die Navigation Ihres Fahrtgebietes vertraut. Für die Reiseplanung und -durchführung unerlässliche Hilfsmittel sind auf den neuesten Stand berichtigte Seekarten und Seebücher sowie Gezeitenkalender, Erfahrungsberichte und die von der Kreuzer-Abteilung des DSV empfohlenen Hafenhandbücher.

Wetter **5. Unterrichten Sie sich über die herrschenden und vorhergesagten Wetter- und Seegangsverhältnisse!**

Treten Sie im Küsten- und Seebereich nie eine Fahrt an, ohne vorher den Wetterbericht gehört zu haben, und beobachten Sie stets die Wetterentwicklung im Vergleich mit den an Bord aufgenommenen Berichten. Der Seewetterbericht ist den allgemeinen Wettervorhersagen der Rundfunksender vorzuziehen. Der Deutsche Wetterdienst, Geschäftsfeld Seeschifffahrt in Hamburg erstellt gegen geringe Gebühren spezielle Törnberatungen für Wassersportler über Telefon, Telefax oder Telex mit Wettervorhersagen für bis zu fünf Tagen. Informieren Sie sich, ob im zu befahrenden Gewässer zurzeit meteorologische Gefahren auftreten

Fragen 8, 310

Zehn Sicherheitsregeln für Wassersportler

können (z. B. Mistral, Bora, tropischer Wirbelsturm).

Einweisung

6. Unterrichten Sie Ihre Besatzungsmitglieder und Gäste über die Sicherheitsvorkehrungen an Bord!

Zeigen Sie den Aufbewahrungsort der Rettungsmittel und üben Sie das Anlegen von Rettungsweste und Sicherheitsgurt („Lifebelt"). Erklären Sie den Umgang mit Seenotsignalmitteln. Erläutern Sie die für die Sicherheit wichtigen Einrichtungen des Fahrzeugs, wie Lenzeinrichtungen, Seeventile – vor allem am Pump-WC –, Feuerlösch-, Heiz- und Kocheinrichtungen.
Achten Sie darauf, dass Ihre Besatzungsmitglieder und Gäste sich an Bord sicher bewegen, Arme und Beine nicht außenbords hängen lassen und auf Segelbooten den Gefahrenbereich des Großbaums meiden. Bestimmen und unterweisen Sie ein geeignetes Besatzungsmitglied als Vertreter, falls Sie als Fahrzeugführer ausfallen sollten.

Mann über Bord

7. Treffen Sie Maßnahmen gegen das Überbordfallen, und prüfen Sie Möglichkeiten, Überbordgefallene zu bergen!

Lassen Sie rechtzeitig Rettungswesten und Sicherheitsgurte anlegen. Weisen Sie auf geeignete Befestigungspunkte für Sicherheitsgurte hin. Üben Sie regelmäßig Mann-über-Bord-Manöver. Prüfen Sie Möglichkeiten, und üben Sie das Anbordholen insbesondere von geschwächten Personen.

Nebel

8. Verlassen Sie keinen sicheren Ankerplatz bei Nebel!

Werden Sie von Nebel oder schlechter Sicht überrascht, möglichst umgehend Fahrwasser und Schifffahrtswege verlassen. Zum eigenen Schutz einen sicheren Ort aufsuchen und Fahrt unterbrechen. In jedem Fall sind bei verminderter Sicht die vorgeschriebenen Schallsignale zu geben. Sportfahrzeuge, insbesondere solche aus Holz oder Kunststoff, können ihre Radarauffassbarkeit durch einen Radarreflektor verbessern. Fahrzeuge mit Metallmast können ihre Radarauffassbarkeit durch eine aufrechte Bootslage erhöhen.

Berufsschifffahrt

9. Halten Sie sich von der Berufsschifffahrt nach Möglichkeit fern!

Meiden Sie Schifffahrtswege, und halten Sie sich im Fahrwasser so weit wie möglich rechts oder außerhalb des Fahrwassers, sofern dies ohne Gefahr möglich ist. Segelfahrzeuge dürfen beim Kreuzen im Fahrwasser die durchgehende Schifffahrt nicht behindern.

Ausguck

10. Halten Sie stets gehörigen Ausguck!

Hiermit stellen Sie sicher, dass Sie frühzeitig Kollisionssituationen, treibende Gegenstände oder andere Gefahren für Ihr Fahrzeug erkennen können. Durch Ihre Aufmerksamkeit können Sie Notlagen anderer Sportfahrzeuge entdecken und Hilfe leisten.

Fragen 8, 310, 326

Charter, Kojencharter

Charter, Kojencharter

Wer nicht über ein eigenes Boot verfügt und keine Mitfahr- oder Mitsegelgelegenheit in einem Verein oder im Freundeskreis hat, kann ein Boot oder auch nur eine Koje chartern.

Kojencharter heißt, den Preis für eine Koje und die anteiligen Gemeinkosten (Hafengebühr, Kraftstoff, Bordverpflegung) zu bezahlen und als Crewmitglied entsprechend den persönlichen Kenntnissen und Erfahrungen eingesetzt zu werden. Neben der Bereitschaft, sich in die Mannschaft einzuordnen und die nach Absprache festgelegten Aufgaben zu übernehmen, geht der Kojencharterer keine weitere Verpflichtung ein. Die Verantwortung für die Sicherheit der Besatzung und des Schiffes liegt beim Schiffsführer, den der Veranstalter stellt.

Eine andere Rechtslage ergibt sich, wenn eine Yacht (ohne Skipper) gechartert wird. Die Verantwortung des Schiffsführers ist in den Sicherheitsrichtlinien der Kreuzer-Abteilung (nebenstehender Auszug) festgelegt und gilt gleichermaßen für Charterskipper wie für Eigner, die als Schiffsführer eine Reise durchführen.

Eignung zum Schiffsführer

Der Schiffsführer übernimmt eine große Verantwortung. Auch wer die Befähigung zum Führen eines Sportbootes in einer Prüfung nachgewiesen hat, sollte zunächst am Tage in geschützten Gewässern praktische Erfahrungen sammeln. Um größere Seegebiete zu überqueren oder entfernte Häfen anzu-

Vor Fahrtantritt muss der Schiffsführer bestimmt werden.

Eine gemeinschaftliche Schiffsführung von mehreren Personen ist nicht zulässig.

steuern, sind nicht nur fachliche und charakterliche Eignung, sondern vor allem umfangreiche praktische Erfahrungen erforderlich.

Aus den Sicherheitsrichtlinien der Kreuzer-Abteilung des Deutschen Segler-Verbandes e. V.:

Verantwortung des Eigners bzw. des Schiffsführers
„Für die Sicherheit einer Yacht und ihrer Besatzung ist ausschließlich und zwingend der Eigner bzw. der Skipper (Vertreter des Eigners) verantwortlich. Sie müssen alles tun, um sicherzustellen, dass die Yacht gut ausgerüstet, seetüchtig und mit einer erfahrenen Besatzung bemannt ist, die körperlich in der Lage ist, schlechtes Wetter durchzustehen.
Er muss von der Solidität des Rumpfes, der Spieren, der Takelung, der Segel und des gesamten stehenden und laufenden Gutes überzeugt sein. Er muss sicherstellen, dass alle Sicherheitseinrichtungen ordentlich instand gehalten und verstaut sind und dass die Besatzung weiß, wo sie verstaut sind und wie sie zu bedienen sind.
a) Der Schiffsführer muss den Nachweis über die Befähigung zur Führung von Yachten für das entsprechende befahrene Gebiet erbracht haben (Führerscheinvorschrift des DSV bzw. amtliche Führerscheinvorschriften). Die zum Ausweis für Schiff und Besatzung erforderlichen Papiere müssen an Bord sein.
b) Das Seh-, Farbunterscheidungs- und Hörvermögen der Besatzung soll den Anforderungen an Sportbootführerscheinbewerber genügen. Alle Besatzungsmitglieder sollen Freischwimmer sein. Der Führer der Yacht soll über das Sehvermögen und den Farbenunterscheidungssinn jedes Besatzungsmitglieds unterrichtet sein ... "

Der Skipper einer Segelyacht muss über eine **leistungsfähige Crew** verfügen, die erfahren und körperlich in der Lage ist, schweres Wetter durchzustehen, und ihn als Schiffsführer akzeptiert. Mindestens ein Crewmitglied muss imstande sein, ein Mann-über-Bord-Manöver ohne Mithilfe des Skippers durchzuführen. Ein Stellvertreter des Schiffsführers sollte bestimmt werden.

Versicherung

Da es in der Sportschifffahrt (anders als im Kfz-Verkehr) keinen gesetzlichen Zwang zum Abschluss einer **Versicherung** gibt, sollte der Schiffsführer

– den Versicherungsumfang (Haftpflicht-, Kasko-, Insassenschutz) kennen
– einen Nachweis über die Zahlung der Versicherungsbeiträge fordern
– eine Skipper-Haftpflichtversicherung abschließen
– den Schiffseigner oder Vercharterer im Chartervertrag nicht von Ansprüchen Dritter freistellen (sonst zahlt die Skipper-Haftpflichtversicherung nicht)
– die Mitsegler Haftungsverzichtserklärungen unterschreiben lassen,
– prüfen, ob er eine Rechtsberatung benötigt

Eine unbekannte Yacht kennen lernen

Die ersten Informationen über eine unbekannte Yacht vermittelt der Vercharterer oder der Eigner im Rahmen der **Einweisung**.

Er fertigt ein Übergabeprotokoll an, in dem der Zustand von Schiff und Ausrüstung festgehalten wird. Für den Charterer ist es also nicht nur wichtig, bei dieser Einweisung viel mitzubekommen, sondern auch eventuelle **Mängel** und **Schäden** rechtzeitig zu erkennen und diese in das Übergabeprotokoll aufnehmen zu lassen. Denn für Schäden, die später auftreten, kann der Charterer haftbar gemacht und die Kaution ganz oder teilweise einbehalten werden.

Der Skipper ist daher gut beraten, für die Einweisung und für die Mängelsuche die verschiedenen Funktionsbereiche des Schiffes vorher auf die Crew aufzuteilen (Rollenplan):

– Deck, Außenhaut, Reling, Bug- und Heckkorb
– Dichtigkeit der Yacht (Bord-WC, Seeventile, Lenzpumpen, Luken)
– Navigation, Funk
– Maschine, Elektrik
– Ankergeschirr, Leinen
– Gasanlage, Heizung, Pantry
– Sicherheitseinrichtung,
– Rigg, Segel

Bilge kontrollieren

1. Wasser im Schiff?
2. Bilge von Schmutz gereinigt? (Grober Schmutz und Etiketten könnten bei einem Wassereinbruch die Lenzpumpen verstopfen.)
(Bilge = Raum unter den Bodenbrettern)

Der Schiffsführer muss vor Beginn einer Reise die **Seetüchtigkeit** der Yacht **überprüfen**. Dazu hat er sich von der Solidität des Schiffs zu überzeugen und zu untersuchen, ob die Ausrüstung ordentlich instand gehalten und funktionstüchtig ist. Es sollte auch kontrolliert werden, ob die im Bootszeugnis aufgeführte Ausrüstung vollzählig vorhanden ist.

Ergänzend zu der Einweisung durch den Eigner oder Vercharterer hat der Schiffsführer eine Sicherheitsbelehrung sowie eine

Vor Reiseantritt

1. Seetüchtigkeit;
2. Sicherheitsbelehrung;
3. Sicherheitsrolle;
4. Mannschaftstraining;
5. Wetterbericht;
6. Kraftstoff, Wasser, Lebensmittel;
7. Seekarten und Seebücher studieren.

technische Einweisung der Crew durchzuführen, deren Umfang von den Kenntnissen und Erfahrungen der Crew abhängt. Zur **Sicherheitsbelehrung** gehören u. a.

– Maßnahmen gegen das Überbordfallen
– Verhalten bei ...
  ... Mann über Bord,
  ... Seekrankheit,
  ... Feuer, Leckage
– Hinweise zum Gefahrenbereich Großbaum

sowie der Gebrauch von

– Rettungswesten
– Sicherheitsgurten
– Rettungsinsel
– Notsignalmitteln
– Lenzpumpen
– Feuerlöschmitteln
– Seefunkgerät
– Notsteuereinrichtung
– Erste-Hilfe-Ausrüstung
– Seeventilen

Die **technische Einweisung** umfasst

– Navigationsgeräte
– Positionslichter
– Windinstrumente
– Motor, Elektroanlage
– Funkgerät, Radio
– Ankergeschirr, Werkzeug
– Leinen, Fender
– Wasser- und Dieseltanks
– Lenzeinrichtungen
– Seeventile
– Bord-WC
– Bordapotheke
– Kocher mit Gasanlage
– Rigg, Segel, Winschen

Erst wenn Skipper und Crew die **Manövriereigenschaften** und das Verhalten des Schiffes (ggf. auch unter Segeln) kennen gelernt haben, kann die Reise beginnen. Mit den Manövriereigenschaften unter Maschine macht man sich am besten zuerst vertraut, indem noch im Ausgangshafen einige Hafenmanöver geübt werden:

– An- und Ablegen (längsseits und in Boxen, mit Fendern und Leinen)
– Aufstoppen
– Rückwärtsfahren
– Wenden auf engem Raum

Unter Maschine wird auch ausgelaufen. Danach sollte zuerst ein Ankermanöver gefahren und dabei der Gebrauch des Ankergeschirrs geübt werden. Auf Segelyachten werden auch die Standardmanöver unter Segeln trainiert:

– Segel setzen und bergen
– Wenden
– Halsen
– Boje-über-Bord-Manöver
– Beidrehen
– Segelwechsel sowie
– Reffen

Einweisung, Übergabe, Überprüfen der Seetüchtigkeit und Mannschaftstraining sollen im Logbuch vermerkt, Personen- und Fahrzeugpapiere vor Fahrtantritt überprüft werden.

Fragen 9, 310

Beidrehen, beiliegen, Mann über Bord

Soll ein Segelboot nur wenig Fahrt machen und in ruhiger Lage gehalten werden, so dreht man bei. Zum **Beidrehen** wird gewendet, ohne dabei die Fock- oder die Großschot loszuwerfen.

Auf dem neuen Bug macht das Boot kaum noch Fahrt. Das Ruder muss nach Luv gelegt werden, damit das Schiff nicht durch die backstehende Fock abfällt und wieder Fahrt aufnimmt.

Beigedreht liegt das Schiff relativ ruhig und es treibt auch nur wenig ab. Beidrehen kann man, um

– in schwerer See zu reffen
– etwas zu reparieren
– einen Überbordgefallenen zu bergen
– ein anderes Boot längsseits kommen zu lassen

Beiliegen nennt man das lange Beidrehen. Beiliegen ist die klassische Art, einen Sturm abzuwettern. Je stärker der Wind, umso kleiner müssen die Segel sein – im Sturm sind Trysegel und Sturmfock am besten. Wenn der Sturm so heftig wird, dass ein Schiff überhaupt keine Segel mehr tragen kann, ist auch ein Beiliegen unmöglich.

Beiliegen war früher die klassische Möglichkeit, um schwere See abzuwettern. Abseits der Schifffahrtsrouten und fernab der Küsten wurde das Boot pottendicht verschlossen und unter Deck auf besseres Wetter gewartet. Es hat sich jedoch gezeigt, dass moderne Yachten nicht so gut beiliegen wie die alten Schiffe.

Mann[1] über Bord!

Wer über Bord fällt, ist in Lebensgefahr! Der Ruf „Mann über Bord!" alarmiert die gesamte Crew. Damit der Ernstfall sofort erkannt wird, wird im Training „Boje über Bord!" gerufen. Eine Übung ist mit dem Ernstfall nicht zu vergleichen: kein Stress, kein Chaos und eine Boje ist viel leichter an Bord zu nehmen als ein Mensch. Auch muss das Manöver mit einem Crewmitglied weniger gefahren werden, vielleicht ohne Skipper.

1. die Person im Wasser im Auge behalten
2. das Schiff schnell an die Person manövrieren
3. die Person lebend bergen

Das Quick-Stopp-Manöver löst die ersten zwei Probleme am besten – auch bei Starkwind. Doch wie soll der Mensch im Wasser geborgen werden? Nur wenn er schnell gefunden wird und noch nicht unterkühlt ist, darf ein Mensch aufrecht geborgen werden

– über die Badeplattform
– über die Badeleiter
– im Bergegurt am Spi-

---

[1] Im Amtsdeutsch und auf Schiffen mit Gleichstellungsbeauftragter "Mensch über Bord"

Fall oder (besser) mit Rettungstalje am Want
– am ausgefahrenen Großbaum mit der Großschot

Andernfalls droht der Bergungstod – jeder fünfte Geborgene stirbt nach der Rettung! Um das zu verhindern, muss eine unterkühlte oder geschwächte Person unbedingt waagerecht geborgen werden. Das geht auf einer Yacht wohl nur mit einem kleinen Vorsegel. An Hals und Schothorn belegt wird es mit dem Fall über Bord gelassen. Die Person im Wasser muss in das Segel gezogen, mit dem Fall an Deck gehievt und sofort medizinisch versorgt werden. Die Reling muss vorher abgebaut werden.

Keinesfalls darf ein Überbordgefallener an der Bordwand festgebunden und in den nächsten Hafen transportiert werden. Das würde er nicht überleben.

Zum Beidrehen wende man mit belegter Fockschot und lege das Ruder nach Luv.

Beiliegen im Sturm; die Wirbelschleppe in Luv soll Wellen dämpfen.

Mann-über-Bord-Manöver

Das Quick-Stopp-Manöver ist für kleine Crews besonders geeignet. Der Mann ist schnell wieder erreicht.

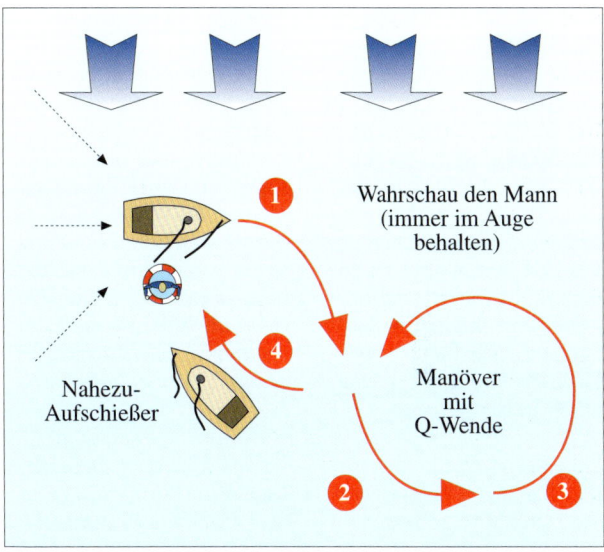

Ein umstrittenes Rettungsmanöver – kompliziert, langwierig, mit Gefahr den Mann aus den Augen zu verlieren

Mann-über-Bord-Manöver unter Spi. Spinnaker bergen; notfalls Spi-Schoten fliegen lassen und mit Maschine zurück

Wird nicht genügend Leeraum gewonnen, so kann kein Aufschießer gefahren und das Boot nicht aufgestoppt werden.

Sturm

Wind ab Stärke 9 heißt **Sturm**. Die Windgeschwindigkeit liegt dabei ständig über vierzig Knoten. Nicht nur der Wind, vor allem der **Seeschlag** gefährdet dann eine Yacht. Die See hat so viel Kraft, dass sie tonnenschwere Container vom Deck mancher Frachter spült. Mehr als zehn Meter hoch können sich die Wellen auftürmen – eine Horrorvorstellung, da auf einer Yacht zu sein.

Das Risiko, in einen Sturm zu geraten, ist klein, wenn man sich auch während der Reise ständig über die herrschenden und vorhergesagten Wetter- und Seegangsverhältnisse informiert. Bevor ein größeres Seegebiet überquert wird, sollte notfalls eine meteorologische **Törnberatung** beim Deutschen Wetterdienst eingeholt werden. Wie zahlreiche Weltumsegelungen beweisen, können selbst Ozeane überquert werden, ohne in einen Sturm zu geraten.

Reiseplanung

Der entfernteste Ort soll nach einem Drittel der Reisezeit erreicht werden, damit nicht die Rückreise unter Zeitdruck durchgeführt und bei unsicherer Wetterlage ein Hafen verlassen werden muss.

Wenn es nicht gelingt, rechtzeitig einen Schutzhafen anzulaufen, ist es für eine Yacht sicherer, einen Sturm auf offener See abzuwettern statt in Landnähe. Vor einer Luvküste (Legerwall) kann ein Schiff stranden. Nicht weniger gefährlich ist es, in eine Grundsee zu geraten. Aber auch in Lee einer kleinen Insel können sich gewaltige Seen aufbauen.

Vorbereitungen auf einen Sturm

An Deck müssen zunächst alle losen Teile gesichert werden. Leinen und Fallen festzurren; Luken, Oberlichter, Fenster verschließen; Deckslüfter abnehmen und die Öffnungen zuschrauben. Ein Beiboot darf nicht nachgeschleppt, es muss an Deck geholt und sorgfältig verzurrt werden; im Sturm würde es verloren gehen. Das gilt auch für die Rettungsinsel. Sie könnte durch Seeschlag aus ihrer Verankerung gerissen und über Bord gespült werden. Sie muss – eventuell unter Deck – so verstaut und verzurrt werden, dass sie auch bei einer Kenterung nicht umherfliegen kann. Die Positionslichter sollten noch einmal überprüft werden. Die Sturmbesegelung (Trysegel, Sturmfock) wird angeschlagen.

Liegt im **Cockpit** nichts herum, was die Cockpitentwässerung verstopfen könnte? Die Backskisten müssen gegen Wassereinbruch verriegelt werden. Überflüssige Winschkurbeln werden unter Deck verstaut. Um Stürze in grober See zu vermeiden, kann das Cockpit mit Leinen überspannt werden.

Der Skipper sollte mit seiner Crew alle im Sturm erforderlichen Maßnahmen besprechen. Die Wachen werden verkürzt. Die Freiwachen müssen sich erholen. Sie sollten schlafen, auf jeden Fall ruhen.

Thermoskannen sollten mit warmen Getränken oder Suppe gefüllt werden. Brote schmieren, Snacks vorbereiten; keinen Alkohol trinken. Sturmkleidung anziehen, Rettungswesten und Lifebelts anlegen.

Personen, die **seekrank** werden, sollten

– Medikamente einnehmen
– sich so lange wie möglich im Cockpit aufhalten und beschäftigt werden
– sich vor Auskühlung schützen
– sich möglichst nicht unter Deck begeben.

Wer seekrank geworden ist, schläft am besten. Seekranke müssen an Deck

angeleint werden; sie dürfen nicht unbeaufsichtigt bleiben. Möglichst zwischendurch Zwieback oder Knäckebrot essen.

Unter Deck sind alle losen Teile, die bei starken Schiffsbewegungen oder einer Kenterung durch die Kajüte fliegen können, zu sichern. Die Seeventile werden geschlossen; die Bilge wird noch einmal gelenzt und von grobem Schmutz gereinigt. Um die Stabilität zu verbessern, muss schweres Staugut möglichst tief – und kenterfest – gelagert werden. Liegen Taschenlampen bereit?

Die Position wird in die Seekarte eingetragen und nun regelmäßig aktualisiert. Wichtig ist, alle benötigten Karten und Bücher sorgfältig zu studieren (Schutzküsten, Leeküsten, freier Seeraum, Gebiete mit Gefahr von Grundseen, Ströme, Arbeitskanäle von Küstenfunkstellen) und mögliche Alternativen zu bedenken. Wegen der Gefahr von Grundseen meide man alle Gebiete mit weniger als zehn Meter Wassertiefe. Kaps sollten großräumig umsegelt werden. Wichtig sind regelmäßige Luftdruckmessungen und Wetterbeobachtungen. Keinen Wetterbericht versäumen.

Sturm

Wie sich eine Yacht bei Sturm verhält, hängt vor allem von ihrer Größe ab. Bei Windstärke acht wird auf einem 7-Meter-Boot um das Überleben gekämpft, während eine 14-Meter-Yacht noch sicher segelt.

Aber auch Schiffe gleicher Länge können völlig unterschiedliche Segeleigenschaften besitzen. Blauwassersegler haben ganz unterschiedliche Erfahrungen gemacht. Das zeigt, dass es keine universale Sturmtaktik gibt. Üblich ist:

– Beiliegen, eventuell mithilfe der Maschine
– Lenzen vor Topp und Takel, dabei Leinen nachschleppen
– Liegen vor Treibanker
– mit Sturmbesegelung aktiv segeln

Eine Yacht mit langem Kiel wird so lange wie möglich **beiliegen**. Mit einem in Luv festgelaschten Ruder überlässt man das Schiff sich selbst und wartet unter Deck ab. Dies ist jedoch nur so lange möglich, wie

– das Boot noch Segel tragen kann
– ausreichend Seeraum vorhanden ist
– nicht mit Kollisonsgefahr gerechnet werden muss

Im Sturm steigt die Kollisionsgefahr, weil ein kleines Boot im Seegang und Regen auf dem Radarschirm leicht übersehen werden kann.

Wenn die Yacht keine Segel mehr tragen kann, ist auch Beiliegen unmöglich. Unter **Lenzen vor Topp und Takel** versteht man, ohne Segel abzulaufen. Ein fünfzehn Meter hoher Mast hat etwa zwei Quadratmeter Windangriffsfläche. Deshalb kann eine Yacht selbst ohne Segel eine hohe Geschwindigkeit erreichen. Die **nachgeschleppten Leinen** sollen das Heck im Wind halten und verhindern, dass die Yacht in brechenden Wellen querschlägt und kentert. Wenn brechende Wellen von achtern unter das Schiff laufen, wird das Ruder nicht mehr ausreichend angeströmt. In schwerer See hängt es besonders vom **Vermögen des Rudergängers** ab, ob er brechende Seen aussteuern kann oder ob die Yacht unterschneidet, querschlägt und kentert. Kurze, steile, brechende Wellen sind typisch für die flachen Teile der Nordsee und viel gefährlicher als die langen Wellen, die sich in tiefen Ozeanen bilden.

Eine Alternative ist das **Liegen vor Treibanker**.

Der 29-jährige Franzose Thierry Dubois auf dem Rumpf seiner Yacht „Amnistie International", die kieloben im südlichen Pazifik treibt. Er hatte an dem französischen Vendée-Globe-Rennen für Einhandsegler rund um die Welt teilgenommen. 1999 verlor auch Isabelle Autissier ihr Schiff in einer stabilen Kieloben-Lage. Solche Unfälle können in der Nordsee auch mit Fahrtenyachten (die keine Fluchtluke haben) passieren.

Damit soll den Wellen nicht das wenig geschützte Heck zugewendet werden, sondern der Bug. Damit das Schiff nicht schwojt und sich quer zu den Wellen legt, soll es mithilfe einer zweiten Leine am Heck im Winkel von etwa 20° zu den Wellen fixiert werden.

Diese Sturmtaktiken haben sich vor allem auf schweren Yachten bewährt. Auf leichten Schiffen wird – so lange es eben möglich ist – **aktiv gesegelt**. Empfohlen wird, quer zu den Wellen zu laufen und eine etwas weniger hohe Welle mit dem Bug voran zu überqueren (was bei Nacht und wenn Gischt die Sicht beeinträchtigt, nicht immer möglich ist). Dies ist nicht ungefährlich, denn sollte das Boot nicht über eine Welle kommen und achteraus treiben, drohen Kenterung und Ruderbruch.

Wird die vorgesehene Reisedauer überschritten, sollten die Angehörigen informiert werden, damit sie das Schiff nicht als **überfällig** melden und eine **Suche** veranlassen.

Fragen 282, 283, 311

Brandverhütung, Brandbekämpfung

Feuer an Bord bedeutet allerhöchste Gefahr. Wenn es nicht gelingt, den Brand während der Entstehung zu löschen, ist das Fahrzeug ohne fremde Hilfe nicht mehr zu retten. Folgende Empfehlungen zur Brandverhütung und -bekämpfung sollten beachtet werden.

Alle Personen an Bord

– Mit den Notausstiegen vertraut machen
– Über die Anordnung der Feuerlöscher unterrichten

Koch- und Heizeinrichtungen

– Hinweise des Herstellers beachten
– Leitungen und Verschraubungen regelmäßig auf Leckage überprüfen, jedoch nicht mit offener Flamme, sondern mit Schaum, Seifenwasser oder Leckagespray

– Auffangwannen für flüssigen Brennstoff kontrollieren und ggf. vorhandenen Brennstoff sofort beseitigen
– Überlaufmengen beim Befüllen von Vorratsbehältern sofort beseitigen; soweit möglich, Vorratsbehälter nicht im Bootsinneren befüllen.

Elektrische Einrichtungen

– Befestigungen und Kabelklemmen regelmäßig überprüfen
– Festgestellte Mängel, auch bei Steckern und Schaltern, Steckdosen und Maschinen, unverzüglich beseitigen
– Beim Laden von Akkumulatoren Ladespannung kontrollieren und ggf. (Seite 137) gut lüften

Rauchen

– Am besten Rauchverbot unter Deck; sonst:

– Nicht in der Koje rauchen
– Brennende Zigaretten und Streichhölzer stets in Aschenbechern ablegen
– Kippen und Streichhölzer nicht achtlos wegwerfen

Feuerlöscheinrichtungen

– ABC-Pulverlöscher
– Für geschlossene Motorräume CO_2-Löscher; Erstickungsgefahr
– Regelmäßig warten
– Feuerlöscher gut sichtbar aufhängen, Hinweisschild
– Benutzte Feuerlöscher unverzüglich nachfüllen lassen
– Gelegentlich eine Brandbekämpfungsübung an Land durchführen

Im Brandfall

– Ruhe bewahren
– Nach Möglichkeit Luftzug unterbinden (vor den Wind gehen, den Wind „tot" laufen)
– Feuerlöscher erst am Brandherd betätigen
– Brand von unten bekämpfen
– Falls möglich, Löschmittelrest für eventuelle Rückzündung behalten
–Die Funktionsdauer (Spritzzeit) tragbarer Feuerlöscher beträgt je nach Größe sechs bis fünfzehn Sekunden.

Sollten die Feuerlöschmittel verbraucht, der Brand aber noch nicht gelöscht sein, so kann mit Wasser weiter gelöscht werden. Sonst versuche man, den Brand zu ersticken.

Das Deck sollte ständig mit Wasser gekühlt werden.

Amtliche Brandklasseneinteilung

Brandklasse	Art des brennenden Stoffes	Löschmittel
A	Brennbare feste Stoffe (außer Metall)	Wasser, Schaum Trockenlöschmittel
B	Brennbare flüssige Stoffe	Schaum, CO_2-Löscher Trockenlöschmittel
C	Brennbare Gase und Dämpfe	Trockenlöschmittel
D	Brennbare Leichtmetalle	Gesteinsstaub trockener Sand
E	Brennbare elektrische Einrichtungen	Trockenlöschmittel Schaum

Bereiche mit erhöhtem Brandrisiko

Pantry	Maschine	Elektroanlage
Brand mit Feuerlöschdecke ersticken, Fettbrände nicht mit Wasser löschen.	Bei Maschinenbrand: CO_2-Löscher in den Maschinenraum entleeren, Kraftstoffhahn absperren, Vollgas bei Leerlauf.	Brennende elektrische Einrichtungen nicht mit Wasser löschen.
Offene Flamme nie ohne Aufsicht lassen.	Keine brennbaren Stoffe im Maschinenraum lagern.	Bei Schmorgeruch: Hauptschalter aus, Schmorstelle suchen.

Feuerlöschdurchlass

Fragen 319 – 322

Leckbekämpfung

Mehr Stress, als dass plötzlich jede Menge Wasser im Schiff steht und der Untergang droht, ist an Bord einer Yacht kaum vorstellbar. Welche Crew wird ohne intensives Training dann noch koordiniert und zielstrebig handeln können? Sie wird ihr Schiff verlieren und das unterlassene Training kann später als grobe Fahrlässigkeit ausgelegt werden.

Kommt das Wasser wie aus heiterem Himmel in das Schiff oder hat es eine Kollision oder Havarie gegeben? Im ersten Fall dringt es durch einen Rumpfdurchbruch ein. Vielleicht war ein Seeventil nicht verschlossen und der Schlauch dahinter ist geplatzt. Wenn die Crew eine Sicherheitsrolle aufgestellt und sich auf diese Situation vorbereitet hat, dann wird sie die Lage schnell im Griff haben.

Auch nach einer Kollision oder Havarie muss das Leck gesucht werden – es können auch mehrere sein. Doch dann ist nicht nur ein Seeventil zu schließen. Jetzt müssen die Lecks provisorisch abgedichtet, sie müssen gesichert werden. Viel ist schon erreicht, wenn der Wassereinbruch so weit eingedämmt werden kann, dass die Lenzpumpen dagegen ankommen.

Dazu ist entscheidend, wie tief ein Leck unter Wasser liegt. Je tiefer ein Loch unter Wasser, desto höher ist der Wasserdruck und umso mehr Wasser dringt ein (siehe Tabelle). Jetzt muss das Schiff auf die Seite gelegt oder das Gewicht so verlagert werden, dass das Leck hoch, vielleicht sogar aus dem Wasser kommt. Und auch die Fahrt soll aus dem Schiff genommen werden.

Natürlich bedroht jeder Wassereinbruch die Sicherheit des Schiffes. Funkrechtliche Vorschriften verlangen in diesem Fall, eine **Dringlichkeitsmeldung** an die nächste Rettungsleitstelle zu übermitteln. Auch hierfür muss ein Crewmitglied verantwortlich sein. Jetzt darf nicht mehr lange überlegt werden; es muss

Eindringende Wassermenge durch ein Leck von 50 mm	
Tiefe	Wassermenge
(cm)	(l/min)
20	230
40	330
60	410
80	480
100	520

im Schlaf wissen, was zu tun ist. Wer weiß, wann die Stromversorgung zusammenbricht.

Damit die Lenzpumpen jederzeit einsatzbereit sind, darf in der Bilge kein grober Dreck liegen. Er könnte die Pumpen verstopfen. Das Gleiche gilt für Etiketten auf Flaschen oder Konserven, die unten im Schiff lagern. Sie können sich lösen und die Pumpe ver-

Nach einem Wassereinbruch
1. Alarmruf „Wasser im Schiff!"
2. Alle Lenzpumpen in Betrieb nehmen
3. Leckstelle suchen
4. Schiff so trimmen, dass das Leck möglichst hoch liegt
5. Leck sichern (provisorisch abdichten)

stopfen. Vorsichtige Yachties entfernen daher alle Etiketten und beschriften Dosen und Flaschen mit wasserfestem Stift.

Jede größere **Havarie** kann ein Leck zur Folge haben. Eine Grundberührung, ein Mast- oder Ruderbruch kann einen Spannungsriss im Rumpf verursachen. Daher muss nach jeder Havarie die Bilge kontrolliert werden.

DSV-Sicherheitsrichtlinien
Nicht selten haben sich Seeventile festgesetzt. Sie können dann nicht mehr verschlossen werden. Die DSV-Sicherheitsrichtlinien fordern daher:

„Weichholzpflöcke, konisch angespitzt und von entsprechender Größe müssen in unmittelbarer Nähe eines jeden Rumpfdurchlasses sicher befestigt werden."

Mittel zur Lecksicherung
1. Konische (angespitzte) Weichholzpfropfen; sie können z. B. in ein defektes Seeventil geschlagen werden.
2. Eingefettete Lappen und Dichtungsmaterial (Fett, Werg) zum Stopfen von Löchern und Rissen.
3. Unterwasserkleber zum Abdichten kleiner Risse.
4. Leckschirm; wird von innen durch ein Loch gesteckt und aufgefaltet; für Löcher mit 6 cm Ø bis etwa 20 cm Ø.
5. Leckscheibe oder Leckschirm aus Weich-PVC.
6. Lecksegel (z. B. kleine Fock) wird von außen über das Leck gelegt (zusätzlich zum Leckschirm – üben!).
7. Holzplatten zum Verschalken (Verkleiden) z. B. eines Fensters oder Luks.
8. Eingefettetes Segeltuch, Polster, Kissen, Matratzen.

Grundberührung, Hilfeleistung, Bergung

Grundberührung

Eine Grundberührung bei langsamer Fahrt, etwa in einem Hafen, einer Ankerbucht oder einem Tidengewässer auf Sandgrund, ist harmlos. In allen anderen Fällen ist sie immer das Ergebnis eines schwer wiegenden Navigationsfehlers.

Während ein Langkieler auf das Unterwasserhindernis aufgleitet, wird ein moderner Kurzkieler mit einem Schlag aufgestoppt. Harter Grund kann hier erheblichen Schaden verursachen:

– Die Kielbolzen werden locker; Wasser dringt ein
– Der Kiel wird am hinteren Ende oder sogar auf ganzer Länge in den Rumpf gedrückt
– Der Motor löst sich aus seiner Verankerung
– Der Kiel deformiert

– Das Ruder kann beschädigt werden
– Propeller und -welle nehmen Schaden
– Leck in der Bordwand

Nach jeder Grundberührung muss so schnell wie möglich festgestellt werden, ob und wenn ja welcher Schaden entstanden ist. Nur so können Folgeschäden und gefährliche Seelagen vermieden werden. Es reicht nicht aus, das Boot von innen zu untersuchen, es muss an Land!

Kommt das Fahrzeug nicht aus eigener Kraft kurzfristig wieder frei, liegt eine **Strandung** vor. Bei starkem Seegang besteht die Gefahr, dass die Wellen das schutzlose Schiff mehrfach hart aufsetzen lassen und schließlich zerschlagen. Dann darf nicht gezögert werden. Jetzt muss sofort um Hilfe gerufen werden.

Freikommen

Eine am Rand eines Fahrwassers aufgelaufene Segelyacht mag mithilfe der Segel zunächst gedreht und dann stark gekrängt werden können, sodass sie schnell wieder freikommt. Solange aber die Tiefenverhältnisse um das aufgelaufene Schiff nicht genau bekannt sind, heißt die vernünftigste Empfehlung: mit Maschine oder Schlepphilfe rückwärts auf demselben Weg wieder von der Untiefe herunterfahren. Sonst kann versucht werden,

– den Anker mit einem Beiboot auszubringen und das Schiff an der Ankerleine freizuziehen
– das Schiff zu leichtern (Ausrüstung in ein Beiboot, Wassertank leeren)
– die Yacht zu krängen (eventuell ebenfalls mithilfe eines Ankers)

Bergung, Hilfeleistung

Bergung bedeutet, dass ein Schiff aus einer Notlage befreit wird, die die Besatzung alleine nicht überwinden kann. Von **Hilfeleistung** wird gesprochen, wenn ein Dritter die Besatzung nur dabei unterstützt, sich aus einer Notlage zu befreien. Die Kosten und Rechtsfolgen sind in beiden Fällen gleich.

Während für die Rettung von Menschenleben kein Anspruch auf Lohn (wohl aber auf Erstattung der dabei entstandenen Kosten) besteht, muss für die Rettung oder Bergung von Sachen **Bergelohn** bezahlt werden. Die Höhe ist abhängig vom Risiko und Schwierigkeitsgrad der Bergung, vom Wert der geborgenen Sache und vom erzielten Erfolg. Bevor fremde Hilfe angenommen wird, sollte kein fester Bergelohn, sondern die **Open Form** vereinbart werden. Dies bedeutet no cure, no pay – kein Erfolg, kein Geld.

Eine Bergung oder Hilfeleistung kann auch beim Berger Schaden verursachen. Dafür haftet der Havarist aber nur, wenn er den Schaden schuldhaft oder vorsätzlich herbeigeführt hat. Das dürfte aber nur in wenigen Fällen zutreffen.

Grundberührungen von Lang- und Kurzkielern

Typische Schäden nach hartem Auflaufen (Kurzkiel)

Freikommen durch buglastigen Trimm

Schleppen

Wer bei Flaute gemütlich in den nächsten Hafen motort und dann einem anderen Boot, dessen Maschine streikt, **Schlepphilfe** anbieten möchte, muss nicht viel beachten: Die Leine sollte möglichst lang sein, keinen Knoten haben und sicher befestigt werden. Ein Knoten in der Schleppleine kann deren Bruchlast um die Hälfte senken. Natürlich darf die Leine keinesfalls in die Schraube kommen. Nicht ruckartig anfahren und der Rest läuft von selbst.

Das gleiche Manöver in schwerer See oder in einer Notlage verlangt ganz andere Überlegungen. Wie kann die Leine übergeben werden, ohne dass die Masten der in den Wellen schaukelnden Yachten aneinander stoßen und ohne dass die Fahrzeuge kollidieren? Wo und wie soll die Schleppleine festgemacht werden, um den viel höheren Belastungen standzuhalten? In welche Richtung soll zuerst gezogen und mit welcher Geschwindigkeit soll dann geschleppt werden?

Dies vereinbart man am besten über UKW-Sprechfunk. Eine reibungslose Kommunikation zwischen den Fahrzeugen ist eine Grundvoraussetzung, damit die Aktion gelingt.

Die **Schleppleine** muss stark genug sein, um auch ruckartigen Belastungen zu widerstehen. Steht keine Schleppleine zur Verfügung, so muss eine Anker- oder Festmacheleine aushelfen. Eine lange Leine gleicht ruckartige Belastungen besser aus.

Wenn eine elastische Perlonleine bricht, schnellt sie mit großer Kraft zurück und kann mit einem Peitschenschlag einen Menschen töten. Deshalb ist es so wichtig, dass die Schleppleine nicht geknotet wird.

Die Schleppleine soll an **Scheuerstellen** geschützt werden (Umwickeln, übergezogener Schlauch). Sie soll in kurzen Abständen kontrolliert werden. Sollten Scheuerstellen festgestellt werden, ist die Leine ein Stück lose zu geben, damit ein unbeschädigter Teil der Leine (ebenfalls schützen) der besonderen Beanspruchung ausgesetzt ist.

Viele Yachten sind mit zu kleinen oder zu schwachen Klampen ausgerüstet. Dann sollten die Kräfte mit einer **Hahnepot** auf zwei Klampen verteilt werden. Eine andere Möglichkeit ist, die Schleppleine von der Klampe weiter auf eine Schotwinsch zu führen. Gut eignet sich auch das Ankerspill.

Die Schleppleine sollte nicht am **Mast** befestigt werden. Wenn der Mast auf Deck steht, hält er größeren Zugbelastungen überhaupt nicht stand. Ist er durch das Deck bis auf den Kiel geführt, können Schäden an der Decksdurchführung entstehen.

Eine über Deck laufende Schleppleine soll stets am Steven festgelascht werden, damit nicht eine Relingstütze, der Bugkorb oder das Vorstag beschädigt werden, wenn das geschleppte Fahrzeug ausscheren sollte.

Beim schleppenden Fahrzeug wird die Schleppleine am besten in der Bootsmitte (Drehpunkt) befestigt. Das beeinträchtigt die Steuerung des Schleppers am wenigsten. Ist keine entsprechende Vorrichtung vorhanden, muss die Schleppleine auf Klampen, Pollern oder Winschen des Achterschiffes befestigt werden. Auch hier sollte die Belastung auf mehrere Punkte verteilt werden und die Leine darf nicht scheuern.

Ein Boot kann auch **längsseits geschleppt** werden. Dann braucht es nicht bemannt zu sein. Es ist mit Vor- und Achterleine sowie Vor- und Achterspring zu vertäuen. Wichtig: Das Heck des geschleppten Fahrzeugs soll dabei vor dem Heck des Schleppers liegen, damit der Verband steuerfähig bleibt.

Äußerst problematisch ist es, sich von einem Fischer oder Berufsschiff schleppen zu lassen. Sie erreichen auch mit dem geschleppten Fahrzeug mühelos eine Geschwindigkeit über der Rumpfgeschwindigkeit des geschleppten Fahrzeugs. Doch das wird zu einer Katastrophe führen. Eine Motoryacht würde kentern, eine Segelyacht unterschneiden, abtauchen und sinken.

Ein Verdränger darf niemals schneller als seine **Rumpfgeschwindigkeit** (Höchstgeschwindigkeit in Verdrängerfahrt) geschleppt werden!

Die Schleppleine ist mit einer „Hahnepot" (Hahnenpfote) an zwei Klampen belegt (Verteilung der Kräfte) und zur Entlastung der Klampen nach achtern auf die Winschen geführt.

Fragen 268 – 270

Alarmierung über Sprechfunk

Das weltweit einheitliche Funksystem der Seeschifffahrt heißt **GMDSS** (Global Maritime Distress and Safety System). Es wurde zwischen 1992 und 1999 eingeführt und brachte eine in zwei Punkten völlig neue Rettungsphilosophie. Früher mussten die Schiffe fernab von den Küsten sich untereinander selbst helfen und die Rettung auch alleine organisieren. Eine Yacht auf hoher See musste darauf vertrauen, dass andere Schiffe ihre Notmeldung empfangen und ihr helfen.

Heute ist das anders. Jeder Notfall muss so schnell wie möglich an eine Rettungsleitstelle (MRCC) gemeldet werden. Sie koordiniert von Land aus die Rettungsmaßnahmen; sie entscheidet, welche Schiffe vor Ort an der Rettung teilnehmen und weist sie entsprechend an. Die zweite Änderung: Ein Schiff darf die Rettungsleitstelle nicht erst alarmieren, wenn es in Not geraten ist, sondern es muss schon eine Dringlichkeitsmeldung abgeben, wenn seine Sicherheit oder die eines Menschen bedroht ist. Jedes Schiff – auch eine Yacht – muss also in einem Notfall bei einer Rettungsleitstelle Alarm auslösen können und wenn seine Sicherheit bedroht ist, eine Dringlichkeitsmeldung abgeben können.

Ein Schiff darf daher nur solche Seegebiete befahren, in denen es mit seiner Funkausrüstung ein MRCC erreichen kann. Verfügt es lediglich über ein UKW-Funkgerät, so darf es auch nur in **A1-Gebieten** fahren. Hier ist sichergestellt, dass es jederzeit auf UKW Kontakt mit einer Rettungsleitstelle aufnehmen kann.

A2-Gebiete sind die Seegebiete außerhalb von A1, in denen per Sprechfunk auf Grenzwelle eine Verbindung zu einer Rettungsleitstelle hergestellt werden kann. Für A2-Gebiete benötigt ein Schiff eine Grenzwellen- und für **A3-Gebiete** eine Inmarsat-Satelliten-Funkanlage.

Heutiger Standard ist dabei ein DSC-Controller am Funkgerät. Er ist an einen GPS-Navigator angeschlossen. Um einen vollständigen Notalarm auszulösen, muss nur die SOS-Taste gedrückt werden. Einfacher und sicherer geht es nicht.

Grenzwellen-Sprechfunkgeräte findet man nur auf wenigen Yachten. Viele Eigner ziehen eine Seenotfunkboje (**Epirb**) vor. Eine Epirb sendet – wie ein DSC-Controller – automatisch einen vollständigen Notalarm mit Schiffskennung und Position. Zwei Epirb-Systeme, beide von **Cos-**

Seegebiet A1
Ein von der zuständigen Verwaltung festgelegtes Gebiet innerhalb der Sprechfunkreichweite mindestens einer UKW-Küstenfunkstelle, die ununterbrochen für DSC-Alarmierungen zur Verfügung steht.
Seegebiet A2
Ein von der zuständigen Verwaltung festgelegtes Gebiet (ohne Seegebiet A1) innerhalb der Sprechfunkreichweite mindestens einer GW-Küstenfunkstelle, die ununterbrochen für DSC-Alarmierungen zur Verfügung steht.
Seegebiet A3
Ein Gebiet (ohne Seegebiete A1 und A2) innerhalb der Überdeckung eines geostationären Inmarsat-Satelliten (70°N bis 70°S), der ununterbrochen für Alarmierungen zur Verfügung steht.
Seegebiet A4
Ein Gebiet außerhalb der Seegebiete A1, A2 und A3 (alle Gebiete jenseits von 70° Breite)

pas-Sarsat, stehen zur Auswahl. Die eine Variante arbeitet nur mit polumlaufenden, die andere zusätzlich mit geostationären Satelliten. Beide Systeme sind ausgereift, zuverlässig und haben ihre Praxistauglichkeit vielfach bewiesen. Über geostationäre Satelliten erreicht der Alarm schneller eine Rettungsleitstelle.

Mit einer Epirb kann zwar im Notfall alarmiert, aber keine Dringlichkeitsmeldung übermittelt werden, wenn die Sicherheit bedroht ist. Eine Epirb ist eine zusätzliche Alarmierungsmöglichkeit, wenn das Funkgerät (etwa nach einem Wassereinbruch) ausfallen sollte, aber kein Ersatz dafür.

Um es klarzustellen: Sportboote *müssen* weder ein Funkgerät noch eine Epirb an Bord haben. Aber wenn eine Yacht in Not gerät, sind Funkgeräte und Epirbs die besten Möglichkeiten, Hilfe herbeizuholen. Deshalb gilt es als Verstoß gegen die seemännische Sorgfalt (und damit als grob fahrlässig), auf ein Funkgerät zu verzichten.

Die Deutsche Gesellschaft zur Rettung Schiffbrüchiger kann auch telefonisch alarmiert werden:
+49 421 536870
Sie organisiert nicht nur in Deutschland Hilfe, sondern weltweit. Doch Handy-Empfang ist auf See nicht überall möglich – und die Notfall-Position übermittelt ein Handy auch nicht.

Fragen 330, 331, 335

Verhalten in Seenotfällen

Seenot! Das Schiff brennt lichterloh oder es sinkt – ein Albtraum, eine Apokalypse, im wahrsten Sinne des Wortes: unvorstellbar.

Panik kann auch schon vorher aufkommen, aber dennoch: Wann immer es dicke kommt auf See – den Seenotfall darf nur der Skipper ausrufen! Eigenmächtige Aktionen müssen notfalls gewaltsam unterbunden werden.

Unsachgemäß oder zum falschen Zeitpunkt eingesetzte Rettungsmittel sind unwiederbringlich verloren – möglicherweise mit katastrophalen Folgen für Schiff und Besatzung.

Bei einer Kollision oder bei Feuer an Bord tritt der Notfall schlagartig ein. In anderen Fällen, etwa bei Sturm entwickelt er sich langsam. Wichtig: Schon bevor der Notfall eingetreten ist, wenn die Sicherheit des Schiffes oder der Besatzung „nur" bedroht ist, muss bereits die nächste Rettungsleitstelle informiert werden. Ihr sollte so genau wie möglich übermittelt werden:

– derzeitiger Standort (am GPS-Navigator ablesen)
– Zustand des Fahrzeugs und der Besatzung
– Kurs und Fahrt
– Wetterverhältnisse

Wenn ein Schiff verlassen werden muss, drohen den Menschen viele Gefahren und jede kann tödlich sein:

– Unterkühlung
– Verdursten
– Ertrinken
– Erschöpfung

Deshalb gilt: An Bord bleiben, so lange es eben geht. Doch wenn das nicht mehr möglich ist und das Schiff verlassen werden *muss*, sollten folgende Hinweise beachtet werden:

Kein Alkohol! Alkohol vermindert die Reaktionsfähigkeit, fördert die Unterkühlungsgefahr, entzieht dem Körper Wasser und erhöht den Durst.

Mit den vorgeschriebenen Notzeichen (s. Seite 74) um Hilfe rufen! Nur damit wird ein Notfall auch erkannt.

Rettungsweste anlegen und so viel **wärmende Kleidung** wie möglich anziehen. Besonders geschützt werden müssen Füße und Nacken, weil der Mensch hier besonders viel Wärme verliert. Kleidungsstücke, die an Händen und Füßen zugebunden werden, sind optimal, auch Gummistiefel mit dicken Socken. Luft in der Kleidung erhöht im Wasser den Auftrieb.

Auch so viel wie möglich **trinken**, am besten warme, gesüßte Flüssigkeit.

Treibende Gegenstände – möglichst rot-weiße oder orangefarbige – sind aus der Luft gut auszumachen und sollten über Bord geworfen werden.

Im Wasser

– Am Fahrzeug oder an schwimmenden Teilen festhalten
– Unbedingt Kleidung und Schuhe anbehalten, Kälteschutz
– Nicht schwimmen, es sei denn, ein Boot ist in unmittelbarer Nähe
– Wärmeverlust möglichst gering halten, sich möglichst in Gruppen zu drei Schiffbrüchigen in Tuchfühlung im Wasser umarmen
– Sich aneinander festbinden
– Allein im Wasser, Beine anziehen, Arme verschränken, Wirbelsäule krümmen, sich klein machen, um den Wärmeverlust zu vermindern.

Ein Beiboot oder eine Rettungsinsel ausrüsten

Es gibt Situationen, in denen die Crew nichts als ihr Leben in die Rettungsinsel retten konnte. In anderen

Fällen bestand ausreichend Zeit zum Packen. Davon soll nun ausgegangen werden. Wichtig ist eine Packliste. Sie muss vor dem Auslaufen erstellt werden und nach Räumen sortiert sein. Was muss aus dem Kartentisch mitgenommen werden, was aus der Vorpiek? Dahinter steht jeweils, wer dafür verantwortlich ist. Hier einige Beispiele:

– Wasserkanister
– Notsignalkanister
– Decken, Kälteschutz
– warme Kleidung
– Getränke und Lebensmittel
– tragbares Sprechfunkgerät
– Notsender (Epirb)
– Rundfunkempfänger
– Taschenlampen
– Taschenmesser
– Tauwerk
– Fernglas
– Erste-Hilfe-Kasten
– Seekarten, Logbuch

Am wichtigsten ist Trinkwasser. Es sollte in nicht ganz vollgefüllten Kanistern (schwimmfähig) in der Backskiste bereitliegen. Die Kanister sollten mit einer Leine zusammengebunden und an der Insel befestigt werden. Auch die übrige Ausrüstung sollte nach Möglichkeit in wasserdichten Behältern verpackt und gesichert werden.

In der Rettungsinsel

Rettungsinseln bieten alles andere als eine sichere Bleibe. Sie kentern und die Insassen ertrinken. Wie sollen Kenterschutzbeutel, die mit Wasser gefüllt sind, das verhindern? Sie reißen auseinander, sodass man froh sein kann, wenn man am Ende noch einen Gummischlauch zu packen kriegt. Der Boden wird so kalt, dass nach kurzer Zeit Unterkühlungsgefahr besteht. Schließlich droht nach einer Stunde in einer regendicht verschlossenen Insel Erstickungsgefahr. Niemals in eine Rettungsinsel umsteigen, solange das Boot noch schwimmfähig ist.

Einstieg und Aufenthalt

Die Rettungsinsel an Deck holen und die Reißleine an Bord des Schiffes belegen.

Die Insel sollte dort über Bord geworfen werden, wo sie nicht verloren geht und die Crew trocken einsteigen kann. Wird sie in Lee zu Wasser gelassen, kann der Winddruck auf die Insel so groß werden, dass die Reißleine bricht und die Insel vertreibt. Das kann in Luv nicht passieren. Hier besteht aber die Gefahr, dass der Wind unter die Insel fasst und sie in hohem Bogen nach Lee schleudert. Dabei kann nicht nur die Reißleine brechen, die Insel kann auch beschädigt werden.

Die Reißleine langsam bis zum Anschlag aus dem verschlossenen Container ziehen. Am Anschlag die Reißleine mit einem kräftigen Ruck ziehen, damit das Druckgasflaschenventil vollständig geöffnet wird. Die Insel wird nun aufgeblasen.

Sollte die Insel auf dem Dach im Wasser liegen, versucht man zunächst von Bord des Schiffes aus, die Insel aufzurichten. Ist dies nicht möglich, muss ein kräftiges, an einer Leine gesichertes Besatzungsmitglied vom Wasser aus die Insel umdrehen.

Wichtig ist wie gesagt, trocken in die Insel zu gelangen. Dazu kann auf das Dach der Insel gestiegen und von dort durch die Einstiegsöffnung geklettert werden. Das Dach wird nur durch Luftschläuche gehalten. Es ist nicht nur schwierig – insbesondere bei angelegter Rettungsweste –, sondern auch gefährlich (Kenter- und Ertrinkungsgefahr), aus dem Wasser in eine Rettungsinsel einzusteigen.

Die Rettungsinsel zunächst mit einer weiteren Leine sichern; die Leinenverbindung zum Mutterschiff so spät wie möglich aufgeben!

Die Zusatzausrüstung für den Aufenthalt in der Insel ist lebenswichtig; die der Insel beigepackte Ausrüstung reicht auch für eine kleine Crew nicht aus.

Falls ein Beiboot vorhanden ist, sollte es unbedingt mitgenommen werden, um Regen auffangen, Kleidung oder Ausrüstung trocknen oder der drangvollen Enge entfliehen zu können.

Der Wille zum Überleben ist ausschlaggebend für die Überlebenschancen. Mit Aufgaben, die den Lebenswillen stärken, und „moralischen" Maßnahmen (Erzählen, Singen, Kartenspiel) kann verhindert werden, dass die Schiffbrüchigen der Lebensmut verlässt.

Mittel gegen Seekrankheit sollten unbedingt eingenommen werden. Auch sehr seefeste Personen müssen in der Rettungsinsel mit Seekrankheit rechnen. Seekrankheit verschlechtert die Überlebenschancen.

Durchnässte Kleidung sollte möglichst sofort gewechselt, zumindest aber ausgewrungen werden. Bleibt Haut längere Zeit nass, schmerzt sie, bildet Blasen, dunkle Flecke und kann reißen. Sich gegenseitig wärmen.

Wenn Trinkwasser knapp ist, erstmalig am zweiten Tag trinken. Dabei die Lippen benetzen und Mund und Rachen durchspülen. Niemals Urin oder Seewasser trinken! Gefangenen Fisch nur mit Trinkwasser verzehren. Vorsicht auch vor Sonnenbrand!

Notsignale nur sparsam und nur auf Anweisung des Schiffsführers einsetzen. Notsignale erst abgeben, wenn die Schiffsaufbauten ganz zu sehen oder die Seitenlichter klar zu erkennen sind. Jedes Notsignal nach einer kurzen Pause wiederholen, damit ein Beobachter Sicherheit über das Notsignal erlangt.

Der Skipper entscheidet, ob, wie und wann das Schiff verlassen wird.

Ein wrackes Schiff ist besser als ein heiles Boot.

Verlasse im Notfall nie ein Schiff – es sei denn, es verlässt dich!

Seewasserfärber (orange) erleichtern die Ortung aus der Luft.

Hilfe aus der Luft

Nähert sich ein Suchflugzeug oder ein Rettungshubschrauber, bricht Euphorie aus. Falsch! Noch sind die Schiffbrüchigen nicht geborgen. Jetzt unbedingt Ruhe und klaren Kopf bewahren. Keinesfalls das havarierte Fahrzeug oder die Rettungsinsel verlassen, auch wenn man entdeckt worden ist. Gruppen, die schon im Wasser treiben, müssen zusammenbleiben.

Nicht wassernde Flugzeuge können nur Rauchbojen und Ausrüstung abwerfen. Schiffe in Seenot können durch SAR-Luftfahrzeuge mit speziellem Hilfsgerät versorgt werden. Dazu gehören etwa Behälter mit verschiedenen Hilfsmitteln. Sie sind mit schwimmfähigen Leinen zusammengebunden.

Je nach Bedarf können folgende Geräte abgeworfen werden:

– Rettungsflöße
– Schwimmfähige Funkbaken und/oder -geräte,
– Seewasserfärber, Rauchsignale
– Fallschirmleuchtkugeln
– Lenzpumpen

SAR-Hubschrauber können ein Besatzungsmitglied auf das havarierte Schiff, die Rettungsinsel oder zu im Wasser treiben-den Schiffbrüchigen hinablassen.

Zum Abbergen bzw. zum Aufheißen von Personen aus dem Wasser stehen diverse Rettungsgeräte zur Verfügung. Am häufigsten wird die Rettungsschlinge eingesetzt. Damit können gesunde Personen schnell abgeborgen werden, jedoch nicht Kranke oder Schwerverletzte. Für sie gibt es spezielle Körbe und Tragen.

Zum Abbergen sollte fest anliegende Kleidung und auch eine Kopfbedeckung getragen werden.

Rettung aus der Luft

Windenseil

• nicht am Schiff festmachen

• nicht unter Deck ziehen

• nicht um die Hand wickeln

• muss stets frei von Hindernissen gehalten werden

• Rettungsschlinge nicht vom Windenseil abhaken

Vorbereitung   Einstieg   Aufwinschhaltung

Anlegen einer Rettungsschlinge

Frage 342

Knoten

Bucht   Auge   Achtknoten   Kreuzknoten   Schotstek   Doppelter Schotstek   Roringstek (rot) mit halbem Schlag (blau)

Rundtörn   Halber Schlag   Zwei halbe Schläge   Eineinhalb Rundtörn mit zwei halben Schlägen   Webeleinenstek   Wurfleinenknoten

Marlschlag   Stopperstek   Webeleinenstek

Praxisprüfung

Knoten, Kurzspleiß, Takeln

Palstek

Doppelter Palstek

Richtig

Falsch

Belegen auf einer Klampe

Ein Auge auf einer Klampe belegen

Kurzspleiß

Behelfstakling oder einfacher Takling

Genähter Takling

Praxisprüfung

Tauwerk

Tauwerk ist die Sammelbezeichnung für alle an Bord benutzten Leinen. Es wird nach dem Material in Kunst- oder Chemiefaser-, in Naturfaser- und in Draht-Tauwerk unterschieden. In den Augen vieler Segler stellt das Tauwerk an Bord eine Visitenkarte des Schiffes dar. Vergammelte, angeraute oder ausgefranste Leinen sowie falsche Knoten lassen Skipper und Crew in keinem guten Licht erscheinen.

Ein Tau nennt der Seemann **Leine** oder **Ende**. Anfang und Ende einer Leine sowie kurze Stücke heißen **Tampen**. Dickes Tauwerk wird als **Trosse**, dünnes als **Bändsel** oder **Garn** bezeichnet. Man unterscheidet **geschlagenes** und **geflochtenes** Tauwerk. Geschlagenes Tauwerk besteht meist aus drei Kardeelen; es wird von geflochtenem Tauwerk zunehmend verdrängt. Das äußere Geflecht wird als **Mantel**, der innere Strang als Kern oder **Seele** bezeichnet. Aufgabe des Mantels ist es, die Leine griffig zu machen und sie gegen **schamfilen** (Abrieb) zu schützen; für hohe Bruchlast und geringe Dehnung sorgt allein die Seele. Tauwerk ist heute eine Wissenschaft für sich geworden; wer ein Schiff mit Tauwerk ausrüsten will,

sollte sich zunächst Informationsmaterial eines Herstellers beschaffen.

Tauwerk kann in zwei Gruppen eingeteilt werden: in Festmacher, Anker- und Schleppleinen sowie in Schoten und Fallen. Erstere müssen elastisch sein, um auch extremen Ruckbelastungen gewachsen zu sein, und dürfen nicht durchscheuern. Letztere müssen dehnungsarm sein; Schoten benötigen einen griffigweichen Mantel, während Fallen in Curry- oder Hebelklemmen nicht verschleißen dürfen.

Auf Schiffen von etwa zehn Meter Länge haben Festmacher eine Stärke von 16 mm. Vor- und Achterleinen sollten die doppelte Schiffslänge haben, damit die Konstruktionsdehnung zum Tragen kommen kann, während Springs etwa eineinhalbfache Schiffslänge besitzen sollten.

Als Reserve sollte man zumindest noch eine etwa vierzig Meter lange, 16 mm starke Leine haben, die auch zum Sichern eines Päckchens, als Schleppleine oder zur Verlängerung der Ankerleine dienen kann.

Eine **Bucht** (Seite 174) ist Ausgangsbasis vieler Knoten; sie ist offen. Ein **Auge** (Seite 174) ist eine Tau-

werkschlinge, die lose gelegt oder dauerhaft sein kann (gespleißt). Mit einem **Achtknoten** werden Tampen gesichert, die nicht aus einem Block ausrauschen sollen. Der **Kreuzknoten** dient zum Verbinden gleich starker Enden aus gleichem Material, wohingegen ungleiche Enden mit einem **Schotstek** verbunden werden. In der Bordpraxis wird er immer als **doppelter Schotstek** gesteckt. Da er in glattem Kunstfasertauwerk häufig besser als ein Kreuzknoten hält, knotet man mit dem doppelten Schotstek oft auch zwei gleiche Enden zusammen.

Der **Palstek** dient zum Festmachen an Pfählen, Ringen usw., wenn ein Auge benötigt wird, das sich nicht zusammenziehen soll. Der **doppelte Palstek** wird in ein doppelt gelegtes Ende gesteckt. Mit einem **Roringstek** kann an einem Ring festgemacht werden. Ein **Rundtörn** erhöht den Reibungswiderstand einer Leine; er ermöglicht, schwere Lasten aus der Hand zu fahren.

Halbe Schläge sind vielfältig einsetzbare Knoten, die auch zur Sicherung auf andere Knoten gesetzt werden können. Zwei halbe Schläge bezeichnet man auch als **Webeleinenstek**.

Er kann gesteckt (etwa um eine Griffleiste oder einen Relingsdraht) und geworfen werden (um einen Pfahl). Mit dem **Marlschlag** wurden früher Segel an einem Baum angeschlagen; heute wird er etwa zum Auftuchen des Großsegels um den Großbaum benutzt, wenn dies mit einer langen Leine erfolgt (anstelle mehrerer kurzer **Zeisinge**). Der **Stopperstek** erlaubt, eine Leine an ein laufendes Ende anzustecken, etwa, um mehrere Boote an einer Schlepptrosse zu schleppen. Hinsichtlich der Festigkeit von Leinen ist zu beachten, dass Knoten die Bruchlast um bis zu 50 % verringern können.

Kunstfasertauwerk lässt sich nicht so gut spleißen wie Naturfaserleinen. Neben dem **Kurzspleiß** (siehe vorangehende Seite) gibt es noch den Aug-, den Rück- und den Langspleiß. Er wird – auch wegen seiner geringen Haltbarkeit – nicht mehr verwendet. Auch einen **Takling** macht man auf Kunstfasertauwerk nur selten, etwa wenn verhindert werden soll, dass die Seele einer Leine in den Mantel rutscht. Um das Ausfransen von Kunstfaserleinen zu verhindern, werden die Kardeele verschweißt (mit einem Schneidegerät oder über einer Flamme).

Arbeiten während der Saison

Viele Yachten liegen die meiste Zeit im Hafen. Lange Stillstandszeiten bekommen technischen Aggregaten selten gut.

Dazu kommt die so genannte Betriebsumgebung. Typisch sind Feuchtigkeit und starke Witterungseinflüsse: Rost, Schimmel und Verrottung sind die Folge.

Um die Funktion und den Wert zu erhalten, sind regelmäßige Kontrolle, Wartung, Pflege und auch Reparaturen notwendig. Wie oft welche Aggregate kontrolliert werden müssen, hängt vom Gerät und seinem Alter ab.

Manche Bootseigner haben eine Checkliste erstellt. Kontrolliert beziehungsweise gewartet werden müssen:

– Sicherheitseinrichtungen wie Lenzpumpen, Automatikwesten, Feuerlöscher, Rettungsinsel
– Positionslichter, Kompass, Navigations- und Funkgeräte etc.
– Verankerungen von Relingsstützen, Klampen, Decksausrüstung u. a.
– Elektrik (Korrosion, schlechte Kontakte)
– Bordakkus
– Maschine
– Bilge mit allen Rumpfdurchbrüchen
– Gasanlage

– Ankergeschirr
– Ruderanlage

und auf Segelyachten noch

– Segel, Schoten
– stehendes Gut (insbesondere Wantenspanner, Toggles, Splinte und Schäkel)
– laufendes Gut, insbesondere auf Fleischhaken; das sind einzeln herausstehende Drähte – erste Anzeichen von Materialermüdung; bei einem Fall können Fleischhaken auch durch zu kleine Umlenkscheiben entstehen.

Durch Kontrollen wird die Seetüchtigkeit eines Bootes erhalten. Sie gehören zu den Pflichten des Eigners und auch des Skippers. Der Schiffsführer

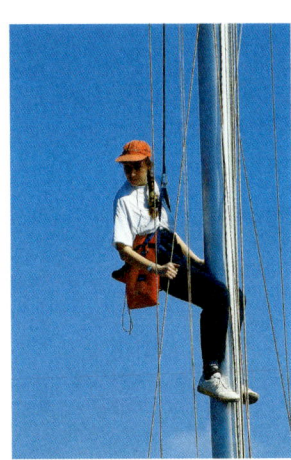

Sicher im Mast arbeiten – in einem Bootsmannsstuhl

muss nach einem Seeunfall möglicherweise nachweisen, dass er derartige Kontrollen durchgeführt hat (Versicherung, Bundesstelle für Seesicherheitsuntersuchung). Daher sollten sie in einem **Reparaturbuch** oder im Logbuch dokumentiert werden. Dies gilt auch für Arbeiten und Kontrollen, die im Winterlager, etwa von einer Werft, durchgeführt werden (Rechnungen aufbewahren).

Jedes Baumaterial verlangt regelmäßige **Pflege**. Holz wird schwarz, wenn Lackschäden nicht ausgebessert werden. Typisch für Stahlschiffe ist der Kampf gegen den Rost.

Auch Kunststoff muss regelmäßig gepflegt werden. Das **Gelcoat**, die äußere Schutzschicht, muss gereinigt und gewachst werden – oft mehrmals pro Saison. Alle Schäden sollten sofort beseitigt werden; oberflächliche Beschädigungen werden mit Polierwachs geglättet, tiefere Kratzer und Haarrisse müssen geschliffen, gereinigt und mit Gelcoat derselben Farbe gespachtelt werden.

Teakdecks benötigen nach klassischer Ansicht keine Pflege. Sie verlieren bald ihre braune Farbe und

werden hellgrau. So sollen sie sein. Aber Luft und Regen verschmutzen die Decks. Teakdecks sollten dann mit Chlorreiniger oder mit einem Dampfstrahler gesäubert werden. Teakdecks dürfen aber niemals konserviert werden. Danach sehen sie zunächst zwar ganz gut aus, wenig später aber schlimmer (und wertloser) als je zuvor.

Werkzeug und Ersatzteile für die Bereiche Rumpf und Deck, Motor und Elektro sowie Rigg und Segel müssen an Bord vorhanden sein. Auf Segelyachten wird auch ein **Bootsmannsstuhl** zum Arbeiten in der Takelage benötigt. Auch Kleinmaterial wie Bändsel, Tape, Ersatzschäkel, Splinte sowie Kombizange, Bordmesser, Schäkelöffner und Reservetauwerk wird oft gebraucht.

Winschen bleiben auch ohne Pflege jahrelang leichtgängig. Bei Problemen ist oft verharztes Fett, das eine der Sperrklinken arretiert, die Ursache. Die drehenden und gleitenden Teile können mit Kaltreiniger, Petroleum oder Dieselkraftstoff gereinigt werden. Die Teile müssen anschließend getrocknet und mit speziellem (seewasserfestem) Winschenfett geschützt werden.

Flaggen

Flaggen, Fahnen, Stander, Wimpel

Auf Yachten werden Flaggen, Stander und Wimpel geführt, jedoch keine Fahnen. **Flaggen** sind aus Stoff gefertigte Zeichen, die die Zugehörigkeit zu einer Körperschaft (Nation, Verein, Reederei) anzeigen. Mit den Flaggen des Flaggenalphabets (Seite 75) können auch Signale abgegeben werden.

Stander sind Flaggen in dreieckiger Form mit einem Höhen-Breiten-Verhältnis von 3:5. Die Mitgliedschaft in der Kreuzer-Abteilung oder in einem Club wird durch Stander (**Clubstander**) angezeigt.

Einzelne Flaggen des Flaggenalphabetes (Flagge B) sind **Doppelstander**. Sie haben einen Einschnitt am freien Liek.

Wimpel sind wesentlich flacher geschnittene Dreiecksflaggen (Höhen-Breiten-Verhältnis 10:3). Sie werden als **Zahlenwimpel** oder **Antwortwimpel** benutzt.

Fahnen sind Einzelstücke mit symbolischer Bedeutung, die nicht ohne weiteres durch ein gleichartiges Stück ersetzt werden dürfen. Sie werden an Bord nicht eingesetzt.

Nationalflagge, Gastlandflagge

Jedes seegehende Schiff, dessen Eigner Deutscher ist und seinen Wohnsitz im Geltungsbereich des Grundgesetzes hat, muss die Bundesflagge, kurz **Nationale** genannt, führen.

Es ist nicht gestattet, die Nationalflagge durch eine andere Flagge – etwa die **Europaflagge** – zu ersetzen.

Die Nationale soll das Seitenverhältnis 6:10 haben und an einem Flaggenstock gesetzt werden. Er soll etwa 40° geneigt sein, damit die Flagge auch bei Windstille erkennbar ist und am Heck – möglichst mittig oder etwas nach Steuerbord versetzt – angebracht sein. Unter Segeln wird die Nationale auch am Großsegel-Achterliek oder an der Gaffel, bei mehrmastigen Schiffen im Topp des hinteren Mastes geführt.

Auf hoher See, außerhalb des Hoheitsgebietes eines Landes, braucht die Nationale nicht geführt zu werden. Sie sollte gesetzt werden, wenn sich Kriegsschiffe oder Behördenfahrzeuge nähern. Yachten, die an einer Regatta teilnehmen, führen keine Nationale; dort ist sie das Zeichen, dass die Wettfahrt aufgegeben wurde.

In ausländischen Hoheitsgewässern muss zusätzlich zur Nationalflagge die **Gastlandflagge**, eine Nationalflagge des besuchten Landes, geführt werden. Sie wird unter der Steuerbordsaling gesetzt.

Werden mehrere Länder bereist, so wird jeweils nur die Flagge des Landes geführt, in dem man sich gerade befindet. Mit der Gastlandflagge wird angezeigt, dass sich das Schiff der Rechtsordnung des betreffenden Landes unterwirft. Kriegsschiffe führen keine Gastlandflaggen.

Ein von einer Auslandsfahrt heimkehrendes Schiff darf im deutschen Hoheitsgebiet am Tage der Heimkehr (sowie beim herbstlichen Absegeln) die Gastlandflaggen der besuchten Länder in der Reihenfolge des deutschen Alphabetes und in gleicher Größe untereinander an der Steuerbordsaling führen.

Als eine ausgesprochene Unhöflichkeit kann das Führen mehrerer Gastlandflaggen in ausländischen Gewässern oder Häfen angesehen werden (früher auf Kriegsschiffen Zeichen der unterworfenen Länder). Wer eine Gastlandflagge an der Backbordseite führt, die ja als weniger ehrenvoll angesehen wird, oder wer die Gastlandflagge tiefer als die Nationalflagge führt, kann in manchen Ländern Schwierigkeiten bekommen.

Ein Fahrzeug, das einen ausländischen Hafen angelaufen, aber noch nicht die Pass- und Zollformalitäten abgewickelt (**einklariert**) hat, führt **Flagge Q** an Backbord („An Bord ist alles gesund, und ich bitte um freie Verkehrserlaubnis").

Mit dem **3. Hilfsstander** (Seite 75) wird angezeigt, dass Zollgut an Bord ist. Er wird vor der zollamtlichen Abfertigung gesetzt und zwar beim und nach dem Einlaufen und beim Auslaufen.

Der 3. Hilfsstander oder Flagge Q wird an Backbord – unter dem Clubstander – gefahren (sofern der Clubstander nicht im Masttopp geführt wird).

Yachtgebräuche

Auch seemännische Traditionen sind dem Zeitgeist unterworfen. Welche Gebräuche an Bord gepflegt werden, legt der Eigner fest. Sie betreffen die

– Flaggenführung
– Höflichkeit und gegenseitige Rücksichtnahme

Verhalten in Häfen

Flaggenführung heißt zunächst, dass alle Flaggen in ordentlichem Zustand sind.

Flaggen werden bis dicht unter die Saling vorgeheißt. Auf See sollten nicht mehrere Flaggen untereinander gezeigt werden, um Verwechselungen mit Flaggensignalen – insbesondere mit dem Notsignal – auszuschließen.

Während auf See die Nationale oft auch bei Nacht gefahren wird, führt man in Häfen die Flaggen nur zur **Flaggenzeit**. Dies ist vom 1. Mai bis zum 30. September von 08.00 bis 21.00 Uhr, in den übrigen Monaten von 09.00 Uhr bis Sonnenuntergang, spätestens bis 21.00 Uhr. Ist zum Ende der Flaggenzeit kein Besatzungsmitglied an Bord, werden die

Flaggen beim Verlassen des Schiffes niedergeholt. Nur der Clubstander weht auch bei Nacht.

Bei einer **Flaggenparade** setzen alle in einem Hafen liegenden Schiffe gleichzeitig ihre Flaggen und holen sie gleichzeitig nieder. Das erlebt man heute aber nur noch sehr selten. Wann die Flaggen vorgeheißt und wieder niedergeholt wurden, legte entweder ein im Hafen liegendes Kriegsschiff fest oder der gastgebende Verein.

Bei festlichen Anlässen wird eine **Flaggengala** veranstaltet. Dazu werden die Signalflaggen (keine Nationalflaggen!) in gleichen Abständen vom Bug über die Masten bis zum Heck so gesetzt, dass jeweils zwei Flaggen ein Stander oder Wimpel folgt.

Zu den Regeln der Höflichkeit gehört es, einlaufenden Yachten – vor allem denen mit kleiner Crew – **Hilfe bei Leinenmanövern** anzubieten. Nicht nur älteren Personen fällt der Sprung vom Bugkorb auf den Steg oder die Brücke schwer. Sie sind dankbar, wenn eine hilfreiche Hand die Festmacher an Land belegt oder diese auf Slip legt. Auch beim Ablegen wird fremde Hilfe gerne angenommen.

Während der Sommerferien sind manche Häfen so voll, dass es für eine einlaufende Yacht nicht immer leicht ist, einen Liegeplatz zu finden. Manchmal muss eine Yacht, die bereits einen Liegeplatz gefunden hat, um Erlaubnis gebeten werden, längsseits an ihr festmachen zu dürfen („im **Päckchen** liegen").

Es sollte selbstverständlich sein, diese Erlaubnis normalerweise zu geben. Eine nette Geste ist es, Fender an die freie Bordwand zu hängen und damit ein Längsseitsgehen anzubieten (während ein seitlich festgemachtes Beiboot zeigt, dass Anlegen nicht erwünscht ist. Das wird zu Recht als wenig kameradschaftlich empfunden.

Um an Land zu kommen, muss über die benachbar-

ten Boote gestiegen werden. Dabei geht man immer über das Vordeck, um die an Bord befindlichen Personen möglichst wenig zu belästigen.

Muss eine im Päckchen liegende Yacht frühmorgens auslaufen, so sollte dies bereits am Vorabend mit den Crews der Nachbarschiffe besprochen werden.

Das Liegen auf engem Raum verlangt wie üblich Rücksichtnahme. Jede Lärmbelästigung sollte unterbleiben; laute Kommandos sind ebenso überflüssig wie Musik. Muss die Maschine warm laufen, dann nur möglichst kurz, um die Nachbarn nicht durch Abgase oder Maschinengeräusche zu belästigen.

Die Nachtruhe kann erheblich gestört werden, wenn bei stärkerem Wind Fallen gegen den Mast schlagen und dabei laut klappern. Auf der betreffenden Yacht ist oftmals niemand an Bord; als die Crew das Schiff verließ, wehte der Wind vermutlich so schwach, dass die Fallen nicht klapperten. Außen laufende Fallen und Leinen sollten im Hafen und vor Anker immer vom Mast weggebunden werden.

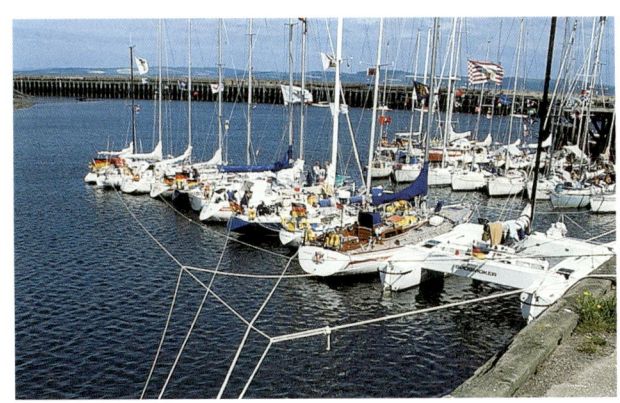

Yachten im Päckchen auf Helgoland

Sportbootführerschein See

Allgemeines

1   *Seite 58*

Welche drei gesetzlichen Bestimmungen regeln den Verkehr auf den Seeschifffahrtsstraßen?

1. Die Kollisionsverhütungsregeln (KVR).
2. Die Seeschifffahrtsstraßen-Ordnung (SeeSchStrO).
3. Die Schifffahrtsordnung Emsmündung (EmsSchO).

2   *Seite 59*

Wo gelten die nachfolgend aufgeführten Verkehrsvorschriften:
1. Kollisionsverhütungsregeln (KVR),
2. Seeschifffahrtsstraßen-Ordnung (SeeSchStrO),
3. Schifffahrtsordnung Emsmündung?

1. Auf der hohen See und auf den mit dieser zusammenhängenden, von Seeschiffen befahrbaren Gewässern.
2. Auf den deutschen Seeschifffahrtsstraßen.
3. Im Mündungsgebiet der Ems und auf der Leda.

3   *Seite 58*

Welche Vorschrift gilt, wenn eine Bestimmung der Seeschifffahrtsstraßen-Ordnung bzw. der Schifffahrtsordnung Emsmündung mit den Kollisionsverhütungsregeln im Widerspruch steht?

Die Vorschrift der Seeschifffahrtsstraßen-Ordnung (SeeSchStrO) bzw. der Schifffahrtsordnung Emsmündung (EmsSchO).

4   *Seiten 5, 59*

Auf welchen Gewässern der Bundesrepublik Deutschland ist der Besitz des Sportbootführerscheins–See als Erlaubnis für das Führen eines Sportbootes oder eines Wassermotorrades vorgeschrieben; welche Sportboote sind davon ausgenommen?

1. Auf den deutschen Seeschifffahrtsstraßen.
2. Sportboote ohne Motorantrieb oder solche mit einer größten nicht überschreitbaren Nutzleistung von 3,68 Kilowatt (5 PS) oder weniger an der Propellerwelle.

5   *Seiten 79, 160*

1. Wer ist für die Befolgung der Verkehrsvorschriften verantwortlich?
2. Was ist zu tun, wenn vor Antritt der Fahrt nicht feststeht, wer Fahrzeugführer ist?

1. Der Fahrzeugführer oder sein Stellvertreter.
2. Der verantwortliche Fahrzeugführer muss bestimmt werden. Er muss zur Führung des Fahrzeugs berechtigt sein.

6   *Seiten 58, 78*

In welchen Fällen dürfen Sie weder ein Sportboot führen oder dessen Kurs oder Geschwindigkeit selbstständig bestimmen noch ein Wassermotorrad oder ein Segelsurfbrett fahren?

1. Wenn ich infolge körperlicher oder geistiger Mängel oder infolge des Genusses alkoholischer Getränke oder anderer berauschender Mittel in der sicheren Führung behindert bin.
2. Wenn ich eine Blutalkoholkonzentration von 0,5 ‰ oder mehr im Körper habe.

7   *Seite 78*

Was beinhaltet Absatz 1 der Grundregeln der Verordnung zu den Kollisionsverhütungsregeln (KVR), der Seeschifffahrtsstraßen-Ordnung (SeeSchStrO) und der Verordnung zur Einführung der Schifffahrtsordnung Emsmündung über das Verhalten im Verkehr?

1. Sicherheit und Leichtigkeit des Verkehrs müssen gewährleistet sein.
2. Kein anderer darf geschädigt, gefährdet oder unnötig behindert oder belästigt werden.
3. Vorsichtsmaßnahmen beachten, die Seemannsbrauch oder besondere Umstände erfordern.

8   *Seiten 78, 158 ff.*

Was verstehen Sie unter dem Begriff „seemännische Sorgfaltspflicht" und wie wird sie erfüllt?

1. Die Verpflichtung zur Beachtung von Vorsichtsmaßregeln über die Verkehrsvorschriften hinaus, die Seemannsbrauch oder besondere Umstände des Falles erfordern.
2. Zur Erfüllung der seemännischen Sorgfaltspflicht gehört auch die Anwendung der Sicherheitsregeln, die u. a. in der nautischen Veröffentlichung des Bundesamtes für Seeschifffahrt und Hydrographie „Sicherheit im See- und Küstenbereich" enthalten sind.

9   *Seite 161*

Welche Sicherheitsmaßnahmen sollte der Fahrzeugführer im Rahmen seiner seemännischen Sorgfaltspflicht vor Fahrtantritt zum Schutze und für die Sicherheit der Personen an Bord treffen?

Der Fahrzeugführer hat die Besatzungsmitglieder und Gäste
1. über die Sicherheitsvorkehrungen an Bord zu unterrichten,
2. in die Handhabung der Rettungs- und Feuerlöschmittel einzuweisen,

Sportbootführerschein See

3. auf geeignete Maßnahmen gegen das Überbordfallen hinzuweisen.

10　　　　　Seite 66

Was verstehen Sie unter dem Begriff „in Fahrt"?

Wenn ein Fahrzeug
– weder vor Anker liegt,
– noch an Land festgemacht ist,
– noch auf Grund sitzt.

11　　　　　Seite 73

1. Wie lang ist die Dauer eines kurzen Tons (●)?
2. Wie lang ist die Dauer eines langen Tons (▬)?

1. Etwa 1 Sekunde.
2. Etwa 4 – 6 Sekunden.

12　　　　　Seite 65

Was verstehen Sie unter dem Begriff „Manöver des letzten Augenblicks" und in welcher Situation ist es durchzuführen?

1. Ausweichmanöver des Kurshalters.
2. Es muss durchgeführt werden, wenn ein Zusammenstoß durch Manöver des Ausweichpflichtigen allein nicht mehr vermieden werden kann.

13　　　　　Seite 63

In welchem Fall gelten Sie als überholendes Fahrzeug?

Wenn ich mich einem anderen Fahrzeug aus einer Richtung von mehr als 22,5° achterlicher als querab (Bereich des Hecklichtes) nähere. Im Zweifelsfalle habe ich mich als überholendes Fahrzeug zu betrachten.

14　　　　　Seite 66

Was verstehen Sie unter dem Begriff „manövrierunfähiges Fahrzeug"?

Ein Fahrzeug, das wegen außergewöhnlicher Umstände nicht so wie vorgeschrieben manövrieren und daher einem anderen Fahrzeug nicht ausweichen kann (z. B. Ausfall der Ruder- oder Maschinenanlage).

15　　　　　Seite 66

Was verstehen Sie unter dem Begriff „manövrierbehindertes Fahrzeug"?

Ein Fahrzeug, das durch die Art seines Einsatzes behindert ist, so wie vorgeschrieben zu manövrieren, und daher einem anderen Fahrzeug nicht ausweichen kann (z. B. Tonnenleger, Kabelleger, Bagger).

16　　　　　Seiten 62, 67

Was verstehen Sie unter dem Begriff „verminderte Sicht"?

Sichteinschränkung durch Nebel, dickes Wetter, Schneefall, heftige Regengüsse oder ähnliche Umstände.

17　　　　　Seite 67

Welche Maßnahmen müssen Sie bei verminderter Sicht treffen?

1. Es muss mit sicherer, den verminderten Sichtverhältnissen angepasster Geschwindigkeit gefahren werden.
2. Es müssen Schallsignale gegeben werden.
3. Es müssen Positionslichter eingeschaltet werden.
4. Es muss Ausguck gegangen werden.

18　　　　　Seiten 69, 72

1. Wann gilt ein Fahrzeug unter Segel als Maschinenfahrzeug?
2. Welches zusätzliche Signal führt es am Tage?

1. Wenn es gleichzeitig mit Maschinenkraft fährt.
2. Einen schwarzen Kegel, Spitze unten.

19　　　　　Seiten 62, 63

Welche Seite wird als Luv-, welche als Leeseite bezeichnet?

Die dem Wind zugekehrte Seite wird als Luvseite, die dem Wind abgekehrte Seite als Leeseite bezeichnet.

20　　　　　Seite 69

Wann und in welchem Zustand müssen Positionslaternen an Bord sein?

Sie müssen ständig und gebrauchsfertig mitgeführt werden.

21　　　　　Seite 68

Wann müssen die Lichter von Fahrzeugen geführt oder gezeigt werden?

Von Sonnenuntergang bis Sonnenaufgang und bei verminderter Sicht.

22　　　　　Seite 78

1. Welcher Zeitraum gilt als „am Tage"?
2. Welcher Zeitraum gilt als „bei Nacht"?

1. Von Sonnenaufgang bis Sonnenuntergang.
2. Von Sonnenuntergang bis Sonnenaufgang.

Sportbootführerschein See

23   Seite 69

Wozu dient die Lichter-
führung?

24   Seite 68

Welche Vorschriften regeln
die Ausrüstung, Anordnung
und Anbringung der Positionslaternen, Sichtzeichen und
Schallsignalanlagen auf
Fahrzeugen?

25   Seite 68

Welche Positionslaternen,
Sichtzeichen und Schall-
signalanlagen dürfen Sie
verwenden?

26   Seite 61

Was verstehen Sie unter dem
Begriff „Verkehrstrennungsgebiet"?

27   Seite 62

Was verstehen Sie unter dem
Begriff „in Sicht befindlich"?

28   Seiten 60, 67

Wie haben Sie allgemein
Ihre Geschwindigkeit einzurichten?

29   Seite 145

Was bedeutet 1. das CE-Zeichen und 2. worauf haben
Sie beim Betrieb eines Sportbootes als verantwortlicher
Fahrzeugführer zu achten?

Sie zeigt die Fahrtrichtung
und Lage eines Fahrzeugs an.

1. Die KVR.
2. Die SeeSchStrO.
3. Die Schifffahrtsordnung
   Emsmündung (EmsSchO).

Solche, deren Baumuster vom
Bundesamt für Seeschifffahrt
und Hydrographie (BSH) zur
Verwendung zugelassen sind.

1. Es sind bekannt gemachte
   Schifffahrtswege, die durch
   Trennlinien oder -zonen in
   Einbahnwege geteilt sind.
2. Sie dürfen jeweils nur in
   Fahrtrichtung rechts der
   Trennlinie oder Trennzone
   befahren werden.

Wenn jedes Fahrzeug vom
anderen optisch wahrgenommen werden kann.

Jedes Fahrzeug muss mit einer
„sicheren Geschwindigkeit"
fahren, d. h. es muss sich der
Verkehrslage, den Sicht- und
Witterungsverhältnissen
anpassen und jederzeit
aufgestoppt werden können.

1. Das CE-Zeichen bedeutet,
   dass die Sicherheitsanforderungen der EU an Bau und
   Ausrüstung bei Inbetriebnahme des Sportbootes erfüllt worden sind.

---

2. Trotzdem habe ich als verantwortlicher Schiffsführer
   beim Betrieb eines Sportbootes darauf zu achten,
   dass vor Antritt der Fahrt
   alle sicherheitsrelevanten
   Systeme geprüft worden
   sind und während der Fahrt
   die im Schiffsbetrieb auf-
   tretenden Gefahrenquellen
   laufend überprüft werden.

Kollisionsverhütungsregeln (KVR)

30   Seite 70

Sie sehen folgendes Fahrzeug:

Was ist das für ein Fahrzeug?

Maschinenfahrzeug in Fahrt
von weniger als 50 Meter
Länge.

31   Seite 70

Sie sehen folgendes Fahrzeug:

Welches Fahrzeug muss diese
Lichter führen?

Maschinenfahrzeug in Fahrt
von 50 und mehr Meter Länge.

32   Seite 70

Sie sehen folgenden Schleppverband:

Sportbootführerschein See

1. Was ist das für ein Schleppverband?
2. Was bedeutet es, wenn das schleppende Fahrzeug zusätzlich drei Rundumlichter senkrecht übereinander – das obere und untere rot, das mittlere weiß – führt?

33 Seite 70

Sie sehen folgenden Schleppverband:

1. Was ist das für ein Schleppverband?
2. Was bedeutet es, wenn das schleppende Fahrzeug zusätzlich drei Rundumlichter senkrecht übereinander – das obere und untere rot, das mittlere weiß – führt?

34 Seite 68

Welche Lichter führen geschleppte Fahrzeuge?

35 Seite 72

Was bedeutet es, wenn jedes Fahrzeug eines Schleppverbandes einen schwarzen Rhombus führt?

36 Seite 70

Sie sehen folgendes Fahrzeug:

---

1. Schleppverband in Fahrt von 200 Meter Länge oder weniger.
2. Der Schleppverband ist manövrierbehindert.

1. Schleppverband in Fahrt von mehr als 200 Meter Länge.
2. Der Schleppverband ist manövrierbehindert.

Seitenlichter rot und grün und ein weißes Hecklicht.

Schleppverband von mehr als 200 Meter Länge.

Was ist das für ein Fahrzeug?

37 Seite 70

Sie sehen folgendes Fahrzeug:

Was ist das für ein Fahrzeug?

38 Seite 72

Sie sehen folgendes Fahrzeug:

Was ist das für ein Fahrzeug?

39 Seite 72

Welche Signalkörper haben Sie zu führen, wenn Ihr Fahrzeug von 12 und mehr Meter Länge manövrierunfähig ist?

40 Seite 70

Welche Lichter haben Sie zu führen, wenn Ihr Fahrzeug von 12 und mehr Meter Länge manövrierunfähig ist, und zwar
1. in Fahrt (ohne Fahrt durchs Wasser),
2. mit Fahrt durchs Wasser?

Ein manövrierunfähiges Fahrzeug in Fahrt.

Ein manövrierunfähiges Fahrzeug mit Fahrt durchs Wasser.

Ein manövrierunfähiges Fahrzeug.

Zwei schwarze Bälle senkrecht übereinander.

1. Zwei rote Rundumlichter senkrecht übereinander.
2. Zwei rote Rundumlichter senkrecht übereinander und zusätzlich die Seitenlichter und das Hecklicht.

Sportbootführerschein See

41 Seite 70

Sie sehen folgendes Fahrzeug: Was ist das für ein Fahrzeug?

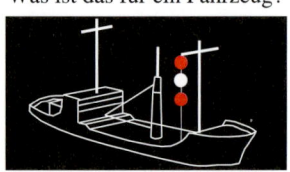

Ein manövrierbehindertes Fahrzeug in Fahrt.

42 Seite 70

Sie sehen folgendes Fahrzeug:

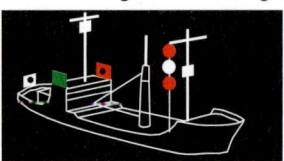

Welches Fahrzeug muss diese Lichter führen?

Ein manövrierbehindertes Fahrzeug mit Fahrt durchs Wasser von 50 und mehr Meter Länge.

43 Seite 72

Sie sehen folgendes Fahrzeug:

Was ist das für ein Fahrzeug?

Ein manövrierbehindertes Fahrzeug.

44 Seite 70

Sie sehen folgendes Fahrzeug:

Was ist das für ein Fahrzeug?

Ein Grundsitzer von weniger als 50 Meter Länge.

45 Seite 72

Sie sehen folgendes Fahrzeug:

Was ist das für ein Fahrzeug?

Ein Grundsitzer.

46 Seite 70

Sie sehen folgendes Fahrzeug:

Welches Fahrzeug muss diese Lichter führen?

Ein Grundsitzer von 50 und mehr Meter Länge.

47 Seite 70

Sie sehen folgendes Fahrzeug:

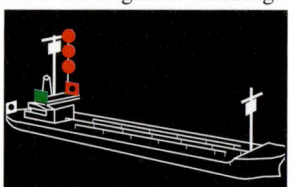

Welches Fahrzeug muss diese Lichter führen?

Ein tiefgangbehindertes Fahrzeug von 50 und mehr Meter Länge in Fahrt.

48 Seite 72

Sie sehen folgendes Fahrzeug:

Was ist das für ein Fahrzeug?

Ein tiefgangbehindertes Fahrzeug in Fahrt.

Sportbootführerschein See

49 Seite 70

Sie sehen folgendes Fahrzeug:

Welches Fahrzeug muss diese Lichter führen?

Ein fischender Trawler (Fischereifahrzeug) mit Fahrt durchs Wasser von 50 und mehr Meter Länge.

50 Seite 70

Sie sehen folgendes Fahrzeug:

Was ist das für ein Fahrzeug?

Ein fischendes Fahrzeug in Fahrt, das nicht trawlt, z. B. ein Treibnetzfischer.

51 Seite 72

Sie sehen folgendes Fahrzeug:

Was ist das für ein Fahrzeug?

Ein fischendes Fahrzeug in Fahrt.

52 Seiten 70, 72

Was verstehen Sie unter dem Begriff „fischendes Fahrzeug"?

Ein Fahrzeug, das mit Netzen, Leinen, Schleppnetzen oder anderen Fanggeräten fischt, welche seine Manövrierfähigkeit einschränken.

53 Seite 68

Welche Fahrzeuge führen nur Seitenlichter rot und grün und ein weißes Hecklicht?

Segler, Ruderboote und geschleppte Fahrzeuge.

54 Seite 68

Was für eine Laterne kann ein Segelfahrzeug von weniger als 20 Meter Länge anstelle der Seitenlichter und des Hecklichtes führen?

Eine Dreifarbenlaterne an oder nahe der Mastspitze.

55 Seite 68

Welche Lichter darf ein Fahrzeug unter Ruder führen oder zeigen?

Es darf die Seitenlichter und das Hecklicht oder eine Dreifarbenlaterne führen. Andernfalls ist ein weißes Licht gebrauchsfertig zur Hand zu haben, das rechtzeitig gezeigt werden muss, um einen Zusammenstoß zu verhüten.

56 Seite 68

Welche Lichter muss ein Fahrzeug unter Segel, das gleichzeitig mit Maschinenkraft fährt, führen?

Die für ein Maschinenfahrzeug vorgeschriebenen Lichter.

57 Seite 69

Welche Lichter kann bzw. muss ein Maschinenfahrzeug in Fahrt von weniger als 7 m Länge, dessen Höchstgeschwindigkeit 7 Knoten nicht übersteigt, führen?

Tragen Sie die Lichter unter Angabe der Farben und Sichtwinkel ein, geben Sie an, in welcher Mindesthöhe das Topp- oder Rundumlicht über den Seitenlaternen geführt werden muss und geben Sie ferner an, welche Erleichterung anstelle der beiden Seitenlaternen zulässig ist.

Das Topp- oder Rundumlicht muss mindestens 1 Meter höher als die Seitenlaternen geführt werden.

Anstelle der beiden Seitenlaternen kann eine Zweifarbenlaterne geführt werden.

Sportbootführerschein See

winkel ein, und geben Sie ferner die Mindesthöhe des Topplichtes über dem Schiffskörper an.

Höhe des Topplichtes über dem Schiffskörper: Mindestens 6 Meter oder in einer der Breite des Fahrzeugs mindestens gleichkommenden Höhe; es braucht jedoch nicht höher als 12 Meter angebracht zu sein.

61 Seiten 70, 72
1. Was für ein Licht muss ein Ankerlieger von weniger als 50 Meter Länge führen?
2. Was für einen Signalkörper muss ein Ankerlieger führen?

1. Ein weißes Rundumlicht an gut sichtbarer Stelle.
2. Einen schwarzen Ball an gut sichtbarer Stelle.

62 Seite 70
Sie sehen folgendes Fahrzeug:

Welches Fahrzeug muss diese Lichter führen?

Ein vor Anker liegendes Fahrzeug von 100 und mehr Meter Länge.

63 Seite 73
Sie hören bei verminderter Sicht mindestens alle zwei Minuten einen langen Ton mit der Pfeife (▬▬). Welches Fahrzeug gibt dieses Signal?

Ein Maschinenfahrzeug, das Fahrt durchs Wasser macht.

64 Seite 73
Sie hören bei verminderter Sicht mindestens alle zwei Minuten zwei aufeinander folgende lange Töne mit der Pfeife (▬▬ ▬▬). Welches Fahrzeug gibt dieses Signal?

Ein Maschinenfahrzeug in Fahrt, das seine Maschine gestoppt hat und keine Fahrt durchs Wasser macht.

65 Seite 73
Sie hören bei verminderter Sicht mindestens alle zwei Minuten drei aufeinander folgende Töne mit der Pfeife, und zwar lang, kurz, kurz (▬▬ ●●). Welche Fahrzeuge geben dieses Signal?

1. Ein manövrierunfähiges Fahrzeug in Fahrt.
2. Ein manövrierbehindertes Fahrzeug in Fahrt oder vor Anker.
3. Ein tiefgangbehindertes Fahrzeug in Fahrt.
4. Ein Segelfahrzeug in Fahrt.
5. Ein schleppendes oder schiebendes Fahrzeug in Fahrt.
6. Ein fischendes Fahrzeug in Fahrt oder vor Anker.

66 Seite 73
Sie hören bei verminderter Sicht mindestens alle zwei Minuten drei aufeinander folgende Töne mit der Pfeife, und zwar lang, kurz, kurz (▬▬ ●●), und im Anschluss daran vier aufeinander folgende Töne mit der Pfeife, und zwar lang, kurz, kurz, kurz (▬▬ ●●●). Welches Fahrzeug gibt das letztgenannte Signal?

Ein geschlepptes Fahrzeug oder das letzte bemannte Fahrzeug eines Schleppverbandes in Fahrt.

67 Seite 73
Was für ein Schallsignal muss ein Segelfahrzeug in Fahrt von 12 und mehr Meter Länge bei verminderter Sicht geben?

Mindestens alle zwei Minuten drei aufeinander folgende Töne mit der Pfeife, und zwar lang, kurz, kurz (▬▬ ●●).

68 Seite 73
Welches Schallsignal muss ein Fahrzeug in Fahrt von weniger als 12 Meter Länge bei verminderter Sicht geben, wenn es die sonst vorgeschriebenen Schallsignale nicht geben kann?

Mindestens alle zwei Minuten ein kräftiges Schallsignal, das mit den vorgeschriebenen nicht verwechselt werden kann.

Sportbootführerschein See

69 Seite 73

Sie hören bei verminderter Sicht mindestens jede Minute etwa 5 Sekunden lang rasches Läuten der Glocke.

5 s

Welches Fahrzeug gibt dieses Signal?

Ein Fahrzeug vor Anker von weniger als 100 Meter Länge.

70 Seite 73

Sie hören bei verminderter Sicht mindestens jede Minute etwa 5 Sekunden lang rasches Läuten der Glocke und unmittelbar danach ungefähr 5 Sekunden lang rasch den Gong schlagen.

5 s   5 s

Welches Fahrzeug gibt dieses Signal?

Ein Fahrzeug vor Anker von 100 und mehr Meter Länge.

71 Seite 73

Welches zusätzliche Schallsignal darf jeder Ankerlieger bei verminderter Sicht geben, um einem sich nähernden Fahrzeug seinen Standort anzuzeigen?

Mit der Pfeife kurz, lang, kurz

(● ▬ ●).

72 Seite 60

Wie stellen Sie fest, ob die Möglichkeit der Gefahr eines Zusammenstoßes besteht?

Wenn sich der Abstand zum anderen Fahrzeug verringert und sich die Kompasspeilung nicht oder nicht merklich ändert. Im Zweifelsfall ist die Gefahr als bestehend anzunehmen.

73 Seiten 62, 63

Zwei in Sicht befindliche Segelfahrzeuge nähern sich im freien Seeraum oder außerhalb des Fahrwassers so, dass die Möglichkeit der Gefahr eines Zusammenstoßes besteht. Welches Fahrzeug muss dem anderen ausweichen, wenn sie den Wind **nicht** von derselben Seite haben?

Es muss dasjenige ausweichen, das den Wind von Backbord hat.

74 Seiten 62, 63

Zwei in Sicht befindliche Segelfahrzeuge nähern sich im freien Seeraum oder außerhalb des Fahrwassers so, dass die Möglichkeit der Gefahr eines Zusammenstoßes besteht. Welches Fahrzeug muss dem anderen ausweichen, wenn sie den Wind von derselben Seite haben?

Es muss das luvwärtige Fahrzeug dem leewärtigen Fahrzeug ausweichen.

75 Seiten 62, 63

Wie hat sich ein Segelfahrzeug im freien Seeraum oder außerhalb des Fahrwassers zu verhalten, wenn es mit dem Wind von Backbord ein Segelfahrzeug in Luv sichtet und nicht mit Sicherheit feststellen kann, ob das andere Fahrzeug den Wind von Backbord oder von Steuerbord hat und die Möglichkeit der Gefahr eines Zusammenstoßes besteht?

Es muss ausweichen.

76 Seite 64

Wie müssen sich zwei in Sicht befindliche Maschinenfahrzeuge verhalten, die sich einander auf entgegengesetzten oder fast entgegengesetz-

Jedes Fahrzeug muss seinen Kurs nach Steuerbord ändern.

Sportbootführerschein See

ten Kursen nähern, um die Möglichkeit der Gefahr eines Zusammenstoßes zu vermeiden?

77 Seite 64
Welches von zwei in Sicht befindlichen Maschinenfahrzeugen, deren Kurse einander so kreuzen, dass die Möglichkeit der Gefahr eines Zusammenstoßes besteht, ist ausweichpflichtig?

Dasjenige Fahrzeug muss ausweichen, welches das andere an seiner Steuerbordseite hat.

78 Seite 66
Wie hat sich ein Maschinenfahrzeug im freien Seeraum oder außerhalb des Fahrwassers gegenüber einem in Sicht befindlichen Segelfahrzeug zu verhalten, wenn die Möglichkeit der Gefahr eines Zusammenstoßes besteht?

Das Maschinenfahrzeug muss ausweichen.

79 Seite 66
Wie hat sich ein Maschinenfahrzeug im freien Seeraum oder außerhalb des Fahrwassers gegenüber einem in Sicht befindlichen manövrierunfähigen Fahrzeug zu verhalten, wenn die Möglichkeit der Gefahr eines Zusammenstoßes besteht?

Das Maschinenfahrzeug muss ausweichen.

80 Seite 66
Wie hat sich ein Maschinenfahrzeug im freien Seeraum oder außerhalb des Fahrwassers gegenüber einem in Sicht befindlichen manövrierbehinderten Fahrzeug zu verhalten, wenn die Möglichkeit der Gefahr eines Zusammenstoßes besteht?

Das Maschinenfahrzeug muss ausweichen.

81 Seite 66
Wie hat sich ein Maschinenfahrzeug im freien Seeraum oder außerhalb des Fahrwassers gegenüber einem in Sicht befindlichen fischenden Fahrzeug zu verhalten, wenn die Möglichkeit der Gefahr eines Zusammenstoßes besteht?

Das Maschinenfahrzeug muss ausweichen.

82 Seite 66
Wie hat sich ein Segelfahrzeug im freien Seeraum oder außerhalb des Fahrwassers gegenüber einem in Sicht befindlichen manövrierunfähigen Fahrzeug zu verhalten, wenn die Möglichkeit der Gefahr eines Zusammenstoßes besteht?

Das Segelfahrzeug muss ausweichen.

83 Seite 66
Wie hat sich ein Segelfahrzeug im freien Seeraum oder außerhalb des Fahrwassers gegenüber einem in Sicht befindlichen manövrierbehinderten Fahrzeug zu verhalten, wenn die Möglichkeit der Gefahr eines Zusammenstoßes besteht?

Das Segelfahrzeug muss ausweichen.

84 Seite 66
Wie hat sich ein Segelfahrzeug im freien Seeraum oder außerhalb des Fahrwassers gegenüber einem in Sicht befindlichen fischenden Fahrzeug zu verhalten, wenn die Möglichkeit der Gefahr eines Zusammenstoßes besteht?

Das Segelfahrzeug muss ausweichen.

Sportbootführerschein See

85 Seiten 66, 72

Sie sehen folgendes Fahrzeug:

Wie verhalten Sie sich gegenüber diesem Fahrzeug?

Ich darf die sichere Durchfahrt des Fahrzeugs nicht behindern.

86 Seiten 66, 70

Sie sehen folgendes Fahrzeug:

Wie verhalten Sie sich gegenüber diesem Fahrzeug?

Ich darf die sichere Durchfahrt des Fahrzeugs nicht behindern.

87 Seite 65

Wie verhalten Sie sich als Kurshalter vor Einleitung des Manövers des letzten Augenblicks gegenüber einem ausweichpflichtigen Fahrzeug?

Kurs und Geschwindigkeit sind zunächst beizubehalten und dem Ausweichpflichtigen ist besondere Aufmerksamkeit zu widmen.

88 Seiten 60, 65

Wie verhalten Sie sich als Ausweichpflichtiger gegenüber einem Kurshalter?

Ich muss das Ausweichmanöver frühzeitig, durchgreifend und klar erkennbar durchführen.

89 Seite 63

Wie hat sich ein überholendes Fahrzeug zu verhalten?

Es hat dem zu überholenden Fahrzeug auszuweichen.

90 Seite 67

Wie haben Sie sich zu verhalten, wenn Sie bei verminderter Sicht anscheinend vorli-

1. Ebenfalls Schallsignale geben.
2. Fahrt so weit verlangsamen, dass Steuerfähigkeit

cher als querab das Schallsignal eines anderen Fahrzeugs hören?

noch erhalten bleibt.
3. Erforderlichenfalls muss jegliche Fahrt weggenommen werden.
4. Vorsichtig manövrieren, bis die Gefahr eines Zusammenstoßes vorüber ist.

91 Seite 65

Wie verhalten Sie sich als Kurshalter, wenn Sie feststellen, dass ein anderes Fahrzeug seiner Ausweichpflicht nicht nachkommt und die Gefahr einer unmittelbar bevorstehenden Kollision besteht?

1. Ich gebe mindestens 5 kurze Töne mit der Pfeife.
2. Ich führe das Manöver des letzten Augenblicks durch.
3. Es ist so zu manövrieren, wie es zur Vermeidung eines Zusammenstoßes am dienlichsten ist.

92 Seite 73

Welche Bedeutung haben die folgenden von Maschinenfahrzeugen gegebenen Schallsignale:
1. ein kurzer Ton (●),
2. zwei kurze Töne (●●)?

1. Kursänderung nach Steuerbord.
2. Kursänderung nach Backbord.

93 Seite 73

Welche Bedeutung hat folgendes von Maschinenfahrzeugen gegebene Schallsignal: drei kurze Töne (●●●)?

Antrieb läuft rückwärts.

94 Seite 73

Welche Bedeutung hat folgendes Schallsignal: mindestens fünf kurze, rasch aufeinander folgende Töne (●●●●●)?

Ein Ausweichpflichtiger wird auf seine Ausweichpflicht aufmerksam gemacht.

95 Seite 73

Welche Bedeutung hat folgendes Schallsignal bei ver-

Ein Ankerlieger macht ein sich näherndes Fahrzeug auf

Sportbootführerschein See

minderter Sicht: ein kurzer Ton, ein langer Ton, ein kurzer Ton (● ▬ ●)?

96 Seite 61
Was ist bei der Benutzung eines Verkehrstrennungsgebietes zu beachten?

eine gefährliche Annäherung aufmerksam.

1. Auf dem entsprechenden Einbahnweg in der allgemeinen Verkehrsrichtung fahren.
2. So weit wie möglich von der Trennlinie oder der Trennzone klarhalten.
3. In der Regel an den Enden des Einbahnweges ein- oder auslaufen; bei seitlichem Ein- oder Auslaufen hat dies in einem möglichst kleinen Winkel zur allgemeinen Verkehrsrichtung zu erfolgen.

97 Seite 61
Was ist hinsichtlich des Querens der Einbahnwege von Verkehrstrennungsgebieten zu beachten?

1. Das Queren ist möglichst zu vermeiden.
2. Falls gequert werden muss, hat dies möglichst mit der Kielrichtung im rechten Winkel zur allgemeinen Verkehrsrichtung zu erfolgen.
3. Die Kielrichtung des querenden Fahrzeugs muss auch dann einen rechten Winkel zur allgemeinen Verkehrsrichtung bilden, wenn das Fahrzeug durch Wind oder Strom versetzt wird.

98 Seite 61
Sie fahren in einem Verkehrstrennungsgebiet auf dem Einbahnweg in der allgemeinen Verkehrsrichtung:
1. Nach welchen Regeln müssen Sie in diesem Bereich fahren und ausweichen?

1. Nach den Kollisionsverhütungsregeln (KVR).

2. Wie haben Sie sich als Maschinenfahrzeug in einem Einbahnweg gegenüber einem Maschinenfahrzeug zu verhalten, das den Einbahnweg von Steuerbord kommend quert, wenn die Möglichkeit der Gefahr eines Zusammenstoßes besteht?
3. Wie haben Sie sich als Segelfahrzeug beim Queren eines Verkehrstrennungsgebietes gegenüber einem Maschinenfahrzeug zu verhalten, das auf einem Einbahnweg in der allgemeinen Verkehrsrichtung fährt?

99 Seite 61
Wie hat sich ein Fahrzeug von weniger als 20 Meter Länge oder ein Segelfahrzeug in Verkehrstrennungsgebieten zu verhalten?

100 Seite 72
Sie sehen folgendes Fahrzeug:

1. Was ist das für ein Fahrzeug?
2. Wie müssen Sie an diesem Fahrzeug vorbeifahren?

101 Seite 72
Sie sehen folgendes Fahrzeug im Fahrwasser:

2. Ich muss ausweichen.
3. Ich darf die sichere Durchfahrt des Maschinenfahrzeugs nicht behindern.

Es darf die sichere Durchfahrt eines dem Einbahnweg folgenden Maschinenfahrzeugs nicht behindern.

1. Ein manövrierbehindertes Fahrzeug, das baggert oder Unterwasserarbeiten ausführt und dabei die Schifffahrt behindert.
2. An der Seite, an der sich zwei schwarze Rhomben senkrecht übereinander angeordnet befinden.

Sportbootführerschein See

1. Was ist das für ein Fahrzeug?
2. Wie müssen Sie an diesem Fahrzeug vorbeifahren?

1. Ein manövrierbehindertes Fahrzeug, das im Fahrwasser baggert oder Unterwasserarbeiten ausführt und dabei die Schiffe an keiner Seite behindert.
2. An der Seite, die in meiner Fahrtrichtung rechts liegt.

102   Seite 71

Sie sehen folgendes Fahrzeug:

1. Was ist das für ein Fahrzeug?
2. Wie müssen Sie an diesem Fahrzeug vorbeifahren?

1. Ein manövrierbehindertes Fahrzeug, das baggert oder Unterwasserarbeiten ausführt und dabei die Schifffahrt behindert.
2. An der Seite, an der sich zwei grüne Rundumlichter senkrecht übereinander angeordnet befinden.

103   Seite 71

Sie sehen folgendes Fahrzeug im Fahrwasser:

1. Welches Fahrzeug muss diese Lichter führen?
2. Wie müssen Sie an diesem Fahrzeug vorbeifahren?

1. Ein manövrierbehindertes Fahrzeug mit Fahrt durchs Wasser von 50 und mehr Meter Länge, das im Fahrwasser baggert oder Unterwasserarbeiten ausführt und dabei die Schiffe an keiner Seite behindert.
2. An der Seite, die in meiner Fahrtrichtung rechts liegt.

104   Seite 75

Sie sehen auf einem Fahrzeug folgende Flagge:

1. Was bedeutet dieses Signal?
2. Wie verhalten Sie sich beim Passieren dieses Fahrzeugs?

1. Taucherarbeiten.
2. Ausreichenden Abstand halten, mit äußerster Vorsicht passieren.

Seeschifffahrtsstraßen-Ordnung (SeeSchStrO)

105   Seiten 59, 76

Wo ist festgelegt, welche Wasserflächen Seeschifffahrtsstraßen sind?

106   Seite 58

Welche örtlichen Sondervorschriften zusätzlich zur Seeschifffahrtsstraßen-Ordnung (SeeSchStrO) und zur Schifffahrtsordnung Emsmündung gibt es, und was ist darin geregelt?

In § 1 der Seeschifffahrtsstraßen-Ordnung (SeeSchStrO) und § 1 der Einführungsverordnung zur Schifffahrtsordnung Emsmündung (EmsSchEV).

Die Bekanntmachungen der Wasser- und Schifffahrtsdirektionen (WSD) Nord und Nordwest zur Seeschifffahrtsstraßen-Ordnung und zur Schifffahrtsordnung Emsmündung, die besondere örtliche Regelungen enthalten und Hinweise für die einzelnen Seeschifffahrtsstraßen geben.

107   Seite 71

Sie sehen folgendes Fahrzeug:

1. Was ist das für ein Fahrzeug?
2. Welche Sonderstellung hat es?

1. Fahrzeug des öffentlichen Dienstes im Einsatz.
2. Es darf von den Verkehrsvorschriften abweichen.

108   Seite 71

Sie sehen Leuchtkugeln mit weißen Sternen:
1. Wer gibt dieses Signal?
2. Wie verhalten Sie sich?

1. Fahrzeuge der Bundeswehr, des Bundesgrenzschutzes oder Maschinenfahrzeuge, die Schieß-

Sportbootführerschein See

scheiben schleppen, bei
Übungen.
2. Ausreichend Abstand halten.

109 Seite 76

Was sind Fahrwasser im Sinne der Seeschifffahrtsstraßen-Ordnung (SeeSchStrO) und der Schifffahrtsordnung Emsmündung?

1. Es sind Wasserflächen, die durchgehend durch Fahrwasserseitenbezeichnung begrenzt oder gekennzeichnet sind,
2. binnenwärts der Flussmündungen auch nicht gekennzeichnete Wasserflächen, die für die durchgehende Schifffahrt bestimmt sind.

110 Seite 76

Welches ist – außer in Wattgebieten – die Steuerbordseite eines Fahrwassers?

Es ist die Seite, die ein von See kommendes Schiff an seiner Steuerbordseite hat.

111 Seite 77

Was verstehen Sie unter dem Begriff „Wassermotorräder"?

Motorisierte Wassersportgeräte, z. B. Wasserbob, Wasserskooter, Jetbike oder Jetski sowie sonstige gleichartige Geräte.

112 Seite 78

Welche besondere Verpflichtung hat ein Fahrzeugführer, dessen Fahrzeug mit einer UKW-Sprechfunkanlage ausgerüstet ist?

Er ist verpflichtet, die von der Verkehrszentrale gegebenen Verkehrsinformationen und -unterstützungen abzuhören und zu berücksichtigen.

113 Seiten 71, 75

Sie sehen folgendes Fahrzeug (tags, nachts):

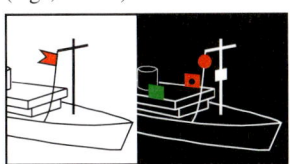

Was bedeutet die rote Flagge bzw. das rote Rundumlicht?

Ein Fahrzeug, das bestimmte gefährliche Güter befördert, oder ein nicht entgaster Tanker, von dem eine Gefahr ausgehen kann.

114 Seiten 68, 71

Welches Licht muss ein Fahrzeug unter Segel von weniger als 12 Meter Länge oder ein Fahrzeug unter Ruder auf der Seeschifffahrtsstraße führen, wenn es die nach den Kollisionsverhütungsregeln (KVR) vorgeschriebenen Lichter nicht führen kann?

Ein weißes Rundumlicht.

115 Seite 68

Wann darf ein Maschinenfahrzeug von weniger als 7 Meter Länge auf Seeschifffahrtsstraßen nicht fahren, wenn es die nach den Kollisionsverhütungsregeln (KVR) vorgeschriebenen Lichter nicht führen kann?

Es darf in der Zeit, in der die Lichterführung vorgeschrieben ist, nicht fahren, es sei denn, dass ein Notstand vorliegt.

116 Seite 68

Wann darf ein Fahrzeug unter Segel von weniger als 12 Meter Länge oder unter Ruder auf Seeschifffahrtsstraßen nicht fahren, wenn es nicht mindestens ein weißes Rundumlicht führen kann?

Es darf in der Zeit, in der die Lichterführung vorgeschrieben ist, nicht fahren, es sei denn, dass ein Notstand vorliegt.

117 Seite 68

Wie muss sich ein Fahrzeug auf Seeschifffahrtsstraßen bei einem Notstand verhalten, wenn es die vorgeschriebenen Lichter nicht führen kann?

1. Eine elektrische Leuchte oder Laterne mit einem weißen Licht ständig gebrauchsfertig bereithalten.
2. Zur Verhütung eines Zusammenstoßes das weiße Licht rechtzeitig zeigen.

118 Seite 71

Was für ein Licht müssen Sie auf einem Sportboot setzen, wenn Sie festgemacht haben und keine ausreichende Beleuchtung vom Ufer her vorhanden ist?

Ein festes weißes Rundumlicht mittschiffs an der Fahrwasserseite.

Sportbootführerschein See

119 Seite 73

Welches Schallsignal müssen Sie, wenn es die Verkehrslage erfordert, beim Einlaufen in andere Fahrwasser und Häfen und beim Auslaufen aus ihnen geben?

Einen langen Ton als Achtungssignal.

120 Seite 73

Sie hören 2 Gruppen von je einem langen und vier kurzen Tönen:

(━ ●●●●   ━ ●●●●)

Was bedeutet dieses Schallsignal?

Allgemeines Gefahr- und Warnsignal.

121 Seite 73

Wie lautet das „Allgemeine Gefahr- und Warnsignal"?

2 Gruppen von je einem langen und vier kurzen Tönen:

(━ ●●●●   ━ ●●●●)

122 Seite 73

Wann ist das „Allgemeine Gefahr- und Warnsignal" zu geben?

Wenn ein Fahrzeug ein anderes gefährdet oder durch dieses selbst gefährdet wird.

123 Seite 73

Sie hören in jeder Minute mindestens fünfmal hintereinander mit jeweils 2 Sekunden Zwischenpause einen kurzen und einen langen Ton (● ━ ● ━ usw. 2 s):
1. Was bedeutet dieses Schallsignal?
2. Wie haben Sie sich zu verhalten?

1. Bleib-weg-Signal, Gefahr durch gefährliche Güter.
2. Sofort den Gefahrenbereich verlassen, Feuer und Zündfunken möglichst vermeiden (Explosionsgefahr).

124 Seite 82

Wie haben sich Fahrzeuge zu verhalten, die
1. in das Fahrwasser einlaufen,
2. das Fahrwasser queren,
3. im Fahrwasser drehen,
4. ihre Anker- und Liegeplätze verlassen?

Sie haben die Vorfahrt der im Fahrwasser fahrenden Fahrzeuge zu beachten.

125 Seite 82

Wie haben Segelfahrzeuge im Fahrwasser, die nicht deutlich der Richtung eines Fahrwassers folgen, untereinander auszuweichen?

Sie haben untereinander nach den Regeln der KVR auszuweichen, wenn sie dadurch vorfahrtberechtigte Fahrzeuge nicht gefährden oder behindern.

126 Seite 80

Wo muss im Fahrwasser grundsätzlich gefahren werden?

So weit wie möglich rechts.

127 Seite 80

Was muss ein Fahrzeug, das außerhalb des Fahrwassers fährt, durch seine Fahrweise klar erkennen lassen?

Es muss klar erkennbar sein, dass das Fahrwasser nicht benutzt wird.

128 Seite 82

Nach welchen Regeln muss außerhalb des Fahrwassers ausgewichen werden?

Nach den Kollisionsverhütungsregeln (KVR).

129 Seiten 80, 81

Wo ist das Überholen verboten?

1. In der Nähe von in Fahrt befindlichen nicht freifahrenden Fähren.
2. An Engstellen.
3. In unübersichtlichen Krümmungen.
4. In Schleusenbereichen.
5. Innerhalb von Strecken, die durch Überholverbotszeichen gekennzeichnet sind.

130 Seite 89

Sie sehen folgendes Sichtzeichen:

Was bedeutet dieses Sichtzeichen?

Überholverbot für alle Fahrzeuge.

Sportbootführerschein See

131 Seite 89

Wo muss ein wartepflichtiges Fahrzeug vor einer Brücke, einem Sperrwerk oder einer Schleuse anhalten, solange die Durchfahrt nicht freigegeben ist?

In ausreichender Entfernung oder, wenn vorhanden, vor dem Halteschild.

132 Seite 84

Wo darf ein wartepflichtiges Fahrzeug vor einer Brücke, einem Sperrwerk oder einer Schleuse nicht festmachen?

An den Leitwerken oder Abweisedalben.

133 Seiten 83, 89

Wo darf Wasserski gelaufen, Wassermotorrad oder mit einem Kite- oder Segelsurfbrett gefahren werden?

1. Außerhalb des Fahrwassers, wenn es nicht von der Wasser- und Schifffahrtsdirektion durch Bekanntmachung verboten ist.
2. Im Fahrwasser auf Abschnitten, die durch die Wasser- und Schifffahrtsdirektion bekannt gemacht oder durch blaue Tafeln mit dem weißen Symbol eines Wasserskiläufers, eines Wassermotorrades oder eines Segelsurfers bezeichnet sind.

134 Seite 83

Wann darf kein Wasserski gelaufen, Wassermotorrad oder mit einem Kite- oder Segelsurfbrett gefahren werden?

Bei Nacht und bei verminderter Sicht und während der bekannt gemachten Verbotszeiten.

135 Seite 83

1. Wie haben sich die Führer von Zugbooten der Wasserskiläufer sowie Wassermotorradfahrer und Kite- oder Segelsurfer bei Annäherung an Fahrzeuge zu verhalten?

1. Sie haben auszuweichen.

2. Wie hat sich der Wasserskiläufer dabei zu verhalten?

2. Der Wasserskiläufer hat sich im Kielwasser des Zugbootes zu halten.

136 Seite 83

Nach welchen Vorschriften haben Führer von Zugbooten der Wasserskiläufer, Fahrer von Wassermotorrädern und Kite- oder Segelsurfer untereinander auszuweichen?

Entsprechend den Regeln der KVR.

137 Seite 84

Wo ist Ankern verboten? (Nennen Sie mindestens 4 Stellen oder Bereiche.)

1. Im Fahrwasser.
2. An engen Stellen und in unübersichtlichen Krümmungen.
3. Im Umkreis von 300 m von schwimmenden Geräten, Wracks und sonstigen Schifffahrtshindernissen, von Kabeltonnen sowie von Stellen für militärische und zivile Zwecke.
4. Vor Hafeneinfahrten, Anlegestellen, Schleusen und Sielen sowie in den Zufahrten des NOK.
5. Innerhalb von Fähr- und Brückenstrecken.
6. 300 m vor und hinter Ankerverbotszeichen.

138 Seite 84

Wo dürfen Sie mit Ihrem Fahrzeug nicht anlegen bzw. nicht festmachen? (Nennen Sie mindestens 4 Stellen, Bauwerke oder Bereiche.)

1. An Sperrwerken, Strombauwerken, Leitwerken, Pegeln, festen und schwimmenden Schifffahrtszeichen.
2. An engen Stellen und in unübersichtlichen Krümmungen.
3. Vor Hafeneinfahrten und an Anlegestellen, die nicht für Sportboote bestimmt sind.
4. Innerhalb von Fähr- und Brückenstrecken.
5. An Stellen, die durch die

Sportbootführerschein See

Sichtzeichen „Festmacheverbot" und „Liegeverbot" gekennzeichnet sind.

139 Seiten 85, 87

Was unternehmen Sie, wenn für Ihr Fahrzeug die Gefahr des Sinkens im Fahrwasser besteht?

Es ist so weit wie möglich aus dem Fahrwasser zu bringen, um eine Beeinträchtigung der Schifffahrt zu vermeiden.

140 Seiten 85, 87

Was unternehmen Sie, um die Schifffahrt zu warnen, wenn Ihr Fahrzeug gesunken ist?

Stelle des gesunkenen Fahrzeugs behelfsmäßig kennzeichnen und die Schifffahrtspolizeibehörde benachrichtigen.

141 Seite 86

Wann und zu welchem Zweck dürfen Sportfahrzeuge ohne Lotsen die Zufahrten und den Nord-Ostsee-Kanal benutzen?

Während der bekannt gemachten Tagfahrzeiten, ausgenommen bei verminderter Sicht.

142 Seite 86

Bei welchem Signal dürfen Sportfahrzeuge ohne Lotsen von den Kanalreeden in die Zufahrten und in die Schleusen des Nord-Ostsee-Kanals einfahren?

Wenn ein weißes unterbrochenes Licht gezeigt wird.

143 Seite 86

In welchen besonderen Vorschriften ist die Durchfahrt durch den Nord-Ostsee-Kanal geregelt?

1. Im Abschnitt „Ergänzende Vorschriften" für den Nord-Ostsee-Kanal" der SeeSchStrO.
2. In der Bekanntmachung der WSD Nord zur SeeSchStrO.

144 Seite 86

Sie sehen im Nord-Ostsee-Kanal an einem Weichensignalmast drei unterbrochene rote Lichter übereinander:
1. Was bedeutet dieses Signal?

1. Ausfahren für alle Fahrzeuge verboten.
2. Aufhebung des Signals abwarten – ggf. hinter der rechten Dalbenreihe.

2. Wie haben Sie sich dann in der Weiche zu verhalten?

145 Seite 89

Sie sehen an Land folgendes Sichtzeichen:

Was bedeutet dieses Sichtzeichen?

1. Begegnungsverbot an einer Engstelle.
2. Vorfahrtsregelung beachten.

146 Seite 89

Sie sehen an Land folgendes Sichtzeichen:

Was bedeutet dieses Sichtzeichen?

Die Geschwindigkeit durch das Wasser in km/h, auf dem Nord-Ostsee-Kanal über Grund in km/h, die nicht überschritten werden darf; hier 12 km/h.

147 Seite 88

Sie sehen eines der folgenden Sichtzeichen (tags, nachts):

1. Was bedeutet dieses Sichtzeichen?
2. Wie haben Sie sich zu verhalten?

1. Schutzbedürftige Anlage.
2. Sog und Wellenschlag vermeiden.

148 Seite 73

Sie hören folgendes Schallsignal – 4 kurze Töne (●●●●):
1. Was bedeutet dieses Signal?
2. Wie verhalten Sie sich?

1. Brücke, Sperrwerk, Schleuse kann vorübergehend nicht geöffnet werden.
2. Fahrt unterbrechen, Freigabe abwarten.

Sportbootführerschein See

149 Seite 89

Sie sehen an Land folgendes Sichtzeichen:

Was bedeutet dieses Sichtzeichen?

Geschwindigkeitsbeschränkung, Sog und Wellenschlag vermeiden.

150 Seite 89

Sie sehen folgendes Sichtzeichen:

Was bedeutet dieses Sichtzeichen?

Geschwindigkeit von 8 km/h (4,3 sm/h) Fahrt durch das Wasser, die innerhalb eines Mindestabstandes von 500 m von der jeweiligen Uferlinie wegen Badebetriebes nicht überschritten werden darf.

151 Seite 23

Sie sehen folgende Tonne:

Was bedeutet diese Tonne?

Gesperrt für Maschinenfahrzeuge und Wassermotorräder wegen Badebetriebes.

152 Seite 83

Welche Höchstgeschwindigkeit dürfen Sie vor Stellen mit erkennbarem Badebetrieb – außerhalb des Fahrwassers – in einem Abstand von 500 Meter und weniger vom Ufer nicht überschreiten?

8 km/h (4,3 sm/h) Fahrt durch das Wasser.

153 Seite 89

Sie sehen folgendes Sichtzeichen:

Was bedeutet dieses Sichtzeichen?

Mindestabstand in Metern, der in der nachfolgenden Strecke vom Aufstellungsort der Tafel (hier 40 m von der in Fahrtrichtung rechten Seite) an eingehalten werden muss.

154 Seite 89

Sie sehen folgendes Sichtzeichen:

1. Was bedeutet dieses Sichtzeichen?
2. Wie haben Sie sich zu verhalten?

1. Anhalten vor beweglichen Brücken, Sperrwerken und Schleusen.
2. Vor dem Sichtzeichen anhalten, warten, bis die Durchfahrt freigegeben wird.

155 Seite 89

Sie sehen folgendes Sichtzeichen:

1. Was bedeutet dieses Sichtzeichen?
2. Wie haben Sie sich zu verhalten?

1. Ankerverbot.
2. In einem Abstand von weniger als 300 m beiderseits des Sichtzeichens nicht ankern.

Sportbootführerschein See

156   Seite 23

Sie sehen eines der folgenden Schifffahrtszeichen (hier ohne Beschriftung):

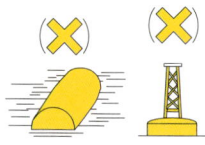

1. Was kennzeichnet dieses Schifffahrtszeichen?
2. Wo entnehmen Sie die Bedeutung dieses Schifffahrtszeichens?

1. Kennzeichnung besonderer Gebiete und Stellen, z. B. Warngebiete, Fischereigründe.
2. Die Bedeutung kann der Seekarte entnommen und aus der Beschriftung des Schifffahrtszeichens erkannt werden.

157   Seite 89

Sie sehen folgende Sichtzeichen:

Was bedeuten diese Sichtzeichen?

1. Festmacheverbot.
2. Liegeverbot.

158   Seite 89

Sie sehen folgendes Sichtzeichen:

1. Was bedeutet dieses Sichtzeichen?
2. Wie haben Sie sich zu verhalten?

1. Abgabe eines Schallsignals.
2. Das in der Zusatztafel angegebene Schallsignal – hier ein langer Ton – ist zu geben.

159   Seite 89

Sie sehen folgende Sichtzeichen:

Was bedeuten diese Sichtzeichen?

1. Wasserflächen im Fahrwasser, auf denen das Wasserskilaufen erlaubt ist.
2. Wasserflächen im Fahrwasser, auf denen das Fahren mit Wassermotorrädern erlaubt ist.

160   Seite 89

Sie sehen folgendes Sichtzeichen:

Was bedeutet dieses Sichtzeichen?

Ende einer Gebots- oder Verbotsstrecke.

161   Seite 15

Woran können Sie erkennen, dass ein militärisches Warngebiet wegen Schießübungen für die Schifffahrt gesperrt ist?

An bestimmten Tag- und Nachtsignalen, die nach der Schifffahrtspolizeiverordnung der WSD Nord für militärische Sperr- und Warngebiete an entsprechenden Signalstellen und auf Sicherungsfahrzeugen gezeigt werden.

162   Seite 23

Sie sehen eines der folgenden Schifffahrtszeichen:

1. Was bezeichnet dieses Schifffahrtszeichen?
2. Wie haben Sie sich zu verhalten?

1. Sperrgebiet.
2. Befahren für alle Fahrzeuge verboten.

Sportbootführerschein See

163 Seite 75

Sie sehen folgende Flagge:

1. Was bedeutet dieses Flaggensignal?
2. Wer zeigt dieses Signal?

1. Anhalten.
2. Fahrzeuge des öffentlichen Dienstes.

164 Seiten 73, 75

Sie sehen oder hören folgendes Licht- bzw. Schallsignal: einmal kurz, einmal lang, zweimal kurz: (● ▬ ● ●).
1. Was bedeutet dieses Signal?
2. Wer gibt dieses Signal?

1. Anhalten.
2. Fahrzeuge des öffentlichen Dienstes.

165 Seite 88

Sie sehen eines der folgenden Sichtzeichen (tags, nachts):

1. Was bedeutet dieses Sichtzeichen?
2. Wie haben Sie sich zu verhalten?

1. Dauernde Sperrung einer Seeschifffahrtsstraße.
2. Weiterfahrt verboten.

166 Seite 88

Beschreiben Sie das Körperzeichen und Lichtsignal für die dauernde Sperrung einer Seeschifffahrtsstraße.

1. Drei Körperzeichen übereinander, oben ein schwarzer Ball, in der Mitte ein schwarzer Kegel – Spitze unten –, unten ein schwarzer Kegel – Spitze oben.
2. Drei feste Lichter übereinander, das obere rot, das mittlere grün, das untere weiß.

167 Seite 89

Sie sehen folgendes Sichtzeichen:

1. Was bedeutet dieses Sichtzeichen?
2. Wie haben Sie sich zu verhalten?

1. Dauernde Sperrung einer Teilstrecke der Seeschifffahrtsstraße.
2. Weiterfahrt in der Teilstrecke verboten.

168 Seite 73

Sie hören auf der Seeschifffahrtsstraße 2 Gruppen von je drei langen Tönen:
(▬ ▬ ▬

▬ ▬ ▬)
1. Was bedeutet dieses Signal?
2. Wie haben Sie sich zu verhalten?

1. Sperrung der Seeschifffahrtsstraße.
2. Weiterfahrt verboten.

169 Seite 88

Sie sehen an Brücken, Sperrwerken oder Schleusen folgende feste Lichter:

1. Was bedeutet dieses Sichtzeichen?
2. Wie haben Sie sich zu verhalten?

1. Brücke, Sperrwerk oder Schleuse geschlossen.
2. Durchfahren oder Einfahren verboten.

170 Seite 88

Sie sehen an Brücken, Sperrwerken oder Schleusen folgende feste Lichter:

Sportbootführerschein See

1. Was bedeutet dieses Sichtzeichen?
2. Wie haben Sie sich zu verhalten?

171 Seite 89

Sie sehen an einer Brücke folgende Tafeln:

Was bedeuten diese Sichtzeichen?

172 Seite 89

Sie sehen folgende Sichtzeichen:

1.

2.

Was bedeuten diese Sichtzeichen?

173 Seite 88

Sie sehen eines der folgenden
Sichtzeichen (tags, nachts):

Was bedeutet dieses Sichtzeichen?

1. Diese Anlage ist dauernd
gesperrt.
2. Durchfahren oder Einfahren verboten.

Die Brückenöffnung darf nur
innerhalb des durch die
beiden Tafeln begrenzten
Raumes durchfahren werden.
Dies gilt nicht für kleine
Fahrzeuge (Fahrzeuge von
weniger als 12 m Länge).

1. Fährstelle, freifahrende
Fähre.
2. Fährstelle, nicht freifahrende Fähre.

Außergewöhnliche Schiff-
fahrtsbehinderung.

Bezeichnung der Fahrwasser

174 Seite 23

Sie sehen folgende Tonne:

Was bezeichnet diese Tonne?

1. Kennzeichnung der Zufahrt
zu Fahrwassern von See.
2. Kennzeichnung der Mitte
von Schifffahrtswegen.

175 Seite 23

Sie sehen folgende Tonne:

Was bezeichnet diese Tonne?

Von See beginnend die erste
Tonne der Steuerbordseite eines Fahrwassers.

176 Seite 23

Sie sehen folgende Tonne:

Was bezeichnet diese Tonne?

Von See beginnend die erste
Tonne der Backbordseite eines Fahrwassers.

177 Seite 23

Sie sehen eines der folgenden
Schifffahrtszeichen:

Welche Seite des Fahrwassers
bezeichnet dieses Schifffahrtszeichen?

Die Steuerbordseite des Fahrwassers.

178 Seite 23

Sie sehen eines der folgenden Schifffahrtszeichen:

Welche Seite des Fahrwassers bezeichnet dieses Schifffahrtszeichen?

Die Backbordseite des Fahrwassers.

179 Seite 23

Welche Beschriftung tragen die Fahrwassertonnen
1. an der Backbordseite,
2. an der Steuerbordseite?

1. Fortlaufende gerade Nummern.
2. Fortlaufende ungerade Nummern.

180 Seite 23

Welchen Anstrich und welche Toppzeichen haben die Fahrwassertonnen
1. an der Backbordseite,
2. an der Steuerbordseite?

1. Rot, stumpfe Toppzeichen.
2. Grün, spitze Toppzeichen.

181 Seite 46

Sie sehen folgendes feste Schifffahrtszeichen:

1. Welche Seite des Fahrwassers bezeichnet dieses Schifffahrtszeichen?
2. Wo findet es überwiegend Verwendung?

1. Die Steuerbordseite des Fahrwassers.
2. In den Wattengebieten.

182 Seite 46

Sie sehen eines der folgenden festen Schifffahrtszeichen:

1. Welche Seite des Fahrwassers bezeichnet dieses Schifffahrtszeichen?
2. Wo findet es überwiegend Verwendung?

1. Die Backbordseite des Fahrwassers.
2. In den Wattgebieten.

183 Seite 23

Sie sehen folgende Tonne:

Was bezeichnet diese Tonne?

Steuerbordseite des durchgehenden Fahrwassers, Backbordseite des abzweigenden Fahrwassers.

Hinweis des Autors: *abzweigend,* da es die erste Bb-Tonne (HN 2) des Fahrwassers HN ist.

184 Seite 23

Sie sehen folgende Tonne:

Was bezeichnet diese Tonne?

Backbordseite des durchgehenden Fahrwassers, Steuerbordseite des einmündenden Fahrwassers.

Hinweis des Autors: *einmündend,* da es die achte (letzte) Stb-Tonne (GN 15) des Fahrwassers GN ist.

185 Seiten 19, 21

Was bedeuten folgende Abkürzungen?
1. Oc (2) R. Whis / Hl-Tn. Ubr. (2) r.?
2. Fl (2) G / Blz. (2) gn.?
3. Oc. WRG. 12 M / Ubr. w/r/gn. 12 sm?

1. Heultonne mit unterbrochenem Feuer, Gruppe 2, rot.
2. Blitzfeuer Gruppe 2, grün.
3. Unterbrochenes Feuer mit weißem und rotem und grünem Sektor, Nenntragweite 12 sm.

Sportbootführerschein See

4. LFl / Blk.
5. Bell / Gl-Tn.?
6. Dir / Lt-F.?

4. Blinkfeuer.
5. Glockentonne.
6. Leitfeuer.

186 Seite 23

Welche Kennung und Farbe haben die Feuer der Leuchttonnen an der Backbordseite des Fahrwassers?

Rotes Blitzfeuer, rotes Funkelfeuer oder rotes unterbrochenes Feuer.

187 Seite 23

Welche Kennung und Farbe haben die Feuer der Leuchttonnen an der Steuerbordseite des Fahrwassers?

Grünes Blitzfeuer, grünes Funkelfeuer oder grünes unterbrochenes Feuer.

188 Seite 23

Welche Kennung und Farbe hat das Feuer der Leuchttonnen in der Mitte von Schifffahrtswegen oder zur Kennzeichnung der Zufahrt zu Fahrwassern von See?

Weißes Gleichtaktfeuer oder weißes unterbrochenes Feuer.

Bezeichnung der Gefahrenstellen

189 Seite 22

Sie sehen eines der folgenden Schifffahrtszeichen:

1. Was bezeichnet dieses Schifffahrtszeichen?
2. Wie verhalten Sie sich beim Passieren?

1. Es zeigt eine allgemeine Gefahrenstelle an und liegt, erkennbar an seiner Farbgebung und seinem Toppzeichen, nördlich von ihr.
2. Ich passiere nördlich.

190 Seite 22

Sie sehen eines der folgenden Schifffahrtszeichen:

1. Was bezeichnet dieses Schifffahrtszeichen?
2. Wie verhalten Sie sich beim Passieren?

1. Es zeigt eine allgemeine Gefahrenstelle an und liegt, erkennbar an seiner Farbgebung und seinem Toppzeichen, östlich von ihr.
2. Ich passiere östlich.

191 Seite 22

Sie sehen eines der folgenden Schifffahrtszeichen:

1. Was bezeichnet dieses Schifffahrtszeichen?
2. Wie verhalten Sie sich beim Passieren?

1. Es zeigt eine allgemeine Gefahrenstelle an und liegt, erkennbar an seiner Farbgebung und seinem Toppzeichen, südlich von ihr.
2. Ich passiere südlich.

192 Seite 22

Sie sehen eines der folgenden Schifffahrtszeichen:

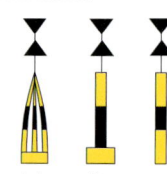

1. Was bezeichnet dieses Schifffahrtszeichen?
2. Wie verhalten Sie sich beim Passieren?

1. Es zeigt eine allgemeine Gefahrenstelle an und liegt, erkennbar an seiner Farbgebung und seinem Toppzeichen, westlich von ihr.
2. Ich passiere westlich.

193 Seite 22

Sie sehen das weiße Feuer einer Leuchttonne mit folgender Kennung:

Sportbootführerschein See

oder

1. Was bezeichnet diese Kennung?
2. Wie verhalten Sie sich beim Passieren?

1. Es zeigt eine allgemeine Gefahrenstelle an und liegt, erkennbar an der Kennung, nördlich von ihr.
2. Ich passiere nördlich.

194   Seite 22

Sie sehen das weiße Feuer einer Leuchttonne mit folgender Kennung:

oder

1. Was bezeichnet diese Kennung?
2. Wie verhalten Sie sich beim Passieren?

1. Es zeigt eine allgemeine Gefahrenstelle an und liegt, erkennbar an der Kennung, östlich von ihr.
2. Ich passiere östlich.

195   Seite 22

Sie sehen das weiße Feuer einer Leuchttonne mit folgender Kennung:

oder

1. Was bezeichnet diese Kennung?
2. Wie verhalten Sie sich beim Passieren?

1. Es zeigt eine allgemeine Gefahrenstelle an und liegt, erkennbar an der Kennung, südlich von ihr.
2. Ich passiere südlich.

196   Seite 22

Sie sehen das weiße Feuer einer Leuchttonne mit folgender Kennung:

oder

1. Was bezeichnet diese Kennung?
2. Wie verhalten Sie sich beim Passieren?

1. Es zeigt eine allgemeine Gefahrenstelle an und liegt, erkennbar an der Kennung, westlich von ihr.
2. Ich passiere westlich.

197   Seite 22

Sie sehen eines der folgenden Schifffahrtszeichen:

1. Was bezeichnet dieses Schifffahrtszeichen?
2. Wie verhalten Sie sich beim Passieren?

1. Es zeigt eine Einzelgefahrenstelle an, erkennbar an seiner Farbgebung und seinem Toppzeichen.
2. Ich kann an allen Seiten passieren.

198   Seite 22

Sie sehen das weiße Feuer einer Leuchttonne mit der Kennung Fl. (2):
1. Was bezeichnet dieses Feuer?
2. Wie verhalten Sie sich beim Passieren?

1. Es zeigt eine Einzelgefahrenstelle an, erkennbar an der Kennung.
2. Ich kann an allen Seiten passieren.

199   Seite 22

Sie sehen folgende doppelt ausgelegte Schifffahrtszeichen:

Sportbootführerschein See

1. Was bezeichnen diese Schifffahrtszeichen?
2. Wie verhalten Sie sich beim Passieren?

1. Sie zeigen eine neue Gefahrenstelle an, erkennbar an ihrer Farbgebung und ihrem Toppzeichen, und liegen südlich von ihr.
2. Ich passiere südlich.

Befeuerung

200   Seite 20

Welche Farbe eines Festfeuers treffen Sie einlaufend in der Regel bei Hafeneinfahrten
1. an der Backbordseite,
2. an der Steuerbordseite an?

1. Rot.
2. Grün.

201   Seite 20

Was verstehen Sie unter einem Leitfeuer, und wozu dient es?

Es ist ein Sektorenfeuer verschiedener Kennungen und Farben (ein weißer Leitsektor und zwei farbige Warnsektoren), das ein Fahrwasser bezeichnet.

202   Seite 20

Wie navigieren Sie mithilfe eines Leitfeuers?

Ich muss mit meinem Fahrzeug in Fahrtrichtung rechts des durch den weißen Leitsektor gekennzeichneten Fahrwassers fahren.

203   Seite 20

Wenn Sie von See kommend auf ein Leitfeuer zufahren und aus dem weißen Leitsektor in den roten Warnsektor kommen, nach welcher Seite müssen Sie den Kurs ändern?

Nach Steuerbord.

204   Seite 20

Wenn Sie von See kommend auf ein Leitfeuer zufahren und aus dem weißen Leitsektor in den grünen Warnsektor kommen, nach welcher Seite müssen Sie den Kurs ändern?

Nach Backbord.

205   Seite 20

1. Was verstehen Sie unter einem Richtfeuer?
2. Wie navigieren Sie danach?

1. Es besteht aus einem Ober- und einem Unterfeuer.
2. Ich halte zunächst Ober- und Unterfeuer in Deckpeilung und fahre dann in Fahrtrichtung rechts der Richtfeuerlinie.

206   Seite 20

Was verstehen Sie unter einem Quermarkenfeuer und wozu dient es?

Ein Sektorenfeuer verschiedener Kennungen und Farben (zwei weiße Ankündigungssektoren und ein farbiger Kursänderungssektor), das auf eine erforderliche Kursänderung im Fahrwasser hinweist.

207   Seite 20

Wie navigieren Sie mithilfe eines Quermarkenfeuers?

Ich muss mit meinem Fahrzeug beim Übergang von dem weißen Ankündigungssektor in den folgenden farbigen Kursänderungssektor meinen Kurs ändern.

208   Seite 20

Was verstehen Sie unter einem unterbrochenen Feuer?

Die Lichterscheinungen sind stets länger als die Verdunkelungen.

209   Seite 20

Was verstehen Sie unter einem Blinkfeuer?

Die Lichterscheinungen sind stets kürzer als die Verdunkelungen. Ein Blink ist mindestens zwei Sekunden lang.

210   Seite 20

Was verstehen Sie unter einem Blitzfeuer?

Die Lichterscheinungen sind stets kürzer als die Verdunkelungen. Ein Blitz ist weniger als zwei Sekunden lang.

211   Seite 20

Was verstehen Sie unter einem Funkelfeuer bzw. einem schnellen Funkelfeuer?

Schnell aufeinander folgende Lichterscheinungen (50 oder 60 bzw. 100 oder 120 Lichterscheinungen / Minute).

Sportbootführerschein See

212 Seite 20
Was verstehen Sie unter einem Gleichtaktfeuer?

Die Lichterscheinungen und Verdunkelungen sind von gleicher Dauer.

213 Seite 20
Welche verschiedenen Kennungen von Leuchtfeuern gibt es?

Festfeuer, unterbrochenes Feuer, Gleichtaktfeuer, Blinkfeuer, Blitzfeuer, Funkelfeuer, schnelles Funkelfeuer.

214 Seite 20
Was verstehen Sie unter der Wiederkehr eines Leuchtfeuers?

Das ist der Zeitraum vom Einsetzen einer Taktkennung bis zum Einsetzen der nächsten gleichen Taktkennung.

Umweltschutz, Befahrensregelungen

215 Seite 94
Wie haben Sie sich beim Befahren von Naturschutzgebieten und Nationalparken zu verhalten?

Befahrensregelungen (örtliche Befahrensverbote, zeitliche Befahrensbeschränkungen, festgesetzte Höchstgeschwindigkeiten und dergleichen) beachten.

216 Seite 94
Welche Sondervorschriften enthalten die örtlichen Befahrensregelungen in den Naturschutzgebieten und Nationalparken?

Befahrensverbote, zeitliche Befahrensbeschränkungen, Geschwindigkeitsbeschränkungen, besondere Regelungen für das Wasserskilaufen, das Fahren mit Wassermotorrädern und das Segelsurfen.

217 Seite 94
Wie können Sie mithelfen, die Lebensmöglichkeiten der Pflanzen- und Tierwelt in Gewässern und Feuchtgebieten zu bewahren und zu fördern?

Indem ich mich umweltbewusst verhalte und hierbei insbesondere die „Zehn goldenen Regeln für das Verhalten von Wassersportlern in der Natur" beachte, die von den Wassersportverbänden und dem Deutschen Naturschutzring erarbeitet wurden.

218 Seite 94
Warum sollen Sie sich von Schilf- und Röhrichtzonen sowie von dicht bewachsenen Uferzonen möglichst weit fernhalten?

Weil diese Zonen vielfach Rast- und Brutplätze besonders schutzwürdiger Vögel oder Fischlaichplätze sind.

219 Seiten 52, 94
Sie stellen während einer Fahrt mit Ihrem Motorboot fest, dass sich Öl in der Bilge angesammelt hat. Was tun Sie mit dem ausgelaufenen Öl?

In einem geeigneten Behälter sammeln und im nächsten Hafen bei einer Altölsammelstelle entsorgen.

220 Seite 94
Was können Sie als Führer eines Sportbootes tun, um einen Beitrag zur Reinhaltung der Gewässer zu leisten?

Sämtliche Abfälle einschließlich Öle und Betriebsstoffe an Bord in geeigneten Behältern sammeln und an Land vorschriftsmäßig entsorgen.

221 Seite 94
Durch welche Maßnahmen können Sie Schadstoffeinleitungen in die Gewässer verringern?

1. Durch den Einsatz umweltfreundlicher 2-Takt-Öle.
2. Durch den Einsatz von bleifreiem Benzin.
3. Durch die Nutzung moderner Speichertanktechnik.
4. Durch die sorgfältige Auswahl und den Einsatz von Antifoulingfarben.

222 Seite 94
Wo finden Sie Informationen über das umweltgerechte Verhalten in der Schifffahrt?

1. Bei den Wassersportverbänden und -vereinen.
2. Bei den Hafen- und Schifffahrtsbehörden.
3. In Befahrensregelungen für Naturschutzgebiete und Nationalparke.
4. In den Kartenwerken und Büchern zum Umweltschutz.

Sportbootführerschein See

Navigation

223 Seite 49 ff.
Welche amtlichen nautischen Veröffentlichungen geben Aufschluss über die für das Fahrtgebiet benötigten Angaben?

Seekarten, Leuchtfeuerverzeichnis, Seehandbücher, Gezeitentafeln oder -kalender, Atlas der Gezeitenströme, Jachtfunkdienst, Nachrichten für Seefahrer, Bekanntmachungen für Seefahrer.

224 Seiten 15, 54
Welche Angaben enthalten die Nachrichten für Seefahrer (NfS) und die Bekanntmachungen für Seefahrer (BfS)?

Sie enthalten alle Veränderungen hinsichtlich Betonnung, Befeuerung, Wracks und Untiefen sowie andere die Schifffahrt betreffende Maßnahmen und Ereignisse.

225 Seite 15
Wo können Sie von den Bekanntmachungen für Seefahrer (BfS) Kenntnis erlangen?

An den dafür eingerichteten Aushangstellen (z. B. in Häfen und Schleusen).

226 Seiten 51, 52
Wo finden Sie Angaben über Schifffahrtsangelegenheiten, insbesondere Hinweise auf Schifffahrtsvorschriften der Länder, deren Küsten, Häfen und Naturverhältnisse?

In den See- und Hafenhandbüchern.

227 Seiten 15, 54, 95
Wovon sollten Sie sich vor Gebrauch einer Seekarte überzeugen?

Dass die Karte auf den neuesten Stand berichtigt ist.

228 Seite 15
Woran erkennen Sie, ob die Seekarte auf den neuesten Stand berichtigt ist?

An dem letzten amtlichen Berichtigungsdatum, das sich in der Regel an der linken Seite des unteren Kartenrandes befindet.

229 Seite 51
In welcher Maßeinheit werden in deutschen Seekarten die Tiefen angegeben?

In Meter und Dezimeter.

230 Seiten 18, 19, 49
Wo finden Sie Angaben über die Zeichen, Abkürzungen und Begriffe in den deutschen Seekarten?

In der INT 1/Karte 1 des Bundesamtes für Seeschifffahrt und Hydrographie (BSH).

231 Seiten 21, 51, 52
Wo finden Sie die für die Navigation wichtigen Beschreibungen der Schifffahrtszeichen, Angaben über deren Befeuerung und Angaben über Signalstellen?

Im Leuchtfeuerverzeichnis, im Seehandbuch und in den Seekarten.

232 Seiten 17, 50
Wo entnehmen Sie in der Seekarte die Seemeilen?

Am rechten oder linken Kartenrand in Höhe des Standortes.

233 Seite 14
1. Was verstehen Sie unter einer Seemeile?
2. Wie lang ist eine Seemeile (in Metern)?

1. Sie ist die Länge einer Bogenminute auf einem größten Kreis der Erdkugel (z. B. Äquator).
2. 1852 m.

234 Seite 13
Was verstehen Sie unter dem Geschwindigkeitsbegriff „Knoten"?

Das sind die in einer Stunde zurückgelegten Seemeilen.

235
Wie errechnen Sie die Zeit in Minuten, die ein Fahrzeug benötigt, um eine bestimmte Distanz bei bekannter Geschwindigkeit abzulaufen?

$$\text{Zeit in min} = \frac{\text{Distanz in sm} \times 60 \text{ min/h}}{\text{Geschwindigkeit in sm/h}}$$

236
Wie errechnen Sie die Geschwindigkeit (in Knoten) eines Fahrzeugs bei bekannter Distanz (in Seemeilen) und Zeit (in Minuten)?

$$\text{Geschwindigkeit (kn)} = \frac{\text{Distanz (sm)} \times 60}{\text{Zeit (min)}}$$

Sportbootführerschein See

237 Seite 24
Was verstehen Sie unter dem rechtweisenden Kurs (Winkelangabe)?

Es ist der Winkel zwischen rechtweisend Nord und der Rechtvorausrichtung des Fahrzeugs.

238 Seite 17
Wie entnehmen Sie aus der Seekarte den Kartenkurs?

Durch Messen des Winkels zwischen rechtweisend Nord und der beabsichtigten Richtung des Weges über Grund.

239 Seite 24
Was verstehen Sie unter dem missweisenden Kurs (Winkelangabe)?

Es ist der Winkel zwischen missweisend Nord und der Rechtvorausrichtung des Fahrzeugs.

240 Seite 25
Was verstehen Sie unter dem Magnetkompasskurs (Winkelangabe)?

Es ist der Winkel zwischen Magnetkompass-Nord und der Rechtvorausrichtung des Fahrzeugs.

241 Seite 25
Was verstehen Sie unter Missweisung (Winkelangabe)?

Es ist der Winkel zwischen rechtweisend Nord und missweisend Nord.

242 Seite 25
Was verstehen Sie unter Magnetkompassablenkung (Winkelangabe)?

Es ist der Winkel zwischen missweisend Nord und Magnetkompass-Nord.

243 Seite 25
Woraus setzt sich die Magnetkompassfehlweisung zusammen?

Es ist die Summe aus Magnetkompassablenkung und Missweisung.

244 Seite 25
Wo entnehmen Sie die Missweisung und ihre jährliche Änderung?

Aus der dem Standort nächstgelegenen Kompassrose oder den entsprechenden Angaben in der Seekarte.

245 Seite 25
Woraus entnehmen Sie die Ablenkung (Deviation)?

Aus der für das betreffende Schiff aufgestellten Ablenkungstabelle (Deviationstabelle).

246 Seite 24
Wie verwandeln Sie den rechtweisenden Kurs in den zu steuernden Magnetkompasskurs?

Durch Anbringung der Missweisung und der Ablenkung oder der Fehlweisung mit entgegengesetztem Vorzeichen.

247 Seite 24
Wie verwandeln Sie den Magnetkompasskurs in den rechtweisenden Kurs?

Durch Anbringung der Ablenkung und der Missweisung oder der Fehlweisung mit richtigem Vorzeichen.

248 Seite 26
Was ist eine Peilung?

Das Feststellen der Richtung eines bekannten, feststehenden Objektes durch Winkelmessung, um eine Standlinie zu erhalten, auf der sich das Schiff befindet.

249 Seiten 27, 28
Wie erhalten Sie eine Standlinie?

Durch die Peilung eines bekannten, feststehenden Objektes und Eintragung der rechtweisenden Peilung in die Seekarte.

250 Seite 28
Was ist eine Kreuzpeilung?

Die Peilung zweier feststehender und bekannter Objekte in dichter Zeitfolge, die in einem möglichst rechten Winkel (90°) zueinander stehen.

251 Seite 28
Wie erhalten Sie mithilfe einer Kreuzpeilung Ihren Standort?

Durch Eintragung der rechtweisenden Peilungen zweier feststehender und bekannter Objekte als Standlinien in die Seekarte; ihr Schnittpunkt ist der Standort.

252 Seite 16
Was verstehen Sie unter
1. Stromversetzung?
2. Windversetzung?

1. Die Versetzung des Schiffes über Grund in Richtung und Distanz, die durch Gezeiten- oder Meeresströmungen verursacht wird.
2. Die Versetzung des Schiffes über Grund in Richtung und Distanz, die durch Wind verursacht wird.

Sportbootführerschein See

253 Seite 16
Was verstehen Sie unter dem Koppelort?

Das ist der Schiffsort, der unter Berücksichtigung der gesteuerten Kurse und zurückgelegten Distanzen und aller vorhersehbaren Einflüsse rechnerisch und zeichnerisch ermittelt wird.

254 Seite 10
Was müssen Sie bei der Aufstellung eines Magnetkompasses an Bord beachten?

1. Sein Steuerstrich muss mit der Kiellinie zusammenfallen oder parallel dazu verlaufen.
2. Der Kompass muss gut ablesbar sein.
3. Die Nähe von Eisenteilen und elektrischen Geräten soll vermieden werden.

255 Seiten 41, 42, 47
Was verstehen Sie unter
1. Ebbe,
2. Flut?

1. Fallen des Wassers vom Hochwasser zum folgenden Niedrigwasser.
2. Steigen des Wassers vom Niedrigwasser zum folgenden Hochwasser.

256 Seiten 42, 47
Was verstehen Sie unter einer Tide?

Das ist der Zeitraum zwischen einem Niedrigwasser und dem nächstfolgenden Niedrigwasser.

257 Seiten 42, 47
Was ist
1. Niedrigwasser?
2. Hochwasser?

1. Der Eintritt des niedrigsten Wasserstandes beim Übergang vom Fallen zum Steigen.
2. Der Eintritt des höchsten Wasserstandes beim Übergang vom Steigen zum Fallen.

258 Seiten 42, 48
Was verstehen Sie unter dem Begriff „Tidenhub"?

Das ist der Unterschied zwischen den Höhen des Hoch- und des Niedrigwassers.

259 Seiten 44, 45, 46
Wo finden Sie für einen bestimmten Ort die Angaben

In den Gezeitentafeln oder dem Gezeitenkalender des Bundesamtes für Seeschifffahrt und Hydrographie (BSH).

über Hoch- und Niedrigwasserzeiten und den Tidenhub?

260 Seiten 44, 45, 52
Wie lange sind Gezeitentafeln und Gezeitenkalender gültig?

Nur für das Jahr, für das sie herausgegeben sind.

261 Seiten 49 ff., 10 ff.
Was gehört zur Mindestausrüstung für die sichere Navigation?

1. Seekarten für die Sportschifffahrt, Seehandbücher, Leuchtfeuerverzeichnis, Jachtfunkdienst, Gezeitentafeln oder Gezeitenkalender, Bleistift, Zirkel und Kursdreiecke.
2. Kompass.
3. Lot.
4. Log.
5. Peileinrichtung.
6. Fernglas.

Manövrieren

262 Seite 60
Wie müssen Sie in engen Gewässern Ihre Fahrt einrichten?

Vorsichtig und langsam fahren; Sog und Wellenschlag vermeiden.

263 Seite 157
Warum soll ein kleines Fahrzeug nicht dicht an ein großes in Fahrt befindliches Fahrzeug heranfahren?

Es kann durch dessen Bug- oder Heckwelle kentern oder durch den Sog mit dem Fahrzeug kollidieren.

264 Seite 156
Warum soll man möglichst gegen Strom und Wind anlegen?

Weil sich das Fahrzeug dabei besser manövrieren lässt.

265 Seiten 60, 81
Wie verhalten Sie sich beim Begegnen mit anderen Fahrzeugen in einem engen Fahrwasser?

Geschwindigkeit herabsetzen und ausreichenden Passierabstand halten.

Sportbootführerschein See

266 Seite 157
Welche Gefahren können entstehen, wenn ein größeres Fahrzeug Sie überholt?

Mein Fahrzeug kann durch Stau, Sog oder Schwell aus dem Kurs laufen und kollidieren oder querschlagen, in flachen Gewässern auf Grund laufen; Gefahr des Überbordfallens.

267 Seiten 80, 81
Wie ist ein Überholmanöver durchzuführen?

Zügig und im ausreichenden Abstand und nur dann, wenn die Verkehrslage es erlaubt.

268 Seite 169
Wie lang sollte eine Schleppleine bei starkem Seegang sein?

Mindestens 2- oder 3fache Wellenlänge.

269 Seite 169
Was ist zu beachten, wenn ein Sportboot geschleppt werden soll?

1. Die Schleppleine ist den Seegangsverhältnissen anzupassen, ein ruckartiges Steifkommen der Schleppleine ist zu vermeiden.
2. Die Schleppgeschwindigkeit darf nicht größer sein als die Geschwindigkeit, die der Anhang freifahrend bei Verdrängerfahrt erreichen kann.

270 Seiten 151, 169
Wie vertäuen Sie Ihr Boot, wenn es längsseits geschleppt wird?

Durch 2 Querleinen (vorn und achtern je eine) sowie durch eine Vor- und eine Achterspring. Das Heck des schleppenden Fahrzeugs soll über das Heck des geschleppten Fahrzeugs hinausragen.

271 Seite 147
Wie viel Ankerkette bzw. -leine soll man normalerweise beim Ankern ausstecken?

Mindestens die dreifache Wassertiefe bei Kette oder die fünffache bei Leine.

272 Seite 149
Woran können Sie erkennen, ob der Anker hält?

1. Wenn beim Handauflegen auf die Ankerkette oder -leine kein Rucken zu verspüren ist.
2. Wenn sich die Ankerpeilung nicht ändert.

273 Seite 149
Warum sollen Sie sich die Ankerpeilungen aufschreiben?

Um mit späteren Kontrollpeilungen festzustellen, ob der Anker hält.

274 Seite 156
Welches ist der günstigste Anlaufwinkel beim Anlegen in stromfreien Gewässern?

Ein möglichst spitzer Winkel.

275 Seiten 129, 157
Welche äußeren Einflüsse können sich auf die Manövrierfähigkeit Ihres Bootes auswirken?

Wind, Seegang, Strom, Sog, Wassertiefe.

276 Seite 156
Was verstehen Sie unter einer rechts- bzw. linksgängigen Schraube?

Bei Vorwärtsgang dreht sich, von hinten gesehen, eine rechtsgängige Schraube nach rechts, eine linksgängige nach links.

277 Seite 156
Nach welcher Seite dreht sich im Allgemeinen das Heck im Rückwärtsgang bei einer rechts- bzw. linksgängigen Schraube?

Bei einer rechtsgängigen Schraube nach Backbord, bei einer linksgängigen nach Steuerbord.

278 Seite 151
Was müssen Sie beim Festmachen Ihres Fahrzeugs beachten?

Es ist so festzumachen, dass das Fahrzeug sicher liegt und sich nicht losreißen kann. Wind, Strom und Wasserstandsänderungen sind zu berücksichtigen.

279 Seite 151
Welche Vorkehrungen sollten Sie neben dem sicheren Festmachen treffen, wenn Sie Ihr festgemachtes Fahrzeug für längere Zeit verlassen?

1. Alle Seeventile schließen.
2. Hauptschalter des Bordnetzes ausschalten.

280 Seite 157
Warum müssen Sie bei geringer Wassertiefe mit der Geschwindigkeit heruntergehen?

1. Zur Verbesserung der Steuerfähigkeit.
2. Zur Vermeidung einer Grundberührung durch das Absenken des Hecks.

Sportbootführerschein See

281 Seiten 60, 78, 83
Welche Geschwindigkeit müssen Sie in engen Gewässern wählen, in denen am Ufer festgemachte Fahrzeuge liegen?

Eine Geschwindigkeit, bei der gefährlicher Sog oder Wellenschlag vermieden wird.

282 Seite 165
Womit kann ein steuerunfähiges Sportboot mit dem Bug in den Wind gehalten werden?

Mit dem Treibanker oder anderen geeigneten schwimmfähigen Gegenständen.

283 Seite 129
Warum ist es wichtig, bei starkem Seegang die Fahrt des Sportbootes zu vermindern?

Um Schäden durch Seeschlag möglichst zu vermeiden

Wetterkunde

284 Seiten 105, 131
Was bedeutet folgendes Zeichen in der Wetterkarte?

Windrichtung: NW;
Windstärke: Bft 3;
Bewölkung: wolkenlos.

285 Seiten 104, 106
Welche Angaben liefert Ihnen die Beaufort-Skala?

1. Einheiten der Windstärke von 0 bis 12.
2. Die Auswirkungen des Windes auf die See.

286 Seiten 102, 105
Wie wird der Luftdruck in der Wetterkarte dargestellt und in welcher Maßeinheit wird er angegeben?

1. Durch Isobaren
2. In Hektopascal (hPa).

287 Seiten 104, 105
Welche Schlüsse können Sie aus raschen Luftdruckänderungen ziehen?

Schnelle Wetteränderung; bei fallender Tendenz Wetterverschlechterung, bei steigender Tendenz Wetterverbesserung.

288 Seiten 104, 105, 117
Was bedeutet rasches Fallen des Luftdrucks?

In der Mehrzahl der Fälle Starkwind- oder Sturmgefahr.

289 Seite 104
Was können Sie für eine Wetterentwicklung erwarten, wenn in unseren Breiten der Luftdruck um mehr als 1 Hektopascal in der Stunde fällt?

Es gibt Starkwind oder Sturm.

290 Seiten 103, 105
Was bedeuten die um einen Hoch- oder Tiefdruckkern in der Wetterkarte abgebildeten Linien und wie werden sie bezeichnet?

Linien, die Orte gleichen Luftdruckes miteinander verbinden. Es sind Isobaren.

291 Seite 105
Erklären Sie folgende Abbildung:

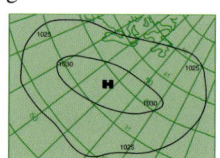

1. Hochdruckgebiet.
2. Isobaren mit Luftdruckangaben in Hektopascal (hPa).

292 Seiten 105, 116, 117
Erklären Sie folgende Abbildung:

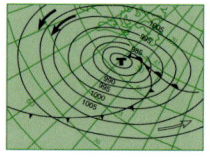

1. Tiefdruckgebiet auf Nordbreite mit Warm- und Kaltfront.
2. Isobaren mit Luftdruckangaben in Hektopascal (hPa).
3. Warme und kalte Luftströmungen.

293 Seite 130
Nennen Sie mindestens 4 Möglichkeiten, einen Wetterbericht zu erhalten.

1. Rundfunk.
2. Deutscher Wetterdienst, Geschäftsfeld Seeschifffahrt in Hamburg.
3. Küstenfunkstellen.
4. Private Informationsdienste.
5. Zeitung.
6. Fernsehen.
7. NAVTEX.

294 Seiten 106, 130
Für welche Windstärken wird eine Starkwindwarnung herausgegeben?

Für Windstärken 6 und 7 der Beaufortskala.

Sportbootführerschein See

295 Seiten 106, 130
Für welche Windstärken wird eine Sturmwarnung herausgegeben?

Für Windstärken 8 und mehr der Beaufortskala.

296 Seite 107
Was verstehen Sie unter Landwind und wann tritt er in der Regel auf?

1. Ablandiger Wind von geringer Stärke.
2. Meistens nachts.

297 Seite 107
Was verstehen Sie unter Seewind und wann tritt er in der Regel auf?

1. Auflandiger Wind schwacher bis mäßiger Stärke.
2. Meistens nachmittags.

298 Seiten 113, 117
Welche Zuggeschwindigkeit und -richtung haben Tiefdruckgebiete in der Regel in unseren Breiten?

1. Fünf bis vierzig Knoten.
2. Von West nach Ost.

299 Seite 106
Was verstehen Sie in amtlichen Wetterberichten unter „schwachem Wind"?

Wind bis zur Stärke 3 der Beaufortskala.

300 Seite 106
Was verstehen Sie in amtlichen Wetterberichten unter „mäßigem Wind"?

Wind der Stärke 4 der Beaufortskala.

301 Seite 106
Was verstehen Sie in amtlichen Wetterberichten unter „frischem Wind"?

Wind der Stärke 5 der Beaufortskala.

302 Seite 106
Was verstehen Sie in amtlichen Wetterberichten unter „schwerem Sturm", „orkanartigem Sturm", „Orkan"?

Wind der Stärke 10, 11 bzw. 12 der Beaufortskala.

303 Seite 106
Sie hören im Wetterbericht die Meldung: Sturm aus Südwest, rechtdrehend. Was bedeutet das?

Der Sturm dreht in Richtung West (im Uhrzeigersinn).

304 Seite 106
Sie hören im Wetterbericht die Meldung: Sturm aus Südost, rückdrehend. Was bedeutet das?

Der Sturm dreht in Richtung Ost (entgegen dem Uhrzeigersinn).

305 Seite 122
Woran erkennt man ein aufziehendes Gewitter?

1. Turmartige, mächtige Haufenwolken.
2. Ein eventuell vorhandener Wind schläft zunächst ein, frischt danach wieder auf und kommt aus einer anderen Richtung.
3. Aus einem auf Mittelwelle geschalteten Rundfunkgerät ertönen lange vor Gewitterausbruch starke Störgeräusche.

306 Seite 122
Welche Gefahren kann ein Gewitter mit sich bringen?

1. Böen bis Orkanstärke mit Winddrehungen.
2. Blitzschlag.
3. Starke Regenfälle oder Hagelschlag mit verminderter Sicht.

Sicherheit

307 Seiten 60, 67
Wie haben Sie Ihre Fahrweise im Fahrwasser bei verminderter Sicht aufgrund seemännischer Sorgfaltspflicht einzurichten, wenn Ihr Fahrzeug nicht über die technische Ausrüstung, insbesondere zur Ortung anderer Fahrzeuge und zur Positionsbestimmung des eigenen Fahrzeugs verfügt?

1. Das Fahrwasser verlassen;
2. wenn dies nicht möglich ist, im Fahrwasser äußerst rechts halten.
3. Möglichst Flachwassergebiet aufsuchen und ankern.

Sportbootführerschein See

308   Seiten 67, 78

Welche Sicherheitsmaßnahmen treffen Sie an Bord aufgrund der seemännischen Sorgfaltspflicht neben den in den Kollisionsverhütungsregeln vorgeschriebenen Verhaltensmaßregeln bei verminderter Sicht?

1. Radarreflektor aufheißen, falls nicht fest angebracht. Ist kein Radarreflektor an Bord, Fahrzeug möglichst in waagerechte Schwimmlage bringen.
2. Alle Navigationsanlagen, z. B. Radar, Echolot, sorgfältig gebrauchen.
3. In einem Revier mit Landradarberatung die Radarberatung über UKW-Sprechfunk mithören.

309   Seite 123

Wie verhalten Sie sich bei Gewittergefahr? (Nennen Sie mindestens 4 Maßnahmen.)

1. Hafen oder zumindest Landschutz aufsuchen.
2. Ggf. Segel stark reffen, besser ganz wegnehmen.
3. Sonstige Maßnahmen wie in schwerem Sturm ergreifen (z. B. alle Gegenstände seefest laschen, Rettungsweste und Sicherheitsgurt anlegen).
4. Funkanlagen abschalten.
5. Möglichst keine Metallteile berühren.
6. Position ermitteln und in die Seekarte eintragen.

310   Seiten 158, 159, 161

Welche Sicherheitsmaßnahmen treffen Sie vor dem Auslaufen?

Insbesondere:
1. Überprüfung der Rettungs- und Sicherheitsmittel.
2. Belehrung der Besatzung über Rettungs- und Sicherheitsmaßnahmen.
3. Wetterbericht und nautische Warnnachrichten einholen.
4. Namen der an Bord befindlichen Personen und geplante Reiseroute an Land hinterlassen.

311   Seite 165

Was soll ein Bootsführer unternehmen, wenn er Grund zur Annahme haben muss,

dass er vermisst wird und dadurch eine Suchaktion ausgelöst worden ist?

312   Seite 153

Welche Sicherheitsmaßnahmen sind für das Tanken zu treffen? (Nennen Sie mindestens 4 Maßnahmen.)

313   Seite 164

Welche Sicherheitsmaßnahmen treffen Sie auf See vor Eintritt von schwerem Wetter (Starkwind, Sturm)?

314   Seite 138

Warum ist Flüssiggas gefährlich?

315   Seite 138

Wo sollen die Gasbehälter einer Flüssiggasanlage gelagert werden?

316   Seite 138

1. Was ist vor Inbetriebnahme einer Flüssiggasanlage zu prüfen und

Die Seenotleitung Bremen der Deutschen Gesellschaft zur

Rettung Schiffbrüchiger und Angehörige benachrichtigen.

Insbesondere:
1. Motor abstellen.
2. Alle offenen Feuer aus, nicht rauchen.
3. Keine elektrischen Schalter betätigen.
4. Alle Räume verschließen und nach dem Tanken wieder gut lüften.
5. Zur Vermeidung elektrostatischer Ladung ist die Zapfanlage zu erden.

1. Alle Öffnungen vor Wassereinbruch sichern.
2. Lose Gegenstände festzurren.
3. Rettungsweste und Sicherheitsgurt mit Sorgleine anlegen, diese in Augbolzen, Strecktau oder Laufleine einhaken und andere Rettungsmittel bereithalten.
4. Unter Umständen Schutzhafen anlaufen.

1. Es bildet mit Luft ein explosionsfähiges Gemisch.
2. Es ist schwerer als Luft und kann sich daher unbemerkt im Bootsinneren sammeln.

1. Möglichst an Deck, geschützt vor Sonneneinstrahlung.
2. Sonst in einem besonders abgeschlossenen Raum für Gasbehälter, der in Bodenhöhe eine Öffnung nach außenbords hat.

1. Die Leitungen und Anschlüsse müssen dicht sein, Kocher und Heizgeräte müs-

Sportbootführerschein See

2. zu beachten, wenn die Flüssiggasanlage außer Betrieb gesetzt wird?

317   Seite 140 ff.

Was gehört zur Mindestausrüstung für die Sicherheit des Fahrzeugs und der an Bord befindlichen Personen? (Nennen Sie mindestens 8 Gegenstände.)

318   Seite 142

Wie oft müssen Sie Ihr aufblasbares Rettungsfloß und Ihre aufblasbare Rettungsweste warten lassen?

319   Seiten 141, 166

Welche Löschmittel dürfen Sie keinesfalls bei einem Brand in der elektrischen Anlage einsetzen?

320   Seiten 141, 166

1. Welcher Feuerlöscher ist für Sportboote zweckmäßig?
2. Wie oft müssen Sie einen Feuerlöscher überprüfen lassen?

321   Seiten 141, 166

Was ist zu tun, wenn es am Motor brennt?

---

sen einwandfrei arbeiten.
2. Haupthahn und andere Absperrventile schließen.

1. Ohnmachtssichere Rettungsweste mit Signalpfeife für jede Person.
2. Sicherheitsgurte (Lifebelts) in ausreichender Anzahl.
3. Rettungsring mit Wurfleine und Leuchte.
4. Notsignale.
5. Erste-Hilfe-Kasten.
6. Feuerlöscher.
7. Lenzpumpe, Eimer und Ösfass.
8. Riemen oder Paddel, Bootshaken.
9. Taschenlampe.
10. Anker mit Kettenvorläufer und Leine sowie Treibanker.
11. Radarreflektor.
12. Schleppleine.

Mindestens alle 2 Jahre oder die Herstellerangabe beachten.

Schaum und Wasser.

1. ABC-Pulverlöscher.
2. Mindestens alle 2 Jahre.

1. Kraftstoffzufuhr abstellen, Motor mit möglichst hoher Drehzahl weiterlaufen lassen.

---

2. Brand mit nasser Decke abdecken oder mit ABC-Pulverlöscher bekämpfen.
3. Luftzufuhr verhindern.

1. Luftzufuhr verhindern.
2. Feuerlöscher erst am Brandherd in Tätigkeit setzen.
3. Das Feuer möglichst von unten bekämpfen.

322   Seiten 141, 166

Welche Maßnahmen ergreifen Sie, um einen Brand mit dem Feuerlöscher wirksam zu bekämpfen?

323   Seiten 96, 97

Was ist nach schaden- oder gefahrdrohenden Vorkommnissen im Sinne des Seesicherheits-Untersuchungs-Gesetzes (SUG) unbedingt zu tun?

Das schaden- oder gefahrdrohende Vorkommnis ist unverzüglich der Bundesstelle für Seeunfalluntersuchung (BSU) in Hamburg zu melden; dabei sind möglichst die in § 7 der Verordnung über die Sicherung der Seefahrt vorgeschriebenen Angaben über Ort, Zeit und Verlauf des Vorkommnisses, Art des Schadens und über das Schiff und die beteiligten Personen zu machen.

324   Seite 96

Wie verhalten Sie sich nach einem Zusammenstoß?

1. Erste Hilfe leisten und so lange am Unfallort bleiben, bis ein weiterer Beistand nicht mehr erforderlich ist.
2. Vor der Weiterfahrt alle erforderlichen Schiffs- und Personendaten einschließlich Versicherung austauschen.

325   Seiten 96, 97

Welches Gesetz und welche Verordnung enthalten neben der Seeschifffahrtsstraßen-Ordnung und der Schifffahrtsordnung Emsmündung Vorschriften über das Verhalten nach einem Zusammenstoß und bei sonstigen schaden- oder gefahrdrohenden Vorkommnissen?

1. Das Seesicherheitsuntersuchungsgesetz.
2. Die Verordnung über die Sicherung der Seefahrt.

Sportbootführerschein See

326 Seiten 159, 162

Was ist sofort zu tun, wenn jemand über Bord gefallen ist?

1. Ausruf: „Mann über Bord" und Rettungsring zuwerfen.
2. Gut Ausguck halten und sofort Maschine stoppen.
3. Mann-über-Bord-Manöver ausführen.

327 Seite 162

Wie können Sie nach einem Mann-über-Bord-Manöver eine erschöpft im Wasser treibende Person möglichst schnell und sicher an Bord bekommen?

1. Leinenverbindung zwischen Boot und Person im Wasser herstellen.
2. Leinenbuchten über die Bordwand hängen, wenn vorhanden Badeleiter herunterklappen bzw. ausbringen.
3. Mit dem Großbaum und der Großschot oder über eine Badeleiter oder mithilfe von Rettungsmitteln Person an Bord holen.

328 Seite 171

Was ist zu tun, wenn Ihr Fahrzeug gekentert ist?

1. Möglichst am Fahrzeug bleiben.
2. Besatzung zusammenhalten.
3. Unnötigen Kräfteverschleiß vermeiden (Unterkühlungsgefahr).
4. Aufmerksamkeit zur Hilfeleistung erregen.

329 Seite 142

Wie verhindern Sie das Überbordfallen von Personen bei starkem Seegang?

1. Sicherheitsleinen spannen.
2. Sicherheitsgurt anlegen und einpicken.

Notsignale

330 Seiten 74, 170

In welcher Situation dürfen Notsignale gegeben werden?

Wenn Gefahr für Leib und Leben der Besatzung und daher die Notwendigkeit zur Hilfe besteht.

331 Seiten 74, 170

Welche Notsignale können gegeben werden? (Nennen Sie mindestens 8 Signale.)

1. Leuchtrakete mit einem roten Leuchtstern oder rote Handfackel.
2. Orangefarbenes Rauchsignal.
3. Dauerton eines Nebelsignalgerätes.
4. Langsames Heben und Senken der seitlich ausgestreckten Arme.
5. Morsesignal SOS durch Licht- oder Schallsignale.
6. Mayday durch Sprechfunk.
7. Seewasserfärber.
8. Radartransponder.
9. Signale einer Seenotfunkbake.
10. Flaggensignal NC.
11. Ball über oder unter Flagge.
12. Knallsignale in Zwischenräumen von ungefähr einer Minute.
13. Flammensignal.

332 Seiten 74, 96

Sie sehen auf See einen roten Leuchtstern oder eine rot brennende Handfackel.
1. Was bedeuten diese Signale?
2. Wie verhalten Sie sich?

1. Seenotfall.
2. Hilfe leisten, ggf. weitere Hilfe anfordern.

333 Seiten 74, 96

Sie hören von einem Schiff anhaltendes Ertönen eines Nebelsignalgerätes.
1. Was bedeutet dieses Signal?
2. Wie verhalten Sie sich?

1. Seenotfall.
2. Hilfe leisten, ggf. weitere Hilfe anfordern.

334 Seiten 74, 96

Sie hören oder sehen folgendes Morsesignal: Dreimal kurz, dreimal lang, dreimal kurz

(●●● ▬▬ ▬ ▬ ●●●).
1. Was bedeutet dieses Signal?
2. Wie verhalten Sie sich?

1. Seenotfall.
2. Hilfe leisten, ggf. weitere Hilfe anfordern.

Sportbootführerschein See

335 Seiten 74, 96, 170
Sie hören über Sprechfunkgerät: Mayday, Mayday,
Mayday.
1. Was bedeutet dieses Signal?
2. Wie verhalten Sie sich?

1. Seenotfall.
2. Hilfe leisten, ggf. weitere
Hilfe anfordern.

336 Seiten 74, 96
Sie sehen ein Schiff, das folgendes Flaggensignal gesetzt
hat:

1. Was bedeutet dieses Signal?
2. Wie verhalten Sie sich?

1. Seenotfall.
2. Hilfe leisten, ggf. weitere
Hilfe anfordern.

337 Seiten 74, 96
Sie sehen auf einem Schiff
eines der folgenden Signale:

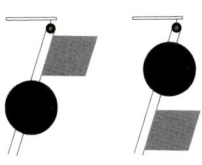

1. Was bedeutet dieses Signal?
2. Wie verhalten Sie sich?

1. Seenotfall.
2. Hilfe leisten, ggf. weitere
Hilfe anfordern.

338 Seiten 74, 96
Sie sehen auf einem Schiff
ein orangefarbenes Rauchsignal:
1. Was bedeutet dieses Signal?
2. Wie verhalten Sie sich?

1. Seenotfall.
2. Hilfe leisten, ggf. weitere
Hilfe anfordern.

339 Seiten 74, 96
Sie sehen auf einem Schiff eine Person stehen, die ihre
seitlich ausgestreckten Arme
wiederholt langsam auf und
ab bewegt:
1. Was bedeutet dieses Signal?
2. Wie verhalten Sie sich?

1. Seenotfall.
2. Hilfe leisten, ggf. weitere
Hilfe anfordern.

340 Seite 74, 96
Warum dürfen Seenotsignale
nur bei einem Seenotfall verwendet werden?

Weil bei ihrer Anwendung
der gesamte Seenotrettungs-
dienst an der Küste alarmiert
wird.

341 Seite 74
Welches Seenotsignal können
Sie mit einer Leuchte geben?

Das Lichtsignal dreimal kurz,
dreimal lang, dreimal kurz.
(●●● ▬▬ ▬▬ ▬▬ ●●●)

342 Seite 173
Wie verhalten Sie sich bei
Hilfeleistung durch einen
Hubschrauber?

1. Fahrzeug in den Wind legen.
2. Soweit möglich, Antennen,
Stagen usw. entfernen.
3. Rettungsschlinge mit dem
Zugpunkt nach vorn über
den Kopf unter die Arme
streifen und Arme
abwärts winkeln.
4. Anweisungen der Hub-
schrauberbesatzung Folge
leisten.

Kartenaufgaben

Fragen 343 bis 362: s. beigefügte Seekartenausschnitte.